教育部人文社会科学重点研究基地四川大学南亚研究所

南亚地区发展报告2012

ANNUAL REPORT ON THE DEVELOPMENT OF SOUTH ASIA（2012）

主　编◎李　涛

副主编◎文富德　张　力　陈继东

时事出版社

本书系教育部哲学社会科学发展报告培育项目成果

序言

2012年南亚地区发展形势

李　涛

经过2010年、2011年连续两年的快速发展，加之全球经济发展不景气和自身通货膨胀、财政赤字等问题的影响，2012年南亚地区经济发展速度普遍放缓；面对即将来临的大选，各国党争迭起，暗流涌动，印度重组内阁，巴基斯坦总理换人，孟加拉国“军人政变”未遂，马尔代夫政府易主，不过各国局势基本保持稳定，暴力恐怖活动明显减少；平衡与多元外交，特别是加强对华交流成为南亚各国大势所趋。

一、经济发展减缓，各国参差不齐

首先从经济增长速度来看，南亚国家经济增速普遍放缓。据统计，2012年南亚国家平均增长率为6.1%，低于2011年均值（为6.5%）0.4个百分点，除了阿富汗、尼泊尔、巴基斯坦的经济增长水平高于上一年度外，其余南亚国家如孟加拉国、不丹、印度、马尔代夫、斯里兰卡的经济增长率均低于2011年度。尽管从纵向看阿富汗、巴基斯坦、尼泊尔3国经济发展速度高于上一年；但从横向与南亚其他国家相比，3国经济水平较低，而前两国的增速主要依靠外援支持，尼泊尔则是经历长期战乱后难得的稳定成果。而在南亚区域经济增长中占据火车头地位的印度，经济增长却从2011年的6.2%下降到2012年的5%，被学者称为“金砖国家中第一块松动的砖”。

其次从产业结构看，南亚地区普遍存在结构较单一的特征。2012年农业增长速度最快的是阿富汗（达到31.5%），工业增长速度最快的是马尔代夫（达到14%），服务业增长最快的是不丹（达到9%）；南亚大国印度的三次产业部门增长势头全面放缓，2012年三次产业部门的增长率都低于过去5年（2007—2011年）的年均增长率；总体来看，南亚国家三次产业结构步入新的调整期。

此外，南亚国家对外贸易逆差突出。2012年南亚国家进出口贸易逆差继续扩大，大多数南亚国家出口对其经济增长呈现出低贡献率和低拉动效应；同时南亚国家净出口和投资对经济增长的贡献率不大，对南亚国家经济增长的拉动效应也不强。

南亚地区经济发展减缓，除受全球经济放缓影响外，原因众多：第一，南亚各国交通运输、通讯等基础设施薄弱，抑制经济发展。第二，电力等能源短缺和管理问题已成为经济发展障碍，印度大停电造成巨大损失，巴基斯坦、孟加拉国、尼泊尔及不丹等国电力缺口大。第三，南亚各国政府对经济的宏观调控乏力，严重影响各国经济发展。而政府的公信力，一方面受制于自身的贪污、腐败；同时也为政党政治的纷争所削弱；越来越突出的财政赤字更是使其雪上加霜。第四，南亚不少国家社会缺乏稳定，严重阻碍经济发展。暴力恐怖、毒品走私、洗黑钱和非法融资活动等，不仅影响外来投资，而且直接阻碍经济发展。第五，政治“援建”和畸形的国外投资是一把双刃剑，影响着南亚国家经济的自身造血能力和可持续发展。

二、党争激烈，政局基本稳定

党争激烈是南亚政党政治的一大特色，特别是在2013年即将拉开新一轮南亚国家大选序幕之时，各国更是暗流涌动，但2012年的地区形势基本稳定。

印度的执政党内部、执政党与执政联盟之间、执政联盟与反对党之间历来矛盾重重，2012年更是如此。新年伊始，印度开始了历时5周、被舆论称为“2014年印度大选前奏”的五邦（北方邦、旁遮普邦、果阿邦、北阿肯德邦和曼尼普尔邦）议会选举。在选举中，执政的国大党遭遇了“滑铁卢之败”，只赢得北部偏远的曼尼普尔邦，丢失了大选中具有举足轻重地位的北方邦。尽管在这场选举中主要反对党人民党同样失利，但地方性政党却异军突起，发展势头强劲，这将给印度政坛带来新的变数，增大大选的竞争力度。同时，激烈的党争已严重影响到政府的多项社会经济改革措施，如外国投资改革方案及反腐败法案《公民检举法》等得不到议会支持。为了巩固执政地位，赢得大选，国大党不得不对内阁进行大规模的改组。这次入阁的成员比较年轻，大多与拉胡尔·甘地关系密切，国大党希望以此加强尼赫鲁—甘地家族的影响力，完成权力交接，让拉胡尔·甘地主掌印度政坛。

政府、司法和军队历来是影响巴基斯坦政局的三方力量，2012年三方角力背后不难见到党争阴影。首先是关于全国和解令判决执行案，巴基斯坦最高法院通过对政府不执行“全国和解令（NRO）”判决一事，强势质疑已任职4年的总统的合法性，人民党在试图利用其领导的执政联盟在议会中的优势，通过修改现行《藐视法庭罪法案》的相关条款失败后，不得不调整姿态和立场与最高法院寻求解决之道。第二是扎尔达里双职位判决案，拉合尔高等法院要求总统放弃人民党联合主席职位，并且不能在总统府从事政党活动。这两起事件明显是针对执政的人民党最高领导人的，尽管扎尔达里以撤换总理和放弃总统豁免权为条件得以保住总统职位，但人民党领导下的联合政府明显处于风雨飘摇中。第三是关于议员双重国籍问题，尽管其看似针对各党派，但最终结果却是，一些议员因双重国籍而被取消议员资格，致使人民党在国民议会的支持席位已达不到2/3多数的228席。第四是引发政府与军方龃龉、导致军政关系对立的备忘录调查事件，竟因穆盟（领袖派）领导人苏贾特·侯赛因斡旋而得到缓解。第五是三军情报局资助政党案件，巴基斯坦最高法院开始审理一件搁置16年的涉及军方相关政党分发竞选资金的案件，影射党争的目的不言而喻。

孟加拉国执政党人民联盟和主要反对党民族主义党之间对抗性的党争决定着该国政治格局的走向，是国家持续动荡不安之源。2012年，由废除看守政府制度引发的政治危机持续发酵，民族主义党领导的反对党联盟为恢复看守政府制度实施了三阶段的“人链”、“封路”、“公路行进”、“围攻达卡”等大规模抗议活动，甚至引发了暴力冲突，伤亡人数不断增加，局面有失控迹象；执政党人民联盟和主要反对党民族主义党就新一届选举委员会的组建未达成共识，将影响议会的正常选举；对伊斯兰大会党领导人关于独立战争罪的审判直接引发了暴力活动；帕德玛大桥和“铁道门”两起事件暴露出的腐败问题，更是雪上加霜；孟加拉国人民联盟政府还遭遇14—16名中层军官的军事政变危机，这是哈西娜政府这次执政以来第二次遭遇强硬路线分子的政变威胁，可见2012年孟加拉国各党派、利益集团已为选举明争暗斗起来。

无论是与南亚其他国家相比，还是与阿富汗过去几年的政治局势相比，2012年的阿富汗显得相对稳定，没有突出的重大事件或危机，尽管各方已就2014年的总统大选开始角力。经过连续三年的乱局——2009年的总统大选，2010年的议会大选以及2011年总统、议会和法院三方围绕议会大选的争吵，阿富汗终于在2012年平静下来，但围绕2014年的大选，各方已开始暗中角力。选举组织和选举制度改革引起特别关注，为此20多个反对党发起“民主宪章”运动，要求保障政党在选举和政治事务中发挥更大的作用。

尼泊尔政治僵局依旧，和平进程短期难见曙光。2008年尼泊尔通过选举产生的制宪会议由于各党派意见分歧大，最终历经4届政府、4次延期的宪法起草工作无果而终。巴特拉伊政府历经“内阁集体辞职”、组建尼泊尔第一个由所有主要政党参加的全国共识政府、成为“看守政府”，最后才与主要反对党——大会党和尼共（联合马列）商定于2013年4月或5月举行新的制宪会议的选举。政党纷争的同时，少数派部落民族在全国各地举行了罢工、示威甚至暴力冲突，向制宪会议施压。此外，尼联共（毛）内部第一副主席莫汉·拜迪亚领导的强硬派与以普拉昌达和巴特拉伊为首的温和派之间的长期派系之争终于导致该党分裂，其政治力量被弱化，政治地位下降。与此同时，尼大党、尼共（联合马列）与马迪西政党内部也发生分裂，新的政党不断出现。尼泊尔政治势力多元化的趋势更加明显，政局动荡局势短期内难以改变。

马尔代夫的2012年是由动荡不安走向逐步稳定的一年。2012年2月马尔代夫军警哗变，首位民选总统——纳希德宣布辞职。纳希德政府下台，主要是由于受到在野党（包括前总统加尧姆所在的人民党）和伊斯兰宗教派别的反对，一些极端宗教势力对纳希德总统未能有效维护伊斯兰教传统表示不满和抗议，反对者从马尔代夫首都马累发动示威游行，并演变为警察倒戈。副总统瓦希德就任马尔代夫新一任总统后，先后通过采取以稳定政局为核心要务的举措、成立各党派联合执政的联合政府、设法缓和宗教矛盾、推进地方自治等手段，尽可能减少政局变动给国家带来的负面影响，使马尔代夫社会经济较快走上良性发展道路，国际社会也快速承认了马尔代夫新政权的合法性。

内战结束3年后，斯里兰卡国内政局逐渐走向稳定，开始致力于战后重建。到2012年2月，在这场历经30年的战乱导致的30万北部流离失所者中，已有98%的人得到安置。前猛虎组织成员基本完成改造和教育，并在政府贷款的帮助下，安家立业融入社会。

尽管2012年对不丹来说是极不平凡的一年，其遭遇了史无前例的经济阵痛——卢比短缺风波，但由于政府采取的措施及时到位，加之印度的帮助，不丹政局平稳、社会安定。在现届政府执政的最后一年，不丹执政党功德党更是采取各种措施致力于兑现自己的竞选承诺。国会加快对法律的制定和修改；选举委员会积极准备2013年第二次民主选举，并开展参政议政培训、政党领导人培训、记者培训等工作。在国际社会的帮助下，一直困扰不丹的边境隐患也因难民被安置到第三国而得到解决。

三、对外交往积极，风景独好

与滑坡的经济和混乱的党派争斗相比，南亚各国对外政策显得越来越娴熟，对外活动越来越频繁，平衡与多元外交成为各国主流。2012年南亚各国对外交往主要有以下特点：

（一）印度仍然对南亚各国产生重要影响

尽管近年来南亚各国积极开展多元化外交，强调独立自主，互不干涉别国内政，这对印度在南盟“独大地位”和“家长式”的交往作风有一定制约，但印度对南亚各国的影响力仍不能忽视，在一定程度上还是主导着南亚地区的外交走向。这主要表现在：(1) 加强对南亚小国的控制。不丹、马尔代夫、斯里兰卡等南亚小国长期以来形成了对印度的依赖，2012年印度政府利用各种机会进一步强化与南亚各国的双边关系。印度对不丹卢比短缺危机提供了帮助；马尔代夫政府易主不久，新总统瓦希德对印度进行了国事访问；通过对斯里兰卡战后重建的援助，加强对斯在国防、军队、反恐、经济、文化教育等领域的控制；对孟加拉国，改变以往只与人民联盟保持友好的政策，高规格接待在野的反对党民族主义党主席卡莉达·齐亚；加强与尼泊尔高层的交流，尼泊尔总统亚达夫访问印度，总理巴特拉伊在参加里约热内卢“里约＋20峰会”期间与印度总理辛格举行会谈。(2) 积极推进与阿富汗的合作。阿外长拉苏尔赴印参加新一轮阿印战略伙伴关系理事会会议，受到印度总理辛格、国家安全顾问等政要的接见；阿富汗、印度、伊朗三国副外长在德黑兰召开三边战略对话；阿总统卡尔扎伊对印展开为期4天的访问，会晤辛格总理，并签署地方政府合作、农业合作、青年事务合作以及煤炭与矿产资源合作等4个协定。(3) 继续修复与巴基斯坦的关系。2012年，印巴关系持续改善。首先是政府层面接触增多，各层级会晤、会谈、沟通增多。4月8日，巴基斯坦总统扎尔达里以私人身份访问印度，两国领导人在新德里会晤，双方对促进两国关系正常化表达了高度善意。多边场合中，双方首脑分别在核安全峰会和不结盟首脑会议上举行会谈。9月7日，印度外长克里希纳访巴。其次，经贸合作取得进展。贸易正常化谈判取得进展，为消除非贸易壁垒签署了3个文件；能源合作、金融合作也有所加强。此外民间交往扩大，特别是印巴新的签证协议取代了双方延用了38年的严限签证政策，极大地促进了宗教交流、民间交往。

(二) 美国是区外对南亚影响最大的国家

首先，美国加强与南亚大国印度的合作。美国重返亚太和印度“东向政策”，使美印两国在亚太地区找到了利益切合点，促进两国的合作加强：在1月公布的奥巴马总统的新战略蓝图中，印度是唯一作为关键伙伴被具体提及的国家；4月印美两国海军在孟加拉湾附近举行联合军事演习；美国国务卿希拉里·克林顿与防长帕内塔分别于5月6日和6月5日访问了印度，而且美国明确支持印度加入核供应国集团；印美两国还举行了一系列战略对话，包括在华盛顿举行第三轮战略对话，双方承诺进一步扩大并深化两国全球战略伙伴关系。

其次，美国致力稳固撤军后对阿富汗局势的控制。尽管美阿围绕《战略伙伴关系协定》出现严重分歧，美阿关系甚至因群众抗议浪潮而数次掀起较大危机，但由于卡尔扎伊政府本就是在美国支持下执政的，所以两国关系至少在官方层面不会出现大的倒退。2012年5月1日，美国总统奥巴马突访阿富汗，与卡尔扎伊总统签署《长期战略伙伴关系协议》，宣布两国正式建立战略伙伴关系，美国给予阿富汗"非北约主要盟国"地位，重申不寻求在阿拥有永久军事设施，但2014年后将保留一定军事存在。

第三，美国努力修复与巴基斯坦的关系。巴美双方修复关系意愿较为强烈，采取了一些切实举动，公开释放善意，高层频繁交往，在经贸、军事安全、援助等方面加强合作，不过重开北约补给线问题、无人机越境打击问题、哈卡尼网络问题仍使巴美关系实质性改善受到影响。

第四，孟美关系尤其值得关注。美国对孟的外交与军事合作活动频繁，显示出美国重返亚洲战略由点到面的全面铺开。孟美高层交流频繁，美国国务卿希拉里·克林顿访孟，会见了总理哈西娜和民族主义党主席卡莉达·齐亚；《孟美伙伴关系对话联合宣言》的签署表明孟美关系提升到新高度；两国军事交流频繁，军演增多，美国明显加快了在孟加拉湾军事存在的步伐。

（三）南亚国家保持与欧洲特别是英国的传统关系

由于历史缘由，南亚国家多属英联邦国家，与英国和欧盟一些国家保持着较密切的联系。不丹、孟加拉国等在解决难民问题上较依赖欧盟国家；马尔代夫新总统瓦希德需通过参加伊丽莎白女王登基60年庆典，接触欧洲政要以扩大对外交流；安全合作一直是巴基斯坦与英国及欧盟合作的主要领域之一，英国除与巴总理、总统进行高层会晤外，还与巴基斯坦、阿富汗举行三方会谈，巴基斯坦—欧盟市场准入谈判取得重大进展；阿富汗、孟加拉国、尼泊尔等国都与欧洲不少国家保持着较频繁的交流。

（四）加大“向东”成为南亚各国外交新特点

除印度外，南亚地区注重“向东”发展的国家越来越多。孟加拉国坚持贯彻“东进政策”，加强与东南亚各国的友好合作，重点妥善处理与邻国缅甸的关系，与马来西亚、泰国、新加坡、越南、老挝等东盟各国的关系有新进展。罗辛加难民问题仍是孟缅关系中的难点，海洋边界划分问题已得到圆满解决。巴基斯坦、阿富汗、尼泊尔、马尔代夫等国都重视与“东向”国家的交往和经济合作。

2012年以来，印度的“东向”政策已经进入新阶段：一是地域上，将澳大利亚至中国和东亚这一片广大的区域纳入合作视野；二是内容上，“东向”政策战略作用凸显，更加着眼于战略安全、能源获取与经济互动，包括与东盟建立自由贸易区。在第二阶段，印度与东盟的制度化建设取得了很大进展，已经从双边合作向多边（次区域）合作发展。2012年11月，印度总理辛格参加在柬埔寨首都金边举行的第10届东盟—印度峰会及东亚峰会。12月20日，东盟—

印度峰会首次在新德里举行，来者包括东盟几乎所有成员国的国家元首和政府首脑，通过峰会东盟与印度的关系最新定位为“战略伙伴关系”。在东南亚国家中，印度将重点放在改善与缅甸关系上。2012 年 5 月 27 日印度总理辛格访问缅甸，这是印度总理 25 年来首次访问这个邻国，并分别会见了缅甸总统吴登盛和反对派领袖昂山素季。印度发展与缅甸的关系在很大程度上改变了印度与中国在湄公河领域竞争的不利地位。

2012 年以来的印日关系值得注意。6 月，日印海军在东京附近的相模湾举行了首次海上联合军事演习。10 月 22 日，日印两国政府在东京举行了外务和防卫副部级对话（2+2），同意加快两国间的安保合作。10 月 29 日，美、印、日三国召开三方会谈。印日还加强经济合作，双方讨论了印引入日高速铁路“新干线”以及对日提供稀土等问题。

此外，不可忽视印俄关系。俄罗斯在印度军购中一家独大的地位曾受到西方武器制造商的挑战，但 2012 年是俄印建交 65 周年，12 月 24 日俄罗斯总统普京访问印度，印俄签署了价值 29 亿美元的军备销售合同。双方领导人还强调发展经贸合作，普京和辛格同意启动有关建立一个包括白俄罗斯和中亚独联体国家在内的经济合作区域的谈判，并同意建立一个总额 20 亿美元的政府基金用于发展双边经贸。

四、对华关系在平稳中渐进发展

2012 年中国与南亚各国关系得到全面发展。首先，南亚 8 国与中国的交流普遍加强，高层互访、交流明显增多。中国国务院总理温家宝对尼泊尔进行正式访问，这既是中国总理10年来首次访尼，也是近年来尼泊尔接待的最高级别的外国领导人；温总理还在联合国可持续发展大会期间同不丹首相举行了首次历史性会晤，极大地推动了两国停滞不前的边界谈判；中国国家主席胡锦涛出席在新德里举行的金砖国家领导人第四次会晤，温家宝总理在柬埔寨会见印度总理辛格；巴基斯坦总统扎尔达理、总理吉拉尼和阿什拉夫、陆军参谋长基亚尼、海军参谋长桑迪拉、商务部长法希姆、新闻和广播部长阿旺等政要纷纷访华；6月阿富汗总统卡尔扎伊访华，两国发表了《联合宣言》，正式建立“战略合作伙伴关系”；8月马尔代夫总统瓦希德访问中国，庆贺中马建交40周年。

其次，中国与南亚合作以经济为主。中国除与印度双边贸易持续增长，与巴基斯坦在基础设施建设、能源、电力、汽车、手机通讯等领域的经贸合作不断增强外，还加大了对阿富汗的能源开发与合作，不断深化与南亚其他国家的经济合作。中国与斯里兰卡的合作主要集中在交通、港口建设等基础设施方面，以及旅游、电信、发射卫星等领域。斯里兰卡驻华使馆商务参赞希拉妮·阿里拉特纳女士表示，中国已成为斯里兰卡的最大投资国。中国对孟加拉国的援助与直接投资领域不断扩展，孟成衣对中国的出口表现强势，中孟合作的最大单体经济项目（合同总额约合38.05亿元人民币）——沙迦拉化肥厂项目动工意义重大，中孟还签署了多项政府间合作协议，包括《中孟经济技术合作协定》、《中孟关于帕德玛水厂优惠贷款框架协议》和《中孟关于加强电力领域合作备忘录》。中国成为尼泊尔产品的第四大进口国，两国主要在水电和基础设施建设上合作。中国不仅是马尔代夫最大的贸易伙伴，还是其最大的旅游市场。中国对马尔代夫的基础设施建设作用巨大，双方签订了《中马经济技术合作协议》、《中马优惠贷款协议框架》、《中国进出口银行关于马尔代夫1500套住房项目优惠贷款协议》等经济协议。中国已成为不丹第三大贸易伙伴，去不丹旅游的中国游客人数以每年近100%的速度增长。

最后，中国与南亚国家在文化、教育、宗教等领域的合作不断扩大，民间交往不断增进。温家宝总理访问尼泊尔期间，两国将2012年定为“中尼友好文化交流年”，同意进一步促进两国在文化、教育、青年、媒体等领域的交流与合作。一系列重要文化交流活动在两国展开，包括在尼泊尔举办中国电影节、在中国举行“2012尼泊尔文化节”、100名尼泊尔青年访华、中国与尼泊尔在加德满都签署在尼建立中国文化中心的谅解备忘录等。孟加拉国人民联盟干部考察团应邀访问中国，考察中国农村基层卫生、社会保障、扶贫等情况。

目　录

外交安全

经济发展

社会政治

国别报告

附 录

Content

报告摘要

南亚地处亚洲大陆南部，现有8个国家，即印度、巴基斯坦、孟加拉国、尼泊尔、斯里兰卡、马尔代夫、不丹、阿富汗。该地区被西亚、中亚、东亚和东南亚四面环绕，控扼印度洋海上航线，极具地缘战略价值。南亚是中国最重要的周边地区之一，中国与多个南亚国家（巴基斯坦、印度、尼泊尔、不丹和阿富汗）拥有共同边界。此外，海路把斯里兰卡、马尔代夫和中国连结在一起。中国与南亚国家的交往自公元前就已开始，双方相互交流与合作源远流长。近年来，中国与南亚的关系迅速发展，中国已成为南亚国家主要的贸易伙伴和外资来源国，也已是南亚区域合作联盟（南盟）的观察员。南亚地区形势的发展变化直接关系到中国西南地区的安全和稳定以及西部地区的对外开放。不仅如此，南亚国家在中国外交战略中占有十分重要的地位，是中国推进睦邻外交、构建和谐周边的重点。

《南亚地区发展报告》以年度南亚地区发展为主题，跟踪南亚各国的政治、经济、社会、对外关系等发展态势，对该地区相关国家的热点及焦点问题进行了总结和分析，并在此基础上对该地区近期和中期发展进行分析与预测，以揭示南亚地区在全球化和区域化进程中的发展格局与趋势，从而为中国的外交战略和周边策略提供决策依据，并为相关研究人员提供一个信息平台和学术资源。该报告由序言、专题研究、国别报告和附录4大部分组成。专题研究分为外交安全、经济发展、社会政治3大板块。外交安全方面，重点解析了美国“亚太再平衡”对印度和中印关系的影响，并对印巴关系、印美关系以及印缅关系的新态势进行了论述，此外还对阿富汗安全局势进行了探讨。经济方面，报告文章从经济增长运行态势、结构特性、动力源泉以及不利影响因素等方面多维度剖析了南亚经济增长特性。此外，对印度经济增长放缓原因、印度大停电事件以及辛格政府强行推广经济改革的背景和前景等进行了重点探讨。社会政治方面，分析了孟加拉国大选前动荡政局、2012 印度部分邦议会选举、阿萨姆邦骚乱等问题，并论析了印度推行文化软实力措施及其借鉴意义。附录则包括 2012 年南亚大事记、南亚研究主要汉文论文目录等。

ABSTRACT

South Asia, lying in the southern part of Asia continent, is geographically comprised of 8 countries: India, Pakistan, Bangladesh, Nepal, Sri Lanka, Maldives, Bhutan and Afghanistan. Surrounded by West Asia, Central Asia, East Asia and South-East Asia, South Asia takes a position of critical geo-strategic importance, commanding the sea lane of communication traversing Indian Ocean. Pakistan, India, Nepal, Bhutan, Afghanistan of South Asia share common borders with China, while Sri Lanka and Maldives are linked with China through maritime ties. China, on the other hand, regard South Asia as one of the most important surrounding regions as well. China and South Asia countries share a very long history of mutual engagement as well as cooperation, since they have started a two-way communication rightly before the common era. China-South Asia relations is witnessing a rapid development in recent years, as exemplified by China's unique role as major trade partners and FDI sources of South Asia, as well as China's observership in South Asia Association for Regional Cooperation (SAARC) . South Asian situation and its development will invariably bring about a direct impact to the security and stability of South-West China and the opening-up of West China. Furthermore, as a region of great importance for China's diplomacy, South Asia itself is a focus of China's diplomacy for Good-Neighbor and Harmonious Surrounding.

South Asia Regional Development Report is an annual work focused on yearly South Asia situation development in general and on political, economic, social as well as diplomatic dynamics of South Asia countries in specific. It attempts to bring about an in-depth analysis and forecast on near-term and mid-term development in the region, based on analysis and summary of major hot issues and foci of countries in the region. The report thus try to unveil the major paradigm and trend of South Asia in a greater backdrop of globalization and regionalization on the one hand, and offer a valuable reference for diplomatic decision-making in China as well as a information sharing and academic interaction platform for relevant researchers. South Asia Regional Development Report is made up by Foreword, Theme Paper, Country Report, as well as Appendix. The Theme Paper is constituted by three sections of Diplomacy & Security, Economy & Development, and Society & Politics. The Diplomacy & Security section explored subjects covering US "rebalance into Asia-Pacific" and its impacts to India and Sino-Indo relations, Indo-Pak relations, Indo-US relations, Indo-Myanmarnes relations and Afghan security situation. The Economy & Development section analyzed the economic development in South Asia from perspectives of its major characteristics, structural uniqueness, dynamics and unfavorable factors, in addition to discussions on the economic slow down in India , great power failure in India and Manmohan Singh's drive for further economic reform. . The Society & Politics section explored issues such as political turmoil before Bangladesh election, Pradesh parliamentarian elections in India, riots in Assam, and India's push for cultural soft power. Appendix part, at last, is made up by South Asia chronology 2012, as well as a list of major Chinese South Asian research papers in 2012.

外交安全

美国"亚太再平衡"对印度和中印关系的影响

张　力

美国的"亚太再平衡"战略目前已成为广受关注的问题，普遍认为该战略调整的主要目的是制约中国的崛起。甚至美国领导人的某些政策言论也在不断表明亚太战略调整与中国的负面关联。同样引人注目的是，美国强调印度在这一地缘政治安排中的特殊角色，包括成为美国主导的多边安全机制的主要参与者和制衡中国时不可或缺的帮手。美国为何高度评价印度的作用？印度将如何答复美国的政策期盼？印美战略合作关系能走多远？印度如何看待中国的崛起并作出正确回应？对这些问题的探索有助于认知美国"亚太再平衡"背景下的地区安全环境和中印战略关系的前景。

一、美国对印度的角色预期与战略互动

美国对印度在奥巴马亚太战略中的地位和作用的认知反映在若干重要政策文件和领导人的公开讲话中。2011 年 11 月，国务卿希拉里·克林顿为了呼应奥巴马提出的"跨太平洋伙伴关系"（TPP），在《外交政策》杂志发文称，"我们正致力于增强中国、印度和美国这三个亚太巨人之间的协调与接触"。但她在以防范的口吻谈论中国的同时，极力赞赏印度的形象并期待印度发挥更大的作用，称它为美国的主要伙伴，地区与全球和

平、安全与繁荣的重要贡献者，其他国家追求民主、开放和宽容的楷模。她宣布，美印伙伴关系植根于共同的价值和共同的利益，尽管双方需要克服障碍和回答问题，但“美国正从战略上对印度的未来下注”。她还声称：“奥巴马政府扩大了双边伙伴关系；积极支持印度的‘东向’努力，包括推动美国、印度和日本的三边对话；为以印度为支柱、经济上更加一体化、政治上更加稳定的南亚和中亚规划新的远景。”①

美国国防部 2012 年初发布《国防战略评估》，正式提出美国将重返亚洲，声明美国的战略是在亚太地区进行力量再平衡，继续为全球提供安全。该报告提到，美国将亚洲新兴大国的崛起视为极大的挑战。尽管如此，文件对中国和印度的评价却完全不同，印度的意义受到正面强调。报告明确提出，美国“正投资与印度的长远战略伙伴关系，支持它在广阔的印度洋地区成为经济支柱和安全提供者”。② 与此相应，奥巴马和希拉里·克林顿也多次强调美国重返亚太需要与印度建立长期的伙伴关系，鼓励印度在东亚发挥更积极的战略作用。③ 正如一位印度分析家所言，该报告以及美国领导人的相关言论对印度具有特殊的意义，表明亚洲的力量平衡正在发生剧烈变化，正出现的力量重组将要求印度选边站队，“印度显然已到全面评估其战略选择的时候”。④

众所周知，印度并非美国的战略盟友，也不是传统意义上的亚太国家，但报告专门强调印度的独特角色作用，显而易见地突出美国亚太再平衡与印度的特殊关联。亚太地区在报告中被重新界定为“从西太平洋和东亚延伸到印度洋和南亚的弧形地带”，⑤ 这一界定似乎提供了印度角色参与的地缘政治理由，并与希拉里·克林顿称“亚太”为“从印度次大陆到美

① Hillary Clinton, “America's Pacific Century,” *Foreign Policy*, November 2011, http: //www. foreignpolicy. com/articles/2011/10/11/americas _ pacific _ century? page=0, 6).

② US Department of Defense] Sustaining US Global Leadership: Priorities for 21st Century Defense, January 5, 2012, p. 2.

③ David J. Karl, “US-India Relations: Pivot Problems,” *The Diplomat*, February 9, 2012, http: //the-diplomat. com/2012/02/09/u-s-india-ties-pivot-problems/.

④ Abhijit Singh, “The US Pivots to the East: Implications for India,” *IDSA Comment*, January 16, 2012, http: //www. idsa. in/idsacomments/TheUSPivotstotheEastImplicationsforIndia _ asingh _ 160112.

⑤ US Department of Defense] Sustaining US Global Leadership: Priorities for 21st Century Defense, January 5, 2012, p. 2.

国西海岸”之间的区域大致吻合。[①] 日益频繁见诸美印媒体的术语“印度—太平洋”似乎也反映了双方对印度不仅在印度洋，而且在整个亚太地区的作用的共识。

奥巴马“亚太再平衡”的一个主要动因是，担心中国的迅速崛起将改变亚太地区的力量平衡并挑战美国的主导地位，由此美国提出要遏制和制衡中国。但美国高度评价印度的独特作用却是一个值得关注的现象。美国的主动姿态可能是基于若干重要考量。在美国看来，印度是另一个崛起中的亚洲大国，政治影响和战略实力不断增强；印度和美国拥有共同的民主价值、相似的利益和日益密切的战略关系；也许双方不会成为真正意义上的盟友，但增强印美战略伙伴关系将从根本上影响亚太地区的力量平衡，对美国有利。

美国重视印度的另一个重要原因是，印度也极为关切中国迅速崛起引发的“挑战”。这种关切最终必然促使印度向美国靠拢，以增加安全感和扩大自身的战略利益。美国战略学界多以结构性冲突和长期对抗的眼光来审视中印关系。冲突有可能因一些突出的问题而生，诸如悬而未决的边界争端、在共同周边地区的地缘政治竞争、缺少战略互信等。他们相信，印度一直将中国视为主要安全威胁，由于形成中的印美关系事实上将针对中国，强化这一关系会极大地增加印度与中国接触的战略筹码，符合印度的战略利益，因此印度必然会欢迎美国的亚太再平衡举措。一位美国国家情报署高官在国会作证时指出：“尽管公开声明刻意淡化印度与中国之间的紧张，但根据我们判断，印度日益担心中国在有争议边界地区以及在印度洋和亚太地区的咄咄逼人态势。”他甚至断言：“尽管印度并不认为在近期将来会发生一场全面冲突，但准备在沿边界地区发生一场有限的冲突，并支持美国在亚洲的强势地位。”[②]

美国强调印度在亚太地区的新作用，表明了其对提升印美战略合作的兴趣，这一主动姿态无疑对急于提升自身大国地位的印度构成强烈的吸引力。近年来，印度一直极大地受益于印美关系的发展。印度和美国在 2008

---

① Jaymes Song, “Clinton to expand US relations in Asia-Pacific,” November 11, 2011, http://news.yahoo.com/clinton-expand-us-relations-asia-pacific-224408310.html.

② Karl F. Inderfurth & Nicholas Lombardo, “Panetta to India: Why Now? For What?”, *CSIS Paper*, May 31, 2012, http://csis.org/publication/panetta-india-why-now-what.

年正式签署《民用核能合作协议》，为印美战略伙伴关系注入实质性内容。奥巴马执政后，印美双方继续推进核协议实施进程，并于2010年6月举行首轮印美战略经济对话。2010年11月，奥巴马访问印度，称印美关系是“21世纪的典范伙伴关系之一”，承诺美国将支持印度获得安理会常任理事国席位。访印联合声明则强调双方对亚洲、印度洋和太平洋地区的和平、稳定与繁荣的共识。美国表示欢迎印度在这一地区发挥领导作用。① 2012年2月，美国宣布结束对印度长达多年的高科技制裁，支持印度参加全球反扩散和军控机制。

美国鼓动印度实行“东向”政策。近年来，美印两国不断就东亚事务举行高规格对话，致力于协调各自对该地区一些重要敏感问题的认知。在印美战略经济对话期间，希拉里·克林顿声称，已经到了印度发挥领导作用的时候，美国鼓励印度在其周边之外发挥这一作用，尤其是在东亚。为了解释美国对印度“东向”政策的支持，她还表示印度的领导作用将有助于影响亚太地区的未来。她鼓动印度不仅要向东看，而且要与东接触并有所作为，向这一地区输出民主价值观，鼓励其他国家仿效。② 她甚至明确表示：“美国因秉承的优越地理条件从来就是太平洋大国。而印度横跨印度洋和太平洋两大海域，应与我们同为这些海上通道的管理者。我们正共同致力于造就这一地区的未来。”③

印度在美国亚太战略布局中的作用还不仅于此。除赞誉印度的角色作用之外，美国还积极推动与印度在亚太地区的安全合作。美国以保障开放、均衡和包容性发展与安全建构为理由，提出与印度发展在东亚地区的机制化合作。2010年以来，美国与印度不断举行高规格对话，磋商与协调针对亚太地区热点问题的政策选择，包括朝核危机、缅甸国内改革和中美关系矛盾等。奥巴马政府推动印度强化与日本、韩国及东盟国家的经济和

---

① “Obama endorses India's security council bid,” *CBC News*, November 8, 2010, http://www.cbc.ca/news/world/story/2010/11/08/obama-india.html.

② Sarah Parnass, “Hillary Clinton Urges India to Lead in China's Neighborhood,” *ABC News*, July 20, 2011, http://abcnews.go.com/blogs/politics/2011/07/hillary-clinton-urges-india-to-lead-in-chinas-neighborhood/.

③ Uttara Choudhury, “Panetta's India trip to focus on Asia pivot, Afghan pullout,” May 31, 2012. http://www.firstpost.com/world/panettas-india-trip-to-focus-on-asia-pivot-afghan-pullout-326718.html.

安全关系，向印度昭明与美国在东亚保持密切合作的利益。这些进展尽管有某些双边层面的考虑，但在很大程度上是针对中国的。受益于美国的推动，印日关系近年来已出现突破性进展。日本外相玄叶光一郎2011年5月访问印度，与印方共同主持双边战略对话，双方就在亚太地区增强安全合作与建立海上安全和网络安全互动机制达成协议。日本一改此前的反对立场，印日两国同意消除政治障碍以使民用核协议谈判取得成效。印度和日本2011年6月在日本海举行首次海上联合军演。① 印度总理辛格2013年5月访日期间，印日双方共同表示将加强双边防务合作，定期举行海上联合军演。②

印度对提议的三边或多边安全合作既有顾虑和犹豫，同时也感到鼓舞。美国曾多次表示愿推动印、日、美三边对话的举行。三边对话于2011年12月正式举行，美国务院称它是亚太地区三大民主国家讨论一系列相关问题的机会。美国并不回避对话后面的中国因素，称“印度和日本一直关注中国在南中国海的行为”。美国务院还表示，美国已同日本建立了密切的安全关系，正与印度发展同样的关系，美国并且有可能与印度和澳大利亚缔结三边安全条约。③ 印度对此作出积极的回应，称印度已有在东亚海域举行海上联合军演的经验，三边合作将只是时间问题。④

美国防部长帕内塔2012年6月在香格里拉对话后访问印度。他重提双边战略对话，赞扬印度是美国“亚太再平衡”计划的“关键”和“美国进入亚洲的门户”，声明“我们将扩大从西太平洋、东亚进入印度洋和南亚

---

① “India and Japan agree to boost maritime, cyber security,” *Times of India*, May 1, 2012, http://articles.timesofindia.indiatimes.com/2012－05－01/india/31526524_1_japanese-counterpart-koichiro-gemba-japan-maritime-self-defence-force-focus-on-maritime-security.

② “Joint Statement on Prime Minister's visis to Japan: Strenthening the Strategic and Global Partnership between India and Japan beyond the both Anniversary of Diplomatic Relations,” Prime Minister's office (india) press Releases, May 29, 2013, http://Pmindia.nic.in/press-details.php? nodeid＝1628。

③ Andrew Quinn, “U.S., India, Japan to meet after Obama's Asia ‘pivot’,” *Reuters News*, Dec 5 2011, http://www.reuters.com/article/2011/12/05/us-usa-asia-talks-idUSTRE7B42EQ20111205.

④ Manjeet S. Pardesi, “India, US In East Asia: Emerging Strategic Partnership-Analysis,” *Euraisa Review*, April 12, 2011, http://www.eurasiareview.com/12042011-india-us-in-east-asia-emerging-strategic-partnership-analysis/.

这一弧形地带的军事伙伴关系与战略存在”。① 一位美国分析家指出，帕内塔的访问表明提升美印伙伴关系是美国的外交重点之一，美国希望从亚太地区更广泛的利益框架中看待印美双边关系，即将它看作“21 世纪的规范性伙伴关系之一”（奥巴马语）。帕内塔与印度领导人讨论了美国重返亚洲和印美战略关系。除对印军售和防务合作等双边问题外，双方共同关心的安全话题还包括中国的崛起、巴基斯坦国内局势演变和后撤军时期阿富汗的稳定与重建。②

海上安全也是印美在亚太地区共同关心的主要话题之一。美国和印度均强调强化海上安全与保障印度洋和马六甲海峡海上交通线的重要性，但潜台词却是阻止中国未来在东印度洋和西太平洋取得主导地位。这种共识促使印度和美国不断在亚太和印度洋地区扩大海上安全合作。近年来南中国海的局势表明，美国和印度均借口确保国际海域航行自由，以不同方式介入争端，挑战中国的主权要求。印度的能源运输线从萨哈林岛直到印度西海岸的曼加罗尔，也成为其关注南中国海交通线畅通的理由。而且，印美两国海军近年来频繁举行海上联合军演。这类海上演练的规模持续增大，项目不断增加，内容从打击海盗、人道主义搜救到反潜艇作战协调。③

二、印度如何回应中国崛起?

印度对中国崛起的反应提供了评估印美亚太战略接触的另一个视角。对印度而言，中印关系无疑是最重要和最复杂的双边关系之一。在很大程度上，中印两国在当前的国际体系中存在不少共识与共同的发展利益。但

① Vijay Prashad,“India: the US doormat into Asia?”, *Asia Times*, June 19, 2012.

② “US envoy Leon Panetta hails India role in Asia security,” *BBC News*, June 5, 2012, http: //www. bbc. co. uk/news/world-asia-18327849; Karl F. Inderfurth & Nicholas Lombardo, “Panetta to India: Why Now? For What?”, *CSIS Paper*, May 31, 2012, http: //csis. org/publication/panetta-india-why-now-what.

③ Manjeet S. Pardesi，前引文。

与此同时，中印之间也存在不少问题，并且不能排除战略对抗的可能。因此对印度来说，如何应对迅速崛起的中国始终是一个需要正面回答的核心问题。寻求和解还是正视冲突？在竞争中主动示弱还是积极诉诸对抗？不同政策选择的可行性和可信性究竟如何？印度是否应该与美国联手制衡中国？印度战略精英在这些问题上存在争论和分歧。

某些有影响的观点相信，印度与中国打交道的最佳选择是基于政治现实主义，确保中印双边关系能够管控、稳定并避免冲突。H. 潘特认为，中国崛起的速度比印度和美国战略家预期的更快，已引起许多亚太国家的担忧。某些地区国家期望印度发挥制衡中国的作用，美国承认印度作为主要的亚太国家的地位，并鼓励印度发挥作用。他认为，中印之间存在利益冲突的现实增大了印度对美国的战略依赖。但他表示，发挥这一作用将必然承认与中国之间在核心利益上存在着不可调和的矛盾。即使接受与中国存在重大利益矛盾并不时出现紧张的现实，也并不意味着必须与中国发生军事冲突，而是应该对中国对周边和印度的政策作出主动的回应。这种定向将决定性地影响印度的对华政策选择。①

印度战略学者对参与制衡中国将缩小中印战略能力差距并不感到乐观。知名战略学者拉贾·莫汉认为：“印度并无迫切需要制衡中国，制衡并不能改变中印实力差距不断拉大的现实。”他指出，中国是全球第二大经济体，国防预算超过印度 4 倍，中印国家综合实力的差距不可能缩小。他指出印度缩短与中国的发展差距必须具备两大必要条件：一是中国的经济增长大幅度放慢，二是印度的增长将急剧加速，但这两种情形在可预期的将来难以成为现实。他假设印度制衡中国的前提是中国不愿满足印度的地缘政治利益，有两种方式可实现这一制衡：一是尽管无法与中国在实力上完全对称，但可通过充分动员国内经济和军事资源达成大致的均势；二是寻求通过联盟和伙伴关系从外部制衡中国。②

事实上，鲜有印度分析家指望超越中国的奇迹真会发生。印度新德里政

---

① Erin Fried, “India's Response to a Rising China: Economic and Strategic Challenges and Opportunities: An Interview with Harsh V. Pant,” *Policy Q & A*, *NBR*, August 30, 2011.

② C. Raja Mohan, “China's Rise, America's Pivot, and India's Asian Ambiguity,” *Seminar India*, January 31, 2013, http://www.carnegieendowment.org/2013/01/31/china-s-rise-america-s-pivot-and-india-s-asian-ambiguity/fdp0.

策选择研究中心主任莫汉·古鲁斯瓦米比较中国和印度的不同方面后客观指出：印度若要赶上中国，必须确保在今后 20 年连续实现 12%的经济增长率，然而这完全不现实。因此，鉴于两者间差距日益拉大，印度的主要问题是如何学会与崛起的中国打交道。他承认中印目前仍继续扩大的差距，但强调必须通过竞争缩小这一差距。“印度和中国显然注定将成为两个经济大国，它们也是为资源、市场和影响日益竞争激烈的邻邦。印度和中国不可能再次成为仇敌，然而发生战争和冲突的可能性虽然很小，但经济环境必定将使两国成为竞争者和对手。要确保中印之间不再次爆发冷战，印度必须缩小与中国的经济发展差距，并极大地缩小相互间的战略差距。”[①]

印度国内不乏对中国发展的正面评价及日益加深的兴趣。有观点认为，印度最终将通过与中国扩大经济合作而获益匪浅。[②] 他们意识到，中印在气候变化和全球金融秩序重构等问题上利益相同，印度应将中国看作发展伙伴，而要实现这一合作，首先需要相互理解各自的利益诉求并相互支持在共同关切的国际问题上发挥影响。[③] 此外，对中国经济发展的积极表述也反映为印度政界人物 J. 兰密施发明的新词“Chindia”（著名印籍华人学者谭中先生将该词译为“中印大同”），这一理念强调中印之间的合作与健康竞争。[④]

中印经贸关系的发展可对印度制衡中国起到阻止作用。经贸联系被广泛地视为中印双边关系中最富活力的一面，双边经贸在过去 10 年保持稳定增长态势，2011 年达到创记录的 740 亿美元。中印双方最近同意 2015 年将双边贸易额提高到 1000 亿美元。[⑤] 只要评估双边关系，中国是印度的最大贸易伙伴以及印度是中国在南亚的最大贸易伙伴已成为很难

---

① Mohan Guruswamy, “Will India Catch up with China?”, http://www.india-seminar.com/2006/557/557%20mohan%20guruswamy%20at%20al.htm.

② Shyam Ponappa, “What India must learn from China,” May 6, 2010, *Redif. Comments*, http://business.rediff.com/column/2010/may/06/guest-what-india-must-learn-from-china.htm.

③ Nabeel A. Mancheri and S. Gopal, “How Does India Perceive China's Rise?” *Foreign Policy Journal*, December 18, 2012, http://www.foreignpolicyjournal.com/2012/12/18/how-does-india-perceive-chinas-rise/.

④ “Chindia,” http://en.wikipedia.org/wiki/Chindia.

⑤ Ding Qingfen, “China, India in talks on trade strategy: Li,” *China Daily*, May 22, 2013, http://www.chinadaily.com.cn/china/2013-05/22/content_16517722.htm.

漠视的事实。经济和商业互动也有助于提升互信并为双边关系的发展提供强有力的支撑。印度虽然面对较大幅度的贸易逆差，但仍然高度评价对华经贸关系的重要意义。中国已认真承诺印度将改善贸易不平衡现状。

与中国战略学者的关切相似，许多印度战略精英对中印关系中的突出问题感到不安，认为一种可管控的双边关系符合印度的利益。印度国防战略分析所学者 S. 杜塔写道：印中关系正处在十字路口，其走向将取决于印度和中国在相互接触中如何处理各自的利益关切。换言之，未来的中印关系取决于双方是否能够管控涉及主权和安全的核心问题。他相信中印两国都需要一种稳定、可靠和合理的合作关系，从而增进它们在国际体系中的地位与权力。但他却同时声称，中国应对改善中印关系承担更多的责任，包括最终解决边界问题。①

有分析家指出，尽管印度因受国力所限在面对中国时应持非对抗性政策，但中印关系中的突出问题有可能导致双方走向对抗。因此，印度必须在发展中印经贸关系的同时做好对抗中国的准备。他们承认，中印双方在气候变化、能源需求等国际发展领域存在共同利益，从而证明了合作的必要性，但双方因军事和战略实力差距带来的阴影却始终挥之不去。受这种焦虑的促使，印度应寻求通过谈判及早解决边界问题，同时建立自身可信的核威慑和常规威慑，以应对来自中国的挑战。② 印度面对中国的崛起，应将外交互动与经济合作作为当前的政策，但必须将增强战略实力作为长远目标，以应对将来发生的突发性对抗。

不少印度战略学者对如何正确回应中国崛起的“挑战”表现出某种紧迫感，甚至对印度政府已有可信赖的长远对华之策持怀疑态度。以防务安全为例，印度学者 A. 库马尔称：印度总是被动地回应中国的军事现代化，而且发展自身国防和战略资产的努力与中国比较相形见绌。他因此提议，鉴于印度所处的复杂地缘政治环境，随着中国的崛起，印度的主要目标应是防范中国扩张势力范围。也有印度战略学者担心印度不

① Sujit Dutta, “Managing and Engaging Rising China: India's Evolving Posture,” *The Washington Quarterly*, Spring 2011, p. 141.

② Nabeel A. Mancheri and S. Gopal，前引文。

能有效应对日益严峻的安全挑战，敦促政府对中国的崛起奉行连贯和系统的对华政策。①

对海上安全的焦虑提供了另一个有说服力的例子。印度国内存在对“珍珠链战略”和中国以谋略占据印度上风的臆测。中国与南亚及印度洋地区中小国家发展关系被他们视为深化中国在印度洋的战略存在和围堵印度战略的组成部分。印度战略分析家认为，中国海军目前和近期将来并不能成为印度的重大威胁，但将对印度在印度洋的长远利益构成严峻挑战。由此引出一种矛盾思维，即一方面承认瓜达尔、吉大港、汉班托塔等中国投资和援建的印度洋港口只是商业性质的设施；另一方面却认定一旦将来需要，中国有能力和意图将这些港口改建为军事设施。②

对中国崛起的双向思维，在很大程度上解释了印度回应美国亚太政策调整时的迟疑不决和患得患失。显而易见，印度需要强化与美国的安全互动，以增加与中国接触、竞争或对抗的战略筹码。但与此同时，印度也试图与美国的亚太战略保持适当距离，以便确保战略自主权并赢得更大的外交运作空间。这种两面下注的姿态有助于印度的对华、对美关系以及总体外交走出“选择的困境”。

三、影响印度选择的因素

美国奥巴马政府亚太再平衡战略的大背景是，中国的迅速崛起与美国急于通过联盟和伙伴关系显示自己在亚太的领导地位不受挑战的意志和实力。印度对美国重返亚太的性质应有清晰的认知。然而在印度看来，美国的角色预期既有强烈吸引力又存在极大风险。分析家阿迈尔拉蒂夫认为，

---

① Arvind Kumar, “India’s Response to China’s Rise,” *The Diplomat*, January 3, 2012, http://thediplomat.com/flashpoints-blog/2012/01/03/india% e2% 80% 99s-response-to-china% e2%80%99s-rise/.

② Iskander Rehman, “China’s String of Pearls and India’s Enduring Tactical Advantage,” *IDSA Comment*, June 8, 2010, http://www.idsa.in/idsacomments/ChinasStringofPearlsandIndiasEnduringTacticalAdvantage_irehman_080610.

也许问题的关键还在于“印度如何适应美国在亚太地区的安全构想”以及能否如预期那样有义务和能力充当亚洲的安全提供者。[①] 但无论怎样，如何解读美国的亚太战略，尤其是对印度的角色预期及将产生的广泛影响，将直接影响甚至左右印度的总体外交思维和与中国之间的复杂关系。

显而易见，美国鼓动印度在亚太地区发挥特殊作用，与印度崛起为全球性大国的抱负相吻合。而且，美国重返亚太背后的中国因素也适应印度将中国视为最大假想对手的需求。但尽管如此，印度的战略精英和舆论领袖有理由对美国分派的角色是否能使印度的战略利益最大化感到质疑和焦虑。拉贾·莫汉敏感地意识到这一矛盾，认为：美国重返亚太表面看来对印度是一个难得的机遇，正在形成的中美对抗也许将改善印度长期以来在亚洲的地缘政治孤立状态，使它有机会在新的地区力量均势中成为必不可少的角色。他还承认，印度近年来提升与美国及盟国的安全关系，尝试对东亚局势施加单独影响，已表明制衡中国的意图。但根据他的观察，“美国积极推动公开的制衡战略，并鼓励印度在亚洲发挥领导作用，但印度却正发出模糊的信号，对美国重返亚太既不表赞同也未予批评”。[②]

印度的质疑和顾虑是多方面的。首先，印度似乎并不愿参与美国主导的在亚太地区针对中国的多边战略联盟，至少对此表现得并不积极。战略学者 B. 拉曼指出，对印度更有利的选择应是基于一系列问题上相互支持和战略共识的一对一双边伙伴关系，而非联盟类型的伙伴关系。印度与其他许多亚太国家不断地建立这类双边伙伴关系，并公开响应美国对中国战略崛起的关切。但它们都宁愿奉行一种更谨慎的政策，即在安全问题上相互支持和协调的同时不引起中国的警觉。更重要的是，印度的对华政策应基于自身的利益关切，尤其是中印边界问题和中巴战略关系，应避免因结盟而使这些双边问题复杂化。[③] 他还认为，双边安全合作和多边安全合作在性质上不同，印度尽管与美国在防务、反恐和海上安全等领域保持协调，并与日本、越南、韩国、新加坡和澳大利亚等国进行安全合作，但必

① S. Amer Latif, “India and the New U. S. Defense Strategy,” February 23, 2012, http://csis.org/publication/india-and-new-us-defense-strategy.

② C. Raja Mohan，前引文。

③ B. Raman, “Main Elements of US Foreign Policy Towards Asia,” *South Asia Analysis Group*, Paper no. 4848, Jan. 9, 2012.

须对将双边关系融入多边关系持极为谨慎的态度。另一位印度安全分析家则坦率地表示，尽管印度和美国同样关切中国的战略，“但印度不想成为制衡中国的棋子或战略筹码”。[①]

印度对自身的大国定位如何是回应美国重返亚太的重要因素之一，也在很大程度上反映出对中国崛起的判断。战略分析家卡比拉认为，印度应定位自己为拥有战略自主权的大国，而不是以美国为首的联盟的成员。她批评印度政府外交政策导向的模糊性，并注意到一种选择的危机：随着全球力量中心的转移而实现战略自强与独立，或是依靠其他大国提供补偿性力量以克服自身的不安全感。这两种选择可能相互抵消，甚至完全发生矛盾。但“如果印度有志成为亚洲的两个大国之一，就需要在战略上自强和独立”。卡比拉甚至断言：“如果未来中印发生武装冲突，美国绝不会站在印度一边；印美战略伙伴关系也不可能成为印度在亚洲战略崛起的阶梯，因为这两种情形都会使美印的战略利益发生冲突。”她补充说，印度要走出这一困境，必须通过加强常规核能力与中国达成有效的战略共识，一道积极回应全球力量中心向亚洲转移的趋势。而要做到这一点，印度必须与美国主导的亚太多边安全机制脱钩，明确表明不参与的态度。[②]

与力争美国战略支持或确保战略自主权不同，另一观点认为印美关系表现出“搭车—制衡”的悖论特征。它表明，在一个美国霸权仍将长期存在的世界，印度需要美国的全球领导地位以实现其自身的国家利益。也就是说，印度的大多数国际抱负能否实现在很大程度上将取决于美国的认可及它的霸主地位。但另一方面，印度与中国等其他新兴大国一道支持并推动国际多边体系，极大地削弱了美国霸权的合法性。[③] 例如，印度与美国在伊朗核问题和阿富汗重建等地区热点问题上的立场差异便是雄辩的事例。由此看来，印度尽管与美国保持密切合作，但不太可能成为美国标准

① Jyoti Thottam, “Six Things to Watch from Hillary Clinton's India Tour,” *Global Spin*, July 19, 2011, http: //globalspin. blogs. time. com/2011/07/19/six-things-to-watch-from-hillary-clintons-india-tour/.

② Subhash Kapila, “India Strategically Uncertain in Global Power Shift to Asia,” *South Asia Analysis Group*, Paper no. 5027, May 2, 2012.

③ Yogesh Joshi, “The Bandwagoning-Balancing Game: Contradictions of the India-US Partnership,” *IDSA Comment*, August 5, 2011, http: //www. idsa. in/idsacomments/TheBandwagoningBalancingGameContradictionsoftheIndiaUSPartnership _ yjoshi _ 050811.

意义上的战略盟友。

事实上，美国战略分析家也并非未注意到印度在选择上的顾虑和局限。有学者甚至直接指出印度的雄心抱负与实际能力之间存在反差，质疑印度是否有能力成为美国可信赖和可倚重的战略伙伴。[①] 他们还认为，印美之间的分歧源于各自政策的轻重缓急不同和利益不一致。他们承认："新德里并不愿卷入日益激烈的中美对抗之中，假如出现这一情形，也不会让印度成为美国对华冷战中的次要伙伴。”因此最终，“印度必须自行决定是想成为一个亚太大国，还是继续当一个区域性国家”。[②] 有观察家意识到，印度不愿积极回应美国亚太战略的其他理由还包括：重视战略自主权；对完全依赖印美战略关系存在顾虑；担心美国从阿富汗撤军引发周边安全乱局，从而制约印度的东向努力；以及认为支持美国重返亚太将表明印度在战略上仍寄希望于外部补偿性力量，损害战略自信心，助长传统的战略惰性。因此，强调印度在美国重返亚太战略中的作用，即希拉里·克林顿所说的“为印度的未来做战略下注”，美国实际表明的是期待印度的长远作用，而不是产生即刻效应。原因很简单：美国并不能支配印美之间的战略合作。如果情况属实，印美在亚太地区增强战略接触的关键在于印度而非美国。而且，美国并不指望与印度迅速达成战略一致，也不指望印度在近期将来转变成美国可信赖的主要安全伙伴。

四、对中印关系的启示

随着美国奥巴马政府提出重返亚太战略，印度的地缘政治重要性进一步上升。从美国的亚太战略和印美战略合作不断深化来看，应对中国崛起引起的“挑战”是它们心照不宣的共识和共同关切。美国鼓动印度在亚太

① Simon Denyer and Rama Lakshmi, “India appears ambivalent about role as U. S. strategy pivots toward Asia,” *The Washington Post*, October 13, 2012, http://articles.washingtonpost.com/2012-10-13/world/35501927_1_asia-pacific-senior-indian-officials-indian-media.

② Robert M. Hathaway, “India and the US Pivot to Asia,” *Yale Global*, February 24, 2012, http://yaleglobal.yale.edu/content/india-and-us-pivot-asia.

地区扮演特殊角色，包括制衡中国。“中国因素”显然是理解印美关系渐行渐近的关键要素之一。印度认为美国的支持有助于实现其谋求世界大国地位，加大与中国抗衡的战略筹码。但与此同时，印度出于国家利益最大化的需求，试图在处理双边和多边安全关系时确保其战略自主权和外交灵活性。这种权衡决定了印度在密切印美战略关系的同时，将强调与中国保持稳定的关系。印度的复杂考量，加之印美之间尚存分歧和不信任，这决定着印度将会对美国重返亚太保持冷静，回应谨慎。因此，在可预期的将来，虽然印美战略伙伴关系将继续发展，但印度成为美国标准意义上的盟友，加入美国主导针对中国的多边安全机制的可能性甚小。

美国“亚太再平衡”战略和印度如何回应对中国及中印关系具有不可低估的影响。从印度的谨慎政策权衡和灵活外交选择判断，中国可考虑在对印关系中作出某些姿态调整。诚然，由于相互地缘政治矛盾和长期信任赤字，中印关系的健康发展还存在障碍，印度国内视中国为主要战略威胁和假想敌的观念将继续存在，并且不排除影响印度的中国政策，因此中国需要做好政策应对和战略防范。但从积极方面着眼，中国应劝阻印度与美国的亚太战略保持距离。中国可对印度的国际性抱负给予更明确的支持，包括在联合国改革的背景下跻身安理会常任理事国，以及在其他国际多边机制中发挥更大的作用。应寻求尽早解决中印边界问题，从而提升相互之间的战略信任，减少军事对抗的理由。中国应在南亚继续奉行对称外交，同时与印度、巴基斯坦两国发展友好关系，它要求在保持和发展与巴基斯坦的“全天候”伙伴关系的同时，与印度发展可信和友好的关系，尽管这将是一项考验智慧和具有难度的挑战。中印两国有必要共同探索在能源安全和民用核能领域的合作；构建解决（至少缓解）潜在的水资源争端的对话与合作机制；共同努力减少贸易不平衡和扩大相互投资，确保双边经贸的可持续发展；尝试在共同周边地区联手开发基础设施的可能性；致力并提高海洋安全领域的建设性互动；增强联合反恐和打击极端主义的协调努力和可操作性；增强民间沟通与理解，使公共外交成为一种有力的政策工具，积极影响和引导两国国内舆论，帮助增进互信，为发展健康和稳定双边关系的政治意愿提供民意支撑。

2012年的印巴关系

陈 劼

总体来看，2012年的印巴关系平稳改善，双方出于多方面因素考虑，致力于推进关系正常化进程，但进展有限，由于历史遗留问题难有突破，两国关系发展任重道远。

一、两国关系的主要进展

2012年，印巴关系发展主要表现为以下几个方面：

（一）政治交往频繁，成果有限

2012年印巴两国开展了频繁的政治交往。

1. 高层互访

巴总统扎尔达里访印是2012年两国高层互访中最为引人注目的事件。4月8日，扎尔达里抵达新德里开始为期一天的印度之旅，行程包括对阿杰梅尔的访问以及参加由印度总理辛格为其准备的欢迎午宴。人民党主席比拉瓦尔、内政部长马利克以及外交秘书吉拉尼随行。这是扎尔达里对印度的首次访问。扎尔达里和辛格讨论了双边问题并同意进一步改善和促进两国关系。辛格接受了扎尔达里提出的访巴邀请。[①] 此访在一定程度上拉近了两国的距离，但因扎尔达里访印为私人访问，而且时间短暂、成果有限，象征意义大于实质意义。

另一桩引人注目的高层访问是印度外长克里希纳对巴基斯坦的访问。9 月 7 日，印度外长克里希纳访巴，分别同巴总统、总理及外长会谈。巴总统扎尔达里与克里希纳会谈时称，巴基斯坦一直都在致力于促进地区的和平与稳定，以此让本地人民充分发掘南亚地区的巨大机遇。他还表示，寻求以和平方式解决两国间悬而未决的问题，确保地区的长久和平与稳定对印巴两国至关重要。[②] 巴总理阿什拉夫·克里希纳会谈时表示，对印巴关系改善和未来沿着政府设定的方向不断向前发展充满信心。[③]

9 月 8 日，印巴外交部长级会谈在巴举行。会谈的主要内容是回顾过去一年半时间内两国在处理所有争议问题上的进展。两国外长首先举行了单独会谈，包括和平、安全和信心建立措施、克什米尔、锡亚琴冰川、塞·克里克湾、签证制度及经济合作等问题均为会谈的重要内容。随后，巴外长哈尔和印外长克里希纳分别率团继续举行代表团级会谈。哈尔和克里希纳重申，将恪守承诺，致力于和平解决两国间一切悬而未决的问题，建立相互信任的双边关系。双方在互利合作、增进民间交往及增加双边贸易等方面达成共识。[④]

克里希纳此番访问可谓一波三折：原定于 7 月访巴，但由于印度总统选举以及其他原因而推迟；后终于在 9 月成行，但印度媒体对访问成果不抱太大期望。克里希纳访巴期间双方签署了关于签证、航线、贸易等方面的若干个协议，从签订的协议数量来看，此访“富有成果”，但在关键问

---

① President Zardari arrives in New Delhi on day-long visit, APP, Apr 8, 2012, http://app.com.pk/en_/index.php?option=com_content&task=view&id=189073&Itemid=1.

② Pakistan has abiding interest in promotion of regional peace, stability: Zardari, APP, Sept 7, 2012, http://app.com.pk/en_/index.php?option=com_content&task=view&id=207321&Itemid=1.

③ PM confident of improvement in Pak-India relations, APP, Sep 7, 2012, http://app.com.pk/en_/index.php?option=com_content&task=view&id=207319&Itemid=1.

④ India wants a stable, prosperous Pakistan: Krishna, APP, Sep 7, 2012, http://app.com.pk/en_/index.php?option=com_content&task=view&id=207249&Itemid=1.

题上未有突破性进展。

除上述高层互访之外，两国间部长级和秘书级会谈以及代表团的互访也较为频繁，主要有：1月24日，印驻巴高级专员萨巴瓦尔（Sharat Sabharwal）拜访巴外交部长哈尔。双方讨论了双边关系和两国的对话进程。哈尔强调两国对话进程应以一种持续、结果为导向的方式进行。[①] 3月5日，萨巴瓦尔拜又访巴总理吉拉尼，转达印度总理辛格的问候。吉拉尼向萨巴瓦尔询问了印度国大党领袖索尼娅·甘地的身体状况，并祝愿其早日康复。[②] 1月25日，巴石油和自然资源部长侯赛因同印度石油和天然气部长雷迪在新德里举行土库曼斯坦—阿富汗—巴基斯坦—印度（TAPI）天然气管道项目会谈。双方讨论了包括过境费和天然气销售购买协议（GSPA）的签署等问题。[③] 2月13日，印度商工部长夏尔玛访巴，表示双边贸易发展将加快两国经济增长，并使两国人民受益。巴总理吉拉尼在同夏尔玛会谈时表示，印巴关系正常化将使双方共赢。[④] 夏尔玛同巴商务部长法希姆分别代表两国签署了三份协议，即《海关合作协议》、《相互承认协议》和《投诉解决机制协议》，通过履行这些协议，两国将系统地解决非关税壁垒问题。2月22日，印度议会人民院（下院）议长梅拉·库马尔率领印度议会代表团访巴，巴总理吉拉尼和国民议会议长米尔扎分别会见印度议会代表团。巴方领导人表示，愿与印度达成务实、建设性和富有成效的协议，对话对于永久的、稳固的两国关系很有必要，希望进行持续的对话进程，印度议会代表团访巴将有助于两国通过议会外交促进更友好的双边关系。[⑤] 5月25日，为期两天的印巴国务秘书级会晤结束，两国宣布将共同打击恐怖主义。印度中央调查局（CBI）同巴基斯坦联邦调查局

---

① Foreign Minister, Indian HC discuss bilateral ties, APP, Jan 3, 2012, http://app.com.pk/en_/index.php?option=com_content&task=view&id=173359.

② Indian HC conveys PM Gilani good wishes from Manmohan Singh, APP, Mar 5, 2012, http://app.com.pk/en_/index.php?option=com_content&task=view&id=182725&Itemid=1.

③ Petroleum Minister Dr. Asim meets his Indian counterpart, APP, Jan 25, 2012, http://app.com.pk/en_/index.php?option=com_content&task=view&id=176171&Itemid=1.

④ Normalization of Pak-India ties to be mutually beneficial for both people: PM, APP, Feb 15, 2012, http://app.com.pk/en_/index.php?option=com_content&task=view&id=179931&Itemid=1.

⑤ Talks necessary for permanent, solid Pak-India ties: PM, APP, Feb 22, 2012, http://app.com.pk/en_/index.php?option=com_content&task=view&id=180877&Itemid=1.

(FIA) 其后召开会议以商定有关合作细节。[①] 7 月 4 日，印巴在新德里举行外交秘书级会谈，巴外交秘书吉拉尼同印外交秘书马塔伊主要讨论了恐怖主义威胁、克什米尔争端及信心建立措施等问题。巴方在会谈后强烈反对任何关于巴基斯坦国家机构曾参与印度恐怖主义袭击事件的说法，印巴同意使两国对话走上正轨。[②] 8 月 23 日，巴国会议员和商界人士代表团对印度开始为期 5 天的访问，参加由印度工商联合会举办的首次“印巴对话”。11 月 6 日，巴参议院主席侯赛因·布哈里与来访的印度议会人民院（下院）议长梅拉·库马尔及印度国会代表会谈，称巴基斯坦渴望与所有邻国，包括印度保持友好关系。12 月 5 日，受印度联邦院和人民院主席的共同邀请，巴参议院主席赛义德·布哈里访印。这是印巴两国议会交流的延续。12 月 14 日，巴基斯坦内政部长马利克访问印度。

2. 多边会议上的高层会晤

2012 年 3 月 28 日，巴总理吉拉尼在韩国首尔举行的第二届核安全峰会上同印总理辛格短暂会面。2012 年 8 月 30 日，在第十六届不结盟运动首脑峰会期间，巴总统扎尔达里与印总理辛格举行会谈。扎尔达里表示，巴印两国共同努力，使两国间的对话进程有成效。

3. 其他政治往来

除了上述高层互访和多边会议会晤外，2012 年两国还在多个方面进行了政治交往：1 月 1 日，印巴互换核设施清单和拘押对方人员名单。4 月 5 日，印巴原则上同意设立由南亚地区外的中立专家组成的印度河水委员会独立办公室，在联合国指导下工作，以监督和促进克什米尔地区的可持续发展。这是 3 月 28—30 日在新德里举行的一次二轨外交战略关系对话会上

---

① Pakistan, “India vow joint terror fight,” Daily times, May 26, 2012, http://www.dailytimes.com.pk/default.asp?page=2012%5C05%5C26%5Cstory_26-5-2012_pg1_2.

② Pakistan, India foreign secretary level talks today, The News, July 4, 2012, http://www.thenews.com.pk/Todays-News-13-15801-Pakistan-India-foreign-secretary-level-talks-today.

达成的共识基础上作出的决定。[①] 5 月 7 日，巴总理吉拉尼在参加第二届“期望和平”（Aman Ki Ashan）经济会议期间表示，“巴希望同印度在相互平等的基础上解决所有问题，希望同印度开始经济合作新纪元”。[②] 5 月 13 日，印巴同意建立两国内政部长热线，以便及时共享有关恐怖主义威胁的信息。[③] 6 月 23 日，印度总理辛格祝贺阿什拉夫当选巴基斯坦总理，希望两国对话取得新进展。7 月 16 日，印度板球管理委员会（BCCI）主席表示，将邀请巴基斯坦在 2012 年底进行板球系列赛，比赛分 3 天进行，时间在 12 月和 2013 年 1 月之间。巴基斯坦板球委员会对该提议表达欢迎。[④] 7 月 17 日，巴总统扎尔达里在同巴板球协会主席会谈时，对印度板球管理委员会（BCCI）的决定表示欢迎。[⑤] 7 月 18 日，巴总统扎尔达里给印度总理辛格写信，表达他对两国恢复板球关系的期望，希望促进两国人员交流的发展。

7 月 19 日，印巴跨实际控制线建立信任措施联合工作组（Cross-LoC CBMs）开会，讨论了简化和加强现有跨实控线贸易和旅游的安排方式。[⑥] 7 月 23 日，巴总统扎尔达里向慕克吉发出贺电，祝贺他当选为印度总统。7 月 27 日，扎尔达里正式邀请印总理辛格访巴，称此访将为两国领导人提供促进双边关系的机会。9 月 15 日，巴总理阿什拉夫致信印总理辛格，感谢他向拉合尔和卡拉奇火灾表示哀悼。10 月 1 日，巴基斯坦最高法院首席大法官伊夫蒂哈尔·乔杜里会见印度最高法院律师协会代表团，表示两国

---

① Track-II：Pakistan，India move to avert water war，The News，Apr 6，2012，http：//www. thenews. com. pk/Todays-News－13－13729－Track-II-Pakistan-India-move-to-avert-water-war.

② Pakistan wants to resolve all issues with India through dialogue：Gilani，APP，May 7，2012，http：//app. com. pk/en _/index. php? option = com _ content&task = view&id = 193449&Itemid=1.

③ Pakistan，India to set up hotline to fight terrorism，The Nation，May 14，2012，http：//www. nation. com. pk/pakistan-news-newspaper-daily-english-online/national/14 － May －2012/pakistan-india-to-set-up-hotline-to-fight-terrorism.

④ India invites Pakistan for first series in 5 years，Dawn，July 17，2012，http：//dawn. com/2012/07/17/india-invites-pakistan-for-first-series-in－5－years/.

⑤ President welcomes resumption of Pakistan-India cricket ties，APP，July 17，2012，http：//app. com. pk/en _/index. php? option=com _ content&task=view&id=202277&Itemid=1.

⑥ Pak-India Working Group discusses modalities on Cross-LoC CBMs，APP，Jul 19，2012，http：//app. com. pk/en _/index. php? option=com _ content&task=view&id=202585&Itemid=1.

法律人士不仅在为印巴创造和平、稳定的环境发挥着重要作用，而且在加强两国交流和政治互信中起着关键作用。[①] 10月19日，巴新闻和广播部长凯拉参加在拉合尔举行的印巴媒体会议时表示，印巴媒体应该为两国创造良好环境扮演重要角色，双方之间的问题无法通过对抗解决。[②] 10月22日，巴内政部长马利克与印度最高法院律师协会代表团举行会谈。马利克呼吁双方加强努力，确保发展和繁荣。双方还应解决克什米尔和印度河水资源等核心问题。马利克表示，两国法律界正发挥积极作用，建议两国成立有律师参加的特别小组来讨论所有问题并找出解决途径。他还宣布：放宽对印度律师的签证限制；将旁遮普省的嫩加纳萨希布（Nankana Sahib）确定为圣城，免除来自印度朝圣者的警方报告单。[③] 10月30日，印度政府宣布，巴基斯坦板球队将于12月赴印进行短期赛事，这意味着自2008年孟买恐怖袭击后暂停的两国间“板球纽带”有望恢复。12月25日，印巴两国板球队在新德里举行5年来的首次系列对抗赛，从12月25日至1月6日举行了多场比赛。[④] 12月28日，印巴核领域互信措施第七轮专家级会谈在新德里举行。双方回顾了两国间关于导弹试验预先通知协议以及《降低意外使用核武器风险协议》的运行状况，并对后者从2012年2月份开始延期5年表示满意。[⑤]

（二）经贸关系不断向前，摩擦时有发生

在两国经贸关系上，2012年最重要的突破是两国贸易正常化进程由商

① Lawyers role vital for peaceful Pakistan-India ties: CJP Iftikhar, The Nation, Oct 2, 2012, http: //www. nation. com. pk/pakistan-news-newspaper-daily-english-online/national/02 －Oct－2012/lawyers-role-vital-for-peaceful-pakistan-india-ties-cjp-iftikhar.

② Kaira seeks media's role in promoting Pak-India ties, APP, Oct 19, 2012, http: //app. com. pk/en _ /index. php? option＝com _ content&task＝view&id＝212317&Itemid＝1.

③ Pak institutions capable of overcoming terrorism: CJ, The News, Oct 23, 2012, http: //www. thenews. com. pk/Todays-News－13－18357－Pak-institutions-capable-of-overcoming-terrorism-CJ.

④ 殷夏：“巴基斯坦球队5年来首次访问印度”，中国日报网，2012年12月11日，http: //www. chinadaily. com. cn/micro-reading/dzh/2012－12－11/content _ 7734692. html。

⑤ Seventh India-Pakistan Expert Level Talks on Nuclear CBMs, APP, Dec 28, 2012, http: //app. com. pk/en _ /index. php? option＝com _ content&task＝view&id＝220027&Itemid＝1.

议讨论阶段走向落实阶段。两国新签证制度的签署将方便两国人员往来和交流。在能源合作上，印度将向巴基斯坦出口石油和电力，可在一定程度上缓解巴基斯坦的能源短缺问题。在金融投资领域，印度允许巴在印直接投资，双方允许在对方国互设银行分支机构。但两国贸易正常化也带来了相应的贸易摩擦。

1. 贸易正常化艰难推进

印巴在 2011 年 11 月的第六轮商务秘书级会谈中制定贸易正常化“两步走”计划：一是巴方把从印度进口商品的肯定清单转变为否定清单；[①] 二是逐步取消并于 2012 年底前完全淘汰否定清单，逐步实现给予印度贸易最惠国待遇。印度取消对巴非关税壁垒，实现两国贸易正常化。

第一阶段的实施过程一波三折，主要表现如下：2012 年 2 月 14 日，巴基斯坦联邦内阁拒绝通过巴商务部提出的与印度贸易的否定清单（包含 636 种商品）。[②] 正在巴访问的印度商工部长夏尔玛对此表示遗憾。[③] 2 月 29 日，巴联邦内阁批准对印贸易正常化路线图，巴将在 2012 年 12 月 31 日前逐步取消包括 1209 种商品在内的对印贸易否定清单，逐步实现双边贸易正常化，两国贸易正常化进程由此向前迈进一大步。[④] 3 月 21 日，巴基斯坦开始从法律法规层面推进贸易正常化。巴商务部长发布的《法律法规条令》规定，除否定清单上的 1209 项商品之外，印度能从巴进口任何东西。[⑤] 然而在这之后，贸易正常化又现起伏。5 月 7 日，巴商务部秘书扎法尔在出席第二届印巴经济会议时表示，巴内阁在 2 月 29 日作出把否定清单

---

① 廖政军：“印巴同意贸易关系正常化‘两步走’”，人民网，2011 年 12 月 16 日，http://world.people.com.cn/GB/57507/16275545.html。

② Asim Yasin，Cabinet rejects summary of negative trade list with India，The News，Feb 15，2012，http://www.thenews.com.pk/TodaysPrintDetail.aspx?ID=12467&Cat=13&dt=2/15/2012.

③ Indian business disappointed over deferring MFN status，The News，Feb 15，2012，http://www.thenews.com.pk/TodaysPrintDetail.aspx?ID=12477&Cat=13&dt=2/15/2012.

④ Federal Cabinet okays roadmap to normalize trade with India，APP，Feb 29，2012，http://app.com.pk/en_/index.php?option=com_content&task=view&id=181981&Itemid=1.

⑤ Imran Ali Kundi，Negative List for India trade notified，The Nation，Mar 22，2012，http://www.nation.com.pk/pakistan-news-newspaper-daily-english-online/national/22-Mar-2012/negative-list-for-india-trade-notified.

减少到 1209 种商品的历史决定，但巴内阁还决定，如果印度能保证巴商人的平等竞争环境的话，该否定清单将在 2012 年 12 月 31 日取消。[①] 这就把取消对印贸易否定清单与印度消除对巴商品非关税壁垒（NTBs）挂钩，从而为两国贸易正常化增加了不确定性。9 月 21 日，为期两天的印巴商务秘书级会谈结束。印度同意在巴基斯坦完全消除对印通过瓦嘎口岸进行陆路贸易的限制时，减少针对巴基斯坦的特别限制贸易列表中 30% 的商品数。印度驻巴高级专员萨巴瓦尔在会见拉合尔工商会成员时称，目前印巴仅有 138 种商品可通过瓦嘎口岸贸易，限制取消后，印度将削减特别限制贸易列表中 30% 的商品数，到 2013 年 4 月该列表将仅包含 100 个税种的产品。[②] 但由于巴内阁中有人反对，巴错过了允许所有商品通过陆路同印贸易的最后期限。[③] 最终，巴基斯坦未能在 2012 年内给予印度“贸易最惠国待遇”（MFN）。12 月 29 日，巴商务部长法希姆与总理阿什拉夫等会谈后向媒体表示：“各行业因对保护当地制造业利益有所担心，因此废除对印贸易否定清单以及给予印度贸易最惠国待遇的进程被暂时推迟。”[④]

2. 签证问题取得进展

新签证制度的确立是印巴两国关系的一个突破。2012 年 9 月 8 日，印度外长克里希纳和巴基斯坦内政部长马利克签署新的签证协议，包括外交签证、非外交签证、36 小时停留签证、旅游签证、民间团体签证、媒体签证、商业签证等类型。根据新的签证制度，两国放宽了对商人的签证限制，使之可以获得一年内多次入境签证并免除警方报告单，被允许访问的城市数量也有所增加。新的签证制度中还引入团体旅游签证的新形式，10—50 人的游客可以获得有效期为 30 天的团体旅游签证，由两国的注册

---

① Pak links removal of NTBs to negative list, Daily times, May 26, 2012, http://www.dailytimes.com.pk/default.asp?page=2012%5C05%5C08%5Cstory_8-5-2012_pg1_3.

② “印巴将通过瓦嘎口岸进行所有商品贸易”，中国驻巴基斯坦经参处，2012 年 11 月 12 日，http://pk.mofcom.gov.cn/aarticle/jmxw/201211/20121108430059.html。

③ Mubarak Zeb Khan, Election considerations hold up border trade with India, Dawn, Dec 17, 2012, http://dawn.com/2012/12/02/election-considerations-hold-up-border-trade-with-india/.

④ Shahnawaz Akhter, Pakistan has delayed MFN status to India: Amin Fahim, The News, Dec 30, 2012, http://www.thenews.com.pk/Todays-News-13-19836-Pakistan-has-delayed-MFN-status-to-India-Amin-Fahim.

旅行社负责管理。①

2012 年 11 月 20 日，巴总统扎尔达里批准巴与印签署的签证协议。12 月 14 日，新签证协议生效。根据新的签证制度，双方允许往来人员到访的城市数量由此前的 3 个增加至 5 个，对 65 岁以上公民、跨境婚姻人士及其 12 岁以下孩子可发放最多两年的有效签证。年收入不少于 500 万巴基斯坦卢比或年营业额不少于 3000 万巴基斯坦卢比的商人将获得多次入境签证，且无需向警方报备。上述规定即日执行。此外，从 2013 年 1 月 15 日起，还将给予从阿塔里/瓦嘎陆路口岸进出的 65 岁以上人员 45 天落地签，同时从 3 月 15 日起放宽成员人数在 10—50 人之间的旅行团团队旅行签证有效期限至 30 天。②

3. 能源合作意向升温

印度总理辛格在首尔出席第二届核安全峰会时向巴总理吉拉尼承诺，印度将向巴基斯坦提供 500 万千瓦电力以满足巴基斯坦迫切的电力需求，巴基斯坦表示接受。③ 世界银行同意为印巴间的电力进出口设施建设提供资金，将向印巴提供低息贷款。④ 印度还表示，将每年向巴基斯坦出口 5000 万吨石油产品以满足巴基斯坦的石油需求，价格比海湾国家出口给巴基斯坦的价格每公升低 5—6 卢比。⑤ 巴基斯坦对从印度采购高炉燃油、柴油、喷气燃油及汽油产品兴趣浓厚。

---

① Pakistan and India sign new liberalized visa regime, APP, Sept 8, 2012, http://app.com.pk/en_/index.php?option=com_content&task=view&id=207405&Itemid=1.

② Shahid Ali Butt, Pak-India launch new visa agreement to promote people-to-people contacts, APP, Dec 14, 2012, http://app.com.pk/en_/index.php?option=com_content&task=view&id=218291&Itemid=1.

③ Muhammad Saleh Zaafir, India offers Pakistan 5000MW of electricity, The News, Mar 29, 2012, http://www.thenews.com.pk/Todays-News-13-13509-India-offers-Pakistan-5000MW-of-electricity.

④ Khalid Mustafa, WB to finance infrastructure for Pak-India power trade, The News, Apr 14, 2012, http://www.thenews.com.pk/Todays-News-13-13934-WB-to-finance-infrastructure-for-Pak-India-power-trade.

⑤ Khalid Mustafa, India offers petrol at reduced price of Rs5-6 per liter, The News, May 30, 2012, http://www.thenews.com.pk/Todays-News-13-14993-India-offers-petrol-at-reduced-price-of-Rs5-6-per-liter.

2012年7月21日，巴人民党政府确定从印度进口液化石油气，以缓解国家不断增长的天然气需求。① 8月2日，印巴官员讨论从印度进口电力的计划。9月21日，为期两天的印巴商务秘书级会谈结束，双方就由印度企业建立200万千瓦的发电站和印度向巴基斯坦销售天然气达成初步意向。②

4. 金融投资有限放开

印度政府取消对巴基斯坦投资的限制，允许巴基斯坦个人或公司在印度进行除国防、空间和核能领域外的投资，印度的国外直接投资计划也适用于巴基斯坦，这将给巴基斯坦带来向印度投资的机会，巴公民与企业能够在印度投资股票和转换债券。印度企业对此决定表示欢迎，希望巴基斯坦对印实行最惠国待遇来作为回报。③

此外，根据2012年2月巴印两国签署的贸易协议的内容，两国允许在对方开设银行分行。巴基斯坦央行批准巴国民银行（NBP）和联合银行（UBL）在印度开设分行。印度国家银行（SBI）和印度银行（BOI）也将在巴基斯坦境内开设分行。④

5. 贸易摩擦时有发生

印巴贸易摩擦集中表现为巴基斯坦商人和商贸协会担心印度产品在贸易正常化后进入巴基斯坦市场所带来的冲击，尤其是大米、钢铁和纺织品等商品。

巴基斯坦大米出口协会反对从印度进口大米，要求商务部将各种大米

---

① Govt decides LNG import from India, The Nation, July 22, 2012, http://www.nation.com.pk/pakistan-news-newspaper-daily-english－online/business/22－Jul－2012/govt-decides-lng-import-from-india.

② Mehtab Haider, Pakistan, India ink key accords in trade, power sectors, The News, Sept 22, 2012, http://www.thenews.com.pk/Todays-News－13－17630－Pakistan-India-ink-key-accords-in-trade-power-sectors.

③ Dilawar Hussain, Pakistanis allowed to buy Indian shares, Dawn, Aug 25, 2012, http://dawn.com/2012/08/25/pakistanis-allowed-to-buy-indian-shares/.

④ "印度国家银行和印度银行将在巴基斯坦开设分行"，中国政府采购网，2012年8月24日，http://www.ccgp.gov.cn/gjcg/gjdt/201208/t20120824_2303149.shtml。

纳入否定清单以阻止印度大米向巴基斯坦市场的倾销，避免巴基斯坦农民、贸易商和出口商的损失与阿富汗、伊朗及中亚国家等重要市场的流失。国内的钢铁制造商对给予印度最惠国待遇表示关注，认为这将给国内钢铁工业造成威胁。全巴纺织厂协会主席表示，印巴贸易自由化将对地方纺织工业带来毁灭性打击。穆斯林联盟（领袖派）主席侯赛因称，同印度加强贸易是政府的权力，但不应以本国工业为代价，对于政府来说，保护本国工业更加重要。①

二、印巴关系新态势的动因

一年多来，印巴积极开展会谈，努力改善双边关系，这是在大国战略调整、印巴两国内政外交出现新情况的背景下进行的，主要有以下几方面：

（一）美国亚太战略调整，极力促进印巴和解

2010 年 5 月，本·拉登被美国海军陆战队击毙于巴基斯坦阿伯塔巴德，这沉重打击了“基地”组织，恐怖势力的影响力受损，组织结构分散化、网络化，国际反恐进入多中心“后拉登”新时期，也为美国从阿富汗撤军提供了契机。2010 年美国公布撤军计划，宣布在 2014 年完成撤军，并在当年底撤出第一批军队，美国从阿富汗的撤军进程正式开始实施。与此同时，美国国务卿希拉里·克林顿宣布重返亚太战略，称美国要在亚太找回失去的 10 年，表现出美国战略东移态势。随之而来的则是美、日、韩在东北亚联合军演行动不断，美日印三边外交逐步升温，东海、南海矛盾与摩擦迭起，亚太逐步成为大国博弈的重点地区。

① Trade with India not at the cost of local industry：Shujaat，The Nation，Apr 30，2012，http：//www. nation. com. pk/pakistan-news-newspaper-daily-english-online/business/30 － Apr － 2012/trade-with-india-not-at-the-cost-of-local-industry-shujaa.

美国从阿富汗撤军给印巴两国在未来阿富汗局势走向中发挥作用提供了新的空间，美国支持印度在阿富汗重建中发挥更大影响，但巴基斯坦对此的感受却至关重要，印度能否在阿富汗发挥更大影响，在很大程度上取决于印巴关系的态势如何。

2011 年 9 月 12 日，美国国务卿希拉里·克林顿在访问印度时宣布“新丝绸之路”战略，表明美国试图推行绕开中国，连通印—巴—阿，进抵中亚，连通大中东和大中亚的战略构想。美国“新丝绸之路”战略的实施需要印度与巴基斯坦修好关系，这样才能连通印度、巴基斯坦、阿富汗，直达中亚，以印度为中转站，建立美国势力范围内的大中东—中亚—南亚—东南亚的能源、经贸甚至是安全网络。实施“新丝绸之路”战略的关键在于印巴关系能否改善，因为巴基斯坦是印度通向阿富汗的走廊。这样可极力促进印巴和解，使之成为美国大战略的重要组成部分。

这样，无论是从阿富汗撤军还是从推进“新丝绸之路”战略的角度考虑，都会促进美国利用其对印巴两国的重要影响力，积极促进印巴和解。

（二）印度对改善对巴关系更为积极、务实

在 2008 年 12 月孟买爆炸案以来的印巴关系中，一直是巴基斯坦比较主动寻求改善与印度的关系而印度方面并不是很积极，同时要求巴方满足印方条件作为恢复全面对话的前提。换言之，推动印巴改善关系进程的主动权掌握在印方手中。近年来，印度经济、政治、外交等多重因素共同作用推动对巴外交调整，从而为印巴对话取得进展提供重要的推动力。

经济上，受金融危机二次探底影响，当前印度经济发展困难、资金短缺、出口下降、失业率增加，印度急需外部投资及海外市场。2011 年底，巴基斯坦决定给予印度最惠国待遇，这一新情况促使印度对待巴基斯坦来印投资及要求减少贸易壁垒的态度发生了较大变化。例如，2012 年 9 月 4 日，印度商工部长夏尔玛表示，印度已经在南盟自由贸易协定框架下减少敏感货物清单 30%以扩大从巴进口。印度外长克里希纳访巴前接受《Express Tribune》独家采访时表示，印度希望与巴方“致力于建设互信互惠

的全面合作伙伴关系”。[1] 一年多来，印巴商务部长多次会晤，其他级别的经贸会谈持续进行，尤其是印巴双方商界要求增进交流的呼声成为两国经贸关系取得进展的基础性原因。

概言之，印度对巴的绝对经济优势以及当前印度面临的经济困难，促使印度重新审视印巴经贸关系。印度认识到，最近几年的发展证明，印度对巴拥有绝对的经济优势，加大印巴经贸的相互依存度，尤其是巴基斯坦对印度的经贸依存度，促成经贸往来成为印巴关系的主导动因，有可能为印巴其他问题的解决打开突破口。[2] 这是印度自信的关键因素。

政治上，自2011年以来，印度在面临经济不振、社会不宁的情况下，党派矛盾、中央与地方矛盾加剧。国大党政府推出经济改革计划招致民众大规模抗议和执政联盟分化，草根国大党退出执政联盟使国大党政府成为少数派政府，曾面临议会信任危机。印度反对党猛烈抨击国大党同盟治理经济不力，矛头直指辛格。印度中央与地方的责权划分不均，加上新兴地方势力的崛起，导致了要求辛格下台，提前举行中期选举的政治危机。在政局不稳的形势下，印巴关系的改善有助于减轻执政联盟的压力。

外交上，印度正面临开拓西向外交的重要节点。一是美国提出“新丝绸之路”战略，客观上加速了印度对巴基斯坦姿态友善的进程。对印度来说，美国的“新丝绸之路”计划为印度开拓西向外交提供了一个新的契机，印度已经在阿富汗投资达20多亿美元，印度与中亚国家的关系也逐步发展，在阿富汗和中亚地区发挥更大影响是印度西向外交所追求的目标。而巴基斯坦是印度通往阿富汗和中亚的必经之路，地缘战略地位重要，印度多年寻求经过巴基斯坦通达阿富汗、中亚的陆路通行许可而未能如愿，因此开拓西向外交需要积极处理对巴关系。二是印度、巴基斯坦均积极争取加入上海合作组织，目前已经取得重要进展，但印巴不和仍是影响两国成为上合组织正式成员国的重大因素，推进印巴和解有利于消除或减轻上

---

① 参见：“If Pakistan takes one step, India will take two: Sharma,” http: //www.thenews.com.pk/Todays-News－13－17258－If-Pakistan-takes-one-step-India-will-take-two-Sharma; “External Affairs Minister's interview to The Express Tribune ahead of his visit to Pakistan,” http: //www.mea.gov.in/mystart。

② Moeed Yusuf, “India-Pakistan equation”, http: //dawn.com/2012/09/10/india-pakistan-equation/.

合组织接纳两国的疑虑。三是推动印巴关系朝着有利于印度一方发展的时机已经到来。近年来，巴基斯坦出于多方面考虑，积极寻求进一步改善对印关系，巴基斯坦军方对印巴对话的立场也有所松动。[①] 在这种情况下，只要印度态度积极一些，就有望取得较为明显的新进展。

（三）巴基斯坦加大改善对印关系力度

外交方面，多年来改善与印度的关系一直是巴基斯坦外交的一个重要议题，但未得到印方的积极回应。在美国撤军阿富汗、推进战略东移亚太之时，巴基斯坦的角色已经从美国反恐的前线国家降级，美巴关系恶化，巴基斯坦更加需要开拓新的外交空间以平衡对美关系的失落，因此巴基斯坦极力经营地区外交：改善与伊朗、阿富汗的关系；加强与土耳其的联系；增进与中亚国家的合作；推进与俄罗斯的多领域合作，巴俄关系显著进展；中巴战略合作继续深化，并于 2012 年 3 月首次召开中国—巴基斯坦—阿富汗三方对话；与土耳其、伊朗、阿富汗等国关系取得新进展——巴土伊三国首脑会议日益机制化、巴阿关系明显改善、巴伊能源管道建设取得新进展。从这个角度看，巴基斯坦的周边外交环境较前宽松，从而增强了巴对印外交的自信心和灵活性。

尽管如此，改善对印关系仍然是巴基斯坦外交的重要目标，近年来巴方不断主动促进印巴关系改善，例如给予印度最惠国待遇就是较为重大的一个举措。

内政方面，巴经济持续困难，政局风波不断，军方立场微妙，改善对印关系有利于减轻外部压力，稳定国内局势。

近年来，巴基斯坦经济形势持续严峻，增长低迷，能源紧缺，开工不足，外汇减少，贸易赤字增加，出口下降明显。而印巴民间贸易基础雄厚，愿望强烈，互补性强，尤其是印巴恢复会谈以来，印巴双边经贸发展迅速。众所周知，尽管印巴官方贸易设限颇多，但印巴非官方贸易一直存在，并且贸易额相当可观。近一年多来，印巴官方贸易趋势利好，2012 年

---

① Moeed Yusuf, “India-Pakistan equation,” http: //dawn. com/2012/09/10/india-pakistan-equation/.

10 月 13 日巴基斯坦财长谢赫出席在东京召开的世界银行和国际货币基金组织年会时表示，巴基斯坦经济增长有望达到 4%。这与印巴经贸关系的改善也有一定关系。因此，改善印巴关系，加大对印经贸合作，至少在经济上对巴有利。

一年多来，巴基斯坦政局并不平稳：大选即将来临，政党矛盾、行政司法矛盾再次升温，在议员补选中政党斗争激烈；迫于司法压力，政府内阁进行大换血，直至总理易人，政局波动达到顶峰。处于多事之秋的巴基斯坦难以承受外部更大的压力，与印度修好可以减轻政府的外部压力。

在巴基斯坦面临经济、内政、外交多重压力的情况下，巴基斯坦民众的仇印心态有所下降。巴基斯坦一个权威基金会在一次民意调查中发现，49%的巴基斯坦人认为美国是巴基斯坦最大的敌人，而只有 24%的人认为印度是巴基斯坦最大的敌人。① 军方对民选政府态度及对印立场出现微调，有利于推动印巴关系缓和。2012 年 8 月 14 日，巴基斯坦陆军参谋长吉亚尼在独立日演讲中说："士兵们英勇牺牲值得尊敬，但民选政府若能够有效治理恐怖主义危害地区而不需要军队开道，那将更有意义。"②《夹缝中如蜗牛前进》一文的作者认为，尽管巴基斯坦军方防御印度的立场没变，但是"防御"的概念和范围已经有了变化，贸易换来的财富可以充实武库。③ 美国和平研究所顾问尤素福（Yusuf）认为，印巴第二轮会谈与穆沙拉夫时代的会谈完全不一样，穆氏重点放在极力压制克什米尔地区领导人接受他的方案而置国内政党及军方于不顾，而本轮会谈得到国内政党和军方尤其是军方的支持。他认为，巴军方开始意识到与印修好是巴基斯坦别无选择的结果。在贸易问题上的完全沉默其实就是军方对巴政府事实上的支持。④

---

① 周戎："印度外长访问巴基斯坦　双方均不愿纠缠历史旧怨"，《光明日报》2012 年 9 月 10 日。

② Rana Banerji，"Kayani's Independence Day Address：Signs of Introspection?"，http：//www. ipcs. org/article/indo-pak/kayanis-independence-day-address-signs-of-introspection－3702. html.

③ Mehreen Zahra-Malik，"Snail's pace in snail's space，" http：//www. thenews. com. pk/Todays-News－9－131372－Snails-pace-in-snails-space.

④ Moeed Yusuf，"India-Pakistan equation，" http：//dawn. com/2012/09/10/india-pakistan-equation/.

因此，与印度修好不是巴基斯坦的一时之愿，而是其在国际、地区、双边形势发生深刻变化背景下作出的慎重抉择。

三、遗留问题仍未解决

一是克什米尔问题仍然是“难解之结”，在两国高层会谈中没有实质性进展。

二是锡亚琴冰川争议没有进展。对于 2012 年 4 月发生的锡亚琴冰川雪崩掩埋巴基斯坦士兵事件，巴基斯坦参谋长基亚尼表示，为加强巴印之间的和平共处，一切两国间的重大问题，包括锡亚琴冰川冲突都将会解决。[①] 巴总统扎尔达里表示，巴基斯坦愿意同印度进行全方位对话，若双方同意，从锡亚琴冰川撤军是可能的。[②] 巴穆盟主席谢里夫表示，巴印两国政府应撤出在锡亚琴冰川地区的对峙，巴基斯坦应该向这一方向迈出第一步。[③] 印度国防国务部长帕拉姆·拉朱表示，印度欢迎巴基斯坦陆军参谋长基亚尼关于锡亚琴冰川非军事化和把花在部署军队的钱用于两国发展的讲话。[④] 但双方高层释放出的缓和信号并未产生结果。6 月 11 日，印巴开始为期两天的关于锡亚琴冰川的第 13 轮国防秘书级会谈，但没有达成和解。

三是孟买袭击案调查存在分歧。印度对巴基斯坦关于孟买袭击案的调查多番阻挠，禁止巴基斯坦调查团与案件目击证人接触。后印度又表示只

---

① COAS for peaceful co-existence between India-Pakistan, resolution of Siachin conflict, APP, Apr 18, 2012, http://app.com.pk/en_/index.php?option=com_content&task=view&id=190859&Itemid=1.

② Troops withdrawal from Siachen possible if both Pakistan, India agree: Zardari, APP, Apr 20, 2012, http://app.com.pk/en_/index.php?option=com_content&task=view&id=191179&Itemid=1.

③ Pakistan should take initiative to end Siachen war: Nawaz, Daily times, Apr 18, 2012, http://www.dailytimes.com.pk/default.asp?page=2012\04\18\story_18-4-2012_pg1_2.

④ India welcomes Kayani's remarks on Siachen, Daily times, Apr 20, 2012, http://www.dailytimes.com.pk/default.asp?page=2012\04\20\story_20-4-2012_pg1_5.

有在国际磋商以后，巴基斯坦孟买袭击调查团才能盘问目击证人。

四是关于“虔诚军”创始人哈菲兹·赛义德的定罪问题，印巴也存在分歧。印度指责“虔诚军”涉嫌策划孟买恐怖袭击。巴基斯坦政府虽曾将赛义德软禁 6 个月，但最终以证据不足为由对其免予起诉。2012 年 4 月 6 日，印度外长克里希纳称，印度已向巴基斯坦提供关于哈菲兹·赛义德参与孟买袭击案的证据，但巴政府却不进行进一步调查。巴基斯坦外交部一名发言人在回应印度外长克里希纳的说法时表示，印度并未提供任何有关哈菲兹·赛义德在 2008 年孟买袭击案中犯罪的确凿证据，只有在有确凿证据的条件下巴才会采取行动。①

总体来看，2012 年印巴关系向着改善的方向发展，但由于许多遗留问题尚未解决，印巴间的关系仍然存在较大变数，进一步向前发展还有很长的路要走。

印巴关系的改善对本地区的和平、稳定和发展至关重要。印巴和平对话取得积极进展，值得欢迎，总体来看这种趋势还会进一步发展。不过印巴积怨太深，信任鸿沟太大，干扰因素太多，敌视集团太强，印巴关系缓和并没有建立在强大的基础之上，任何突发事件都可能终止和平进程。另外，印巴近期政局并不平稳，巴基斯坦 2013 年大选硝烟弥漫，印度国内各种矛盾叠加出现，任何一方政局变动都会直接影响印巴关系的发展。

作为印巴共同的邻居和朋友，印巴关系走向对中国有着直接或间接的影响，中方将继续支持印巴通过对话与合作妥善解决分歧，实现共同发展。同时，中国也应该密切关注印巴解决分歧的方式和效果，这很可能会影响到未来中印、中巴关系的调整和进一步发展。

---

① India provided nothing concrete, maintainable against Hafiz Saeed during Mumbai trial: FO, APP, Apr 6, 2012, http://app.com.pk/en_/index.php?option=com_content&task=view&id=188839&Itemid=1.

奥巴马政府第二届任期与美印关系展望

赵干城

美印关系是美国亚洲政策的主体之一。在小布什任职8年期间，美国对印度政策发生了较重大的变化，其标志性事件是2004年在大选中获胜的国大党联合政府总理曼莫汉·辛格于当年7月访问华盛顿，美国出人意料地宣布将帮助印度打开民用核能合作的大门，即美国将放弃自1998年印度启动核试验以来与国际社会一直坚持的对印度核能制裁的一贯政策，代之以鼓励美国的核能工业与印度进行合作。这当然被印度视为重大的外交胜利，两国关系因而走上迅速发展的道路，直至布什总统2006年正式访问印度，两国签署核能合作协议。这个事件在美印关系上具有的意义不言自明，并且由奥巴马政府继承下来了。美国认为印度是在美国的帮助下突破现行国际体系对其的束缚的，美国的这个看法对美印关系产生的影响是微妙的。在奥巴马政府的第一届任期内，美国的对印度政策是在期望中开始的，因为美国认为其给了印度非常大的好处，美国因此有理由期待从印度得到回报，而印度作为亚洲地区大国以及最重要的新兴大国之一，也将能够发挥美国所期待的作用。

一、奥巴马政府接收的美印关系遗产及其作用

小布什政府给奥巴马政府留下的美印关系遗产，从双方的对外政策来

看总体上是有利的，虽然美印自2004年初步同意建立民用核能合作以来，在这个十分具体的领域其实并未取得太大进展。例如，美国核工业界一直期望的大合同事实上并没有兑现，两国围绕核能合作的矛盾反而新增了不少，但应当说这个矛盾的主要方面是在印度。印度国内围绕如何与美国开展核能合作，以及是否应该接受美方提出的一些条件，都展开了激烈的辩论。至2007年印度政府终于同意与美国签署所谓的“美印民用核能合作123协议”时，[①] 国大党联合政府内的部分合作党派仍然不同意政府的看法，认为有出让放弃主权之嫌，而且怀疑美方的动机最终仍然是要控制印度的核工业等等，持最激烈看法的印度共产党甚至最终退出联合政府，导致国大党领导的联合政府一时间可能陷入危机。但曼莫汉·辛格政府终于顺利渡过危机，并促使美国政府在2008年进一步帮助印度在“核供应国集团”召开的关于是否同意对印度解除核禁令的会议上获得支持，使美印关系在2008年布什政府行将下台之际达到一个令双方都比较满意的水平。[②]

奥巴马上台后接收的美印关系遗产曾经充斥着比较乐观的气氛。从上述两国关系发展的轨迹来看，美国帮助印度摆脱核孤立状态应当是美国全面调整对印度政策的一个方面，甚至从美国的战略利益而言，这还不是主要的方面，因为按照美国的利益衡量，虽然印度摆脱核孤立后可能帮助美国核工业集团获得一些订单，但这恐怕不是美国帮助印度的主要动机。美国的主要动机是什么，还需要从美国的亚洲战略布局的角度予以观察。很多分析都已经指出，美国调整对印度政策的主要动因之一是所谓的“平衡中国”，选择核能只不过是一个突破口。从印度方面的反应来看，则几乎可以认定这个突破口美国是选对了，印度因美国的协助而摆脱核孤立状态，这对印度的国际地位是一次重大的激励，而且美国更是在这方面不遗余力，激励印度获得希望的大国地位。如2006年，布什访问印度期间在多

---

① 所谓“123协议”系指美国1954年制定的《原子能法》第123条款，凡与美国进行民用核能合作的国家，都须符合该条款的要求，故美国与他国签订的关于核能合作的协议又被称为“123协议”。

② “核供应国集团”（Nuclear Suppliers Group，NSG）为国际社会控制核扩散的组织，现有45个成员，对未签署“不扩散核武器条约”（NPT）国家的民用核能合作握有制裁之权。2008年9月，在美国的大力帮助下，NSG在维也纳召开会议，同意对印度解除制裁。这被印度媒体视为印度外交的一大胜利。

个场合将印度捧为“全球大国”。美国的用意是明显的，正如早在布什竞选第一任总统时他的外交谋士赖斯曾经指出的那样，“中国控制力量对比的成功与否在很大程度上取决于美国对此的反应。美国应当更密切地关注印度在地区平衡中的作用。现在有一种强烈的概念上的趋势，那就是把印度与巴基斯坦联系在一起，就是关于克什米尔问题的，或这两个国家的核竞争。但印度是中国要考量的一个因素，印度也应当成为美国考量的因素。印度还不是一个大国，但有潜力成长为一个大国”。① 赖斯在发表这个观点的时候，布什尚在竞选总统，但她的看法对嗣后美国对印度政策调整显然是有重要意义的，布什将印度捧为“全球大国”是美国对印政策的一个反映，与美国的亚洲战略是有一致性的。奥巴马上任后，美国的全球政策继续朝着这个方向调整，即美国希望在亚洲重建对美国有利的均衡，在这个基础上，美国愿意支持印度的大国目标，因为这在华盛顿被视为平衡中国的迅速发展的一个步骤。

奥巴马在其第一届任期内对美国的亚洲战略作出了重大调整，即尽快结束在伊拉克和阿富汗的两场战争，将战略焦点转向亚太地区。这个调整对美印关系的影响是否有积极意义呢？从诸多迹象来看，至少在奥巴马上任之初，印度对美印关系继续快速发展的期望并未实现，例如奥巴马 2009 年首次对亚洲的出访并不包括印度，而是中、日、韩，并在新加坡参加 APEC 非正式首脑会议。由于奥巴马没有选择印度，而且印度也不是 APEC 的成员，因此印度在奥巴马越来越重视亚太地区的战略转向中究竟处于什么地位，是一个令印度颇感困惑的问题。从印度媒体在奥巴马 2009 年首访亚洲未将印度列入而做的批评来看，印度对奥巴马政府是否能够将布什时期建立的美印关系发展势头进一步推进是存有疑虑的。而从美国的角度，其更可能认为印度在布什政府的对印政策中已经得到好处，自己现在应该得到印度的回报了。这个看法上的差异很快在两国关系中得到一定体现，各种相对布什时期而言较消极的看法不时见诸于媒体学界。而在实质层面上，美国核工业界一直期望的来自印度的大订单迟迟不见落实，反而是印度与法国、俄罗斯等新签署的民用核能合作协议不断出现。2010 年

① Condoleezza Rice: Campaign 2000: Promoting the National Interest, *Foreign Affairs*, Jan. /Feb, 2000, USA.

11月，奥巴马对印度的访问对美印关系中可能出现不进则退的趋势做了较大的弥补。这次访问在政策上的重大亮点，从印度的角度看，可能是奥巴马在印度议会演讲时出人意料地宣布美国支持印度成为安理会常任理事国，同时取消对印度的军火贸易出口限制。奥巴马声称印度是美国不可或缺的合作伙伴，他的这些说法都受到印度的热烈欢迎，但问题是印度能做些什么来迎合美国的需要呢？这在奥巴马第一届任期中一直是一个较大的问题。

美国学界对奥巴马第一届任期内美印关系发展的评价较低。有一些学者认为美方对美印战略伙伴关系的评估过于乐观，有“超卖”（Oversold）之嫌。[①] 美国一些比较铁杆支持美印关系发展的智库（如“传统基金会”等）对美印关系也持悲观态度，如该基金会亚洲中心主任沃尔特·罗曼（Walter Lohman）居然认为关于美印战略伙伴关系，“我们只是在那里讲讲而已，我们谈论所谓两国有战略利益，但这些都只是在讲，我们不愿意承认印度人只是在这么告诉我们，但其实并没有反映在他们的任何行动中”。[②] 从这种言论中可以觉察美方对印度没有给予实质性的回报是失望的。那么美国究竟期望印度做什么呢？鉴于美国对印政策调整的一个主要考量是战略性的，因此美国对印度的期望应当也首先落实在战略定位之上，即美国希望印度与美国站在一起，支持美国在亚洲乃至在全球范围的政策和行动，而这却是印度不易做到的，也可能是印度根本不愿意做的，除非美国的政策符合印度的利益需求。至于美国希望得到的回报，在印度看来更有点子虚乌有，如取消核制裁问题，印度认为这本来就是加诸于印度的不公正做法。至于印度今后是否会给美国大订单，那则完全取决于美国公司的竞争力，而不是因为美国在这个问题上帮助了印度，后者就需要给予美国公司特殊的待遇。同样的理由，当印度宣布要花高达100亿美元购买战机后，美国政府和公司都对此有很高期望，因此当印度最后决定购买法国的“阵风”战斗机时，美国对此深感失望。但这种失望却并不为印度所接受。[③]

---

① “Oversold?”, *India Abroad*, New York Edition, April 20, 2012.

② Ibid.

③ 参与竞标的有5国6家军火公司，其中美国是波音和洛克希德·马丁，结果法国的达索胜出，采购额高达126架“阵风”战斗机，金额达120亿美元。印度的决定令美方非常失望。见凤凰网，http://news.ifeng.com/mil/special/yinduzhenfeng，2012年2月23日，“军事热点透视”第16期。

因此在战略利益和商业利益这两方面，美印都是既有共同点，也有差异的，至于美国希望印度成为美国亚洲战略中的一个棋子的想法，则是很难行得通的。印度独立后一贯奉行的独立与不结盟外交政策虽然今天有了质的变化，但成为任何大国的仆从却从来不是一个选项。

奥巴马第一届任期的美印关系没有取得双方预期的快速进展，特别是和布什政府的突破性进展相比，美印关系在此阶段或可视为处于相对迟滞状态。奥巴马的“亚太再平衡”战略以美国的外交重点而论，是一种“转向”的姿态，而印度并非亚太国家，因此也不大可能成为美国此项战略的重点。这从国防部长帕内塔 2012 年 6 月访问印度发表的一个演讲中可看出，他声称美国“期望未来在维护印度洋安全与和平方面印度的力量在成长，因为虽然美国在印度洋地区加强了在澳大利亚的存在、在新加坡部署濒海战斗舰等，美国也将继续加强在印度洋地区的其他部署，但美国认为（印度洋）面临的根本挑战是发展印度的力量，以使印度能够在本地区对安全挑战作出反应”。① 这个演讲显然是将印度的主要作用置于印度洋，与印度成为全球大国地位的目标恐怕有较大差异。从印度的行为来看，近年来随着印度“东向”政策的发展，印度插足西太平洋地区和南中国海的动作有较大增长，并一再声称在上述地区有重要利益需要维护等等，显示印度虽不是亚太国家，但却对自身地位的定位有着与其他国家不同的地方。印度的战略目标是否为美国所接受甚至支持，可能成为奥巴马政府第二届任期内美印关系的一个看点。

二、奥巴马政府第二届任期的挑战

奥巴马领导的民主党政府在大选中虽然胜出，但这并不是对其第一届任期之政绩的肯定。事实上，这次大选暴露出美国已经深陷难以摆脱的危机，巨大的赤字和居高不下的失业率使政府推行摆脱危机的政策空间大大

① Defense Secretary Leon E. Panetta's speech on June 06，2012 at Institute for Defense Studies and Analyses in India，http：//www. defense. gov/Speech. aspx? SpeecjID=1682.

缩小。如所谓“财政悬崖”所显示的那样，美国既要降低赤字，又要刺激经济，这成为“熊掌与鱼”的两难问题，在对外战略上也一定会体现出来。美国从新世纪初期新保守主义者鼓吹的“同时打胜两场战争”的鼎盛地位到今天奥巴马政府将削减国防预算作为主要政策之一，[①] 反映了美国的国力可能正在经历由盛转滞的进程，这将迫使美国奉行收缩的政策，尽管其“亚太再平衡”战略似乎仍是以进攻为旗号的，换言之，美国未来的战略目标可能是有进有退的。对于其进的部分，很多分析都已经指出，是以中国崛起为指向的，虽然尚难说是要对中国进行遏制，甚至美国是否仍然具有遏制中国的力量都值得讨论，但美国“重返”亚太地区要面对的第一个也是最重要的对象确实是中国，而这针对中国的进的部分究竟如何在奥巴马第二届任期中展开还有待观察。

奥巴马政府的调整政策中是否含有退的部分目前还有争论，包括行政当局提出的削减军费开支、减少海军舰、只部署和训练等措施在国会也引起辩论。从长远看，美国的能力当然也可能走出低谷，再次站上高峰，但这种乐观的预见和历史上大国兴衰的道路并不一致。另则，就目前来看，奥巴马政府必须要采取的一系列措施确实又是和退联系在一起的：如结束阿富汗战争，将仍驻扎在那里的高达 6 万余的美军撤出这个伊斯兰国家，这显然是奥巴马政府第二届任期的最重要目标之一；又如 2012 年 11 月，国务卿希拉里·克林顿和国防部长帕内塔在和澳大利亚进行双边 2+2 会谈时，美方呼吁澳与印度加强在印度洋的合作，进行更多的海军联合军演。虽然这次会谈的主题是美国的“重返亚太”战略，但从美方的意见来看，这两者是联系在一起的。[②] 美国要求澳印等伙伴在印度洋地区承担更多责任，这恐怕也是和美国的退联系在一起的。

美国尽管面临国力下降的挑战而被迫作出各种调整，但美国并不认为其在世界体系中的主导地位有任何变化。美国继续要维护的世界权力结构仍然是第二次世界大战后美国领导打造的这个结构，为了维护这个体系，

① 2002 年美国国防部发布《4 年军事回顾》报告，提出美军是按照“击败并占领一个敌对国家的同时击败另一个敌人”的标准而构架组建的，国防部长拉姆斯菲尔德因而声称“我们有能力在取得一场战争的决定性胜利的同时，迅速地击败另一个敌人”。美国《华盛顿时报》2002 年 12 月 25 日，转引自《北京青年报》2002 年 12 月 27 日文“美国能同时打赢两场战争吗?”。

② “希拉里敦促澳印增强军事联系”，英国广播公司报道，《参考消息》2012 年 11 月 15 日。

美国的政策目标必定仍然是遏制任何可能取得地区支配地位的强国崛起，因为这种强国的崛起将导致产生一个对美国支配地位的重大挑战：美国认为地区强国的崛起必然也意味着对地区资源的控制，这最终将瓦解美国在全球的领导地位。这种思路正是可以解释在美国看来世界上各个地区乃至各个次地区都具有战略重要性的原因，即使这是在非洲的某个边缘地区，或南美的某个小国，或中东的某个石油运输通道。美国的这个战略思路需要巨量投入，美国在过去数十年里一直将军费开支维持在超过紧随其后 10 个大国的总和这样惊人的水平上，其原因盖在于此。随着美国国力的下降，美国的投入将受到持续的限制，同时美国仍将为维持其在国际体系的主导地位做最大努力。奥巴马政府的第二届任期尽管充满了新的变数，但这个基本的框架仍然存在，美国的政策目标总体未变，但在具体领域，如资源配置、重建盟友关系、寻求新的合作伙伴等方面，则可能有新的举措。如以此为前提考察美印关系在未来数年内的发展趋势，以下几个可能变量或可纳入思考的范畴。

首先，美国自身的恢复进程仍然是决定性的。自国际金融危机以来，关于美国经济复苏的报道不绝于耳，但实际状况仍然存在很大变数，以至于本次危机已经创下美国战后复苏最缓慢的纪录，迄今并无根本性好转的迹象。奥巴马上任之初确定的重建美国制造业和加强出口的策略并没有产生实质性效应，失业率和贸易赤字两项指标都没有逆转，也就是说美国在“开源”这一块不见成效，现在看到的都是“节流”这头动作，如削减国防预算、取消海军舰只建造计划等。如果这种状况继续发展，美国的国力衰退将成事实，这对美国的对外战略将产生深远影响。

其次，美印关系的主导动因应当说是在美国。上述美国国力衰退如成事实，则美国对印政策所产生的变化，就美印关系的发展而言，反而可能是积极的，因为美国的衰落将促使美国更积极地寻求新的可为美国所用的合作伙伴。印度在这个层面上符合美国的期望，即一个新兴大国，与中国有尚未解决的积怨矛盾，在国际体系中亦有逐步形成的竞争态势，且印度明显弱于中国，这给美国的相关政策提供了运作空间，也是美国对印政策调整的主要动因。这个动因在美国国力下降的背景下只会更加强烈。

再者，印度的发展虽不稳定，但大部分分析都同意印度仍有发展的巨大潜力，保持快速发展的势头较强。一个日益壮大的印度对美印关系而言有着两面性：一方面，印度力量上升将使印度更积极寻求大国地位，这不可能通过依附于任何其他大国来实现，这也是印度始终坚持独立外交政策的主要原因，这点尼赫鲁早在印度独立之初就已经指出，并成为后来印度极力促成不结盟运动的出发点；另一方面，印度今天的发展离不开国际环境，后者是否有利于印度的发展取决于众多因素，其中与美国的关系，就印度的对外战略而言，有着显著的重要性，甚至在一定阶段还是决定性因素。因此，印度越是发展，就可能越需要努力改善与美国的关系，以便为其发展创造相对有利的环境。从印度与美国签订民用核能协议的波折来看，印度国内虽然对美国并不信任，但大体上仍然接受由美国作出的安排，这主要还是权衡利弊得失的结果。这在奥巴马政府第二届任期内的美国对印政策中也可能得到体现，即美国将根据印度的利益需求对其政策作出一定调整，使美印关系的发展目标更符合实际政治条件，但满足美国的要求仍然是第一位的。

最后，国际环境的变化也是影响美印关系的重要因素。亚洲国际政治格局正在经历战后最深刻的变化，以中国、印度为代表的新兴大国以高速发展的姿态冲击着现有的体系结构，以美国为首的传统同盟体系或将发生重大变化，新的同盟体系可能逐渐生成。这种盟友关系重组在国际体系行将发生重大变革时是常见的。布什政府当年在大幅调整对印度政策时对这个问题确实有着未雨绸缪的思考，已经预见到印度可能在新的亚洲乃至全球体系中担当起新的角色，美国希望能够将这种变化纳入对美国利益和地位都有利的重组进程，这促使美国不吝赞美印度的“全球大国”地位和多元的民主价值等等。奥巴马上任后，印度的发展因国际金融危机的冲击而陷入低谷，美国又忙于危机处理事务，使美印关系在奥巴马政府第一届任期内出现了停顿，但国际体系的转型仍然在不断发酵，过去促使美国调整对印度政策的基本因素仍然存在，其中还出现了一些新的因素，如在东海和南海出现的领土与海洋权益争端，日本政坛日益上升的右倾化趋势，越南、菲律宾等与中国存在矛盾的国家努力将包括美国、日本、印度等域外势力拉入南海争端等。这些新情况虽然与美印关系没有直接的联系，但对美国和印度如何审视亚洲国际政治结构的现状和变化却有着重要的影响，势必也会影响到美印如何评估他们之间的战略关系。

奥巴马政府第二届任期的对外战略目标，就印度所处的南亚地区而言，是以收缩为主的，其中阿富汗问题的最终解决显然是奥巴马政府期望的主要目标之一，其结果如何对美印关系也有着重要意义。因为印度是南亚地区局势的主要行为方，亦自认为在阿富汗有着重要影响，印度虽然没有追随美国在阿富汗驻军，但在阿富汗的投入却是巨大的，甚至在阿富汗各地开设了 4 个领事馆，配合其大使馆的工作，以确保印度在阿富汗的存在和利益，因此美国在阿富汗怎么做显然也是印度高度关注的。奥巴马确认至 2014 年将阿富汗维持安全的任务转交给阿政府，以美国为首的北约驻军撤出阿富汗，以结束这场耗时已久的战争，这个目标迄今仍是白宫所坚持的。随着时间的临近，奥巴马政府第二届任期或将此视为最重要的目标之一，印度将如何评估这个过程，以及美国认为印度在后 2014 年的阿富汗会发挥何种作用，这些问题将在奥巴马政府第二届任期内得到清楚的回答，因而也将对美印关系下一步如何走产生关键的影响。

三、美印关系展望

尽管美印关系在奥巴马政府第一届任期内没有取得重大进展，甚至出现一定的停滞现象，但由于推动两国关系发展的基本面没有变，美国的亚洲战略调整随着本地区形势的变化而逐渐朝着更为深入的方向发展，美国对印度在亚洲新的格局中的地位可能有新的期待，对美印关系亦可能有较积极的动作，但双方对彼此的期望经过一段时间的反复与调整后可能进入平稳发展的理性阶段。印度前驻美大使罗尼恩·森（Ronen Sen）在双方对两国关系发展不尽如人意而批评指责时就已经预见到这点，他认为“在印度有一个明显的趋势，就是对美国抱有过高的期待，远超对其他战略伙伴的期待。我们期望美国会关注印度高度关注的问题，同时又认为美国要求印度给予同样的回报是对印度主权的侵害。甚至双方紧密协作时，印度也总是避免与美国太过靠拢。我们无法维持 2005—2008 年期间两国合作时前所未有的发展程度。然而，自 2009 年起，两国关系在程度和内容上都得到巩固与扩展，这在双边和全球层面都是如此。当印美关系成熟时，将大大降低戏剧色彩，成为更平和的可预见的，但要达到这种阶段尚有距离，双方都必须努力坚持朝着这个方向前进”。[①]

这位前大使表达的看法比较典型地反映了为何美印关系会出现所谓“由热转冷”的状况，以及双方的期待都有超出现实的一面，但另一方面两国关系中可互相利用之处仍然是明显的。例如，虽然美国方面对印度决定购买法国“阵风”战机颇为不满，认为印度没有给予美国应有的“回报”，但两国在战略以及军事上的种种合作仍然是存在的。至于经贸关系和政治关系上，两国合作的空间可能更大，但正如这位前大使所说，除非两国降低各自的不合理期望，否则两国关系也很难走上正常平和发展的道路。那么，“平和的可预见的”美印关系究竟是什么样的关系呢？其中包含什么样的内容呢？以奥巴马2010年访问印度时发表支持印度“入常”观点后两国关系的实际发展来看，降低各自的战略“期待”恐怕是比较重要的一个方面。例如前文所引的美国学者罗曼所言，美国支持印度“入常”是“不正常的”，因为印度在联合国的投票记录显示印度并不支持美国。在2010年的71次投票中，印度44次投票与美国相背，这个记录和古巴差不多。罗曼的结论是：“印度在安理会以美英法为一方中俄为另一方的争斗中将扮演‘中立’角色，即不结盟运动的角色，或者更糟，印度甚至可能打算在安理会中起到平衡美国的作用？”[②] 美国指望印度在国际舞台上毫无保留地支持美国在这番言论中可谓表现得淋漓尽致，但美国的期望并不是建立在充分理解印度外交传统和理念之基础上的，只是反映了美国希望继续乃至永久领导世界的观念，这种观念在世界体系行将改变的前夜只会显示出美国的自大。同样，印度对美国的期望往往也因印度过高估计自身地位而发生偏差。

奥巴马政府第二届任期仍然极为注重的政策领域之一是经济。在其第一届任期内，由于国际金融危机的深重影响，美印经贸关系发展乏善可陈。奥巴马2010年访印虽然随行有很多美国公司主管，双方一度也对美国资本大举进入印度抱有期望，但现实结果并不尽如人意。在印度对外贸易统计中，正是在2010年，中国取代美国，成为印度头号贸易对象，并且自那时起这个状况没有发生改变，说明印度市场的潜力就美国来看仍然停留

---

① Ronen Sen：“ From Drama to Routine,” *Telegraph* (Calcutta)，July 28，2011.

② “ Oversold?”，*India Abroad*，New York Edition，April 20，2012.

在潜力上，美国企业一时恐怕也难以在印度有大的进取。但值得注意的是，美印军火贸易的前景比较看好，在奥巴马第二届任期内有望稳步提升。美国研究机构有一个报告指出了存在这种前景的理由：美国认为尽管美印两国的战略目标和军火贸易规制等都存在分歧，但继续加强军火贸易仍然有着足够的战略理由。首先，即使印度军方对与美军实现协同作战并不热心，但美国装备在印军中的存在本身就将促进美国的其他目标，如推动人员交流，且有助于双方保持每年进行的联合军演等等。第二，印度军火市场前景看好，美国大型军火公司进入印度市场没有太大问题，但中小型公司就很难持续保持存在，因此中小型公司最好作为大公司的次承包商来获取印度市场份额。第三，随着印度力量上升，印度必须全面调整其战略战术及作业方面的学说，美国装备进入印度将促使美印官员共同讨论如何调整，以加大美国的参与度。第四，美国装备有助于印军迎接更大的挑战。最后，美印军火贸易将体现两个大国关系的有力象征意义，让其他盟友和伙伴更为安心。① 从上述分析中可以看出，美国对与印度的军火贸易一方面是出于经济上的考虑，另一方面也是希望加强对印度控制的手段。奥巴马政府第二届任期内两国在这方面将继续稳步发展，虽然印度没有购买 F16 战机，但作为当前世界军火市场上最大的买主，印度对美国的吸引力仍然是巨大的，印度也会抓住对其有利的机会加快国防现代化的步伐。

对于美国一再诟病的所谓印度与美国在国际舞台上不“同心同德”的问题，这实际上是美印政治关系的一部分。这个部分在美印关系过去半个多世纪里始终存在着双方互不信任的因素。布什 2006 年访问印度时称赞印度的“全球大国”地位在印度也被视为口惠实不至的表态而已，但奥巴马 2010 年访印时表态支持印度“入常”在印度还是得到高度评价。比较而言，印度不信任美国似乎超过美国不信任印度，这可能与两国的地位悬殊有关。通常，国力较弱的一方难以信任力量远胜于其的另一方。对美国来说，是否信任印度并不是一个非常重要的问题，重要的是印度在美国的战略蓝图上处于什么位置、是否值得认真对待、对美国的战略目标是阻碍还是促进因素等等。而对印度来说，美国的相关政策如果仅仅停留在印度可

① A Report of the CSIS：U. S. －India Defense Trade——Opportunities for Deepening the Partnership，June，2012，Center for Strategic & International Studies，Washingtong DC，US.

否为美国所利用的基础上，则美国就是不值得信任的。美印签署民用核能协议后，印度各界广泛存在的看法就反映了这点。印方始终怀疑美国只是利用印度急于摆脱核孤立的心态，企图通过这个协议对印度实现战略上的控制。这种不信任不可能在短期内消除。奥巴马第二届任期内美印政治关系实现根本性突破的可能性基本不存在，所谓根本性突破系指印度成为美国高度信赖的盟友，紧跟美国的外交战略目标，在国际舞台上基本站在美国一边，这种某些美国人士所抱有的幻想是不可能实现的。但印度作为新兴大国之一，在坚持自身诉求的同时，总还要面临与国际体系之关系的问题，即印度究竟是挑战者还是接受现状的国家，应当说印度目前还没有对这个问题的答案，因为印度面对的不仅是如美国这样的守成大国，还有同为新兴大国但国际地位远胜于自己的中国。从目前印度的行为来看，印度亦不大可能成为挑战美国霸权的国家，反而会为维护自己的利益而更有可能成为与美国寻求更紧密协调关系的伙伴。由此得出的判断是，在奥巴马第二届任期内，美印政治关系有可能朝着稳步平和的方向进一步发展。

综上所述，奥巴马第二届任期期间，如果印度政坛不发生意外事件，印度将举行议会大选，比较可能的时间是2014年中期，这也将是奥巴马任期的中期。根据政治运作的一般规律，印度在选举前将更关注国内政治的运作，同时确保外交领域没有对执政党产生太大冲击的事件。但对奥巴马政府来说，第二届任期却是可以在外交上作出较大动作的，通常第二届任期的政府也希望在外交上留下一些正面遗产。将这两者结合起来看，美国将继续着把印度打造成伙伴的努力，但布什期间的期望恐将降低。印度则将在稳定对美关系的基础上努力推进实质领域的发展，其中包括军事装备贸易在内的两国军事安全关系可能是印度视为重点的领域，甚至会取得一定的突破，而正是在这一领域，美印关系的发展将对地区局势和其他大国产生比较重要的影响。

美军撤离与阿富汗安全局势发展前景

曾祥裕　朱宇凡

随着2014年以美国为首的国际安全援助部队撤军期限日渐临近，阿富汗局势也趋于新的关节点。分析后2014时代阿富汗安全局势，主要需考虑美国阿富汗政策、阿富汗安全力量建设情况、塔利班的情况等，同时还要充分考虑阿富汗安全局势的近期动态，包括塔利班的战术、反塔“民众起义”、民族与教派冲突等因素。在美军加速撤离、阿富汗安全部队战力尚严重不足、塔利班实力强劲的背景下，阿富汗安全局势在短期内难以有实质改观，倒是很有可能明显恶化。鉴于冲突双方都不具有压倒性优势，阿富汗战局将在较长的时段处于僵持状态。

一、美国大幅撤军，保留长期存在，谋求国际合作

多年来，以美军为首的阿富汗国际安全援助部队（ISAS）一直是阿富汗战场与塔利班作战的主力，驻阿美军一增再增，最高峰时达到10万人。随后在2011年和2012年先后撤出1万人和2.3万人。至2013年初，阿境内仍驻有美军6.6万人，联军总数仍有10万。各种估计均认为，美军将在

阿境内常驻一支实力可观的部队（外界估计为2万左右）。[①] 2012年4月美阿签署《战略伙伴关系协议》，但为落实该协议而需要的《行政协定》仍处于谈判阶段。其最终内容虽尚未确定，但很可能就美军在阿长期驻军、驻军数目、美军对阿境内基地使用权等事宜作出明确规定。美国已多次公开表示不会对阿富汗局势坐视不理，这说明美军不会全部撤离阿富汗，不会留下所谓的“战略真空”，对喀布尔当局也不会置之不理，塔利班难以顺利迎来期盼已久的最终胜利。可以预期，美国所设想的是，将主要安全职责，或者说是与塔利班等的硬仗恶仗留给阿方，美方则在阿驻扎人数有限的快速反应部队，维持一个精干而有效的军事基地体系，借此保障在中南亚的军事存在并稳定地发挥战略影响。美军可借助美阿《战略伙伴关系协议》及相关《行政协定》而迅速增兵阿富汗，实现能进能出，攻防兼备的战略机动性。

美方还积极谋求国际合作，试图推动外界特别是印度更为直接全面地介入阿富汗问题，以便令其分担安全职责。美国防部长帕内塔公开“敦促印度领导人通过贸易与投资、重建及援助阿富汗安全部队等形式，继续加大对阿富汗的支持力度。[②] 但印度始终保持审慎，虽然积极发展印阿关系、加大经援力度、帮助阿培训军官、向其提供军备，但却始终不派遣印军进入阿境内，不愿为美国火中取栗。美方也曾积极游说中国，多次表示希望中国“在更大程度上介入阿富汗事务”，英国时任首相布朗甚至明确表示，中国可派兵加入驻阿联军。[③] 中国同样不为所动。不仅如此，驻阿盟国普遍希望尽早抽身而退。法国总统奥朗德2012年5月上台立即宣布将在2012年底完全撤出作战部队，仅留少量部队从事培训工作，2013年底将完全撤军。比利时则在2012年底完全撤离阿富汗并将相关设施移交阿方。澳大利亚同样在2012年底从阿撤出全部作战部队，剩下

---

① 牟宗琮：“重建资金缺口大　外部环境更复杂　阿富汗问题国际会议难有突破”，人民网，2011年12月5日，http：//world. people. com. cn/GB/16493678. html。

② “Partners in the 21st Century，” US Defence Secretary Leon E. Panetta’s Address at the Institute for Defence Studies and Analyses，June 6，2012，http：//www. idsa. in/keyspeeches/LeonEPanettaonPartnersinthe21stcentury.

③ “军事解析：中国是否应该出兵阿富汗”，新华网，2010年1月4日，http：//news. xinhuanet. com/mil/2010—01/04/content _ 12751770. htm。

的少量培训部队预定于 2014 年底撤离。鉴于美国在阿富汗问题上谋求国际安全合作的努力并不成功，美方在 2014 年后将主要依靠阿富汗安全部队来履行安全职责，美军一般情况下将隐于幕后，危急情况下必然会积极干预。

二、阿富汗安全部队建设有所成效，问题突出，战力有限

阿富汗国家安全部队由国民军（ANA）、国民警察部队（ANP）和边境警察部队组成，主力是国民军与国民警察部队。地方警察部队不属于国家安全部队，但也在阿富汗尤其是广大农村发挥了重要的安全职能。美军撤离后，阿安全部队将成为与塔利班等反政府武装作战的主力，其建设成效将在很大程度上决定阿能否遏制塔利班武装。

应该承认，阿安全部队建设的成效是明显的：到 2012 年中期，阿国家安全部队（包括国民军和国民警察部队）总员额已达 35 万人，包括国民军 19.45 万人，国民警察部队 15.2 万人。[①] 地方警察部队则在 2012 年 11 月中旬扩编到 1.785 万人，[②] 2013 年 2 月 4 日扩张至 2 万人，[③] 还计划进一步将其扩编为 4.5 万人。[④] 阿安全部队积极开展国际合作，国民军军官得到美德等国培训，装备得到西方特别是美国的援助。特别重要的是，阿方成

① “阿安全部队独力击退塔利班首轮‘春季攻势’”，《南方日报》2012 年 4 月 17 日，第 A8 版，http://epaper.nfdaily.cn/html/2012—04/17/content_7075804.htm。

② *The Situation in Afghanistan and its Implications for International Peace and Security: Report of the Secretary-General*, December 13, 2012, p.6, http://unama.unmissions.org/LinkClick.aspx?fileticket=AtmMyLd__Io%3d&tabid=12263&language=en-US.

③ *The Situation in Afghanistan and its Implications for International Peace and Security: Report of the Secretary-General*, March 5, 2013, p.5, http://www.un.org/ga/search/view_doc.asp?symbol=S/2013/133&referer=http://unama.unmissions.org/Default.aspx?tabid=12263&Lang=E.

④ “Today's Afghan Headlines,” UNAMA website, February 22, 2013, http://unama.unmissions.org/Default.aspx?tabid=12329&ctl=Details&mid=15870&ItemID=36403&language=en-US.

功争取到印度的安全援助。根据两国2011年签署的《战略伙伴关系协议》，印方计划在随后3年为阿国民军训练2—3万人，包括约500名军官，还可能帮助培训阿直升机飞行员和地勤人员。印方愿向阿方提供大批军备，包括印度自行研发的5.56毫米口径突击步枪等轻武器，以及印度陆军正在淘汰的火箭发射器、轻型火炮，甚至经过翻新改进的苏联T—55型坦克等武器。[①] 此外，国际援助方还同意继续向阿提供部分军费。经过多方努力，阿安全部队作战能力得到明显提升。联军司令艾伦2012年8月公开表示，阿军警作战能力不断提高，目前已有90%的军事行动由阿安全部队和联军联合进行，其中由阿方领导者超过40%。[②] 阿内政部则表示，地方警察部队主要部署于安全状况不佳的省份，承担了全国14%的安全职责。[③] 应该注意到，安全部队不仅具有安全职能，还有重要的政治作用：一支听命于中央政府的强大部队将有效提升中央政府的威信，大幅削弱阿地方势力对中央的离心倾向。

尽管如此，阿安全部队重建仍存在诸多严重问题，包括训练不足、兵员素质参差不齐、士气低落等，[④] 对其重建成效不宜简单乐观。这些问题中，最突出的是安全部队的忠诚度问题。阿安全部队在很短的时间内急剧膨胀，但新招募人员对喀布尔政权的认同度并不高。其具体表现为：一是逃兵率极高。联军统计阿军每年的逃兵率高达26%（即约5万人），阿国防部统计的数据则是10%—15%。[⑤] 二是反政府武装渗透。外界一直怀疑塔利班已渗入阿安全部队，某些人还担任了基层领导，只待时机成熟就会相机而动。很多逃亡的军警已改投塔利班门下。巴德吉斯省2012年六七月间不到10天左右就有100多名警察投奔塔利班：先是17名地方警察于6

---

① 张春燕、朱宇凡："印度—阿富汗战略伙伴关系的进展、影响与前景"，《南亚研究季刊》2013年第1期。

② "阿富汗动态"，中国驻阿富汗大使馆网站，http://af.china-embassy.org/chn/afhdt/。

③ "Today's Afghan Headlines," UNAMA website, February 22, 2013, http://unama.unmissions.org/Default.aspx?tabid=12329&ctl=Details&mid=15870&ItemID=36403&language=en-US.

④ 缪敏："阿富汗安全力量重建概况"，《国际资料信息》2010年第7期。

⑤ Nigel Chamberlain, "NATO's departure from Afghanistan: an orderly rush to the blocked exits?", NATO Watch Briefing Paper No.29, January 8, 2013, p.6, http://www.natowatch.org/sites/default/files/briefing_paper_no.29_—_departing_afghanistan.pdf.

月 24 日转投塔利班，随后又有 93 人在 7 月 3 日投奔塔利班。[①] 三是反美情绪强烈，内部袭击频发。据统计，2012 年初至 10 月中旬发生约 40 起阿军警枪杀“友军”事件，导致联军 50 多人死亡，其中绝大多数是美军。[②] 仅就绝对伤亡量而言，“内部人袭击”其实并不是非常严重，但考虑到对各方特别是联军的心理冲击，问题就很严重了。北约驻阿部队发言人公开承认，“内部人”袭击已严重削弱阿军和联军的互信。[③] 甚至奥巴马也公开表示对此的忧虑。[④] 为防范“内部人袭击”，驻阿美军要求士兵必须随时荷枪实弹；美军每次执行任务或召开会议时，必须有一至两名士兵负责监控阿方人员的行动，随时准备向发起袭击的阿方人员开火。[⑤] 上述做法的成效尚难以评估，但可以预料的是，美方和喀布尔政府对阿军警这种严防死守的态度将激起后者的强烈反感，可能进一步强化其离心倾向。必须注意，如果不能维持必要的忠诚度，阿安全部队实力越强，对政局的影响可能越不利。

其次，阿安全部队民族分野明显，第一大民族普什图人比重较低，非普什图人特别是塔吉克人势力庞大。在国民军中，占阿总人口 40%—45% 的普什图人仅为 30%，占阿总人口 25%的塔吉克人的比例则高达 41%，70%以上的营级指挥官由塔吉克人充任。[⑥] 这种极为偏颇的民族成分潜藏了很大的问题：一是阿人口结构未在安全部队中得到合理体现，加剧了普什图人的边缘感和疏离感；二是表明当局政治地位虚弱，凸显出身为普什

---

① *The Situation in Afghanistan and its Implications for International Peace and Security: Report of the Secretary-General*, September 13, 2012, p. 6, http://unama.unmissions.org/LinkClick.aspx?fileticket=AtmMyLd__Io%3d&tabid=12263&language=en-US.

② “美军驻阿富汗最高指挥官易人面临诸多难题”，人民网，2012 年 10 月 12 日，http://world.people.com.cn/n/2012/1012/c1002-19241521.html。

③ “阿富汗政府军警袭击‘友军’事件愈演愈烈”，人民网，2012 年 9 月 17 日，http://world.people.com.cn/n/2012/0917/c1002-19025136.htm。

④ “阿富汗军人袭击北约部队事件频发奥巴马表忧虑”，中国新闻网，2012 年 8 月 21 日，http://www.chinanews.com/gj/2012/08-21/4122412.shtml。

⑤ 王恬、牟宗琮：“‘内部人袭击’困扰驻阿美军”，《人民日报》2012 年 8 月 23 日，第 3 版，http://nb.people.com.cn/GB/n/2012/0823/c200889-17394790.htm。

⑥ William Maley, “Afghanistan in 2010: Continuing Challenges and Faltering Securiy,” *Asian Survey*, Vol. 51, No. 1 (January/February 2011), p. 91. 王世达：“阿富汗民族和解步履维艰”，《人民日报》2010 年 2 月 2 日，第 3 版，http://minzu.people.com.cn/GB/167244/10906343.html。

图人的卡尔扎伊无力控制安全部队的尴尬处境；三是以非普什图人为主的安全部队难以得到阿南方普什图人的支持，在南方的作战成效难以提高，导致战局僵持不下；四是鉴于塔利班武装以普什图人为主，而阿安全部队以非普什图人为主，双方在后2014时代的冲突升级可能在客观上扩大民族裂痕，不利于阿政治团结与安全局势的稳定。总而言之，这种极不平衡的人员结构说明，国民军尚极不成熟，相当不稳定，离“国民”部队的标准还有相当距离。

第三，军费庞大，难以持续。卡尔扎伊早就公开表示，阿富汗今后15年至20年内无力负担自身安全力量开销，需要美国和北约的长期援助。① 据统计，阿总数35万的国家安全部队每年要消耗66亿美元，而阿2010—2011财年国内生产总值仅163.52亿美元，显然无力长期负担这笔巨额军费。国际机构已建议阿到2017年末将国家安全部队缩编到22.85万人，② 并相应地将军警费用压缩为41亿美元。③ 但这笔费用对阿而言仍难以负担，更何况减员1/3的安全部队能否有效应对阿安全局势又颇为令人怀疑。其实，按照原驻阿美军司令麦克里斯特尔的建议即建设一支人数达40万的安全力量，花销估计将达5000亿美元。这对阿只能是天文数字，恐怕永远也无力负担。④

第四，安全部队的地方化、军阀化问题也令人担忧。在这方面，阿地方警察部队是争议的焦点，因为其招募程序更不规范，反政府势力渗透重、违法乱纪而逍遥法外、侵犯人权等问题也颇为严重。⑤ 与国民军或国

① 颜亮、王岩：“美国防部长说从阿富汗撤军行动将持续数年”，新华网，2009年12月9日，http：//news. xinhuanet. com/world/2009－12/09/content _ 12613948. htm。

② *The Situation in Afghanistan and its Implications for International Peace and Security*：*Report of the Secretary-General*，June 20，2012，p. 6，http：//unama. unmissions. org/LinkClick. aspx? fileticket＝UzctbPXEjw8％3d&tabid＝12254&language＝en-US.

③ Ronald E. Neumann，Michael E. O'Hanlon，“NATO's Undue Optimism on Afghanistan，” *The Washington Post*，May 17，2012，http：//www. brookings. edu/research/opinions/2012/05/17－afghanistan-ohanlon.

④ 颜亮、王岩：“美国防部长说从阿富汗撤军行动将持续数年”，新华网，2009年12月9日，http：//news. xinhuanet. com/world/2009－12/09/content _ 12613948. htm。

⑤ *Afghanistan Mid-year Report on Protection of Civilians in Armed Conflict*：*2012*，July 2012，p. 7，http：//unama. unmissions. org/Portals/UNAMA/Documents/UNAMA％20POC％202011％20Report _ Final _ Feb％202012. pdf.

民警察部队相比，地方警察部队受地方势力控制的情况也更为严重，外界甚至怀疑其可能成为民族化、政治化的准军事组织。[①] 实际上，面临后2014时代的阿富汗变局，地方实力派已跃跃欲试。长期把持赫拉特省的军阀伊斯梅尔·汗（Mohammad Ismail Khan）甚至公开提出要组织抗苏战士建立全国圣战者理事会，在2014年之后“协助”安全部队开展工作。[②] 这种公开组建第二武装的主张已在阿政坛引起强烈不安。

上述不足对阿安全部队构成严重制约。要指望这支部队在短期内完全承担安全责任，对塔利班战而胜之，无疑是极不现实的。尽管美方不止一次高度评价阿军，称赞其“领导有力、配合良好”，“非常专业”，作战能力不断提高等，[③] 但只要注意到阿军每年高达26%（阿国防部的数据则为10%—15%）的逃兵率，以及密集发生的内部人袭击，就可以合乎逻辑地认为，上述评价含有为美军撤离进行宣传配合的意图，并不足够可靠。

三、塔利班武装实力可观，战法更为主动

经过与美军的10年作战，塔利班的实力仍极为可观，联合国估计2010年初的塔利班活跃作战成员有2.5万—3.6万人，[④] 塔利班的士气不宜低估。美国副总统拜登曾表示，为获取报酬而参加武装斗争的塔利班占

---

① *The Situation in Afghanistan and its Implications for International Peace and Security: Report of the Secretary-General*, June 20, 2012, p.6, http://unama.unmissions.org/LinkClick.aspx?fileticket=UzctbPXEjw8%3d&tabid=12254&language=en-US.

② *The Situation in Afghanistan and its Implications for International Peace and Security: Report of the Secretary-General*, December 13, 2012, p.6, http://unama.unmissions.org/LinkClick.aspx?fileticket=AtmMyLd__Io%3d&tabid=12263&language=en-US.

③ “阿富汗警方对武装分子发动攻势，表现获北约赞扬”，中国新闻网，2012年4月16日，http://www.chinanews.com/gj/2012/04-16/3821899.shtml；“阿富汗动态”，中国驻阿富汗大使馆网站，http://af.china-embassy.org/chn/afhdt/。

④ *Report of the Secretary-General on children and armed conflict in Afghanistan*, February 3, 2011, p.4, http://unama.unmissions.org/Portals/UNAMA/SG%20Reports/3%20February%202011.pdf.

到了70%。[①] 但近年来，阿当局大力招安却成效有限，说明这种判断是站不住脚的。根据当局公布的数据，截至2012年12月中旬已有6193人（包括549名指挥官）投诚，[②] 但这些“动摇分子”的离去对塔利班实力并无实质影响。更何况，塔利班也在吸收新鲜血液，仅2012年就有数百名政府军警投奔塔利班麾下，其中很多人携有武器弹药，包括警车、轻重机枪和榴弹发射器等。[③] 另一颇富戏剧性的案例是，2008年和2011年，坎大哈两次发生大规模越狱事件，分别有1200余人和500余人成功逃脱，其中包括大批塔利班成员。[④] 这些人如果重新“归队”，塔利班武装立刻就会新增1000多人。

评估塔利班的实力还要充分考虑塔利班是否得到阿富汗民众的支持。尽管阿富汗英语媒体传播的信息是阿朝野双方与社会各界（特别是妇女界）对塔利班近乎一边倒的批判声浪，但实际情况却要复杂得多。2010年的一份调查显示，83%的受访者支持和解，支持率最高的是东部（89%）、东南（85%）和西北（85%），最低的中部/哈扎拉贾特地区也有78%的支持率。81%的受访者认同政府向投诚者提供援助、工作和居住条件。73%的回答者认为政府的和解努力有助于稳定局势。值得注意的是，同情反政府武装的意见在2009年高达56%，2010年虽下降为40%（强烈同情占26%，同情占14%），但在西南仍有52%、东南有50%、西部有50%的受访者对反政府武装持同情态度。[⑤] 由此可见，塔利班仍得到较多的同情，对其活动能力不宜低估。

---

① Mark Thompson, “Afghanistan Exit Strategy: Buying Off the Taliban?”, *Time*, August 14, 2009, http: //www. time. com/time/nation/article/0, 8599, 1916521, 00. html.

② *The Situation in Afghanistan and its Implications for International Peace and Security: Report of the Secretary-General*, March 5, 2013, p. 18, http: //www. un. org/ga/search/view_doc. asp? symbol = S/2013/133&referer = http: //unama. unmissions. org/Default. aspx? tabid = 12263&Lang=E.

③ Masoud Popalzai, “Some Afghan police join Taliban in Farah province,” CNN. net, July 24, 2012, http: //edition. cnn. com/2012/07/24/world/asia/afghanistan-police-join-taliban/index. html.

④ “数百名塔利班囚犯‘地下’越狱”,《人民日报》2011年4月27日，http: //wz. people. com. cn/GB/184378/184381/14491336. html。

⑤ Ruth Rene ed., *Afghanistan in 2010: A Survey of the Afghan People*, pp. 4, 49, 50, http: //asiafoundation. org/resources/pdfs/Afghanistanin2010survey. pdf.

除了继续坚持非对称战术，大打特打游击战，继续大量使用路边炸弹等之外，塔利班武装近来还有两个突出特点。首先是积极采用定点清除手段。塔利班先后杀害了坎大哈省议会议长艾哈迈德·瓦利·卡尔扎伊，总统高级顾问穆罕默德·汗，高级和平委员会主席、前总统拉巴尼，高级和平委员会高级谈判代表、曾任塔利班高教部长的拉赫玛尼等。[①] 军警首脑是袭击的重点目标，近两年先后有赫尔曼德省情报局长遇刺但幸免，坎大哈省警察局长遇刺身亡，[②] 甚至阿国家安全局局长也在该局大院内遭自杀爆炸袭击受伤。[③] 刺杀行动的目标还包括地方势力、反塔宗教人士，乃至向当局投诚的前塔利班成员。[④] 联合国报告称反政府武装在 2010 年暗杀或公开处决的平民数量增加了 95%，[⑤] 只不过这些目标没有政府高官显赫，受到的关注较少罢了。

其次是大量采用“正面进攻”战术。美军在 2009 年、2010 年多次在赫拉特、法拉、库纳尔、拉格曼和楠格哈尔等省采取行动。塔利班武装则不甘示弱，频频反扑，组成联军数次向美军发动“正面进攻”，先后袭击了美军重镇巴格拉姆基地和坎大哈基地。[⑥] 此后，塔利班继续采用大规模恐怖袭击战术，针对大城市和重要目标发起正面进攻，公然袭击坎大哈省

① “阿富汗和解高级谈判遇刺身亡”，人民网，2012 年 5 月 14 日，http：//www. people. com. cn/h/2012/0514/c25408－2344075310. html。但塔利班否认拉赫玛尼系遭其暗杀。

② “Afghan governor escapes bomb attack en route to funeral，” *Dawn*，July 13，2011，http：//www. dawn. com/2011/07/13/afghan-governor-escapes-bomb-attack-en-route-to-funeral. html. “Taliban claim murder of senior Karzai adviser，” *Dawn*，July 18，2011，http：//www. dawn. com/2011/07/18/senior-adviser-to-karzai-murdered-in-kabul. html. “Suicide bomber kills Kandahar mayor：Afghan police，” *Dawn*，July 27，2011，http：//www. dawn. com/2011/07/27/suicide-bomber-kills-kandahar-mayor-afghan-police. html. 但瓦利·卡尔扎伊遇刺案是否系塔利班所为尚未有定论。

③ “阿富汗多名官员遭遇袭击”，《人民日报》2012 年 12 月 11 日，http：//world. people. com. cn/n/2012/1211/c57507－19856208. html。

④ *The Situation in Afghanistan and its Implications to International Peace and Security：Report of the Secretary-General*，June 23，2011，p. 3.

⑤ “联合国报告：2010 年上半年阿富汗平民伤亡人数上升三成以上”，联合国广播，2010 年 8 月 10 日，http：//www. un. org/zh/focus/afghanistan/newsdetails. asp? newsID＝13903。

⑥ “Militants Attack Kandahar Air Base，” *The Portland Press Herald*，May 23，2010，http：//www. pressherald. com/news/nationworld/Militants-attack-Kandahar-air-base-. html. Atia Abawi，“Nearly a dozen militants dead after Bagram attack，” CNN. com International，May 19，2010，http：//edition. cnn. com/2010/WORLD/asiapcf/05/19/afghanistan. bagram. attack/index. html? hpt＝T2.

长办公室、市长办公室及情报机构，[①] 大胆突袭美国大使馆、北约驻阿国际安全援助部队总部和阿情报机构总部，交火近20小时。[②] 2012年又高调袭击阿总统府及议会大院附近的国民议会、政府建筑及外国使馆（包括美国使馆）等。[③] 袭击者甚至直接突袭坎大哈和法拉两省的省长官邸。[④]

从其近期表现来看，塔利班武装势力并未受到实质性削弱。塔利班采用暗杀、突袭等手段直接打击当局的重要政治人物，说明其仍然无意寻求政治和解。近年来频现的“正面进攻”则意味着，面对美军逐步撤离的前景，塔利班武装已变得更为大胆、更为自信。

四、阿富汗安全局势近期演化前景

考虑到美军、阿军和塔利班三方的势力消长，阿富汗安全局势的发展呈现出若干种可能性。综合目前各种情况可以认为，在美军撤离之前，阿富汗战事将基本保持平稳。一旦美军基本完成撤军，阿富汗战事很可能迅速升级。塔利班将扭转此前10余年为应对居压倒性优势的美军而一直采取的守势，转而采取攻势。塔利班此前长期采用游击战、恐怖袭击等非常规作战手段。为了拿下政权，塔利班今后很可能会将常规作战与非常规作战结合，更多地采用正面进攻的战术，阿富汗冲突也会从低烈度冲突转为常规冲突。为了自保，喀布尔当局也不会放松武装清剿活动。2014年的阿富汗大选也对安全局势有不利影响。大选期往往是安全防备较为虚弱的空窗期，大选的各种造势活动也为恐怖袭击提供了机会。安全局势不佳为反对派攻击当政者提供了充分的子弹，而当政者为了表现形象（同时也是为了

---

① “塔利班袭击坎大哈”，凤凰网，2011年5月8日，http：//news.ifeng.com/gundong/detail_2011_05/08/6240499_0.shtml。

② “塔利班向喀布尔发动10年来最大胆袭击致19人死亡”，人民网，2011年9月15日，http：//world.people.com.cn/GB/15665580.html。

③ *The Situation in Afghanistan and its Implications for International Peace and Security: Report of the Secretary-General*, June 20, 2012, p.5, http://unama.unmissions.org/LinkClick.aspx? fileticket=UzctbPXEjw8%3d&tabid=12254&language=en-US.

④ Ibid.

应付反对派的抨击），可能采取更为强硬的态度。另一方面，根据各种观察，卡尔扎伊当局的政治反对派对塔利班的态度更为强硬。[①] 一旦反对派上台，阿富汗战事很可能明显升级。

尽管阿富汗战事可能明显升级，但短期内将难以决出胜负，阿富汗战事很可能以更高的烈度长期僵持下去。美军此前已率领盟国在阿富汗作战超过 10 年仍无法剿灭塔利班。2014 年后承担主要作战任务的阿安全部队与美军相比，其唯一优势是，他们自己也是阿富汗人，与塔利班作战是阿富汗内战。但这种政治优势并不能弥补安全部队战力严重不足的缺陷。简言之，战力远逊于美军的阿安全部队要迅速战胜塔利班的可能性微乎其微。

有意见认为塔利班将占据上风，极端的看法甚至将后 2014 时代喀布尔政权的处境与 20 世纪 90 年代初的纳吉布拉政权类比，认为塔利班将迅速战胜阿富汗当局。[②] 但这种类比是不妥帖的。塔利班武装擅长游击战，但并不代表其能轻易地在阵地战中占据上风。当时的反政府在苏联撤军后发动贾拉拉巴德战役遭遇惨败就是个明显的例子。纳吉布拉政权在苏联撤军后仍然支撑了两年，而且打得并不算差，得到外界支持的反政府武装在军事上并未占据上风。一直到苏联解体，纳吉布拉政权内部土崩瓦解，将领纷纷倒戈，从而导致其最终崩溃。[③] 反观美军从阿撤军则截然不同。美方肯定会继续长期支持喀布尔政权，其还能得到盟国和地区国家的支持或默认，而塔利班则难以得到任何外部大国的坚定支持，更何况美军根本就不会完全撤离，不可能坐视喀布尔当局溃败。

后 2014 时代也完全不同于 20 世纪 90 年代中期塔利班横扫阿全境的时代。20 世纪 90 年代初中期的阿富汗四分五裂，处于军阀混战之中，这是塔利班迅速崛起的重要外部条件，渴望终结军阀混战的民心也助了塔利班一臂之力。反观现在的阿富汗，虽然地方势力仍然强大，但他们和喀布尔

---

① 曾祥裕："阿富汗政治发展研究"，《"中巴关系：现状与发展趋势"国际研讨会论文集》，云南人民出版社 2013 年版。

② 巴基斯坦三军情报局前局长哈米德·古尔（Hamid Gul）持这种观点，笔者于 2011 年 9 月 20 日在四川大学南亚研究所参加其讲座，现场得知其观点。

③ Riaz Mohammad Khan，*Afghanistan and Pakistan：Conflict，Extremism，and Resistance to Modernity*，Woodrow Wilson Center Press/Johns Hopkins University Press，2011，Chapter 2.

政权基本上能相安无事。国民军虽然问题很多，但并无崩溃瓦解的迹象，更何况阿富汗民众对塔利班的统治仍心有余悸。阿民间普遍存在对塔利班的同情情绪，但这并不意味着他们支持塔利班卷土重来。总之，塔利班要击溃喀布尔当局并席卷全国，可能性同样微乎其微。

五、对反塔“民众起义”应审慎评估

近期的阿富汗局势还有两个动向值得分析。2012年出现了大量关于反塔“民众起义”的报道，引起各方的紧密关注。从4月起，加兹尼省安达尔地区（Andar）250名居民拿起武器，与塔利班作战达4个月，不仅驱逐了塔利班势力，而且拿下了塔利班一处重要据点。[①] 6月，加兹尼省居民因开设学校和诊所等问题与塔利班发生冲突。[②] 8月，楠格哈尔省希萨拉克地区（Hisarak）数十名村民发起反塔武装斗争，将其逐出若干村庄。[③] 年底，加兹尼省莫库尔地区（Muqur）居民自称发动了反塔“民族起义”，并将其逐出几十个村庄。[④] 努里斯坦省和拉格曼省也发生了反塔“民众起义”，[⑤] 部落长老带领当地武装，驱逐了塔利班势力。

对上述报道应辨证分析，不宜一概而论。一方面，阿很多普通国民确实对塔利班统治心有余悸，对久拖不决的血腥冲突极为厌倦乃至恐惧，阿民间的反塔情绪乃至具体行动并不令人意外。另一方面，当局大肆渲染的

① Ben Farmer, “Armed uprising against Taliban forces insurgents from 50 Afghan villages,” *Telegraph*, August 14, 2012, http: //www. telegraph. co. uk/news/worldnews/asia/afghanistan/9475141/Armed-uprising-against-Taliban-forces-insurgents-from－50－Afghan-villages. html.

② “Nangarhar Villagers Rise Up Against Taliban,” TOLOnews. com, August 23, 2012, http: //www. tolonews. com/en/afghanistan/7304－nangarhar-villagers-rise-up-against-taliban.

③ Ibid.

④ “Today's Afghan Headlines,” UNAMA website, January 23, 2013, http: //unama. unmissions. org/Default. aspx? tabid = 12254&ctl = Details&mid = 15756&ItemID = 36302&language=en-US.

⑤ *The Situation in Afghanistan and its Implications for International Peace and Security: Report of the Secretary-General*, December 13, 2012, p. 5, http: //unama. unmissions. org/LinkClick. aspx? fileticket=AtmMyLd _ _ Io%3d&tabid=12263&language=en-US.

反塔"民众起义"其实颇为名不副实，因为当局往往暗中予以协助：安全部队官兵加入了楠格哈尔省的"起义"，[①] 努里斯坦省和拉格曼省的"起义"得到地方警察部队的援助，[②] 加兹尼省的"起义"有安全机构在南方的负责人阿萨杜拉·卡利德（Asadullah Khalid）在幕后支持（他坚称帮助起义者获得武器纯属个人行为，与政府无关）。[③] 更何况，这些"起义"对当局也未必都是好消息。首先，很多"起义者"既反对塔利班，也反对喀布尔当局和联军。其次，不少反塔"起义"很可能受其他反政府武装的操纵，它们与塔利班的斗争不过是反政府武装内部的势力消长而非反政府武装的整体性衰落。例如，当局怀疑加兹尼省的"起义"系另一反政府武装伊斯兰党（希克马蒂亚尔派）一手导演的，因为很多"起义者"曾加入伊斯兰党武装，甚至曾担任其高级指挥官。[④] 其三，即便上述"起义"不受任何反政府武装控制，民间"反塔"武装的兴起也意味着阿境内又多了一股或多股不受政府控制的武装势力，阿地方政治四分五裂的局面可能因此加剧。对这一问题还要继续观察，但不宜过度夸大其影响力，尤其不宜简单将其视为对喀布尔当局的利好因素。

六、民族与教派冲突日渐凸显，值得关注

观察阿富汗的安全前景，还要认真考虑民族与教派问题。阿富汗民族问题极为突出，其人口主要由分布在中部和南方的普什图人及分布在北方的非普什图人（塔吉克人、乌兹别克人等为主）构成。自塔利班兴起以

① "Nangarhar Villagers Rise Up Against Taliban," TOLOnews. com, August 23, 2012, http: //www. tolonews. com/en/afghanistan/7304-nangarhar-villagers-rise-up-against-taliban.

② "Today's Afghan Headlines," UNAMA website, January 23, 2013, http: //unama. unmissions. org/Default. aspx? tabid = 12254&ctl = Details&mid = 15756&ItemID = 36302&language=en-US.

③ Ben Farmer, "Armed uprising against Taliban forces insurgents from 50 Afghan villages," *Telegraph*, August 14, 2012, http: //www. telegraph. co. uk/news/worldnews/asia/afghanistan/9475141/Armed-uprising-against-Taliban-forces-insurgents-from－50－Afghan-villages. html.

④ Ibid.

来，阿富汗政治的民族问题日渐突出，塔利班以普什图人为主，而反塔利班的北方联盟则以非普什图人为主。2001年末的“反塔”战争，实际上是塔利班与北方联盟内战在美军介入的情况下的特殊延续。战后的阿富汗权力格局在很大程度上反映了北方联盟的“胜利”，普什图人的政治地位明显下降。尽管普什图人卡尔扎伊连续担任总统10余年，但其对政局的掌控仍极为有限，且难获普什图人普遍认同。议会选举也反映了明显的民族分野的情况更为糟糕。普什图人占阿总人口的40%—45%，当选议席数占39%；但仅占总人口9%左右的哈扎拉人独得25%的议席，与塔吉克人议席相加更是达到46%，远超普什图人。[①] 这些动向可能引起普什图人的严重不安。阿其他民族与普什图人存在各种历史积怨和现实利益分歧，对哈扎拉人而言，独特的宗教信仰（哈扎拉人信奉伊斯兰教的什叶派，阿其他民族则主要信奉逊尼派）令其与普什图人的关系更为微妙。这种格局导致非普什图人对与塔利班和谈等议题的态度更为保守。2010年的一项调查显示，49%的普什图受访者对武装斗争有一定同情，与此形成对照的是，这一比例在乌兹别克、塔吉克和哈扎拉三个受访者群体中的数值仅分别为36%、32%和27%。[②]

近年来，阿境内多次发生有民族/教派色彩的暴力事件。2010年6月，乌鲁兹甘省11名哈扎拉人惨遭斩首，瓦达克省则有哈扎拉人住宅遭普什图牧民付之一炬。据称，该省戴米达（Daimirdad）地区的哈扎拉人甚至遭受重武器攻击，塔利班可能卷入袭击事件。[③] 2011年12月6日，喀布尔一什叶派圣地遭遇自杀式炸弹袭击，造成至少55人死亡（包括4名儿童和2名妇女），134人受伤。[④] 尽管阿当局和塔利班罕见地同声谴责这一事件，但此事无疑将对阿教派关系产生极为不利的影响。另一典型事例是，2012年8月前后乌鲁兹甘省有2名哈扎拉人遭以普什图人为主的塔利班杀害，其

---

① 曾祥裕：“2010年阿富汗局势综述”，《南亚地区发展报告》（2010年卷），巴蜀书社2012年版。

② Ruth Rene ed., *Afghanistan in 2010: A Survey of the Afghan People*, p. 47, http://asiafoundation.org/resources/pdfs/Afghanistanin2010survey.pdf.

③ William Maley, “Afghanistan in 2010: Continuing Challenges and Faltering Securiy,” *Asian Survey*, Vol. 51, No. 1 (January/February 2011), p. 90.

④ “阿富汗首都爆炸致55死134伤”，《钱江晚报》2011年12月7日，第C3版，http://qjwb.zjol.com.cn/html/2011－12/07/content_1235912.htm? div=－1。

后不久又有至少 9 名普什图人遭哈扎拉人杀害。这一事件既与塔利班有关，又涉及哈扎拉人与普什图人的民族纠葛，更牵涉什叶派和逊尼派的教派关系，因而极为复杂敏感，要妥善处理颇有难度。当地某些普什图人已公开表示，如果正义未得伸张，他们就把枪口转向政府。[①] 在安全前景不明、政府效率不高的情况下，要妥善处理民族关系和教派关系，对阿富汗政府而言确实是个严峻挑战。各民族在政治上互不信任，必然危害阿政治社会的安定与发展。

① *The Situation in Afghanistan and its Implications for International Peace and Security: Report of the Secretary-General*, September 13, 2012, p. 6, http://unama.unmissions.org/LinkClick.aspx?fileticket=AtmMyLd__Io%3d&tabid=12263&language=en-US.

印缅关系新发展及对中国的启示

刘思伟

作为拥有长达1643千米共同边界的邻国，印度与缅甸双边关系在历史上经历了几起几落，但近年来两国关系出现持续升温态势。2012年两国关系依然呈上升趋势，两国政治领导人互访频繁，两国在经济、安全、文化等领域的合作也日益增多。2012年5月印度总理辛格对缅甸展开25年来的首次访问，随后11月缅甸反对派领袖昂山素季也访问了印度，使得印度与缅甸的关系有紧密的发展。总体来看，印度与缅甸在彼此外交战略中的重要性和地位正日益提升，受经济利益的驱动以及各自战略安全利益方面的考量，印缅关系还有很大的发展空间。诚然，印缅关系的改善并非完全针对中国，但两国关系的发展动向还是值得中国关注的。

一、印缅关系新发展

众所周知，历史上印缅两国有过很好的交往与合作，如20世纪50年代两国与其他国家一道倡导了不结盟运动。即使缅甸1962年上台的奈温政府国有化运动严重损害了印侨的利益，印缅之间也保持了正常的国家关系。① 然而，1988年缅甸政权更迭，印度奉行不与缅甸军政权交往的外交政策，使得两国关系恶化。印度公开支持以昂山素季为代表的国内反对派

---

① 李晨阳、瞿健文："试论1998年以来印度与缅甸关系的发展"，《南亚研究》2005年第2期，http：//www. sasnet. cn/reDianut/showcontent. asp? iD=93。

势力，而且抗议缅甸支持印国内反叛组织，使其以缅甸为基地颠覆印度政府，这种“彻底疏远”军政府政策的结果是印缅关系严重恶化。不过，冷战后印度奉行现实主义原则，也逐步调整对缅甸政策，不再拒绝同缅甸军人政府的合作。2007 年在缅甸局势发生动荡之时，印度既没有公开声张对民主派的支持，也未跟随美国、西欧等国要求对缅甸的制裁。近年来，印缅关系得到较大改善。

其一，两国政府间的交流增多，政府高层官员互访频繁。印度方面，2012 年 5 月印度总理辛格访问缅甸，与缅甸总统吴登盛在首都内比都进行会谈，双方签署了 12 项合作协议。同年 11 月和 12 月印度外交部长库什迪和空军总参谋长布朗分别访问了缅甸。缅甸方面，2012 年 11 月反对党领袖昂山素季访问印度。此次访印是昂山素季阔别印度近 50 年后首次故地重游。虽然她在采访时表示对于过去在缅甸最艰困的时候印度与缅甸的疏远感到难过，但与此同时她也表示相信两个国家的往来与友谊是建立在人民彼此之间的友好关系之上的。[①] 12 月，吴登盛总统前往印度参加东盟—印度峰会。的确，近年来印缅两国政府间交流明显增多。2004 年，缅甸国家和平与发展委员会主席丹瑞大将就访问过印度，并于 2010 年 7 月再次访印。2011 年 10 月缅甸总统吴登盛率一个高级代表团对印度进行为期 3 天的正式访问。印度领导人也多次到访缅甸，包括 2006 年印度总统卡拉姆、2009 年印度副总统安萨里和印度军方领导人的到访以及 2010 年印度外交秘书拉奥和内政部长的访问等。

其二，印缅两国经贸合作关系获得较快发展。目前印度是继泰国、新加坡和中国之后缅甸第四大贸易伙伴，印缅双边贸易额正在逐年大幅度增加。据统计，在 2011—2012 年度，印缅两国的贸易额约达 13.71 亿美元，缅甸向印度出口 10.46 亿美元，印度向缅甸出口 3.25 亿美元，比 2011 年分别增长 20%和 66.5%。缅甸向印度出口农产品和林产品，印度向缅甸出口原矿、矿产品、药品、电器等。据缅甸投资委员会 2012 年的资料显示，6 家印度公司在缅投资，投资额约达 2.62 亿美元。[②] 另据印度媒体报道，

---

① “India: Aung San Suu Kyi's lesson in Realpolitik,” *GlobalPost*, http: //www. globalpost. com/dispatches/globalpost-blogs/india/india-aung-san-suu-kyi-realpolitik.

② “缅印将加强经贸合作”，缅甸《金凤凰》中文，2013 年 1 月 4 日，http: //www. mmgpmedia. com/business/3033－2013－01－04－15－10－26。

为使印缅贸易额在2015年达到30亿美元,[①] 印度政府解除了22类商品的对缅进出口限制，分别为农用品、摩托车、纺织品、电器、钢铁产品、药物、汽车零件等。据悉，在缅印贸易中，缅甸方面除了一部分商品限制进出口外，其他商品均可合法进出口。而加上本次解除限制的22类商品，印度方面允许62类商品流通于缅印间贸易。[②] 此外，近年来印度与缅甸已经签署多项开发协议，特别是有关缅甸天然气与石油共同开发的协议。2012年5月28日印度朱比兰特能源公司与缅甸国有石油天然气公司签署了关于PSC—I陆上油气区块的生产与分配协议，朱比兰特公司将投资8000万美元用于该区块的开发，并在其中持有77.5%的股份。[③] 此外，近年来印度公司开始在缅甸兴建港口和其他基础设施工程。2012年印度总理辛格访问缅甸时双方签署缅甸外贸银行和印度进出口银行关于印方向缅方提供5亿美元信贷的谅解备忘录，该笔贷款主要用于缅甸基础建设项目，其中包括农业和灌溉、铁路运输与电力项目。印度宣布将修复和改造 Tamu-Kalewa 友谊路上的71座桥梁，两国领导人还同意印度负责将 Kalewa-Yargyi 路改造升级为高速路，缅甸则负责在2016年前将 Yargyi-Monywa 段的道路改造升级为高速路。[④]

其三，两国在安全事务以及军事防务方面的合作也日益增多。印度和缅甸军事关系一直较为紧密，印度是向缅甸政府出售武器的少数国家之一。近年来，印度承诺向缅甸提供相关的军事援助，同时帮助缅甸建设军事和民用基础设施项目。据缅甸人士说，自2003年以来，装有军用物资的卡车不断从印度东北部进入缅甸境内。例如2006年印度就曾为缅甸海军提供了两艘BN—2“防御者”海上侦察飞机和舰基防空炮。[⑤] 除了为缅甸提

---

① India-Myanmar trade may hit $3 bn by 2015, http: //www.hindustantimes.com/business-news/WorldEconomy/India-Myanmar-trade-may-hit—3—bn-by—2015/Article1—929486.aspx.

② “印度解除22类商品的对缅进出口限”，缅甸《金凤凰》中文，2012年12月10，http: //www.mmgpmedia.com/business/2920—22。

③ “Jubilant Energy announces award of Block PSC — I in Myanmar,” http: //www.mbendi.com/a_sndmsg/news_view.asp? I=125210&PG=35.

④ “印度总理访问缅甸成果累累见诸公报”，缅甸《金凤凰》中文，2012年6月1日，http: //www.mmgpmedia.com/local-news/1355—2012—06—01—10—24—15。

⑤ Syed Ali Mujtaba, “India to Supply More BN2 Aircraft to Burma,” Mizima News, May 14, 2007.

供军事硬件外，印度还试图加强对缅甸武装部队的培训，允许缅甸人员进入印度陆军机构进行训练。另外，两国在打击边境分裂武装、禁毒等问题上开展合作。印缅两国正在合作制定边界管理备忘录，该备忘录将包括边境建设发展，以及对两国长达 1643 千米的陆地边界更好的防卫合作。印度和缅甸于 1993 年签署了保持边境安宁的《谅解备忘录》，两国现已定期举行边境联络会议。2012 年 8 月两国举行了第 46 次边境联络会议，重点讨论了如何清除沿边境缅甸一侧领土叛乱分子一事。① 此外，两国还开展一些海上防务交流。2012 年 2 月，缅甸海军派出战舰参与印度海军牵头的 14 国海军联合演习。该演习是由印度海军牵头的例行演练，在孟加拉湾举行，主要目标是打击海盗和恐怖主义，保护印度东部关键性战略海域的安全。同年，印度总理访问缅甸时强调，印缅之间扩大安全合作十分重要，对此不仅要确保陆地边境和平，同时也要保护海上贸易，并表示希望开辟加尔各答和实兑之间的海上航线。②

其四，两国在文化、教育、科技等方面的合作增多。两国地缘文化的联系在历史上就很密切。印度是佛教的发源地，而缅甸是一个典型的佛教国家，佛教曾一度被定为“国教”。双方的宗教联系在历史上也较为密切，印度境内大量佛教寺院是东南亚佛教信徒朝拜的梦想之地。近年来，印缅两国越来越重视双方的文化交流，加强了两国的文化关系。2012 年缅印两国签署关于 2012—2015 年文化交流计划，两国将重点促进印度东北部邦和缅甸边境地区的文化交流。2012 年 12 月，印度文化关系委员会、缅甸宗教部和 Sitagu 佛教协会合作，共同在缅甸举行了佛教文化遗产国际会议。近来印缅双方还签署了航空协定，该协定涉及两国开设直通航班，以方便商务、旅游和人员往来。此外，两国还在科研、教育、科技等方面达成合作意向，签署了农业合作、信息技术合作、国际问题研究［缅甸国际战略研究所（ICMA）和印度世界事务委员会（ICWA）、印度国防研究分析所（IDSA）进行合作］等合作文件。③

① “46th Indo-Myanmar Border Liaison Meeting,” *Manipur Mail*, August 21, 2012.

② “PM's Address to the Think-tanks, Intellectuals and Business Community in Yangon,” http://pmindia.nic.in/content_print.php?nodeid=1180&nodetype=2.

③ “印度总理访问缅甸成果累累见诸公报”，缅甸《金凤凰》中文 2012 年 6 月 1 日。

二、印缅关系向前发展的动因

印缅关系向前发展的动因很多，概括来说，两国外交战略的调整使得各自在彼此外交战略中的重要性和地位有所提高，经济利益的驱动以及各自战略安全利益方面的考量是印缅关系向前发展的主要动因。

的确，印度在缅甸的战略利益不言而喻。甚至印度独立前，尼赫鲁就对缅甸的重要性做了特别强调，他在写给外交人员的书信中指出“印度的缅甸政策应该是让缅甸成为朋友，这不仅符合印度的长远利益也是印度当前的需要”。[①] 印度著名政治家潘尼迦也曾在《印度的未来和东南亚》一书中指出：保卫缅甸就是保卫印度。[②] 冷战后，印度实行东向政策，日益重视发展与亚太国家之间的关系。毫无疑问，位于东南亚、南亚交汇处的缅甸作为印度外交“东进”的第一站，顺理成章地成为印度外交的优先考虑，尤其是1997年缅甸成为东盟成员国后，印度再次强调缅甸在印度外交战略中的重要性。印度总理辛格明确表示：在加强印度的“东向政策”以及与东盟国家合作方面缅甸起着至关重要的作用。[③] 印度国内也强调加强与缅甸关系的重要性。印度媒体对于辛格总理缅甸之行的反应是十分积极的，许多媒体纷纷在头版位置使用“里程碑”、“历史性”的访问来形容辛格的缅甸之旅。[④] 同样，印度在缅甸外交中的重要地位日益突出。

---

① Jawaharlal Nehru, *Policy Towards Burma*, Nehru's Letter to Y. D. Gundevia, Ministryof External Affairs and Commonwealth Relations, SWGN, Vol. (Ⅱ series.) pp. 526－30. Excerpts. quote from *The Essential Writing of Jawaharlal Nehru*, edited by S. GOPAL. UMA IYENGAR, Oxford University Press, New Delhi. Vo. Ⅱ, pp. 225－226.

② K. M. Panikar, The Future of India and South East Asia, Bombay: Allied Publishers, 1945, p. 43.

③ "Joint Statement on the Occasion of the Visit of Prime minister of India Dr Manmohan Singh to Myanmar," May 28, 2012, Naypyidaw, Myanmar, http://pmindia. nic. in/press-details. php? nodeid=1439.

④ "PM Manmohan Singh on historic visit to Myanmar," *The Economic Times*, http://economictimes. indiatimes. com/slideshows/people/pm-manmohan-singh-on-historic-visit-to－myanmar/myanmar-president-shakes-hand-with－pm-manmohan-singh/slideshow/13595650. cms.

诚然，对于缅甸来说，加强对印度关系有其战略考量，例如通过与印度这个号称世界上“最大的民主国家”的合作来适当缓解来自西方国家的压力。

此外，经济、安全等领域的利益驱动也是印缅关系改善的重要动因。对印度来说，其希望大力推动印缅经济合作关系，特别是与缅甸相邻的东北部阿萨姆邦地区，这有助于打破印度东北部地区的经济封闭状态，并从根本上削弱离心主义倾向。当然，印度还希望以缅甸为“陆桥”改善通向东南亚市场的陆路交通，并以此为跳板加强与东南亚的经济联系，进入充满活力的亚太地区。[①] 印度也期待两国进行油气合作，希望利用缅甸的天然气资源建立一个地区的跨国能源网络。缅甸的天然气储量居全球第十，超过 90 万亿立方英尺，分布在 19 个陆地和 3 个主要近海油田。[②] 不过，正如美国莱森特公司的能源咨询师托尼·里根所说，“印度已经意识到在与缅甸的油气合作方面，泰国和中国已经走在印度的前面”。[③] 对此，印度试图加快同缅甸的合作步伐。同样，缅甸也希望推动印缅经济合作关系从中得到自己的利益。多年来，由于不赞成缅甸的军事统治和反民主的政治格局，欧盟和美国对缅甸实施经济制裁，严禁西方企业在缅投资。缅甸希望能够加强同印度的相关合作，以便从印度崛起的经济中获取实惠。缅甸官方媒体新光报社论文章表示，缅甸重视同印度的关系，不仅印度需要缅甸，缅甸也需要印度。该报纸将印度视作巨人，不仅可以帮助缅甸创造更多的就业机会，获取技术，同时还可以通过在多个部门的投资帮助缅甸建立轻型和中型工业。[④] 另外，印缅两国在安全领域也存在一定共同利益。对印度来说，印度东北地区的内部安全经常受到轻武器泛滥、毒品犯罪以及地区分离主义极端分子的威胁，并且反政府武装常常以邻国缅甸为藏身、训练的基地。印度政府逐渐意识到，没有缅甸军政府的支持与合作就不可能彻底消灭叛乱分子。印度智库学者也认为，缅甸与印度有长达 1643

① 马燕冰：“印缅关系的发展及对中国的影响”，《亚非纵横》2009 年第 6 期。

② Sudha Ramachandran, “China secures Myanmar energy route,” *Asia times*,

③ Siddharth Ramana, “India's Role in the World Gains Strength,” IPSC Strategic Review, No. 29, December 2007.

④ “Ties with India important: Myanmar's daily,” http://zeenews.india.com/news/nation/ties-with-india-important-myanmar-s-daily_778627.html.

千米的边界，这使得缅甸成为印度安全考量中一个关键因素，因此确保与缅甸的友好关系是至关重要的。[①] 此外，双方也希望从海事、防务等方面的合作中获取各自利益。

印缅关系向前发展的动因还包括一些其他因素，例如缅甸国内政治改革以及昂山素季重返政坛等事件也是推动印缅关系升温的重要因素。随着缅甸政治改革进程的推进，亲印度的缅甸民主运动势力开始登上政治舞台。[②] 在此之后，印度领导人积极发展与缅甸的关系，便有了更多的民意支持。2010 年 11 月 7 日，缅甸举行了多党制全国大选。虽然曾经一度被认为亲印的貌埃将军并没有出现在缅甸新政府中，但现任缅甸领导人也十分重视对印度关系的发展。此外，外界因素在推动印缅关系上发挥着作用。事实上，印度领导人在与缅甸改善国家关系的过程中始终心存戒虑，担心与缅甸发展关系会招致外界的不满。不过，近来随着西方国家也开始增加与缅甸的交流对话，印度的担心逐渐消失。2012 年 11 月，美国总统奥巴马对缅甸展开了历史性访问，向缅甸提供了 1.7 亿美元的援助，解除了长达 10 年的从缅甸进口的禁令。在此之前，2011 年美国国务卿希拉里・克林顿对缅甸进行了为期 3 天的访问，成为自 1955 年以来首位访问缅甸的美国国务卿。2012 年 4 月，欧盟外交政策高级代表阿什顿访问缅甸。同年 5 月，韩国总统李明博也对缅甸进行了访问。无疑，这些外界因素在某种程度上推动了印缅关系向前发展。奥巴马访问缅甸之后，印度高级官员也迅速访问缅甸。

此外，值得一提的是，印缅关系改善过程中也包含潜在的中国因素。近年来，印度对中缅之间的友好关系存在不少猜疑。印度战略家认为，中国如果对印度东北部特拉马普特拉河谷发动进攻的话，通过缅甸北部向西推进要比从西藏向南穿越喜马拉雅山更容易。[③] 此外，印度战略家对于中国帮助缅甸在印度洋上的果果群岛（Coco Islands）和恒枝岛（Hainggyi

---

① Yogendra Singh, "India's Myanmar policy: A Dilemma between Realism and Idealism," *IPCS Report*, http: //www. ipcs. org/pdf _ file/issue/928587478IPCS-Special-Report－37. pdf.

② 彭念："拥抱缅甸、没那么容易！——评辛格访缅"，《观察者》2012 年 6 月 2 日。

③ 随新民：《中印关系研究：社会认知视角》，世界知识出版社 2007 年版，第 195 页。

Island）修建海军基地等相关活动十分警惕。[①] 印度国内媒体发表文章称，中国谋求扩张海军军力，并打算借助缅甸进入印度洋。印度学者还指出，中缅油气管道工程似乎正引发印度忧虑，原因是印度同时也在该地区寻求能源供应。[②] 此外，不少西方人士对中国在缅甸的战略利益进行夸大其辞的鼓吹更加大了印度的猜疑。美国智库兰德公司甚至提出：中印之间出现政治和军事对抗最可能的原因之一是中国继续谋求在缅甸的有效力量存在。[③] 印度国内一些战略分析家也认为中国欲通过缅甸对印度实施战略包围，为此倡议增强自身对缅甸的影响力，使其减少对中国的依赖，直至到“偏向印度”的轨道上来。印度国防分析研究所乌岱·巴汉·辛格博士称：“印度与缅甸有 1600 多公里的陆路边界，我们东北部的各邦也与缅甸接壤，缅甸也有两个邦与印度相接，在这样的情况下，我们或许更能够理解彼此的情境，印度也可以在某些缅甸问题上扮演更重要的角色，甚至做得比中国更好。”[④] 诚然，缅甸也有一定的战略考量。尽管对缅甸来说维护好缅中关系依然是发展对外关系的重点，但是从地缘政治上来讲，印度在缅甸的平衡外交中也占有重要地位。

三、影响印缅关系深化的若干因素

冷战后印缅双边关系逐步改善，在彼此外交战略中的重要性和地位日益提升，但仍有一些因素影响双边关系的深化发展，双方合作仍面临一些障碍，如两国基础设施落后、彼此经济联系不够深厚、政治信心缺乏等。

---

① 可参见：Donald M. Seekins，“Burma-China Relations：Playing with Fire，” *Asian Survey*，Vol. 37，No. 6；June 1997，pp. 534－535；Jagannath Panda，“The Pipeline Dynamics in the Sino-Myanmar Honeymoon：Regional Contention and Strategic Fallout，” *ISDP POLICY BRIEF*，No. 35，September 13，2010。

② Jagannath Panda，“The Pipeline Dynamics in the Sino-Myanmar Honeymoon：Regional Contention and Strategic Fallout，” *ISDP POLICY BRIEF*，No. 35，September 13，2010.

③ ［美］托勒米·哈利勒扎德：《美国与亚洲——美国新战略和兵力态势》，新华出版社 2001 版，第 21 页。

④ “昂山素季访问印度，分析指有助重建缅印关系”，凤凰网，2012 年 11 月 19 日。

此外，缅甸自身政局的变化，以及印缅边境之间反政府武装的活动等问题都可能会对印缅双边关系产生潜在的负面影响。

印缅经济联系有待加强。虽然近年来印缅双边贸易额逐步增长，但总体规模不大。虽然印度是继泰国、新加坡和中国之后缅甸第四大贸易伙伴，但据缅甸官方统计，截止到2011年11月底，印度对缅投资仅为1.89亿美元，主要是能源领域里的投资，在缅甸外资排行榜上名列第13位。印度的一些观察家也承认，印度在缅甸寻求商业机会的过往业绩乏善可陈。[①]虽然近年来印度已陆续向缅甸投资用于铁路、公路和水路交通基础设施的建设，但相关项目的进展不尽如人意。印度的各种基础设施投资项目，包括雄心勃勃的加拉丹多港口联运设施，到现在都还没有正式开始施工。[②]

安全合作互信有待加强。众所周知，跨边界的安全问题一直是印缅关系中的重要议题。多年来，印度方面希望缅甸能够配合印方，打击流窜到缅甸境内的印度东北部的反政府武装势力，进而巩固印度东北部的安全局势。近年来缅甸也试图配合印度的相关行动，但印度对于缅甸的努力以及在缅甸境内打击叛乱分子的功效依然表示担心。必须承认，缅甸对于调动用于平息本国动乱的军事力量来帮助印度并非十分热衷，而且装备不足的缅甸军队面对超强火力的武装分子有时也束手无策。[③] 此外，缅甸在某种程度上担心印度借机介入缅甸的内部政治和冲突的危险，因此不太愿意在联合反叛乱行动中与印度过分走近。当地的消息人士指出，缅甸军方更倾向于在印缅之间不稳定地带建立缓冲，这样就能避免在该国的偏远地区维持治安，从而与印度保持距离。[④] 此外，印缅两国在深化防务关系时也存在互信不足，双方防务合作仍处在初级阶段。

---

① Trevor Wilson, " Why India's relations with Myanmar may never be top priority for either," *East Asia Forum*, July 12, 2012, http://www.eastasiaforum.org/2012/07/12/why-india-s-relations-with-myanmar-may-never-be-top-priority-for-either/.

② "Myanmar can be link between India, China: PM," *Times of India*, http://www.click2myanmar.com/2012/05/myanmar-can-be-link-between-india-china-pm-times-of-india/.

③ Sudha Ramachandran, "Indian troops poised to enter Myanmar," http://www.atimes.com/atimes/South_Asia/GG21Df04.html.

④ 贝蒂尔·林特内尔："印度危险的东北部"，《耶路全球》2012年9月26日，http://www.yaleglobalfd.fudan.edu.cn/content/%E5%8D%B0%E5%BA%A6%E5%8D%B1%E9%99%A9%E7%9A%84%E4%B8%9C%E5%8C%97%E9%83%A8。

总体来说，虽然印缅在彼此外交战略中的重要性和地位正逐步提高，但并非最优先考虑项。[①] 虽然印度出于利益考量和战略需要，越发重视缅甸在本国外交政策中的地位，但总体来说印度的外交重点是大国外交。同样，虽然缅甸政府一贯重视与印度的关系，但其优先级较低。正如上文中提到的，事实上缅甸新政府内部并没有出现印度所希望的亲印派。此外，印度在缅甸民众中的形象也不是特别好，这些都将影响印缅关系的深远发展。

四、印缅关系展望以及对中国的启示

近年来印度在缅甸的影响不断增强，印缅关系得到很大的改善。基于两国拥有共同利益，可以预见印缅关系的发展还有较大空间，但一些因素依然影响双边关系的深化发展。诚然，印缅两国关系发展动向值得中国关注。

冷战结束以来，中印关系得到全面发展，但两国之间的不信任并没有完全消除，印度的对华政策表现出明显的两面性，即友好相处与防范对峙。印度虽然认识到展开与中国合作有利于自身的发展，但受中国威胁论影响，印度对中国存有防范之心，在安全领域表现得尤为明显。鉴于印度对中缅友好持疑虑态度，印度可能欲使缅甸摆脱中国的影响而采取一定干扰措施。例如，印度出于阻止中国进入印度洋的考虑，可能游说缅甸政府阻挠中国在缅甸实施陆水联运计划和修建包括铁路、公路及输油管道在内的立体运输网设想。[②] 印度也可能在与缅甸能源合作方面成为中国强劲的对手。但是，中国没有必要夸大未来中缅关系中的“印度因素”。

其一，良好的中缅关系更多地取决于中国自身对缅政策。中国应该继续奉行睦邻友好的对外政策，加强同缅甸的政治、经济、文化合作；尽量

① 可参见：Trevor Wilson，“ Why India's relations with Myanmar may never be top priority for either，” *East Asia Forum*，July 12，2012，http：//www.eastasiaforum.org/2012/07/12/why-india-s-relations-with-myanmar-may-never-be-top-priority-for-either/。

② 岳德明：“冷战后缅甸对华政策刍议”，《外交评论》2005 年 8 月。

消除中缅关系中的不正常因素，如中国在缅北非法移民的增多、中缅间大量非法边贸；尽可能消除缅甸“中国威胁”的疑虑与戒心；并理性看待两国交往中的一些摩擦纠纷。近来由中国投资的耗资36亿美元的密松（Myitsone）大坝被叫停的确给两国关系带来一些影响，但两国存在利益纷争实属正常，不应过分夸大其对两国关系的负面影响。中国应该坚信自己依然是缅甸对外关系的重点，尽管缅甸为了获得更多利益在东西方之间周旋。事实上，近年来中缅关系一直在深化发展，中缅贸易额从1988年的2.55亿美元增加到2011年的50亿美元，增长了19倍多。2011年，中缅双边进出口额达到65亿美元，同比增长38.7%，2012年上半年中缅双边进出口额已经超过34.8亿美元。[①]

其二，中国应该避免“认定中印必在缅甸对抗”的零和博弈思维。近来一些国际媒体刻意强调印缅关系中的中国因素，宣称辛格访问缅甸是印度“同中国争夺在缅甸的影响力”。[②] 无疑，这些言论有夸大炒作之嫌。事实上，印度改善对缅甸政策有其现实的政治、经济、安全及战略多方利益的考虑，并非完全针对中国。即便如此，正如有的学者认为，作为亚洲两个发展中大国，中印在缅甸存在竞争实属正常。中印两国在处理发展和向外拓展的过程中，应该谨慎处理利益差异和矛盾的问题。[③] 事实上中印在缅甸有共同利益点，即希望缅甸走向稳定、发展。鉴于缅甸当前国内存在的严重问题，如难民、儿童、艾滋病、人权、毒品等，中国应该试图倡议与印度的合作，共同鼓励缅甸政府的改革。

其三，中国应该积极鼓励开展次地区合作，构建中印缅发展网。印度学者库米·克里安就曾在《复兴的中国与印度的政策选择》中提出，中国、印度、缅甸再加上孟加拉完全可以组成一个次区域合作区：即印度东北地区、中国西南地区、缅甸和孟加拉组成“四边增长”地区，该地区被

① “中国对缅投资141亿美元居外国对缅投资首位”，新华网，2012年9月21日，http://finance.qq.com/a/20120922/000763.htm。

② Indian PM visiting Myanmar amid energy quest Nirmala George，Associated Press，May，26，2012，http://www.thejakartapost.com/news/2012/05/26/indian-pm-visiting-myanmar-amid-energy-quest.html.

③ 参见复旦大学张贵洪教授相关观点，来源：“印度总理25年来首次访缅甸”，《东方早报》2012年5月28日。

称为“水资源王国”，具有布拉马普特拉河、恒河、伊底洛瓦河、金沙江、湄公河等大江大河，同时具有连接亚洲三个最大的市场——东南亚、东亚、南亚的潜力。[①] 中国还可以积极提倡“重振丝绸之路”，并参与在次地区基础设施建设基础之上展开的各项合作。事实上，发展中国、印度、缅甸三国之间的贸易并不是一个新的想法，只不过是一个重新提起的古老想法，即神话般的南方丝绸之路。中印缅之间的贸易往来在公元前 2 世纪就已经开始，从云南出发经过缅甸到达印度：一条路线是从东北方经过缅甸的密支那到达印度的阿萨姆；另一条从云南的瑞丽沿江经过缅甸到达印度的曼尼普尔。中国出口印度的主要商品为丝绸，印度出口中国的商品则包括珊瑚、珍珠和玻璃。[②] 无疑，古代商人和旅行家选择的是一条最佳的贸易路线，不论气候还是地理方面都是如此。假如今天人们能再次沿着此路线重振当年雄风，促进各国的政治、经济、文化交往定将是不错的选择。辛格在仰光对智库说：“缅甸是印度向东看政策的重要伙伴，非常适合在中印之间、南亚和东南亚之间充当经济桥梁的角色。”[③]

总之，良好的中缅关系、健康的中印关系、稳定的周边环境才是符合中国利益的最佳选择。目前，对中国来说，突破“零和博弈思维”的陷阱，维护地区稳定才是明智之举。

① 左学金等著：《龙象共舞——对中国和印度两个复兴大国的比较》，上海社会科学院出版社 2007 年版，第 337—338 页。

② 同上书，第 338 页。

③ “Myanmar can be link between India，China：PM，” *Times of India*，http：//www.click2myanmar.com/2012/05/myanmar-can-be-link-between-india-china-pm-times-of-india/.

经济发展

2012年南亚经济增长特点

杨文武　李雁飞

近年来，南亚国家的国内消费需求大幅上升、外部资本大量涌入，其对外大力促进双边、多边经济关系发展，为自己的经济发展创造更好的外部条件，对内则积极采取措施应对世界经济危机带来的不利影响，使之成为全球经济增长最快的地区之一和世界重要的发展国家新兴市场。然而，受欧洲债务危机，美国“财政悬崖”以及部分国家政党纷争、安全问题突出等区域内多重不利因素的冲击，2012年南亚国家经济增长活力受到严重打击，经济增长率总体下降明显。为此，本文着力从南亚经济增长运行态势、结构特性、动力源泉以及不利影响因素等方面多维度地剖析其经济增长特性。

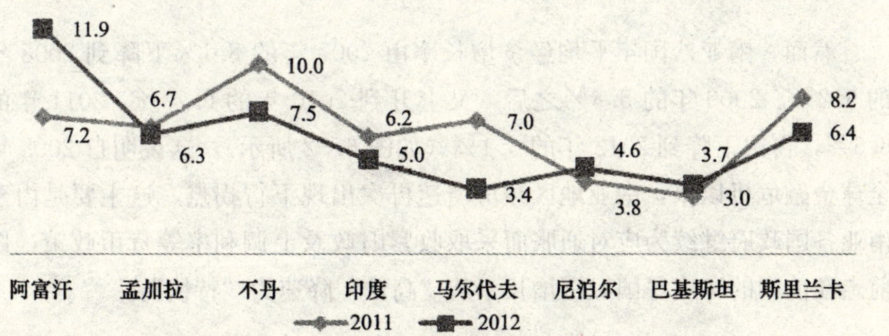

图6—1　2012年南亚国家的经济增长率（%）

一、国别经济增速普遍放缓，区域经济发展进入下行通道

除了阿富汗、尼泊尔、巴基斯坦等国经济增长水平高于上一年度外，其余南亚国家如孟加拉、不丹、印度、马尔代夫、斯里兰卡等国经济增长率均低于2011年度。例如阿富汗、尼泊尔、巴基斯坦等国经济增长率分别由2011年的7.2%、3.8%、3.0%上升到2012年的11.9%、4.6%、3.7%，而孟加拉、不丹、印度、马尔代夫、斯里兰卡等国的经济增长率却分别由2011年的6.7%、10%、6.2%、7.0%、8.2%下降到2012年的6.3%、7.5%、5.0%、6.4%（如图6—1所示）。因此，与2011年相比，2012年南亚国家经济增速普遍放缓，平均增长率为6.1%，低于2011年均值6.5%0.4个百分点。

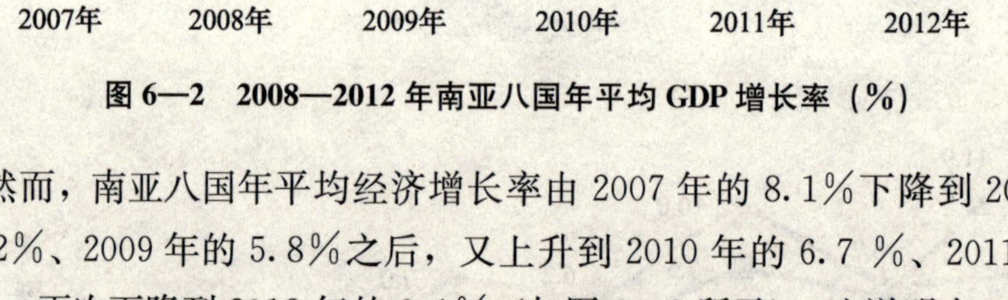

图6—2　2008—2012年南亚八国年平均GDP增长率（%）

然而，南亚八国年平均经济增长率由2007年的8.1%下降到2008年的6.2%、2009年的5.8%之后，又上升到2010年的6.7%、2011年的6.5%，再次下降到2012年的6.1%（如图6—2所示）。这说明自2008年全球金融危机以来，南亚地区经济增速再次出现下行拐点。这主要是由于南亚各国政府继续为应对通胀而采取收紧财政及上调利率等货币政策，以前走在前列的印度等国经济增长率从“高铁”降速为“特快”。

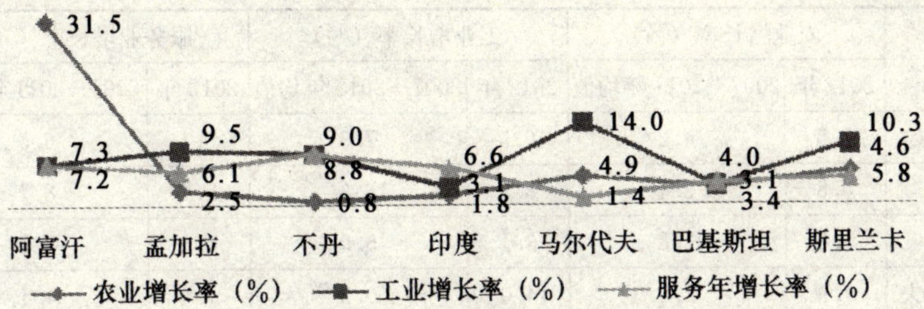

图 6—3　2012 年南亚各国三次产业的增长率（%）

二、三次产业增速差异性较大，地区经济产业结构步入新的调整期

从南亚各国产业结构的增长速度来看，2012 年农业增长速度最快的阿富汗达到 31.5%，其次是斯里兰卡（5.8%），马尔代夫和尼泊尔（分别为 4.9%）。工业增长速度最快的是马尔代夫，达到 14.0%，其次是斯里兰卡和孟加拉，分别为 10.3%、9.5%。服务业增长最快的是不丹达到 9.0%，其次是阿富汗、印度，分别为 7.3%、6.6%。由此可见，2012 年度南亚小国如阿富汗、马尔代夫、斯里兰卡等的某些产业部门表现良好；而印、巴等南亚大国无论是整体经济增长速度，还是三次产业经济增长状况都不如南亚其他小国。特别是在南亚 8 个国家中，2012 年里唯有印度三次产业部门的增长率都低于过去 5 年（2007—2011 年）的年均增长率（其中：农业降低了 1.0 个百分点、工业降低了 2.8 个百分点、服务业降低了 2.6 个百分点）。

表 6—1　2012 年与 2007—2011 年均的南亚国家三次产业经济增长率（%）比较

国别	农业增长率（%）		工业增长率（%）		服务业增长率（%）	
	2012 年	2007—2011 年均值	2012 年	2007—2012 年均值	2012 年	2007—2011 年均值
阿富汗	31.5	−1.7	7.2	11.6	7.3	18.3

续表

国别	农业增长率（%）		工业增长率（%）		服务业增长率（%）	
	2012 年	2007—2011 年均值	2012 年	2007—2012 年均值	2012 年	2007—2011 年均值
孟加拉	2.5	4.2	9.5	7.3	6.1	6.5
不丹	0.8	2.4	8.8	16.3	9.0	8.7
印度	1.8	2.8	3.1	5.9	6.6	9.2
马尔代夫	4.9	−2.3	14.0	0.3	1.4	4.4
尼泊尔	4.9	3.5	1.7	3.0	5.1	6.1
巴基斯坦	3.1	3.6	3.4	3.2	4.0	5.0
斯里兰卡	5.8	3.4	10.3	7.3	4.6	6.0

资料来源：亚洲开发银行 2007—2013 各年度的《基本统计》。

除此之外，2012 年农业部门增长率低于过去 5 年平均增长的有孟加拉（降低了 1.7 个百分点）、不丹（降低了 1.6 个百分点）、印度（降低了 1.0 个百分点）和巴基斯坦（降低了 0.5 个百分点）等 4 个国家；工业部门增长率低于过去 5 年平均增长率的有阿富汗（降低了 4.4 个百分点）、不丹（降低了 7.5 个百分点）、印度（降低了 2.8 个百分点）和尼泊尔（降低了 1.3 个百分点）等 4 个国家；服务业部门增长率低于过去 5 年平均增长率的有阿富汗（降低了 11.0 个百分点）、孟加拉（降低了 0.4 个百分点）、印度（降低了 2.6 个百分点）、马尔代夫（降低了 3.0 个百分点）、尼泊尔（降低了 1.0 个百分点）、巴基斯坦（降低了 1.0 个百分点）和斯里兰卡（降低了 1.4 个百分点）等 7 个国家（如表 6—1 所示）。这不仅说明作为南亚区域经济增长火车头的印度的三次业部门增长势头全面放缓，而且说明南亚国家服务业部门增速几乎全面放缓势头更为明显，南亚国家三次产业结构步入新的调整期。

特别是亚洲开发银行发布的《2013 年基本统计》数据表明，2012 年南亚国家农业、工业和服务业三次产业部门的年平均增长率分别为 6.9%、7.3%和 5.5%。而且，金融危机后 2012 年南亚国家工业部门年均增长率第一次超过农业和服务部门的年均增长率，而服务业部门却第一次低于工业和农业部门的年均增长率（如图 6—4 所示）。尽管采用各产业部门年增长率平均数的计算方法存在理论上的缺陷，但无论如何，与 2012 年度南亚

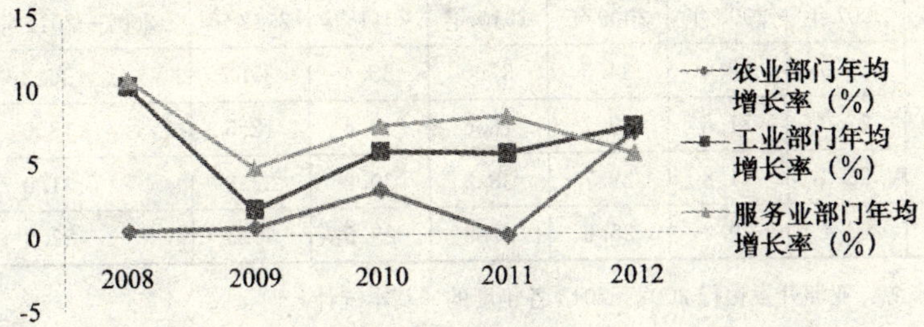

图 6—4　南亚国家三次产业的年平均增长率（%）

国家服务增速全面放缓的势头相佐证，为了避免国际经济危机所产生的不利影响，后金融危机时代南亚各国纷纷调整经济结构，尤其是调整其经济产业结构已初见成效，而且这种经济产业结构调整将持续进行。如此一来，以第三次产业部门居主导地位的南亚国家经济产业结构格局必将得以进一步演变。

三、消费仍是拉动南亚经济增长的“第一引擎”

（一）南亚印、巴等国家投资增速减缓

与 2011 年相比，2012 年南亚国家国内投资占 GDP 的比重，孟加拉增长了 0.7 个百分点、不丹增长了 12 个百分点、尼泊尔增长了 2.6 个百分点和斯里兰卡增长了 1.1 个百分点，而阿富汗降低了 9.3 个百分点、印度降低了 0.1 个百分点和巴基斯坦降低了 0.9 个百分点（如表 6—2 所示）。

表 6—2　南亚国家国内投资占 GDP 的比重（%）

国别	2007 年	2008 年	2009 年	2010 年	2011 年	2012 年	2007—2011 年均值
阿富汗	40.3	32.0	28.2	25.1	25.1	15.8	30.1
孟加拉	24.3	24.2	24.2	25.0	24.7	25.4	24.5
不丹	63.9	49.0	48.4	49.0	49.0	61.0	51.9

续表

国别	2007 年	2008 年	2009 年	2010 年	2011 年	2012 年	2007—2011 年均值
印度	35.9	38.4	34.5	37.0	35.4	35.3	36.2
巴基斯坦	23.0	21.6	19.7	16.6	13.4	12.5	18.9
尼泊尔	25.3	31.8	29.7	38.2	30.2	32.8	31.0
斯里兰卡	27.4	29.2	25.6	27.8	29.5	30.6	27.9

资料来源：亚洲开发银行 2007—2013 各年度的《基本统计》。

而且与 2007—2011 年 5 年的平均值相比，2012 年南亚国家投资占 GDP 的比重，除孟加拉增长了 0.9 个百分点、不丹增长了 9.1 个百分点、尼泊尔增长了 1.8 个百分点和斯里兰卡增长了 2.7 个百分点外，阿富汗却降低了 14.0 个百分点、印度降低了 0.9 个百分点、巴基斯坦降低了 6.4 个百分点（如图 6—5 所示）。由此可见，无论是与 2011 年相比，还是与过去 5 年相比，尽管 2012 年南亚多数国家依靠投资驱动经济增长的势头不减，但是南亚大国家（如印度与巴基斯坦）的国内投资占 GDP 的比重却无一例外地呈现出下降态势，这致使南亚区域总体投资增长势头出现减缓趋势。

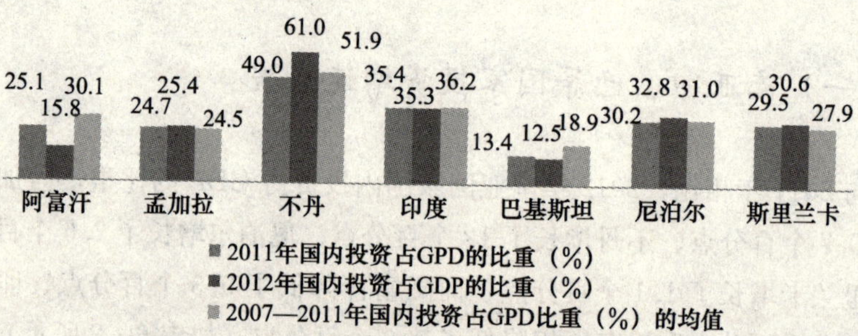

图 6—5　南亚国家内投资占 GDP 的比重（%）

（二）南亚国家贸易差额占 GDP 的比重均为负数

2012 年南亚国家贸易差额占 GDP 的比重均为负数。例如阿富汗为－42.2%、孟加拉为－6.9%、不丹为－25.8%、印度为－10.7%、马尔代夫为－63.6%、尼泊尔为－23.9%、巴基斯坦为－6.7%和斯里兰卡为－15.7%（如表6—3所示）。这说明南亚国家对外贸易均为逆差。

表6—3　南亚国家贸易差额占GDP的比重（%）

国别	2007年	2008年	2009年	2010年	2011年	2012年	2007—2011年均值
阿富汗	－67.6	54.3	－51.7	－36.2	－35.2	－42.2	－27.3
孟加拉	－5.1	－7.0	－5.3	－5.1	－6.6	－6.9	－5.8
不丹	1.2	－5.7	－12.1	－21.5	－30.2	－25.8	－13.7
印度	7.6	－9.6	－7.4	－7.7	－9.0	－10.7	－5.2
马尔代夫	－39	－73.7	－46.6	－53.9	－48.1	－63.6	－52.3
尼泊尔	－6.8	－19.3	－21.3	－26.0	－23.7	－23.9	－19.4
巴基斯坦	－64.9	－9.1	－7.6	－6.6	－5.0	－6.7	－18.6
斯里兰卡	7.7	－14.4	－6.6	－10.6	－16.5	－15.7	－8.1

资料来源：亚洲开发银行2007—2013各年度的《基本统计》以及亚洲开发银行《2012年度报告》。

不仅如此，与2011年相比，2012年南亚国家贸易逆差额占GDP的比重，除不丹增幅扩大了4.4个百分点外，其余南亚国家降幅均扩大了，如阿富汗扩大了7.0个百分点、孟加拉扩大了0.3个百分点、印度扩大了1.7个百分点、马尔代夫扩大了15.5个百分点、尼泊尔扩大了0.2个百分点、巴基斯坦扩大了1.7个百分点、斯里兰卡扩大了0.8个百分点。而且与过去5年相比，除巴基斯坦增幅扩大了11.9个百分点外，其余南亚国家降幅均扩大了，如阿富汗扩大了14.9个百分点、孟加拉扩大了1.1个百分点、不丹扩大了12.1个百分点、印度扩大了5.5个百分点、马尔代夫扩大了11.3个百分点、尼泊尔扩大了4.5个百分点和斯里兰卡扩大了7.6个百分点（如图6—6所示）。这不仅说明2012年南亚国家进出口贸易逆差继续扩大，而且说明大多数南亚国家出口对其经济增长呈现出低贡献率和低拉动效应。

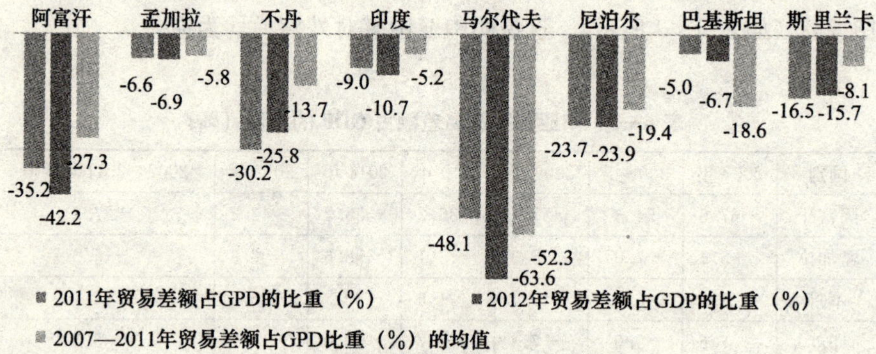

图 6—6 南亚国家贸易差额占 GDP 的比重（%）

（三）国内消费对南亚经济增长的贡献率大以及对经济增长的拉动系数大

表 6—3 2012 年南亚国家投资、消费和净出口对经济增长的贡献率以及对经济增长拉动系数

国别	对经济增长的贡献率（%）			对经济增长拉动系数		
	投资	消费	净出口	投资	消费	净出口
阿富汗	−62.4	138.7	23.6	−7.4	16.5	2.8
孟加拉	36.5	65.3	−1.8	2.3	4.1	−0.1
不丹	221	−32.1	−88.9	16.6	2.4	−6.7
印度	33.3	41.4	25.3	1.7	2.1	1.3
尼泊尔	89.3	30.0	−19.4	4.1	1.4	−0.9
巴基斯坦	−11.8	70.9	40.9	−0.4	2.6	1.5
斯里兰卡	47.8	81.2	−29.9	3.1	5.2	−1.9
均值	50.5	56.5	−7.0	2.9	4.2	−0.6

资料来源：亚洲开发银行 2007—2013 各年度的《基本统计》以及亚洲开发银行《2012 年度报告》。

首先，从 2012 年南亚国家投资对其经济增长的贡献率来看，投资对经济增长贡献率居前三位的国家有不丹（为 221%）、尼泊尔（为 89.3%）和斯里兰卡（为 89.3%），最低国家有阿富汗（为－62.4%）和巴基斯坦（为－11.8%）；作为南亚大国的印度 2012 年投资对经济增长贡献率仅为 33.3%，低于均值 50.5%的 17.2 个百分点。

与此同时，2012 年南亚国家投资对经济增长的拉动系数平均值仅有 2.9 个百分点。其中，排前三位的分别是不丹（为 16.6 个百分点）、尼泊尔（为 4.1 个百分点）和斯里兰卡（为 3.1 个百分点）；而排名最后三位的分别是阿富汗（为－7.4 个百分点）、巴基斯坦（为－0.4 个百分点）和孟加拉（为 2.3 个百分点）。同样，2012 年印度投资对经济增长的拉动效应仅有 2.1 个百分点。由此可见，从整体上来看 2012 年南亚国家投资对经济增长的贡献率不大，对南亚国家经济增长的拉动效应也不强。

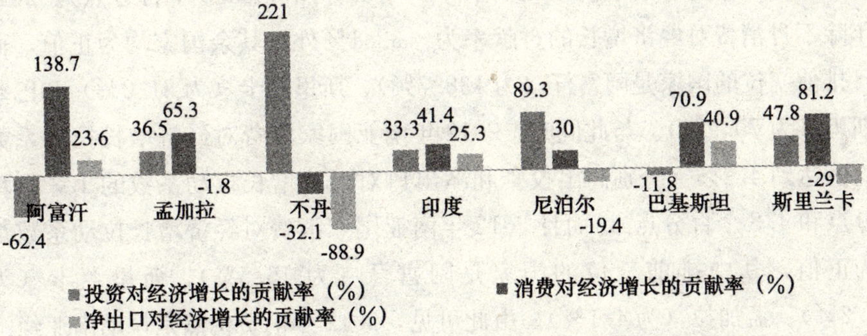

图 6—7　2012 年南亚国家投资、消费和净出口对其经济增长的贡献率（%）

其次，2012 年南亚国家净出口对经济增长贡献率的均值为－7.0 个百分点。其中，排前三位的分别是巴基斯坦（为 40.9%）、印度（为 25.3%）和阿富汗（为 23.6%）；排最后三位的国家是不丹（为－88.9%）、斯里兰卡（为－29.9%）和尼泊尔（为－19.4%）。而 2012 年南亚国家净出口对经济增长的拉动系数均值为－0.6 个百分点。其中，排前三位的分别是阿富汗（为 2.8 个百分点）、巴基斯坦（为 1.5 个百分点）和印度（为 1.3 个百分点）；排最后三位的国家分别是不丹（为－6.7 个百分点）、斯里兰卡（为－1.9 个百分点）和尼泊尔（为－0.9 个百分点）。由此可见，2012 南亚国家净出口对其经济增长的贡献率低，对经济增长的拉动效应也差。

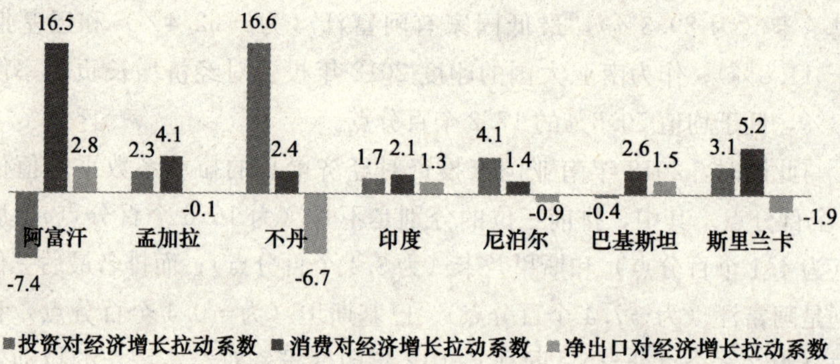

图 6—8　2012 年南亚国家投资、消费和净出口对经济增长拉动系数

最后，2012 年南亚国家消费对经济增长的贡献率均值为 56.5%（分别高出投资和净出口对经济增长贡献率 6 个百分点和 63.5 个百分点）。2012 年除不丹消费对经济增长的贡献率为－32.1%外，其余国家均为正值，而且排前三位的国家是阿富汗（为 138.7%）、斯里兰卡（为 81.2%）和巴基斯坦（为 70.9%）。与此同时，2012 年南亚国家消费对经济增长拉动系数均值达到 4.2%（分别高出投资和净出口对经济增长拉动系数的 1.3 个百分点和 4.8 个百分点），而且 2012 年南亚国家消费对经济增长拉动系数都为正值，其中排前三位的国家是阿富汗（为 16.5%）、斯里兰卡（为 5.2%）、孟加拉（为 4.1%）。由此可见，2012 年消费仍然是拉动南亚经济增长的“第一引擎”。

四、发展进程中的经济与非经济消极因素制约着南亚经济的持续快速增长

（一）欠佳的基础设施严重困扰着南亚经济持续快速增长

南亚国家的交通运输、通讯、水电气等基础设施普遍存在不足，2012 年因停电造成的生产损失虽无统计数据但应该非常可观，基础设施的不足

对南亚经济的发展造成了很大阻力，特别是在南亚地区最大的经济体印度，基础建设的欠缺已成为阻碍印度经济发展的主要原因。据印度《商业标准报》2012年1月29日的报道，印国家应用经济研究委员会（National Council for Applied Economic Research）教授 Shasganka Bhide 指出，印经济要达到两位数的增长并非不可能，但不是现在的事情，基础设施瓶颈已越来越阻碍经济的快速发展。世界上最大的专业服务机构毕马威咨询师 Arvind Mahajan 认为，通过加快基础设施投资，印度可在现在 GDP 的增长率基础上增加 1.5—2.0 个百分点。世界银行认为，印度要恢复过去的发展速度，需在基础设施方面增加约相当于现在 GDP3%—4%的投资额。[①]

（二）储蓄率低导致的低投资率造成南亚经济增长缺乏自我供给能力

南亚地区存在贫富差距，大量人口为贫困人口，这样一种不平衡的收入结构导致了南亚经济发展的又一症结——低储蓄率，低储蓄率又直接导致了国内的低投资率，长期下去会造成南亚地区经济缺乏供给能力，并可能在需求增长而潜在生产能力未得到提高的情况下引发恶性通胀等问题。

（三）宏观经济失衡成为制约南亚经济快速增长重要制度性因素

相对其他发展中地区，南亚地区财政赤字过高。政府借贷需求挤压私营领域投资，相关支出推动通货膨胀上升。印度政府赤字占 GDP 比例为 9%，巴基斯坦和尼泊尔超过 6%，孟加拉国超过 4%。能源和食品补贴推

---

① 《商业标准》，印度，http：//www.mofcom.gov.cn/aarticle/i/jyjl/j/200701/20070104336109.html。

动财政赤字上升，印巴该类补贴占 GDP 比例超过 2%，孟加拉超过 3.5%。[①] 国有石油和电力企业亏损严重，也给南亚国家政府带来巨大财政压力。南亚地区国家采取提高燃料和电力价格等措施解决补贴问题。限制财政赤字还需要采取措施扩大税基、加强征税力度、简化税制等，尤其是纳税比例偏低的国家，如巴基斯坦。正如世行指出，南亚各国税收收入水平较低，税收收入仅占其 GDP 的 14.3%，低于欧洲、拉美、中亚及非洲撒哈拉以南地区的税收水平，这也制约了南亚国家政府的投资与调控能力。

（四）安全问题和政治的不确定性成为影响南亚经济增长的非经济性因素

南亚地区存在很多不稳定性因素，反政府势力、边界冲突、国家核竞争等安全问题以及国内政党换届选举等政治问题给南亚经济发展产生了消极作用，影响了国内的消费需求、投资以及外国投资者的投资信心，阻碍了经济持续稳定高速发展。例如阿富汗未来大选的不确定性给经济带来了压力，阿富汗安全局势持续恶化使企业的安全成本飙升，民众需求相对疲软，房地产市场萎靡，一些阿商界人士开始抽离在阿投资，甚至举家迁往国外。阿财政部则表示，受电子设备和汽车等产品内需下降的影响，此外巴基斯坦 2012 年的议会选举也给巴基斯坦经济带来冲击。

（五）外部不利因素也为南亚经济增长带来了较大挑战

2012 年全球经济在金融危机过后的低迷中努力恢复，2008 年全球经济的衰退是美国金融市场泡沫破灭的必然结果，而 2012 年全球经济增长势头的减弱则更明显地表现为各国反危机政策效应的下降。这些全球经济问题也影响到整个南亚经济的增长。例如在欧元区，成员国对商业银行的危

① “南亚地区国家 2013 年经济前景展望”，中华人民共和国商务部，http://www.mofcom.gov.cn/article/i/dxfw/cj/201304/20130400082531.shtml。

机救助，导致政府主权债务率不断攀升，引起主权债务信用危机，而这一危机反过来又会进一步恶化商业银行的资产质量而引起新一轮的银行危机。如此相互影响的恶性循环，使得欧元区的主权债务危机不断发酵，并成为全球经济增长的主要风险来源。又如，2008 年经济刺激计划之后，美国经济增长尽管步入了复苏轨道，但是失业问题仍未得到根本解决，相反还呈现出失业现象长期化的趋势，而为了维持经济增长所需采取的进一步刺激手段却遇到国债上限的制约。再如，2012 年依旧上涨的国际原油价格也在一定程度上影响着全球经济发展。

印度经济增长放缓的原因及前景

文富德

2003年以后，印度经济连续多年保持高速增长。2008年爆发的国际金融危机打断了印度经济高速增长的势头，2008—2009年度印度经济增长率大幅度下降。印度政府采取积极有效措施，削弱了国际金融危机对印度经济增长的影响，2009—2010年度印度经济增长有所恢复，2010—2011年度印度经济实现快速增长。但是，由于严重通货膨胀、发达国家经济疲软及国内经济改革步履维艰等诸多因素的影响，2011—2012年度印度经济增长率大幅度下降，2012年第一季度印度经济增长率再下降到5.3%，导致国际社会认为印度经济前景暗淡。曾经风光无限的印度经济突然面临无数质疑，且有可能成为金砖国家中第一块松动的砖。2012年6月9日《经济学人》杂志发表文章“再见，不可思议的印度”称，鉴于印度卢比大幅贬值、私人投资枯竭、GDP增速放缓，印度奇迹已成海市蜃楼，而印度经济重回高速增长道路的前景则不妙。几年前，印度崛起还被视为板上钉钉，西方分析家们甚至曾为印度成为亚洲新星而欢欣鼓舞。印度经济也较好地经受住2008年国际金融危机，在短暂减速后又加快增长步伐，但是现在印度经济繁荣只是一种短暂现象吗？如果仅看经济增长速度，从过去20年平均增长7%到2004—2008年间平均增长9%，再到2012年第一季度仅增长5.3%，印度经济神话确实已经破灭。印度政府认为这次经济增长放缓谈不上危机，2012年印度经济将重新加速增长，但许多专家不抱有这种信念，他们担心这次印度经济不再能那么快就得到恢复。本文在分析印度经济增长放缓原因的基础上，指出了印度经济发展的前景。

一、近年来印度经济增长有所放缓

2003年后，印度经济连续多年保持高速增长势头。2003—2004年度印度经济增长率达到8.5%，2004—2005年度略降为7.5%，2005—2006年度猛增到9.5%，2006—2007年度保持在9.5%，2007—2008年度更升为9.8%。[①] 在印度经济多年高速增长的背景下，国际社会普遍看好印度经济，认为印度经济正在崛起，有的美国学者甚至认为印度经济将超过中国，且详细分析印度经济将超过中国的原因。中国大多数学者当时也看好印度经济，有的学者认为印度经济已经进入快速增长的时期，也有的学者认为印度经济增长速度可能超过中国。

但是，任何事物并不总是直线向前发展的，印度经济增长情况也是如此。2007年美国爆发的次贷危机持续蔓延，到2008年10月雷曼兄弟公司倒闭，终于导致严重的国际金融危机。这不仅严重影响美国和欧洲的经济发展，也在一定程度上影响印度的经济发展。尽管由于各种原因，国际金融危机对印度经济的影响不是很大，但是自1991年经济改革以来，印度经济已越来越多地融入到世界经济之中，美国爆发的国际金融危机还是影响印度对外贸易扩大和外国对印度投资增加，促使印度经济增长率大幅度下降。为削弱国际金融危机对印度经济增长的影响，从2008年10月起，印度政府连续推出3个经济刺激计划，持续增加财政支出，注意削减各类税收，连续多次降低银行法定现金储备率和法定清偿率，大幅度增加银行信贷投入，并推出促进出口增长计划。但是，2008—2009年度印度经济增长率还是猛降到6.7%，2009年第一季度印度经济增长率仅为5.8%。印度经济增长情况好过预期，这意味着印度政府推行的经济刺激政策初见成效，印度经济似乎已经渡过最艰难的时期。

由于积极的财政和货币政策、强劲的国内消费和外资的大量流入，印

---

① Government of India, *Economic Survey, 2010—2011*, Economic Division, Ministry of Finance, New Delhi, 2011, pp. 3—4.

度经济实现较快复苏。正如印度储备银行所认为的那样，印度经济下滑步伐在某些领域已开始放缓，一些行业表现出复苏迹象，商业信心开始恢复。2009年5月印度工商联合会对纺织、水泥、化工、汽车和银行等行业300家公司的调查显示，大部分公司的订单增加，商业信心指数已跃升到2007—2008年度经济繁荣时的水平，整个经济情况比6个月前有“适度到明显”的好转。5月下旬，印度总理辛格领导的新一届政府宣誓就职，外界对印度政府推进各项经济改革充满期待。美国摩根士丹利亚洲区主席斯蒂芬·罗奇改变对印度经济前景的评价，调高对当年度印度经济增长的预期。印度经济出现回暖迹象，全球股市普遍回暖，印度股市迅速攀升。孟买股市敏感30指数自2009年3月9日触底8160点后连续13周回升，到6月5日已反弹88%，突破1.5万点大关，恢复到上年9月雷曼兄弟公司破产前水平，为10个月来最高。外资正大量回流印度股市，仅5月流入印度股市的就达41亿美元，占当年前5个月印度股市外资流入量的99%。印度卢比对美元汇率也从当年最低点1美元兑52卢比回升到6月的1美元兑47卢比。随着经济刺激措施效果显现和全球经济环境改善，2009年第二、三和四季度，印度经济分别同比增长6.1%、7.9%和6%。第四季度印度经济增幅放缓主要是农业和部分服务业出现下滑所致。印度制造业在第二、三和四季度分别同比增长3.4%、9.2%和14.3%，表现出不断加速恢复势头。2010年第一季度，印度经济增长率上升到8.4%。2009—2010年度印度经济增长率也回升到7.2%，其中制造业增长10.3%、采矿业增长10.3%、工业部门总增长9.4%。国际社会高度评价印度经济恢复，认为印度经济快速复苏并高速增长，正在成为世界经济增长的重要动力之一。英国《金融时报》首席经济评论家马丁·沃尔夫在《印度的未来》中指出，按照保守的预测，按市场价格计算，印度经济10年后将超过英国，20年后将超过日本。①

但是，国际金融危机前经济持续高速增长产生的巨大通货膨胀压力还没有得到释放，为削弱国际金融危机影响而连续实行的3个经济刺激计划又增添了巨大通货膨胀压力。而在通胀早期阶段，货币出现扩张，股市一片繁荣，政府为赤字融资，公共支出不断上升。印度实现了全球最均衡的

① ［英］马丁·沃尔夫：“印度的未来”，英国《金融时报》2010年3月10日。

复苏：消费、投资和出口出现均匀复苏，人们开始感到富足，觉得可能过一段“好日子”。但2010年初，由近40年来最弱季风引发的通胀压力正演变为更广泛的通胀进程，印度的“好日子”似乎结束了。但是，印度央行行长苏巴拉奥认为，印度央行有能力阻止最终灾难性恶性通胀阶段的到来。[①] 为此，2010年3月印度开始退出经济刺激政策，首次提高银行基准利率，实行经济紧缩政策。由于受印度经济快速恢复的影响，外资加速流入印度，仅2011年3月海外投资者就投入674.96亿卢比购买印度股票。外资大量流入，特别是外国直接投资的增加，在一定程度上促使印度经济更加活跃。2010—2011年度，尽管印度农业增长率为0.4%，但由于采矿业和制造业分别增长6.9%和8.8%，服务业增长率更接近10%，该年度印度经济增长率还是上升到8.5%。当然，2011年第一季度印度经济增速已经下降为7.8%：印度制造业增长速度仅为5.5%，低于上季度的6%；金融和保险服务业增速为9%，低于上季度的10.8%；农业增长7.5%；矿业仅增长1.7%。

连续加息抑制印度经济扩张。2011年第二季度，虽然印度服务业增长较为强劲，但建筑业增长率由上年同期7.7%降为1.2%，制造业增长率则由10.6%降至7.2%。该季度，印度经济增长率从上年同期8.8%降为7.7%。[②] 但法国爱德蒙得洛希尔资产管理公司的报告认为，虽然目前印度股市估值接近历史水平，但印度银行业绩强劲、财政赤字有机会下降、国内生产总值增长预料较上年高一个百分点。印度央行2011年6月14日发布《金融稳定报告》指出，尽管世界金融环境呈现出一定的脆弱性，印度金融体系仍保持稳定。为控制通货膨胀，印度继续实行紧缩政策，一年多来密集升息，成为亚洲主要经济体中升息最积极的国家。这吸引着外国投资者积极购进印度卢比，使卢比成为表现最亮眼的亚洲货币。2011年上半年印度卢比升值超过10%，许多预测机构对印度未来数年充满信心。国际货币基金组织称，中期来看，印度可实现经济年增长8%—8.5%。花旗银行分析师认为，2010—2015年，印度国内生产总值年均增长可达8.8%。

---

① “印度‘好日子’结束了”，英国《金融时报》Lex专栏，2010年4月21日。

② 詹姆斯·拉蒙特：“印度经济增速降至18个月低点”，英国《金融时报》，新德里，2011年8月31日。

渣打银行报告认为“印度经济腾飞在即”，有望在 2030 年前后成为全球第三大经济体，未来 20 年内印度经济增长速度都将超过中国。但是，受全球经济依旧疲软和印度国内货币紧缩政策的影响，印度服务业新业务增长无力，导致 2011 年 8 月印度服务业出现自 2009 年 6 月以来最低增幅。2011 年第三季度印度国内生产总值增长率下降到 6.9%，第四季度更下降到 6.1%，创 2009 年第二季度以来新低。第四季度印度制造业只比上年同期增长 0.4%，矿业下降 3.1%，农业增长 2.7%，只有建筑业增长 7.2%。实际上，2011—2012 年度，印度经济增长率大幅度下降为 6.5%，比国际金融危机期间的 2008—2009 年度还要差，为 9 年来最差。由于消费物价指数上涨率连续 11 个月超过 9%，而国内生产总值增长率却下滑到 7%以下，银行贷款利率也超过 8.5%，2011 年 7—12 月印度卢比汇率下跌 17%，2011 年 11 月起印度股市下跌 25%。首次提出金砖国家概念的高盛资产管理部主席吉姆·奥尼尔表示，金砖四国在近 10 年发展中都取得远超预期的成就，然而印度在某种程度上最令人失望，如果不加以注意，印度将陷入国际收支平衡危机。①

进入 2012 年，由于欧洲主权债务危机深化，美国经济和欧洲经济前景不佳，新兴经济体经济增长减速，全球经济处于危险地带。2012 年初，印度借贷成本处于 2008 年来最高水平，在一定程度上抑制了经济扩张。由于受国内需求减弱和全球经济复苏缓慢的影响，印度经济增长速度连续两个季度创两年多来最慢，而反对零售业对外开放出现的政策僵局也伤害了投资。增长减速和通胀降温都为降息创造了条件，但预算赤字扩大限制了央行的空间。为纾解资金紧缩情况，印度央行在 2012 年 1 月底调降银行存款准备金率，为 2009 年来首次。2 月底，印度央行暗示准备加入巴西、印尼等国的降息行列，以在物价涨势趋缓之际推动经济增长。2012 年第一季度，印度经济实际同比增长 5.3%，较上季度增速回落 0.8 个百分点，为近 10 年来最低值，且低于 2008 年雷曼兄弟倒闭后经济增长 5.8%的水平。同时，2011 年中以来的 8 个月，印度卢比对美元已贬值约 25%，成为表现最差的新兴市场货币之一。卢比持续走弱，大幅度贬值，通货膨胀居高不下，财政赤字持续增加，外国投资不断减少，这些都令印度不断扩大的财

---

① 耿诺：“金砖国家发明者：某种程度上印度最令人失望”，《北京日报》2011 年 12 月 9 日。

政赤字面临更大压力，并让市场人士想起1991年印度经常出现的账户危机。印度经济再次成为世界关注的热点，只是这次引起关注的不再是印度神话与印度奇迹，而是“印度神话的破灭”。标准普尔威胁要将印度列为不适宜投资的国家；《经济学人》杂志则登出题为“告别不可思议的印度”的文章；德国《每日镜报》以“印度成‘破烂货’”为标题称，印度正成为可能资信崩溃的亚洲第一大民主国家。目前，标准普尔对印度评级为BBB－，仅比垃圾级高一级，其在金砖国家中为最低评级，也是前景展望唯一为负面的一家。

看来，印度经济真的遇到了麻烦，曾经的印度神话正在褪去光环，甚至有一种说法开始流传，金砖四国中的“I”不再是印度，而是印度尼西亚。实际上，印度5.3%的经济增长速度，在全球经济低迷的今天本来可让众多发达国家羡慕不已。但对印度来说，这不仅低于政府预期，且为9年来最低数字。1991年经济改革以来，印度经济以年均7%的速度增长。2004—2008年，印度经济年均增速高达9%，这让很多西方媒体惊叹为“印度神话”。2007年印度财政部长奇丹巴拉姆曾乐观地表示，如果印度金融业能顺利实施改革的话，印度经济将持续高速增长20年，然而仅仅5年之后，印度经济增长势头已大大放缓。

二、印度经济增长放缓的原因

综观2008年以来国际金融危机的深化和印度政府经济政策的演变，当前印度经济增长放缓的主要原因大致可概括为如下几方面。

（一）经济刺激政策后果的影响

实际上，21世纪前10年，印度经济高速增长中已积累了诸多矛盾和问题。特别是由于长期刺激经济、国际能源价格大幅度上涨和国内劳动工资持续上升等种种因素的影响，印度经济长期高速增长积累了巨大的通货膨胀压力。由于食用油、粮食、蔬菜和部分工业品价格大幅上涨，2008年以来印度通货膨胀率持续上升。到 2008 年 5 月 24 日及之后的一周，印度通货膨胀率升至 2004 年 8 月以来最高水平，达到 8.24%。后来，印度通货膨胀率更上升到两位数。然而，2008 年 10 月以来的国际金融危机使印度经济增长率大幅度下降。为削弱国际金融危机对印度经济的影响，印度政府果断调整政策重点，从控制通货膨胀转向保证经济增长，出台了一系列财政货币刺激措施。继 2008 年 10 月 20 日降低银行基准利率后，11 月 1 日印度央行再次降低基准利率，并将现金储备率和银行法定清偿率分别降低 1 个百分点，又开辟特别融资窗口为银行体系注资 4000 亿卢比等。11 月 16 日，印度央行再次推出信贷激励措施：取消房地产贷款的附加资本限制；提供总额为 2200 亿卢比的额外出口信贷资金支持；允许房地产信贷公司向境外借款；向中小企业银行和国家住房银行分别增补 200 亿卢比和 100 亿卢比资金等。12 月 6 日印度央行继续降低银行基准利率；以基准利率向印度小型工业发展银行提供 700 亿卢比信贷支持；向国家住房银行提供 400 亿卢比信贷支持；为出口提供卢比优惠贷款等。第二天，印度政府宣布一项总值达 3070 亿卢比的财政刺激方案，以刺激国内消费，扩大出口，抵御全球经济衰退的影响。2009 年 2 月 24 日，印度政府宣布第三套经济刺激方案：将降低消费税 4 个百分点的优惠政策延长到 2009 年 3 月 31 日以后；将中央消费税从 10%降到 8%；减免服务税等。印度央行自 2008 年 10 月以来 6 次下调基准利率，从 8.5%下降到 5.5%，银行存款准备金率也从 9%下调至 5%。这些措施可为银行系统注入超过 3.6 万多亿卢比流动资金。到 2009 年底，为防止经济增长继续下滑，印度仍在坚持执行经济刺激计划。这些刺激经济增长的政策措施，通过税收减免减少了政府财政收入，但却增加了财政支出，导致政府财政赤字不断增加。仅印度中央政府财政赤字占国内生产总值的比例就从 2007—2008 年度的 2.6%上升到 2008—2009 年度的 5.9%，2009—2010 年度再升至 6.5%。加上各邦政府财政赤字，印度财政赤字占国内生产总值的比例从 2007—2008 年度的 4%升到 2008—2009 年度的 8.5%和 2009—2010 年度的 9.7%。[①] 由于大幅度增加信贷资金投放和外资，特别是外国证券投资大量涌入，印度国内市

---

① ［英］马丁·沃尔夫："印度的未来"，英国《金融时报》2010 年 3 月 10 日。

场资金大幅度增加，推动国内需求急剧膨胀，刺激通货膨胀发生。[①] 2009年，印度通货膨胀率高达11.9%。为遏制不断严重的通货膨胀，印度财政部长普拉纳布·慕克吉2010年2月26日公布新财年预算时表示，由于印度经济已恢复到增长轨道，政府将部分退出刺激政策，通过调高消费税，恢复成品油、原油关税等措施，减少财政赤字。2010年3月印度中央银行宣布首次加息，中止使用宽松货币政策，开始实行紧缩货币政策。但是，2010年印度通货膨胀率依然超过10%。实际上，全球经济风险和金融风险及印度经济增长放缓等，都在对印度货币紧缩政策施压。然而为控制通货膨胀，印度中央银行还是延续反通胀的货币政策立场，2011年6月16日宣布再次上调关键利率25个基点。在众多新兴经济体纷纷降息保经济增长时，印度央行却在10月25日宣布加息25个基点。这是2010年3月以来印度央行第13次加息，使印度基准利率达到8.5%；而印度通货膨胀率连续11个月超过9%，2011年10月甚至达到9.73%。加息促使印度通货膨胀压力缓解，但却增加了企业生产经营成本，抑制印度经济扩张，在一定程度上造成2011年第二季度、第三季度和第四季度印度经济增长率持续下滑。因此，无论如何，作为应对国际金融危机而实行经济刺激政策的后果，通货膨胀严重制约了印度经济的快速增长。

（二）国际经济环境恶化的影响

长期以来，由于实行内需拉动经济增长的经济增长方式，国际经济波动甚至西方国家的经济衰退，对印度经济增长的影响都不大。[②] 1991年实行全球化经济改革以来，印度经济全球化程度逐渐加深，对外依存度不断提高。20世纪80年代初期，印度国内石油消费对外依存度约为50%，而目前这个比例超过70%。20世纪80年代初期，商品出口占印度国内生产总值的比例约为5%，而目前这个比例超过20%。20世纪80年代初期，外国对印度投资几乎可以忽略不计，而进入21世纪以来外国对印度投资不

---

① 毛晓晓："经济刺激措施推动印度经济出现回暖迹象"，新华网，2009年6月14日，http://news.xinhuanet.com/fortune//2009－06/14/content_11540378.htm。

② 文富德、何道窿："试述西方经济危机对印度经济发展的影响"，《世界经济》1984年第7期。

断增多，最多年份甚至接近 500 亿美元。随着印度经济对外依存度不断提高，国际经济波动对印度经济发展的影响逐渐增大。2008 年 10 月美国爆发的国际金融危机，就对包括印度在内的世界各国经济发展带来极为不利的影响。为了削弱国际金融危机对印度经济增长的影响，印度连续实行 3 个经济刺激计划。这虽然促使印度经济快速恢复，但却使印度通货膨胀压力更大，通货膨胀更加严重。为了控制严重通货膨胀，印度不得不实行经济紧缩政策，从而推动印度经济增长率下降。2010 年以来，美国金融危机对世界各国经济发展的影响还没有完全消除，从希腊发生主权债务危机开始，又爆发了欧洲国家主权债务危机。美国金融危机和欧洲主权债务危机的相互影响，促使美国经济和欧洲国家经济先后进入衰退状态。2011 年，美国经济增长率仅约为 1%，而欧洲大多数国家经济甚至出现负增长。世界各国主要经济指标都在暗示，发达国家和新兴国家经济增长已经放缓，而围绕欧洲主权债务危机产生的不确定性也在不断上扬。2011 年 9 月，经济合作与发展组织统计的英国、美国、加拿大、德国、意大利、巴西、中国、印度和俄罗斯的“综合先行指数”都显示出“经济活动在减速”。2010 年以来国际经济的持续动荡和衰退，对正在严厉控制通货膨胀的印度经济造成极为严重的影响：国内资金紧缩，外资流入减少；出口增长率降低，国际收支赤字扩大；外汇储备减少，卢比大幅度贬值；通货膨胀持续，生产成本大为增加。2011—2012 年度虽然印度出口同比增长 21%，进口按年增长 32.2%，但是贸易逆差却增加到 1849 亿美元。同时，到 2011 年底，印度商品出口增长率大幅度下降。2011 年 10 月，印度商品出口额比上年同期下降 10.8%，而当月进口额比上年同期增加 21.7%，使该月贸易赤字扩大至 196 亿美元，创历史新高。2011—2012 年度，虽然外商对印直接投资为 294 亿美元，但是却同比下降 28%。这一切都严重影响了印度经济的发展。正如 2012 年 1 月初印度总理辛格所指出的那样，由于恶劣国际经济环境的影响，印度本财年经济增速才会出现如此大幅下滑。印度政府已将 2011—2012 年度印度经济增长率预期由此前 7.5% 调低至 7%。①全球经济低迷甚至绝望的阴云迅速扩散到世界各个地方。但这一变化在中

① 廖政军：“印度调低经济预期，辛格称正在经历艰难时期”，人民网，新德里，2012 年 1 月 9 日，http：//world. people. com. cn/GB/16835789. html。

国和印度这两个世界上人口最多的国家发生得最为突然。直到最近以前，这两个世界上增长速度最快的大型经济体还认为自己绝缘于这场将富裕世界折磨得痛苦不堪的传染病。乐观主义者甚至希望，这些大的新兴市场能够成为将世界从衰退中拯救出来的“发动机”。然而，全球经济低迷会把中国和印度一同拉下水，给这两个仍然贫穷的国家带来大规模失业。因此，国际经济环境恶劣也在相当程度上影响印度经济增长。

（三）经济改革停滞不前的影响

经济改革以前，印度经济长期增长缓慢，甚至被印度学者讥讽为“印度教徒式增长”。20 世纪 90 年代初期开始经济改革以来，印度经济出现加速增长势头，甚至出现连续 4 年超过 8%的高速增长态势。面对国际经济环境恶化、印度经济增长放缓的严峻形势，为了恢复经济增长，除停止实行长达一年多的经济紧缩政策外，印度最需继续坚持经济改革和扩大对外开放政策。而作为议会民主制国家，印度政府任何重大经济改革举措，首先必须获得议会批准后才能实行。20 世纪 90 年代以来，印度政府都是几个政党组成的联合政府，即便当前执政的国大党政府，也是几个政党联合组成的联合政府。在这种情况下，印度政府难以提出重要的经济改革法案，即使提出也很难在议会获得通过。面对近年来不断严峻的经济形势，印度政府也意识到继续推进经济改革对于恢复经济增长的重要性，2011 年 9 月印度政府宣布启动零售业改革，将允许外资进入印度零售行业。这虽然将使众多小店主的生计难以维持，但却有助于遏制印度食物价格上涨，缓解印度居高不下的通货膨胀，并吸引更多外国投资，刺激印度经济增长。但这个改革计划引发的是愤怒和反对。印度大约一半的邦宣布将拒绝实施这项改革，工会扬言罢工；在国会内部，10 年前曾支持零售业对外开放的主要反对党印度人民党的指责声音最为响亮。由于社会中反对零售业对外开放的呼声很高，议会中反对零售业对外开放的实力很强，政府零售业改革法案难以在议会中获得通过。2 个月后，印度政府宣布，允许外资进入零售行业的计划无限期暂停，辛格政府开放零售业改革计划戛然而止。这只是印度经济改革的缩影。实际上，印度经济改革几乎已陷入停滞状态。这使印度经济失去方向，也让印度经济持续快速增长失去原动力。

而零售业改革方面出现的政策僵局，与长期以来议会难以通过劳工法修改法案一样，也伤害了外国投资者在印度投资的积极性，导致外资流入减少，在一定程度上推动资金外流，促使卢比在半年多内贬值超过 20%，印度经济增长减速几乎不可避免。印度经济改革停滞，最主要的原因是印度政治家们忙于争斗，促使印度政治陷入泥潭。尽管印度政治家们一再声称，印度经济还将重回高速增长道路，但是没有改革进程的支撑，这种说法相当空洞无力。本来，2012 年初印度通货膨胀压力已经有所缓解，1 月印度通货膨胀率已经降至 6.55%的 26 个月来的最低点。这为印度刺激经济增加了空间，但是卢比大幅度贬值又使印度增添了通货膨胀压力。如果刺激经济，实行宽松的财政政策和货币政策，则势必加剧通货膨胀压力，促使通货膨胀率上升；如果要控制通货膨胀，就要实行紧缩的财政政策和货币政策，则势必推动经济增长进一步放缓。英国《经济学家》认为，近来的数据凸显出可持续发展在混乱民主中面临挑战。虽然印度政府可将经济增长放缓归咎于欧元危机，但是目前的乱局大体是自我造成的。印度联合政府未能推动经济自由化重大改革，结盟小党的压力常常迫使它收回政策。福利项目和民粹政策是吸引选民的保证，政府更担心短期生存，任何困难决定都抛之脑后。多数经济学家认为，虽然欧元危机也使印度经济受到影响，但当前的问题在很大程度上是印度自己造成的。辛格总理的政府满足于前几年取得的经济成就，但却错过了继续改革的机会，导致官僚主义和腐败盛行。多年来，印度政府没有作出较大规模改革的决定。金融问题专家迪帕克·帕雷赫指责政府“缺乏政治意愿”，甚至连计划好的零售业开放也被重新搁置。标准普尔报告指出印度经济增长乏力，经济政策的政治障碍重重。

三、印度经济增长的前景

对于印度经济神话破灭的说法，印度官方认为印度经济仍将重回高速增长道路，印度神话也将继续。然而，考虑到印度国内经济改革停滞、政治陷入泥潭、腐败十分猖獗、外资望而生畏，印度经济的确遇到了麻烦。

不过，问题是，印度经济减速只是暂时困难，还是长期颓势？

（一）印度经济仍将继续疲软

德国《经济周刊》指出，印度经济面临威胁，但印度政治精英仍固执地忽略问题。这个国家没有吸取教训，腐败已成印度的典型写照。印度与其他金砖国家一样仍具有潜力，但如果它仍姿态傲慢，势必陷入困境。法国《世界报》称，印度当初轻率地相信国际货币基金组织给出的“开放是一切”的药方，一开始的确创造了奇迹，至今仍有许多学者乐观地认为印度的潜力犹在，只要“稍稍用力”就能快速发展。然而他们都忽视了印度经济增长的不平衡、行政效率低下及政界和商界无法摆脱的腐败。“民粹主义政治”庞大的社会开支和某些畸形法律、环保措施等也束缚了经济发展。英国广播公司表示，印度党派之间没有成熟的经济方向共识，少数议会政客就能阻止重大改革，印度政治和经济在虚弱政府的帮助下已经成为“卑鄙利益的人质”，但是如果印度经济改革继续停滞，政客们依旧忙于争斗、反腐败斗争而毫无进展，印度经济将很难重新走上高速增长的道路，印度神话也将成为空中楼阁。

现任印度总理辛格虽是 1991 年印度经济改革的主要推手，但自 2004 年出任总理后，昔日的改革者却从此变得相当保守，很多人批评他似乎安于现状，无意继续推行重大改革。当前印度政治无疑是泥潭，执政党内部、执政党与执政联盟之间、执政联盟与反对党之间，在土地改革、反腐败等一系列事关重大的改革问题上都矛盾重重，改革计划几乎无从谈起。2012 年印度各邦都举行了选举，2014 年印度将举行全国大选。在这两年时间里，绝大多数政客都在为选票而奔忙，各种争议巨大、牵涉各方利益的改革计划肯定会被搁置。令人担忧的是，印度政府的软弱似乎在很长时间内都难以改变。辛格虽被视为改革派，但他却要向国大党的真正老板负责，索尼娅·甘地如今疾病缠身，而国大党总书记拉胡尔·甘地则至今仍无耀眼表现。在北方邦选举中，拉胡尔甚至遭遇前所未有的惨败，这让外界对国大党的未来领袖充满怀疑，也让国大党在 2014 年大选的命运充满疑问。至于国大党的主要对手印度人民党，也是内部矛盾重重。印度著名经济学家拉古拉姆·拉詹抱怨说，印度政治阶层显然已确定，与改革相比，传统民粹主义是通向重新当选的更可靠途径。这意味着，2014 年大选后，领导印度的可能还是一个虚弱的执政联盟，这对印度经济改革来说绝非福音。正如《经济学家》期刊所指出的那样，印度政治的软弱将导致经济增长多年疲弱。《印度时报》也指出，与经济增长放缓相对的是高达两位数的食品通胀，印度工业增长乏力，企业信心备受打击。该报还援引摩根斯坦利分析师夏尔玛的话说，除非印度政府实施重大经济改革，否则 2003 年前 5.5%—6%的增长率将成为印度的"新标准"。外国投资者由于对印度政策僵化和增长放缓失去耐心，于是抽出资金投向东南亚等更加有前途的新兴市场。2012 年 3 月底，亚洲规模最大的股票基金邓普顿亚洲成长基金持有印度资产占总资产的比例从上年同期 20%降至 16%，而同期东盟国家资产所占比例从 31%升至 35%。

（二）国际经济依然捉摸不定

2008 年美国爆发的国际金融危机既是美国银行金融危机和经济危机，也是国际货币体系的危机。第二次世界大战后，以美元为中心的国际货币体系形成，美国利用美元世界货币的地位大肆发行美元，为美国政府不断扩大的财政赤字买单，导致美元逐渐贬值，不断损害他国利益。以美元为支柱的布雷顿森林体系虽已崩溃，但美元依然是世界上最重要的国际储备货币，美国依然可利用美元的这种地位实行"量化宽松的货币政策"，大肆增加美元发行，为其亏空巨大的政府财政提供资金，促使美元进一步贬值，继续损害他国利益。国际金融危机的爆发，正是现行国际货币体系造成的。而美国已不是战后初期的美国，其经济在一定意义上已空心化。现在，美国所需商品得靠进口，甚至所需服务也得靠进口，未来美国贸易逆差仍将扩大，美元仍将贬值，美元危机仍将爆发，美国经济恐怕难有起色，除非出现巨大的科技创新。在美国爆发的金融危机还没有结束时，经济规模超过美国的欧盟国家又爆发主权债务危机。

冰岛主权债务危机还没结束，希腊主权债务危机接着爆发并持续不断，然后是西班牙银行信用危机和可能接踵而来的主权债务危机，欧洲大国意大利也接近主权债务危机的边缘。但欧洲主权债务危机情况却比较复杂，因为有的欧盟国家在欧元区内，有的国家未加入欧元区。由于欧元区国家使用同一货币欧元，统一货币政策，但包括欧元区在内，欧盟国家却没有统一的财政政策，因此一些欧元区国家依然利用财政手段筹集资金，造成某些欧元区国家难以偿还政府债务，出现主权债务危机。这严重影响了欧洲国家的经济发展，导致一些欧洲国家经济增长下降，也造成一些欧洲国家出现经济衰退。这既影响世界经济增长，也把欧元区国家搞得焦头烂额，把欧盟弄得四分五裂。德国和法国等欧元区国家围绕是否救助区内发生主权债务危机国家和怎样救助这些国家而争论不休。而没有参加欧元区的欧洲大国英国，威胁退出欧盟的势力正在形成。因此，欧洲主权债务危机难有穷期，欧洲经济短期内难以恢复，未来 10 年很可能是欧洲失去的 10 年。曾经长期居世界第二位的日本经济，自 20 世纪 90 年代以来一直处在停滞徘徊之中。近年来美国金融危机和欧洲主权债务危机的冲击及大地震和国内政治动荡的影响，使日本经济难以恢复生气。现在，中国经济已超过日本经济，居世界第二位。国际社会对世界经济前景捉摸不定，均认为其不确定性增加。由于美国经济数据令人悲观，欧洲债务危机随时可能死灰复燃，人们对全球经济衰退将会卷土重来变得愈发忧虑。然而，占世界经济规模近一半的美国、欧洲和日本经济不景气，势必严重影响世界经济发展。甚至连续 30 多年高速增长的中国经济也出现增长放缓迹象。这似乎在一定程度上意味着世界经济经历了 20 世纪 90 年代和本世纪前 10 年的快速增长后，可能正在进入长周期的下降面：未来一二十年内，世界经济将在低速中徘徊。如果这样，经济全球化程度不断加深的印度经济，也就难以恢复本世纪前 10 年曾经出现的辉煌了。但是，印度经济发展中的诸多问题并不是靠国际经济环境改善就能够解决的，而主要取决于印度人民自己的努力，特别是取决于印度政府的相关政策。

（三）印度具有应对经济问题的经验和能力

面对国内政治疲软和国际经济不确定性增加的严峻经济形势，印度能否渡过难关，保持一定程度经济增长呢？作为拥有 12 亿人口的发展中大国，印度具有巨大的人力资源潜力和市场潜力，也具有一定的科技潜力。独立后 60 多年的实践表明，印度还具有应对复杂经济问题的经验和能力。独立后，为消除私营经济的弊端，印度形成公私并存并强调公营经济发展的混合经济体制；为加强经济管理，印度形成国家干预与市场调节相结合并强调国家干预的混合经济调控机制；为减少对外部的依赖，印度形成内需与外需相结合并强调以内需为主的混合经济发展模式。针对经济管理中的问题，20 世纪 90 年代以来，印度实行经济改革，适当减少对公营经济发展的支持，注意放松对私营经济发展的限制；适当减少政府对经济发展的干预，注意增加市场机制的调节功能；适当扩大外需在经济发展中的作用，注意保持内需在经济发展中的地位。60 多年来，印度在混合经济体制的基础上，利用国家干预与市场调节相结合的混合经济调控机制和内需与外需相结合的混合经济发展模式，基本上保持了印度经济持续而较为稳定的发展。当然，经过经济改革，印度在一定程度上放松了对私营经济的限制，增强了市场机制的调节功能，提高了外需在经济发展中的地位，从而在一定程度上加速了印度经济增长，当然也在一定程度上增加了印度经济发展的不稳定性。但是，经济改革后，印度公私并存的混合经济体制、国家干预与市场调节相结合的混合经济调控机制和内需与外需相结合的混合经济发展模式都没有改变，印度依然在一定程度上能够利用公营经济、国家干预和内需等形成的优势，消除私营经济、市场机制和外需等固有的不稳定性，保持印度经济持续而较为稳定的增长。

面对 2008 年爆发的国际金融危机对印度经济发展造成的重要影响，印度政府连续推出 3 个经济刺激计划，同时结合财政税收和银行金融手段，在较短时间内削弱了国际金融危机对印度经济发展的影响，并使印度经济很快恢复高速增长，使印度依然成为世界上经济增长最快的国家之一。为控制严重通货膨胀，2010 年 3 月印度停止实行经济刺激政策，转而实行经济紧缩政策，2010 年底印度经济增长已开始放缓，到 2011 年中印度经济增长率已连续 6 个月下降。但印度政府并没有手忙脚乱地停止实行经济紧缩政策，只是针对资金大量外流、货币大幅度贬值的情况，到 2012 年 1 月 10 日才允许外国企业在印度开设独资单一品牌零售店，但仍不允许外资经营超市。同时，允许外国个人投资者从 1 月 15 日起进入印度股市买卖股票。[①] 1 月 24 日，印度央行才将存款准备金率下调 0.5 个百分点至 5.5%，

① 廖政军："允许外国人直接进股市"，人民网，2012 年 1 月 12 日，http://world.people.com.cn/GB/16859645.html。

但仍维持基准利率不变；直到4月17日，印度央行才宣布将基准利率从8.5%调降至8%。这是印度自2009年以来首次降息，降息幅度也大于市场预期。现在，卢比贬值已停止，5月24日印度卢比兑美元汇率首次回升，当日最高达到1美元兑换56.4卢比，收盘时1美元兑换55.66卢比，比前日收盘升值0.6%。至于印度经济是否继续下降，还有待观察。但无论如何，印度长期形成的应对经济问题的经验和能力，对于印度克服当前甚至未来经济发展中的困难，对于近期甚至未来印度经济增长，都具有重要意义。印度向外国投资者开放零售业，扩大对外国投资的利用，将在一定程度上促进印度经济恢复增长。

由此可见，随着欧洲国家主权债务危机深化，世界经济不确定性增加，印度国内政治软化，经济增长放缓。一些国际投资机构甚至把印度经济增长放缓看作常态，认为印度经济从此将一蹶不振、永不翻身。正如过去他们过分夸大印度经济奇迹一样，现在他们也过分夸大印度经济困难。面对许多国家特别是西方经济大国经济呈现负增长，印度依然是经济增长率仅次于中国的经济大国。实际上，印度具有推动经济持续增长的潜力，也具有应对复杂经济问题的经验和能力。因此，从长期来看，印度当下经济增长放缓只是暂时现象，而不是长期趋势，印度经济仍将保持适度增长。最近一段时间印度卢比大幅度贬值，在一定程度上也有助于调整印度宏观经济失衡。这在一定程度上表明，印度经济正在调整，印度经济将继续增长。实际上，2012年第二季度印度经济增长率已经回升到5.5%。当然，由于世界经济不确定性增加，印度国内政治软化，印度经济在短期内还难以实现高速增长。

2012年印度大停电的原因及启示

黄常舜

电力是现代社会不可或缺的能源，也是国民经济的重要组成部分，经济增长和社会发展越来越依赖可靠和安全的电力供应。一次停电事故可能引发工业、交通、医疗、金融、居民生活等各方面的混乱，保持可靠和安全的电力系统与电力服务是世界各国面临的主要挑战。近年来美国、俄罗斯、意大利、巴西、日本、韩国、智利等国发生的大面积停电事故，无一例外地验证了电力在经济社会发展中的重要地位。印度2011年发电量10061.73亿千瓦时，同比增长9.1%，世界排名第五，仅次于中、美、日、俄四国。[①] 这似乎说明印度电力发展良好，然而事实并非如此。2012年7月30日和31日，印度发生了迄今为止全球规模最大的两次停电事故，大停电对印度北部、东部和东北部造成严重影响：约20个邦相继出现电力瘫痪，超过500趟火车运行受影响，城市交通陷入瘫痪，城市供水出现危机，几百名矿工被困于井下，包括塔塔钢铁在内的众多印度制造业企业均在停电期间被迫中断部分作业，全国约6亿多人口的正常生活被影响。印度工业联合会（CII）称，尽管位于南部的经济中心孟买和高科技产业城市班加罗尔未受影响，但印度工业界仍将因停电损失数亿美元。这次大停电事故暴露出印度电力基础设施架构、管理、体制等的诸多弊病，也再次凸显了一个长期存在的问题：印度如何继续满足国民和企业日益增长的供电需求。这也给电力需求不断增长的中国以某些重要的启示。

---

① BP世界能源统计年鉴，http：//www.bp.com/sectionbodycopy.do？categoryId=7500&contentId=7068481，2012年6月。

一、2012 年印度发生大停电事故

(一) 印度电网概况

印度独立时，其电力装机只有 1360MW，也未形成电网，直到 20 世纪 60 年代才先后建成邦电力局负责的邦电网。[①] 到 20 世纪 80 年代中期，印度先后建成了北部、西部、南部、东部和东北部 5 个区域电网（见图 8—1），至 90 年代形成异步互联的全国电网。印度东北部、东部以及建在不丹境内的电厂是印度的主要电力输出地区，其电力负荷又主要集中在南部、西部和北部地区。北部区域电网经营范围大约占印度国土面积的 31%，并具有印度最大的水电机组。北部区域电网的发电机组大量集中在北部区域电网的东部地区，而主要负荷中心却位于北部区域电网的中西部地区，所以需要通过长距离输电从东部地区输送大量电力到西部地区。印度全国电网的输电方向主要为“东电西送”，再辅以“北电南送”。印度电网主网架由 400kV 交流线路构成，765kV、400kV、220kV、132kV 交流路线和 +500kV 直流路线构成了印度的输电线路。这其中，除南部电网外的其他区域电网同步运行外，南部电网与东、西部电网异步联接运行。印度计划在 2014 年实现全印度电网同步联网运行。印度电力以火电和水电为主，占总装机容量的 85%左右，剩余的电力供应为 12%的可再生能源与 2.35%的核电。[②] 由于电力建设滞后、煤价高、水电利用率低等因素，电力供应状况远远不能满足用户需求，其电力需求缺口约在 8%左右，用电高峰时候缺额高达 12%。2011 年印度人均发电量只有全球平均水平的

---

① 何大愚：“印度电力建设及其特高压交直流输电规划”，《中国电力》2008 年第 2 期，第 65—68 页。

② 汤涌、卜广全、易俊：“印度‘7·30’、‘7·31’大停电事故分析及启示”，《中国电机工程学报》2012 年第 25 期，第 167—174 页。

26.4%，到 2012 年 5 月时的总装机容量仅为 200GW，约为中国的 20%。① 2012 年 7 月，北部区域电网的最大负荷需求高达 4.1659 万 MW，最大供电能力为 3.8111 万 MW，功率缺额达 3548MW。最大电量需求为 2.958 万 MU，电量供应能力为 26250MU，缺额达 3330MU。②

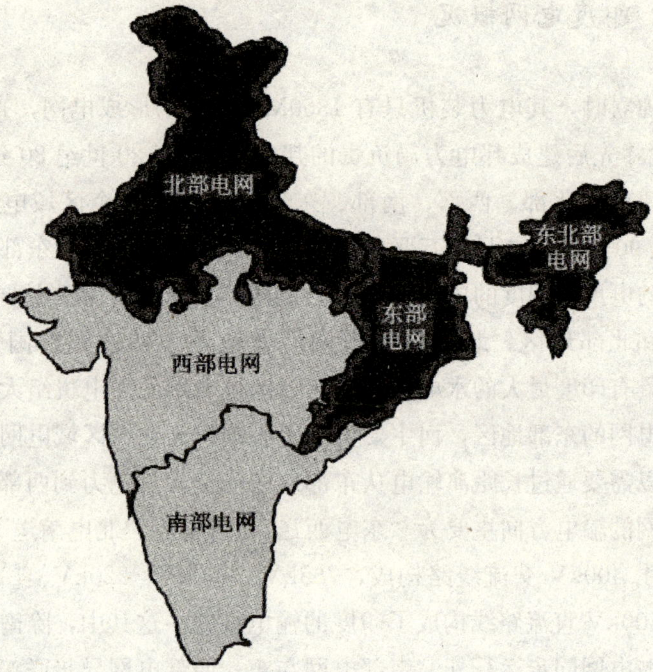

图 8—1 印度电网结构

（二）印度的电力管理机制

印度自 1991 年开始在世界银行的帮助下对电力体制进行私有化改革，

① 薛禹胜、肖世杰："从印度大停电透视电力系统的广义阻塞"，《电力系统自动化》2012 年第 16 期，第 1—7 页。

② Report of the enquiry committee on grid disturbance in northern region on 30th July 2012 and in northern, eastern & north-eastern region on 31st July 2012, New Delhi, 2012 年 8 月, pp. 5—40。

主要措施是开放私人和国外资本开发电力，并鼓励投资建立独立发电厂。印度电力行业由中央和邦分层管理。印度电网公司主要管理中央所属的电站以及大型独立发电公司，并负责跨邦输电线路和电力基础设施的建设和营运。邦电力局负责运行本邦的电站和邦内独立发电公司。配电部分则由邦电力局和私营供电公司负责，各自负责本邦内配电网的建设、运营和管理。中央政府管理机构负责颁布实施电力行业法规，制定宏观政策和协调融资等。印度电力行业的发电领域由中央政府、各邦政府和私人构成。其中，邦所拥有的发电资产占据了整个发电领域的 57%，中央政府为 32%，剩下的 11%为私人所有。[①] 但电力改革远未达到预期效果，没有形成真正具有竞争性的电力市场，而配电公司过度私有化导致其对效益过度追求，为印度电力工业安全运行埋下了巨大隐患。

国家电力调度中心、区域电力调度中心和邦级电力调度中心形成了印度电网的三级管理机制（见图 8—2）。国家电力调度中心负责全国电力系统管理，监督和协调各区域电网调度，制定各区域间输电计划并调度电力。区域电网监督和管理各辖区内各邦之间的电力调配，邦级电力调度中心负责监测和控制邦内的电力输送。国家电力调度中心和区域电力调度中心均属于印度电网公司的下属机构。邦级电力调度中心则附属于邦级输电公司或邦级电力局。[②] 在这一调度结构内，各中心代表着不同的利益主体，致使各邦自行其是、效率低下。

（三）大停电事故经过

2012 年 7 月 30 日凌晨 2 时 30 分左右，印度北部电网与西部电网间 400KV 联络线因负载过重而发生故障，造成北部区域电网和其他区域电网解列，结果北部电网崩溃，网内所有火电、水电机组跳闸停机。停电范围覆盖了印度北部地区，包括首都新德里、旁遮普邦、哈里亚纳邦、北方邦、喜马偕尔邦、拉贾斯坦邦、查谟和克什米尔，约 3.7 亿人受到影响，

① 李韩房、谭忠富：“印度电力市场化改革概况”，《华东电力》2007 年第 7 期，第 91—94 页。

② 汤涌、卜广全、易俊：“印度‘7·30’、‘7·31’大停电事故分析及启示”，《中国电机工程学报》2012 年第 25 期，第 167—174 页。

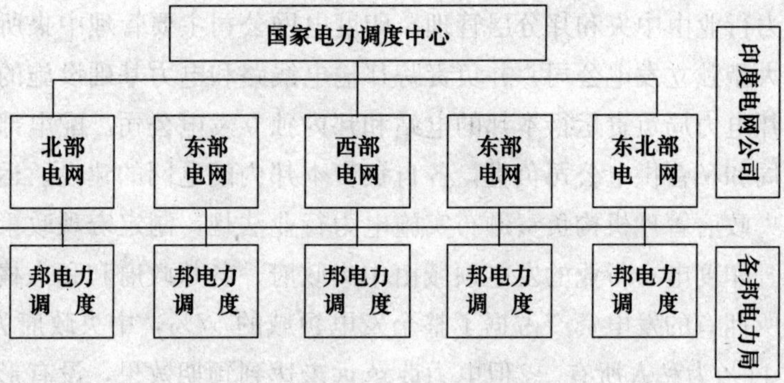

图 8—2 印度电网管理调度机制

整个印度北部地区基本陷入一片黑暗。这一时刻，新德里的温度在 30 度左右，湿度达 89%。突如其来的停电让风扇和空调停止运行，睡梦中热醒的新德里居民从房屋中走出后，发现整个城市陷入黑暗之中。受停电事故影响，北方铁路网大量列车遭遇晚点或停运，许多空调特快列车因为停电直接在铁轨上停车，旅客不得不在闷热的车厢内被困超过 5 个小时。新德里每天运送 180 万人次的地铁系统也不得不在早高峰期间停运，再加上市内红绿灯供电也被中断，新德里周一的早高峰交通异常拥堵，路面混乱不堪，几近崩溃。医院以及紧急服务部门被迫启用自备发电机来维持正常工作。此次故障还影响了供水系统，北印度的许多供水系统陷入瘫痪，造成供水危机。新德里水局发言人表示，水处理工厂是 24 小运转，但新德里 7 家水处理工厂都没有备用的供电系统，任何一点轻微的中断都可能影响到水处理过程，无法预测停电会对水供应造成多大影响，但尽力保证随时出动运水车。① 在这次事故中，只有德里国际机场因为有单独的热电站供电才保证了正常运作。

停电事故发生后，印度国家电力部在凌晨 5 点半左右紧急介入，电力部长辛德直接坐镇指挥。辛德一方面责成相关人员组成调查委员会彻查事故原因，一方面动用各种手段恢复供电。负责北方电网运行的印度电力系

① “印度电网崩溃 3.7 亿人‘摸黑’”，《新京报》2012 年 7 月 31 日，http://epaper.bjnews.com.cn/html/2012—07/31/content_360767.htm? div=—1。

统运营集团总裁证实了电网崩溃，并指出电网内所有火力发电厂都未能成功并网。北方电网紧急从东部和西部电网借电，新德里更是紧急调配从不丹进口的水电，优先保障重要部门的电力供应。7月30日早上8时左右，铁路、地铁、医院和重要的政府行政部门得到优先恢复供电，上午10时左右新德里等大部分地区陆续恢复供电。经过努力，电力供应在当日16时基本恢复正常。

然而，在"7·30"大停电恢复后，北部一些邦又持续超载用电，7月31日13时北部电网再一次出现故障，不仅再次造成北部电网崩溃，其连锁反应也波及至东部电网及东北部电网。第二次停电事故比前一次更加严重，印度北部、东部、东北部13个邦再次陷入电力瘫痪状态，全国近一半地区的供电出现中断，超过6.7亿人受到停电影响。突如其来的停电事故引发了交通混乱：全国超过300列火车停运；首都新德里地铁全部停运，造成大量旅客滞留；公路交通出现大面积拥堵。此外，城市供水中断，多名矿工被困，国际知名珠宝加工中心斋普尔有20万工人停业。银行系统也陷入瘫痪，一度给印度的金融交易带来麻烦。此次大停电事故波及范围极大，共涉及印度21个邦，覆盖了包括首都新德里在内的整个印度北部和东北部地区。停电时间也颇长：7月30日，停电从凌晨2点40分持续到11点，长达8小时；7月31日，停电从下午1时开始一直到当天午夜才恢复，而且近一半以上印度领土停电；8月1日，新德里的电力供应仍旧时断时续，8月2日之后电力才终于恢复正常。①

对于立志成为超级大国的印度来讲，这次事故的打击是巨大的。连续的两次停电不仅损害了印度在世界舞台的形象，而且不得不让人质疑印度政府的行动力和领导力。美国《洛杉矶时报》指出，大停电凸显印度超级大国之梦与闷热不适的现实之间的巨大差距。老化的电网问题、不合理的定价制度，加之效率低下的采矿工作共同作用，令北部与东部印度大片地带陷入黑暗，说明了这个国家深刻的结构性问题。②《纽约时报》、《每日镜报》等许多媒体都认为，印度停电事故发生的主要原因是印度只顾追求经

① "大停电掣肘印度'大国梦'"，新华网，2012年8月7日，http://news.xinhuanet.com/energy/2012－08/07/c_123541294.htm。

② 美媒："大停电事故惊醒印度超级大国梦"，参考消息网，2012年8月2日，http://world.cankaoxiaoxi.com/2012/0802/69248.shtml。

济增长，而忽视了基础设施的建设。印度的发电设备陈旧、供电系统技术落后，而这就导致了输电量与需求量的不平衡，形成电力缺口。印度反对党人民党一名发言人认为："这是管理不善的一种表现——总理欠印度人民一个说法。"① 《印度时报》发表了题为"无能又无知"的社评，严厉批评印度政府在处理事故时的糟糕表现。② 印度媒体一致认为，政府在这次停电事故中的表现"十分丢脸"，既没有根本性解决问题，又不敢承担责任。印度政府官员也承认，此次因电网负荷故障而导致的停电事故，是 11 年来印度乃至全世界最恶劣的一次供电系统事故。③ 2012 年 8 月 6 日，印度能源部长与 9 个北方邦（区）首席部长召开会议，对两次大停电事故进行评估，并讨论防范此类事故重演的措施。与会各邦表示不再干预各自区域内电力调度中心的运营，改由国家电力调度中心和北方地区电力调度中心直接控制。各邦同时还表示将加强对相关人员的培训，认真遵守国家电网守则，避免再次发生大范围断电事故。④

二、2012 年印度发生大停电的原因

事故发生后，电力部组建了一个由中央电力局主席领导的调查委员会来了解这次事故的具体原因和提供整改意见。印度电力部长将此次事故归咎于一些邦超额用电，以致电网超负荷，但北方邦能源负责人则将事故归咎于输电线路陈旧过时。就印度而言，这次停电事故事发突然，但并不偶然。印度电力行业的问题由来已久，作为亚洲第三大经济体、金砖四国之

① "外媒聚焦印度大停电：6 亿人陷入黑暗"，参考消息网，2012 年 8 月 2 日，http：//world. cankaoxiaoxi. com/2012/0802/69246. shtml。

② "国际舆论关注印度大停电"，国际电力网，2012 年 8 月 9 日，http：//power. in－en. com/html/power－08140814581509424. html。

③ 陶短房："印度大停电急功近利的新兴国家"，经济观察网，2012 年 8 月 1 日，http：//www. eeo. com. cn/2012/0801/231043. shtml。

④ "印度政府开会检讨大规模断电事故，继续支持本土电力设备制造业发展"，中国商务部，2012 年 8 月 8 日，http：//www. mofcom. gov. cn/aarticle/i/jyjl/j/201208/20120808274897. html?74237129＝2687717843。

一的印度，自 1951 年以来每年电力产量和装机容量都不达标，现在的发电能力不到中国的 20%，小规模停电是家常便饭。印度的电力生产主要由火电、水电和核电组成。印度在 1951 年后的第一个五年计划期间电力生产指标是 1300MW，但只完成了 1100MW。第十一个五年计划（2007—2011 年）期间，电力计划装机容量是 7.87 万 MW，包括 19.9% 的水电、75.8%的火电以及剩余的核电，中期评估后又将目标调整为 6.2374 万 MW。[①] 但实际上，“十一五”期间的装机容量约为 5 万 MW 左右，远远低于计划目标。因电力供应不足，许多空调和电扇成为摆设，拉闸限电成为常事。技术原因引发的这次大停电事故只是其表面现象，更深层次的因素在于印度电力的基建差、管理乱、效率低等弊端。

（一）电力供需矛盾突出

尽管印度自独立后一直注重基础设施行业的发展，但基础设施的投资和建设仍然滞后，成为印度经济发展的绊脚石。近年来，印度经济高速发展，对能源的需求也以年均 4%的速度增长。纵观印度的电力结构，火电占了近 70%，水电约 20%，剩下的是核能及其他可再生能源。截至 2011 年，印度的装机容量已超过 17.3 万 MW，约相当于中国的 1/5，但产能严重不足，每年的电力缺口仍然高达 9%，在用电的高峰期，电力短缺高达近 12%，约 70%的农村地区用不上电。据 2011 年印度政府发布的统计数据，25%的印度人口没有电用，而在农村比例上升到 33%。据国际能源机构的估计，到 2030 年印度甚至也无法实现家家有电用的目标。电力的严重缺乏导致印度各地轮流拉闸限电成为家常便饭。许多企业、医院、办公场所和中产阶级家庭都常年备有柴油发电机以备不时之需，而对于生活在偏远农村地区的普通人来讲，煤炭、油灯、蜡烛是其主要的照明工具。

印度电力生产的主要来源是煤炭，全国超过一半的电力生产源自煤炭，然而印度的煤炭开采效率低，2001 年到 2011 年的 10 年里煤炭产量的年均增速仅为 2.6%，而同期该国的电力需求增速则始终保持在 8%以上。煤炭供应不足导致发电效率低下，为满足电力需要又不得不进口煤炭，则

① Economic Survey 2011－12，http：//indiabudget. nic. in/，2012.

加重了财政负担，这又致使新电厂建设屡屡滞后，进一步拉大了电力供应缺口。另一方面，印度丰富的水电资源却得不到充分的开发利用。据估计，印度可开发的水资源为 8.4 万 MW，但只开发了约 17%，[①] 大部分水力资源尚待开发。资金短缺是水电开发缓慢的主要原因。由于水电工程周期长、投资大、影响环境生态，很多工程不能实施或者在实施阶段被迫放弃。据国际能源署（IEA）估算，如果要彻底解决电力供应问题，印度在 2035 年前至少需要投入 6320 亿美元。

（二）基础设施建设落后

日益增大的电力供需缺口与电网基础设施落后也是造成此次大停电事故的原因。相比中国已基本建成的以 500KV 及以上电压等级的骨干网架，印度输电线路的主网架只有 400KV，其中北部、西部、东部和东北部电网之间采用同步联网模式运行，而与南部电网之间采取异步互联，并未实现全印度的全国互联，低输配电效率让电力供应紧张，一旦在用电高峰期间电网调度失灵，就容易导致电网系统崩溃。

电力系统长期投入不足，导致现有电力系统设备老化严重，大大降低了配电及输电的安全性与可靠性。印度政府尽管已经计划投入 4000 亿美元对现有电力系统进行更新换代，但进展缓慢。目前印度电力综合线损率很高，平均在 23%左右，某些邦甚至达到 50%。即便是在发展中国家，这也是一个非常恐怖的比例。印度电力综合线损率高有几个方面的因素。首先是输电和配电设施上缺乏足够资金。由于投资不足，各电网区域配套设施无法得到整改和优化，致使线损率一直居高不下。据估计，印度的电力综合线损率从 1966—1967 年约 15%左右上升到 1998—1999 年的 23%，[②] 资金的缺乏造成电网的升级和改造异常困难。其次是印度各区域电网建设缺乏长远规划，注重短期配电输电目标。第三是大部分乡村电力设备落后和老化严重，造成电能转换效率差。在印度大部分农村地区，由于农业耕作

① R.W. 拉伊："制约印度水电开发的关键因素"，《水利水电快报》2004 年第 4 期，第 23—25 页。

② Miriam Golden、Brian Min，Theft and Loss of Electricity in an Indian State，2012 年 4 月，pp. 1—36。

的需要，长期以来都是使用质量差和效率低的农业电泵来从事农业生产。此外，由于管理不善，偷电行为在各邦司空见惯，这也是印度电力线损率居高不下的主要原因。

（三）管理及调度机制混乱

印度的电力行业由中央和邦双重管理，中央和邦共同指导发电公司运作。印度国家电网公司负责中央管理的电站和大型独立发电公司，并掌管中央输电基础设施。邦电力局则负责运行本邦电站和邦内独立发电公司。印度各邦在配电领域有很大的自主权，各邦负责本邦电网的建设运营和管理。在印度中央和地方两个层面，不论是政府管电部门还是电力企业都没有直接的管理关系。各级电网企业、电力调度中心、各发电公司、配电公司作为平等的市场主体，围绕着各自的目标经营着各自的业务，这就造成中央政府无力约束各邦为了地方利益而作出的危机全局的行为。

印度电网的调度机制为三级划分，分别是国家电力调度中心、区域电力调度中心、邦级电力调度中心。国家电力调度中心确保印度全国电力系统的一体化运营，负责监督和协调各区域电力调度中心，制定区域之间输电计划并调度电力，保证印度国家电网运行的安全性和可靠性；区域电力调度中心在所辖区域内负责各邦之间的电力调配和电网监管；邦级电力调度中心控制邦内电网的经营，负责监测和控制邦内部的电力输送以及与各级调度中心联系。国家电力调度中心和区域电力调度中心归属于印度电网公司管辖，邦级电力调度中心则附属于邦级输电公司或邦级电力局。各级电力调度中心之间只有调度业务关系，而无上下级直接管理关系。

这种国家—区域—邦—邦内各地区的分级管理调度机制导致各部门各自为政、执行不力和效率低下。管理体制的分割致使各邦在规划建设上自行其是、重复浪费。而中央在电力发展上又朝三暮四，今天强调火电发展，明天又主推可再生能源，这就让各邦的基础设施投入十分低效。另外，在这种三级电力调度机制中，各方代表不同的经济利益体，这些隔离导致各邦在运营中不执行国家调度中心的控制命令，为局部利益而损害全局。这样不仅难以让电力输送达到最优效率，也很容易造成局部过载或其他安全隐患。尤其是在电网缺电比较严重或者在电网发生事故的情况下，各个企业首先考虑的是企业本身的利益，各邦政府也不可避免地要维护本邦的利益。而负责大电网安全运行的国家电力调度中心作为市场主体之一，对邦级调度中心和有关电力企业缺乏足够的约束力，只能通过印度中央电力监管委员会下达处罚通知，而无权直接进行干预，致使发布的调度指令难以执行到位，如此分割的调度机制必然使得印度电网的安全性和可靠性大打折扣。

（四）电力改革陷入困境

独立后，印度宪法规定电力企业由中央和邦政府共同管理，为国有企业，电力行业实行垂直一体化管理。尽管从“一五”计划到“七五”计划期间，印度电力行业进步显著，但电力设备陈旧、装机容量和发电量增长缓慢、电力供给无法满足电力需求等问题长期没有解决。从 20 世纪 80 年代起，绝大多数电力企业都是亏本经营，既无法维持正常生产状况，也无法进行产能扩充，电力的严重缺乏也制约了印度经济的发展。电力企业亏损主要有三方面的因素：首先是电价交叉补贴严重，电价太低，销售电价仅为实际发电成本的 75%；其次是输配电力网线损率高，各邦偷电现象严重；再次，由于民主政治的选票特色，各党派在地方政府选举中将农村低价用电甚至免费用电作为选举筹码，致使电力企业连年亏损。为改变这种局面，缓解电力供需矛盾，印度政府决定实施电力行业私有化改革：一方面减少政府干预，降低地方选举政治对电力企业的影响；另一方面引入资金解决电力发展中资金缺乏的问题，以改善财务状况。

1991 年印度政府开始向私人资本开放电力行业的经营和投资，允许外国投资者建设独立发电企业，并为鼓励私人投资水电项目而制定了一整套优惠政策：（1）对私人投资建设的电力工程的规模和类型不加限制，凡系通过国际竞争性招标确定的项目，只要其工程造价不超过 40 亿卢比，不需要由中央电管局（CEA）再行核定；对于其他任何形式确定的项目，只要其工程造价不超过 10 亿卢比，也可免于核定。（2）对于新的私营电力公司，债务与自有资金比率可达 4∶1，外资股份可达 100%。（3）允许进口发电设备，并减免 80%的关税。（4）没有通常强加于外资企业的“用出口收益抵偿股息开支”的规定。（5）发电公司可使用适当结构的“两部制”

定价办法售电。[①]

尽管有了这些激励措施，但由于繁琐的项目许可和其他手续，如土地的获取、严格的环保法规和环保组织的活动等阻碍，到政策执行 6 年后的 1997 年只有两个项目得到联邦政府的支持，并在独立发展商和政府机构之间签订了协议。此外，电力企业向外资和私人开放而缺乏相应的行政管理制度，造成电价不断上涨，加之农村地区偷电及负担不起昂贵的电费，这些电力企业更不愿往农村供电，电力供需矛盾仍然没有解决。

另一方面，印度政府按世界银行改革方案对电力行业进行重组，走的是一条类似于“拉美化”的改革路线，即鼓励价格放开，取消补贴，开放私人和国外资本开发电力，不断“弱化”政府在电力方面的传统角色。印度政府将电力系统的垂直一体化管理体制进行分拆，成立电力管理委员会，将发电、输电、配电分开，建立独立的输电公司，取消用电补贴，实行合理化电价。这种参照西方改革模式进行的电力改革，引发了很多震荡：员工担心失业和福利降低；用户担心电价提高，服务质量降低；各邦政府担心丧失政治影响和控制力。电力行业的重组结果与预期存在较大差距，总体而言，电力行业的拆分改革是失败的。印度政府希望通过电力改革吸引社会资本尤其是外资进入电力行业，但这种目的很难达到。而且，由于输电和配电公司私有化，过于追求效率，农村电气化进程会严重受阻，农村通电还是一个奢望。对用户而言，期望电力改革提高服务质量，降低电价，但成本的上升又使得电价产生剧烈波动，超出了用户的负担，买不起电的印度人只好通过偷电的方式来规避高价。目前，印度的电力市场化改革仍然处于初级阶段，没有形成真正的竞争性电力市场，电力供给不足、电力结构不合理、电厂营运效率低、电力投资不足等问题仍有待解决。

（五）政策法规执行不力、缺乏问责机制

为了保证市场运营秩序和电网安全，印度在 1910 年和 1948 年就颁布

---

① “印度水电体制改革”，中国农村水电及电气化信息网，2012 年 6 月 7 日，http://www.shp.com.cn/skins/shp/zt/sdzt/dltzgg/web/gw_2002-12-11-09.htm。

过两部电力法，但直到 2003 年才颁布新的电力法。2003 年新电力法主要是引入了竞争机制，在电力生产领域除水电外，取消许可证制度，配电和输电领域实行开放政策，鼓励各种资本进入电力企业。此后，印度政府还颁布了“电网运行准则”和“电力监管规定”等法规。这些法律规定对各类电力违规行为进行处罚，但直到今日还没有人受到过处罚。由于没有采取严格的查处措施，有法不依、执法不严、违法不究导致各邦依然各行其是，偷电行为仍然有增无减。大停电事故后，印度政府成立了调查委员会对事故原因进行分析调查，整个事件的原因和责任都弄清楚了，但还是没有任何单位和个人受到处罚，也没有见到任何有力的整改措施。更让人难以理解的是，在任期内没有解决印度电力行业诸多弊病的原印度电力部长辛德，这次大停电后不仅没有受到影响，反而在 2012 年 7 月 31 日停电当日高升至内政部长。[①]

（六）极端的自然因素引发停电危机

印度约六成的农耕土地缺乏现代灌溉设施，每年 6 月到 9 月的季风带来的雨水对印度农业生产至关重要，季风降雨约占印度全年雨量的 80%。2012 年由于不稳定的季风气候扰乱了夏季降雨，印度北部大干旱，降雨稀少，印度农民不得不更多地使用电动水泵取水灌溉农田，这就加重了电网输电的负担。干旱和炎热的天气又造成过度用电，老化的电线线路可能不堪重负而引发停电事故。此外，总降水量的减少也限制了水电发电量。

三、2012 年印度大停电的启示

尽管印度一直面临着电力短缺的问题，但 2012 年 7 月 30、31 日先后发生的两次震惊世界的大面积停电事故却实属罕见。印度大停电暴露出来

---

① “印度大停电，管电力的部长却升官”，凤凰网，2012 年 8 月 2 日，http://news.ifeng.com/gundong/detail_2012_08/02/16484859_0.shtml。

的问题值得每一个发展中国家深思。作为中国来讲，必须从中吸取教训，确保电网安全性和可靠性。中国也是一个发展中国家，也面临着能源短缺和电力需求增长较快的矛盾，如何保障电力系统的安全供应、如何加强电力建设、如何预防和控制电力风险是中国经济社会发展中必须考虑的问题。

（一）要继续完善电力基础设施建设

电力是现代社会经济发展的基础和必备条件，是经济高速发展的助推器，电力的短缺会阻碍社会经济发展。中国和印度都是能源消费大国，随着经济的发展，对能源的需求越来越高，而本国的能源资源禀赋并不足以满足高速发展的社会需求，因此基础设施的建设就显得尤为重要。印度依靠软件业和服务业推动了它的经济高速增长，而中国在资金、技术缺乏的条件下，选择了生产劳动密集型产品的发展道路。制造业需要良好的基础设施来支撑，安全可靠的电力保障为制造业的发展奠定了坚实的基础。据世界银行的统计，印度将 GDP 的 4%用于基础设施投资。相比之下，中国用于基础设施的投资占 GDP 的 9%。电力工程建设周期长，如果电力发展滞后，必然会影响社会经济发展和人民生活水平的提高。可以肯定的是，缺乏可靠的电力已经是印度经济发展的短板。

（二）要坚持垂直一体化的电力管理体制

这次事故的发生与印度电力行业管理和调度割离不无关系。中央和邦双重管理模式致使各邦出于自身经济利益而不服从中央统一调度，发电、输电、配电所有权和经营权分散，利益主体多元化使得统筹协调难以实现，没有协调机制的分散调度，必然没有安全可靠的电力传输。在这次事故中，印度电力系统暴露出电网运行缺乏统一调度、不同级调度机构约束能力弱、协调能力不足等问题。统一规划、统一建设、统一调度、统一管理是保障电网安全和可靠的必备条件。只有坚持统一规划、统一建设才能从源头上消除隐患，抵御各种突发事件。

（三）电力改革应适合国情

印度的电力改革从一个极端走到另一个极端：最初是完全国有，出现问题后又采取西方发达国家电力改革模式进行私有化，但又忽略了私有化带来的后果。要知道，西方发达国家的电网建设比较完善，资金充裕，照搬发达国家模式无法从根本上解决印度电力行业的实际问题。由于电力建设资金长期不足，中国最初也面临电力供应严重短缺问题。但在政府的统一规划下，结合中国实际，培育了按照市场规律定价的电力机制。待市场机制比较完善后，再进一步深化体制改革，促进电力发展。总体来看，各国应根据本国电力工业和电网发展等实际情况，选择分散管理模式还是垂直一体化模式。印度的大停电说明，对于处在快速发展变化的发展中国家来说，其存在大量不确定因素，完全实行私有化风险很大。

（四）要完善应急处理机制

电力系统一旦发生重大事故，将会造成巨大的经济损失和不良影响。印度大停电事故反映出，当电网出现紧急情况时，管理者无法采取合理方案来防止电网出现崩溃的实际情况。这主要是由于平时没有编制程序化、规范化事故处理预案，当出现安全故障后，无法保证电网事故能准确、迅速处理。中国的社会经济活动对电力依赖程度远远高于印度，迫切需要不断完善全社会电力应急处置机制，应坚持“安全第一，预防为主”的原则，制定有效的故障应急与恢复机制，当电网出现紧急情况时，能给事故处理者提供有效指导，保障电力快速恢复。

总之，电力是一国的生命线，安全、稳定、充足的电力供应是保持国民经济健康、稳定、持续、协调发展的重要前提。此次影响了近 6 亿人的印度大停电事故进一步证明了，电力发展如果滞后，就会成为制约社会经济发展和居民生活水平提高的瓶颈。反思印度的电力发展状况，忽视电力基础设施建设、效仿西方模式进行电力体制改革对电力安全造成了重要影响。能源是经济发展的命脉，在未来相当长时期内，中国的能源和电力需求仍会快速增长，确保可靠、安全电力供应的任务依然十分严峻。因此，必须以系统工程的方法对电力系统进行统筹规划，提高电力系统整体资源优化配置能力和效率；必须坚持电网调度的一体化管理，继续加强电力统一规划和统一建设，在管理体制、基础设施、预防控制、危机处理等方面不断创新并完善，最大限度地提升电网安全保障能力。

曼莫汉·辛格政府强推经济改革的背景和前景

斯　文

1991 年开始的经济改革，使印度经济摆脱了长期停滞徘徊的局面，并逐渐进入高速增长的阶段。进入 21 世纪后，瓦杰帕伊政府开始进行第二代经济改革，在一些以前未曾触及的领域进行改革，比如修改对小工业的保留政策。第二代经济改革牵扯到立法，势必会面临来自各方面的极大阻力，瓦杰帕伊政府在新一论大选中垮台了。面对国内外的巨大压力，2005 年新上台的曼莫汉·辛格政府谨慎启动第二代经济改革，但是由于执政联盟中左派的极力反对，第二代经济改革再次流产了。2009 年辛格政府再次上台后，打算重新启动第二代经济改革，但是国际金融危机的深化又使经济改革再次搁置。2012 年，面对国际金融危机持续蔓延，印度经济增长大幅度放缓，辛格政府终于不顾反对派的强烈反对，强力推行第二代经济改革。当然，印度政府这次强力推行经济改革，依然遭遇到来自各方面的阻力，因此辛格政府这次强力推行经济改革的效果怎样？前景如何？这还有待继续观察。

一、曼莫汉·辛格政府强推经济改革

1991 年印度经济改革的方向是，使印度经济逐渐私有化、自由化、市场化和全球化。印度经济改革从取消许可证制度入手，逐渐减少政府对经济发展的干预，因此第一代经济改革相对容易，使印度经济逐渐进入高速增长的阶段。进入21世纪后，瓦杰帕伊政府开始进行第二代经济改革，就一些以前未曾触及的领域进行改革。而第二代经济改革由于涉及到修改立法，则比较困难，势必面临来自各方面的极大阻力，导致瓦杰帕伊政府在新一论大选中垮台。面对国内外的巨大压力，2005年新上台的辛格政府虽启动了第二代经济改革，但执政联盟中左派的极力反对导致第二代经济改革再次流产。印度经济虽经历21世纪第一个10年的快速增长，但2008年爆发的国际金融危机及其后爆发的欧洲主权债务危机，却对印度经济发展造成重要影响。2009年5月印度国大党以超过议会半数席位赢得大选后，印度总统普拉蒂巴·帕蒂尔作为形式上的国家元首，在向新当选的议员们发表讲话时提出政策优先方案。面对经济增长放缓和财政赤字膨胀的境况，帕蒂尔表示：政府打算恢复出售公营公司少数股权；政府正寻求加速经济增长和“坚定遵守财政责任”；政府将采取措施，鼓励更多外国投资流入，加大公共基础设施投资，对公营银行进行资本重组。她表示：“我们眼下的重点必须是专注于经济管理，以抵御全球经济放缓带来的影响。”但帕蒂尔关注数百万穷人的利益，指出政府将扩大福利计划，包括乡村就业计划、廉租房项目和确保向穷人供应低价粮食的《食品保障法》。帕蒂尔承诺：“我的政府将确保，经济增长进程不仅会加速，而且在社会与地区层面上会变得更加包容与平等。”

国大党在选举中大获全胜后，辛格政府认为，印度要保持发展势头就必须进行全面的经济改革。为此，新政府制定计划，准备实施新一波以市场为导向的经济改革，同时推动改善穷人福利。[①] 2009年7月，印度财长普拉纳布·慕克吉表示，印度有必要邀请外国超市连锁店、保险公司和工程公司前来协助印度实现农业、金融服务和交通基础设施现代化。他向印度议会提交的《经济调查年报》建议：印度应允许私人公司提供铁路客运服务、实行煤炭工业私有化、取消对汽油的价格控制并允许外国超市在印度开店。内阁部长们特别希望外国公司能够发挥作用，帮助印度发展落后的食品营销和零售系统：开设分店，引进现代“低温”运输系统，确保食物抵达市场时新鲜；希望看到新的电脑化采购系统，农民与超市之间实现

① 艾米·卡兹明：“印度将重启市场化经济改革”，英国《金融时报》，新德里，2009年6月5日，http：//www.ftchinese.com/story/001026841。

比较直接的供应交易，加快冷冻运输，不再让大量农产品烂在路上，以增加农村收入。未来10年，印度铁路系统需要超过5000亿英镑投资，以升级铁轨，修建新的高速连接线、货运走廊和现代化车站。这意味着需要更多外国公司参与。印度铁道部发言人说，外国公司将应邀竞标大城市和交通枢纽的新车站工程。印度知名商业分析家说，改革建议将是前总理拉奥和前财政部长辛格1991年向外国投资者实行经济开放以来最伟大的自由化行动。①

但政府关于开放商品零售市场的新政策一提出就遭到数千万零售商的坚决反对，不断引起全国性游行示威，导致经济改革方案再度搁置。直到2012年11月22日，印度政府试图利用冬季议会通过16项经济法案，启动第二轮经济改革。这16项经济法案包括养老基金管理与发展机构法案。新法案将使保险业外国投资比例从现在的26%提高到49%。政府要求议会特别小组尽快完成任务，因为要求国会两院2/3多数同意及至少一半州众议院批准才可通过法案。② 印度政府推动第二代经济改革的这项决议在11月29日的议会中遭到联邦院和人民院的强烈抵制，政府为推行该政策而争取多党派支持的努力未获得多数议员的认可，议会当天不得不因此而休会。但11月24日晚，印度政府通过决议，允许外商在印度投资超市时占股51%，在设立直销品牌店中占股100%。这标志着印度庞大商品零售市场将实质性地对外资开放。此前，印度政府只允许外资在印度超市中占股24%。印度政府为保障“夫妻店”业主的利益，在放开商品零售市场时也有较为严格的条款限制。新政策规定：外资超市开设的城市必须拥有100万以上的人口；外资5年内投资规模必须达1亿美元；外资超市本地商品进货率不得低于30%。但反对人士担心，如果沃尔玛、家乐福等超级零售商进入印度，其先进的经营方式、成熟的管理理念难免会对印度以“夫妻店”家庭模式为主的零售业带来冲击，导致大批业主失业。印度经济分析人士阿拉姆·斯里尼瓦斯指出，该政策即使最终获得议会认可，在执行中还将遇到很大阻力：北方邦等4个邦都已明确表示反对该政策；在符合外资超市进入的53座城市中，有28座城市由反对党派执政；对投资规模作

① “印度计划大力推行经济自由化”，英国《每日电讯报》2011年7月4日，新华网，2009年7月7日，http://news.xinhuanet.com/world/2009-07/07/content_11666151.htm。

② 印度《经济时报》2011年11月21日。

出具体要求也将影响外资在印度的发展规划。[①]

鉴于2012年政府财政赤字占国内生产总值比例将超过5%的危险情况，辛格政府在2012年9月初不得不决定削减燃料补贴，还决定从9月14日起将柴油价格每升零售价上调5卢比。鉴于贸易赤字大幅度上升和外国投资大幅度下降的实际情况，辛格政府在2012年9月中旬又出乎意料地宣布新一轮改革，放松外商收购民航、零售、广播和电力贸易行业股份的限制。经过内阁会议审议，通过进一步开放零售、航空和广播电视等行业的一揽子改革法令，相应增加外资在上述行业公司中的持股比例；决定出售大型公营公司股份，以应对经济增速日益下滑，避免主权信用级别再遭调降。政府决定将多品牌零售业企业外资参股比重上限提高至51%，航空业航空公司外资比重上限提高到49%，广播电视业电视台和相关机构外资比重上限增至74%。印度民航部长阿吉特·辛格表示，印度航空业在融资方面备受压力，进一步开放市场后银行将放宽借款限制，航空公司还能获得更多外来技术与管理经验，有利于行业长期发展。这在短期内难以让印度航空公司摆脱困境，但零售业却有所不同。特易购、沃尔玛和家乐福跃跃欲试，想要进入总值4350亿美元的印度零售业市场。因此，允许外国公司持有多品牌零售商51%股份的改革，实际上是欢迎外国投资。该政策鼓励更多市场竞争以降低食品价格、减少农产品浪费（外国投资者一半投资额须用于后台设施，如冷藏）的方式进行。然而零售改革的实施将由印度各邦自行决策，迄今只有寥寥几个邦对此表现热衷。[②] 沃尔玛印度区总裁贾殷表示，零售业企业外资持股比重增加到拥有控股权的51%意义重大，是印度政府进一步开放零售业自由竞争的第一步。瑞典家居零售巨头宜家也表示希望尽快在印度开设第一家独资家居卖场。英国航空公司南亚地区商务经理福代斯表示，英航对印度航空市场长期看好，未来会加大投资，但公司目前还没有考虑投资印度本土航空公司。印度政府还决定，公开向私人资本出售4家大型公营控股公司股份，以弥补不断上升的政府财政赤字。这4家公司分别是印度斯坦铜业公司、国家铝业公司、矿产和金属交

① 王磊："印度国会抵制开放零售市场政策"，人民网，新德里，2011年11月30日电，http：//world. people. com. cn/GB/16456691. html。

② "印度经改艰难起步"，英国《金融时报》Lex专栏，2012年9月18日，http：//www. ftchinese. com/story/001046600。

易公司及印度石油公司。印度政府推出更多改革项目，“动作之大是国大党执政 8 年来第一次看到的”。

但是，印度政府欲将零售业向沃尔玛等国际零售业巨头敞开大门的举措在朝野引发强烈争议，大规模抗议示威声浪喧嚣，退出执政联盟的议员接二连三，使经济改革陷入僵局，迫使辛格总理左支右绌，一场在经济改革上前进还是后退的难题正考验着印度政府。面对这份争议巨大的零售业领域改革方案，辛格政府最终屈于反对派压力作出妥协，同意就外资是否应进入印度零售业方案进行投票，以此终结议会僵局。2012 年冬季议会期间，在经历两天议会激辩后，印度零售业领域改革方案终于迎来最终考验。2012 年 12 月 5 日，印度议会下议院以 253 票赞成、218 票反对率先通过辛格政府力推的零售业领域改革方案。6 日，印度议会上议院也进行投票表决通过辛格政府力推的零售业领域改革方案。尽管此次投票不具法律效力，但却被印度各方视为经济改革能否顺利进行的“风向标”。

除通过零售业改革法案外，2012 年第四季度印度政府还出台两个较大的改革措施。第一，建立内阁投资委员会，对拖延的重大投资项目进行清算。第二，通过土地征收法，私人投资项目征地只需要获得 80%的土地所有者同意，公私合营则降低至 70%。[①] 这两项改革举措也可在一定程度上促进投资。印度政府这些举措旨在吸引外资、巩固卢比地位并扭转印度经济增长放缓的趋势。为减少财政赤字，印度政府在 2012--2013 年度预算中将肥料财政补贴削减至 6097.41 亿卢比，较上年度减少 9.3%。预算补贴减少主要是针对放开销售管制的肥料，即磷酸二铵、磷酸一铵和复合肥。2012—2013 年度预算中对放开销售管制肥料的补贴降至 2857.61 亿卢比，较上年度减少 563 亿卢比。对印度本地尿素的补贴金额为 1900 亿卢布，比上年度 1910.8 亿卢比略有下调。[②] 印度 2011 年银行业修正案于 12 月 18 日在人民院获得通过。法案强化印度储备银行、印度竞争委员会对银行业的监管职能，提高外资持股上限，将单个 FII 在私有银行中的持股上限由当时的 10%提高到 26%，在公营银行中持股上限由当时的 1%提高到 10%，

① “印度新《征地法》出台在激烈争论中艰难前行”，中国驻印度大使馆经济商务处，2012 年 9 月 4 日，http：//in. mofcom. gov. cn/aarticle/jmxw/201209/20120908319347. html。

② “印度新财年削减肥料补贴 622 亿卢比”，中国驻孟买总领事馆经济商务室，2012 年 4 月 20 日，http：//bombay. mofcom. gov. cn/aarticle/jmxw/201204/20120408053054. html。

并为银行牌照重启发放铺平道路。[①] 为遏制印度卢比对美元汇率持续下跌趋势，2012 年 5 月 10 日印度央行宣布一系列重要举措，包括要求出口商在内的所有创汇者将存放于银行的外汇收入总额的一半兑换成卢比，还对银行隔夜敞口头寸额度进行限制。2012 年 9 月 17 日，印度储备银行宣布调降现金准备金率 25 个基点至 4.5%，以此将释放 1700 亿卢比现金流动性，用于银行对企业和个人提供贷款。为吸引更多外国投资，2011 年 11 月该行决定取消对储蓄利率的管制、取消对外资银行存在模式的控制及给私人部门授发额外银行牌照等。2012 年 4 月，该行宣布降息 50 个基点。直到 9 月中旬印度政府宣布推行经济改革为止，该行没有再推行降息举措，依然维持 8%的基准利率不变，只是将最低存款准备金率下调 25 个基点至 4.5%。财政部长齐达巴纳姆围绕银行法修正案强调做大做强印度银行业的必要性。他表示，本财年印度将新开 6000 个银行网点，并招聘 8.4 万名从业人员，同时鼓励银行业兼并重组，打造 2—3 家世界级的印度银行。当然，加大银行业向私营资本和外资的开放力度，并不意味着削弱公营银行。为此，印度政府将在本年度内对公营银行注资 1500 亿卢比，在下年度将进行更大规模增资。

为了消除扶持贫困过程中产生的腐败问题，2012 年印度政府在继续实行一系列消除贫困计划的同时，还决定进一步改革扶持贫困的方法。印度政府决定，在进一步核实特别贫困户的基础上，将扶持特别贫困户的资金直接拨到每个贫困户账户上，以防止出现地方部门贪污、挪用或滥发扶贫资金的情况。

二、曼莫汉·辛格政府强推经济改革的背景

20 多年前，严重国际收支危机迫使印度进行经济改革。在时任财政部

① “印度人民院通过银行法修正案：提高外资持股上限，重启银行牌照发放”，中国驻印度大使馆经济商务处，2012 年 12 月 21 日，http://in.mofcom.gov.cn/aarticle/jmxw/201212/20121208494066.html。

长曼莫汉·辛格的领导下，印度取消许可证制度并开放投资市场，加速了经济发展，也进入金砖国家行列。但2011年以来印度经济放缓，通货膨胀加剧，政府赤字上升，显然与金砖国家地位不符。经济改革以来，印度服务业为数百万技术人员提供了工作岗位，但却未能建立规模较大的制造业，没有为非技术工人提供就业。要摆脱这种尴尬，印度必须进行深入改革才能缓解迫在眉睫的各种问题并提高经济增长率。因此，2012年辛格政府之所以在国内众多反对派和广大民众强烈反对的情况下坚持强力推行第二代经济改革，不仅由于国际经济环境中存在诸多不确定因素，也由于有着深刻复杂的国内社会政治经济背景。

（一）印度经济增长放缓情况逐渐加重

进入21世纪以来，印度经济增长率在金砖国家中仅次于中国，印度经济被认为是正在崛起的经济，甚至很多西方媒体和印度媒体惊叹其为“印度神话”。2008年国际金融危机以来，中国、俄罗斯和巴西这些新兴经济体出现经济放缓的迹象。印度经济增长率大幅度下降，2011—2012年度更降到6.5%。在全球经济风声鹤唳的今天，这样的增速本可让众多发达国家羡慕不已，但对印度来说，其却低于政府预期的6.9%，为9年来最低。曾创造“金砖四国”一词的高盛资产管理公司董事长吉姆·奥尼尔在2011年12月举行的2012年投资展望峰会上发出警告，金砖四国的表现超出其2001年的预计，但印度是其中最令人失望的。2012年第一季度印度经济增长率更降到5.3%，跌至近10年最低值，印度成为最新搁浅的发展中经济体。同时，印度卢比对美元汇率降至历史新低，即1美元兑56.5印度卢比。在2012年3月前的8个月中，印度卢比对美元已贬值约25%，是表现最差的新兴市场货币之一。[①] 印度经济增长放缓，使印度经济再次成为世界关注的热点，只是这一次引起关注的不再是“印度神话”与“印度奇迹”，而是“印度神话的破灭”。2012年6月9日，《经济学人》杂志发表文章“再见，不可思议的印度”称，鉴于印度卢比大幅贬值，私人投资枯

① 詹姆斯·丰塔内拉—可汗：“5.3%：印度首季增长跌至10年低位”，英国《金融时报》2012年6月1日，http：//www.ftchinese.com/story/001044845/？print=y。

竭，国内生产总值增速放缓，印度奇迹已成海市蜃楼。6月11日，国际评级机构标准普尔发布报告警告称，印度经济增长乏力，经济政策的政治障碍重重，这一亚洲第三大经济体面临丧失投资级评级的巨大风险。比这种警告声音还要刺耳的是这份报告的题目——“印度将成为金砖国家中第一个坠落的天使吗?”标准普尔对印度的评级为BBB－，仅比垃圾级高一级。在金砖国家中，这是最低评级，印度也成为前景展望为负面的唯一国家。曾经风光无限的印度经济突然之间面临无数质疑，且有可能成为金砖国家中第一块松动的砖。如果仅看经济增长速度，从过去20年平均7%，到2004年至2008年平均9%，再到2012年第一季度为5.3%，仅仅5年之后，印度经济增长势头已大大放缓，印度经济神话确实已经破灭。看起来印度神话正在褪去光环，或者正在幻灭，有一种说法开始流传，金砖四国中的“I”不再是印度，而是印度尼西亚。①

印度过去20年经济快速发展主要是1991年经济自由化改革的结果。在当前外部经济形势不佳的情况下，印度只有深化改革才能阻止经济增长继续放缓的趋势，恢复经济增长的势头。

（二）财政赤字和贸易赤字居高不下

和世界上大多数改革一样，印度的改革是从政府缺钱花开始的。20世纪90年代初期开始的第一代经济改革是如此，2012年启动的第二代经济改革也是如此。独立后，印度长期实行赤字财政政策，致使印度财政一直处于赤字状态，且财政赤字越来越多。如果加上国内外借债，在20世纪90年代前，印度财政还能保持一定数量盈余。2000—2001年度印度中央政府、各邦政府和直辖区政府财政赤字总额达到90.9亿卢比，2006—2007年度后印度中央政府等财政赤字总额却高达1058.2亿卢。在2008年国际金融危机爆发前4年中，为保持经济高速增长，印度已投入大量财政金融资源，致使财政赤字占国内生产总值的比例达到较高水平。2009—2010年度印度中央政府预算支出10.21万亿卢比，比2008—2009年度实际支出增

① “经济学人称印度经济神话正在破灭增速从高铁变特快”，新华网，2012年7月1日，http：//finance.ifeng.com/news/hqcj/20120701/6687737.shtml。

加 13.3%，估计预算赤字占国内生产总值的 6.8%。2011—2012 年度印度财政赤字占国内生产总值的 5.8%。同时，20 世纪 90 年代经济改革以来，印度对外贸易逆差不断增加。1990—1991 年度印度对外贸易逆差 94.38 亿美元，2000—2001 年度增到 124.6 亿美元，2007—2008 年度猛增为 916.26 亿美元。2008 年爆发国际金融危机后，印度对外贸易逆差却越来越大。2011—2012 年度，印度贸易逆差 1849.22 亿美元，同比增长 55.88%。当年，印度经常账户赤字 782 亿美元，占国内生产总值的 4.2%。① 2012 年 1—11 月，印度进出口额 7090.67 亿美元，其中出口 2678.67 亿美元、进口 4411.99 亿美元、贸易赤字 1792.92 亿美元，同比增长 20%。② 2012 年第三季度印度经常账户赤字占国内生产总值的比例扩大至 5.4%。世界首席经济学家巴苏对印度经常账户赤字扩大表示忧虑。2012 年 8 月 17 日，印度四大国有银行的信贷违约掉期均值上涨至 316 基点，再次突破 300 基点危险关口。这一数值高出与其同列金砖国家的巴西、俄罗斯、中国和南非一倍多。印度主权评级处于评级机构标普和惠誉“展望负面”名单上，两者对印度的主权评级均为BBB－，已经是投资级别的最低评级，这足以让市场对印度政府的信心大大下降。印度政府在财政方面刺激经济的空间非常有限，从而倒逼印度继续经济改革。为减少财政赤字和国际收支逆差，印度必须进行经济改革。③

（三）国大党的统治地位越来越脆弱

曼莫汉·辛格虽是 1991 年印度经济改革的主要推手，但 2004 年出任总理后却变得相当保守，很多人批评他似乎安于现状，无意继续推行重大改革。辛格政府此次突然推出一系列改革措施，力度不可谓不大。与之前各项改革措施一遭反对便归于沉寂相比，这一次辛格政府姿态之强硬出人

① “3 月份印度对外贸易增长 10.18%”，中国驻印度大使馆经济商务处，2012 年 5 月 11 日，http：//in.mofcom.gov.cn/aarticle/jmxw/201205/20120508119289.html。

② “2012 年 11 月份印度出口持续疲软，进口有所回升”，中国驻印度大使馆经济商务处，2012 年 12 月 18 日，http：//in.mofcom.gov.cn/aarticle/jmxw/201212/20121208487577.html。

③ “嗷嗷待哺的印度经济，双赤字倒逼辛格重启改革”，印度之窗，2012 年 8 月 25 日，http：//www.yinduabc.com/fair/3360.htm。

意料，大有背水一战之势，让人看到国大党高层在推动改革问题上的政治决心。这不禁让人怀疑印度政府这一次推出改革，不仅是为了解决经济问题，可能还有深层次政治动机，因为辛格作为总理其权力有限，背后真正掌权的是索尼娅·甘地。作为经济学家辛格认为应该进行改革，但决定实行改革却是政治问题。自 2009 年再次执政以来，辛格政府支持率一直不高，联合政府内小党林立，以致许多改革措施不得推行，让有“印度改革之父”称号的辛格十分苦恼。之前，辛格提出零售业改革，西孟加拉地方党派反对，结果导致改革停滞。近两年，联合政府腐败丑闻不断，导致辛格饱受抨击，舆论认为他无力推动改革，这种局面对国大党不利。2012 年地方选举时，国大党表现不佳，如果再没有振奋人心的举措，2014 年大选中国大党前景堪忧。年过八十的辛格将不会再出任总理，因此由辛格推动改革是上佳选择，如果改革能取得效果，那么对于像拉胡尔·甘地那样的国大党年轻一代候选人既可起到助推作用，辛格也可青史留名；而如果改革不能顺利推行，国大党可将阻碍改革的罪名推给反对党，因为这些改革措施从长远来看有利于印度的经济社会发展。近两年，印度经济增速持续放缓，财政和贸易双赤字严重，通胀持续高位运行，经济结构严重平衡。据预测，印度 2012—2013 年度经济增幅可能只有 6%，将创 10 年来新低。而惠誉和标普早已表示，如果印度经济表现持续低迷，将调降其主权债务评级，届时印度很可能成为金砖国家中第一个主权债务评级被降至“垃圾级”的国家。在这种情形下，辛格总理被迫再次拾起一再被阻挠的一系列经改措施。2014 年，印度将举行新一届政府大选。有舆论认为，国大党联合政府选在此时进行第二轮大规模经济改革，是为在新一届大选中取胜，为尼赫鲁·甘地家族第四代——拉胡尔重新走上印度政坛捞取政治资本。为此，在野反对党不但不合作、不支持，甚至极力反对，认为此举置当前具体国情于不顾。他们的挑剔与反对为那些因改革而出现的骚乱火上浇油，使印度政局更加混乱。

三、曼莫汉·辛格经济改革的前景

要判断曼莫汉·辛格经济改革的前景，需要考察当前印度政治经济的基本现实。除前面已经提到的财政贸易双赤字外，还有如下几点值得考虑。

（一）印度通货膨胀形势依然十分严重

进入21世纪以来，印度经济高速增长，导致通货膨胀压力巨大。但2008年国际金融危机迫使印度政府暂停控通货膨胀而将工作重点转向保经济增长，连续推出了3套财政金融刺激方案，促使通货膨胀压力进一步增大。2009年印度通货膨胀率高达11.9%。2010年初，印度通货膨胀形势非常严峻；2010年后期，印度通货膨胀有所缓和。但从总体上看，印度食品价格2010年暴涨16.91%，是全球食品价格增长最快的国家。食品价格暴涨导致2010年印度消费物价上涨率保持在10%以上。由于食品通货膨胀率居高不下，2011年前11个月，印度批发价格指数涨幅均介于9%至10%之间，但通胀焦点已从最初的食品领域转移至能源和工业产品板块，并呈现全面通胀之势。2012年，印度通货膨胀率开始下降，4月印度通货膨胀率回落到7.5%，印度储备银行在13次提高银行存贷款基准利率后首次降低利率。6月，印度通货膨胀率降到7.25%，但6月食品价格指数同比上涨10.81%，略高于5月10.74%的涨幅。[①] 8月，印度零售业通货膨胀率从上月9.86%升到10.03%。11月，印度居民消费价格指数表示的通货膨胀率从上月9.75%升到9.9%。其中，食品价格通胀率从10月11.43%升至11.81%。[②] 近几年来，印度一直经历着接近两位数通胀，为

① 廖政军："印度6月份通胀水平稍有回落"，人民网，新德里，2012年7月16日，http://world.people.com.cn/n/2012/0716/c1002－18528100.html? prolongation＝1。

② "印度11月份CPI通胀率达9.9%"，中国驻印度大使馆经济商务处，2012年12月18日，http://in.mofcom.gov.cn/aarticle/jmxw/201212/20121208487570.html。

世界通胀率最高的国家之一，这样的通胀水平也是政治上能够容忍水平的两倍。但令人惊奇的是，印度国内并没有出现骚动。这种对高通胀率的漠视态度似乎是高增长带来实际收入增长的结果。即使在印度农村地区，由于政府政策，人们的工资增长速度也要远高于通胀率。不断萎缩的公营部门意味着受高通胀影响最大的固定收入人群越来越少。因此，对政府来说，日益重要的是推动经济增长和增加实际收入。即使2008年全球危机之后，印度经济增长率也一直维持在6%—8%左右。政府并没有感到有必要采取改革措施以提高增长，也没有真正努力从经济体系中消除两位数通胀，原因是担心经济增长会受到损害。[①] 但当2012年几个季度经济增长率都降到6%以下时，实际上印度政府在控制通胀与保证增长之间面临着艰难抉择。为推动经济回升，控制通货膨胀，印度不可能通过财政货币措施刺激经济，因此只能深化经济改革，扩大对外国投资的开放，更多依靠外资推动经济增长。

（二）印度国内贫富差距日益显著

独立后，印度在大力发展公营经济的同时允许私营经济存在，促使印度私营经济特别是私营财团获得重要发展。除塔塔、比拉等老财团进一步发展外，还产生了诸多新财团，他们掌握的资产越来越多。而另一方面，尽管印度政府注意社会公平，然而由于经济增长长期缓慢，难以吸收数量庞大的新增加劳动力，劳动力失业队伍不断扩大，贫困人口不断增加。到20世纪80年代初期，50%以上的印度人口依然生活在官方公布的贫困线以下。20世纪80年代经济政策调整特别是90年代经济改革以来，印度政府把工作重心放在促进经济增长上，促使印度经济加速增长，综合国力有所增强，人均国民收入也大幅度增加。现在，印度国内生产总值超过1万亿美元，使印度进入经济大国行列。印度人均国内生产总值已经从经济改革前300多美元增加到目前超过1000美元。但是，经济改革也给印度带来不平等加剧的问题。经济改革让一部分印度人先富起来，但也让一部分印

① 阿文德·萨勃拉曼尼亚："印度：高通胀换来的经济增速"，英国《金融时报》2012年9月26日。

度人失去生存的保障。印度本来就是世界上贫困人口最多的国家之一，到今天贫困人口依然超过 3 亿。经济改革以来，印度经济增长的龙头是服务业和高科技产业，但是其并不能带来大量就业。而至今仍有 70%的印度人生活在农村，但机械化和市场化依然远离农村。与经济改革前相比，农民的确用上了手机、摩托车，但是经济改革以来，企业破产直线上升，农民自杀率也直线上升。[①]《华尔街日报》发表长文指出，毋庸置疑，经济繁荣给印度的商界精英创造了巨额财富，也大大改善了亿万民众的生活。但印度 12 亿国民并没有普遍享受到经济增长带来的好处。据印度财政部 2009—2010 年度经济调查显示，自 1987 年以来，印度靠底层的半数人口热量摄入一直在下滑，而处于社会上层的人却在为肥胖症的不断增多而苦恼。[②] 经济奇迹很少惠及普通民众，引起他们不满，全国各地都在掀起政治运动。为赢得选举，政客们都拼命提高各种福利，推出名目繁多的补贴，但大部分都有领取“门槛”，真正贫困的人群往往无法“享用”。贫困人群对经济改革的不满情绪酝酿已久。而零售业在印度国内生产总值中占有较大比重，从业人员数千万，他们担忧一旦外国的大型超市全面进入零售业市场，并将先进的商业理念运用于商品交易中，将剥夺印度本土靠开小商店、摆地摊谋生的零售业者的生活来源。而印度制造业的规模也远比中国小且落后，从业者只能靠低级劳动养家糊口，维持着最低的生活水平，无法吸收零售业改革后的大量剩余人员。因此，贫困人群奋起反对经济改革也就不足为怪了。

（三）印度国内反对经济改革的势力依然强大

曼莫汉·辛格这些经济改革措施能否得以顺利推行，还要看印度国内反对经济改革的势力是否强大。实际上，政府公布这些经济改革政策后，印度零售业界甚至爆发了 5000 万人的示威游行。为此，辛格政府迫于压力，不得不叫停了零售业改革措施。这虽从某一方面反映出印度中央政府掌控能力低下，但更说明印度复杂多变的政治社会局面、难以预料的干扰

① 秦轩、谢佳熹：“‘少部分人先富’还是‘大锅饭’”，《南方周末》2012 年 12 月 28 日。

② “印度徘徊在十字路口，8 亿国民没有受益改革成果”，中国证券网，2011 年 4 月 1 日。

因素使中央政府时常处于尴尬和难以应付的境地。英国广播公司表示，印度党派之间没有成熟的经济方向的共识，少数议会政客就能阻止重大改革，印度政治和经济在虚弱政府的帮助下已成为“卑鄙利益的人质”，但如果印度经济改革继续停滞，政客们依旧忙于争斗、反腐败斗争依然毫无进展，印度经济将很难重新走上高速增长的道路，“印度神话”也将成为空中楼阁，改革计划几乎无从谈起。目前，腐败被印度人认为比以往任何时候都普遍。20世纪50年代中期，黑色经济占印度国内生产总值的4%到5%。到1996年，黑色经济占印度国内生产总值的比重达到40%，2006年更上升到50%。这在一定程度上导致国大党在2012年印度各邦选举中遭到惨败。2014年印度将举行全国大选，绝大多数政客都在为选票而奔忙，各种争议巨大、牵涉各方利益的改革计划难以强力推行。令人担忧的是，印度政府的软弱状况似乎在很长时间内都难以改变。而且，如今外界对国大党的未来领袖充满怀疑，也对国大党在2014年大选中的命运充满疑问。至于国大党的主要对手印度人民党，其内部也是矛盾重重。这意味着，2014年大选后，领导印度的可能还是一个虚弱的执政联盟。目前，印度国大党依靠较小的地区性党派来保持在议会中的执政联盟。这就使得政策的制定需要规避风险，因为小盟友拥有打破平衡、颠覆执政联盟的力量。国大党执政基础脆弱，这对印度经济改革来说绝非福音。但是，另一方面，反对经济改革的势力依然比较强大。多数政治运动所提诉求的一部分依据在于，他们认为穷人在印度转型过程中遭到忽视。在印度人口最多的北方邦，首席部长马亚瓦蒂已把自己定位成中央政府直言不讳的批评者及被压迫阶层的捍卫者。在西孟加拉邦，印度政府铁道部长班纳吉因鼓吹农民地权、反对塔塔集团在邦政府所在地加尔各答附近修建汽车工厂的计划而一举成名。尽管各党派为了在大选中获胜，都主张加速经济增长，因此在一定程度上支持经济改革，然而如果经济改革举措涉及到广大民众的利益，则势必引起反对党的激烈反对。目前，除主要反对党印度人民党反对开放零售业的经济改革外，印度共产党和许多地方政党也反对这些经济改革举措。

综上所述，曼莫汉·辛格发起的这次经济改革能否坚持下去，人们还需要拭目以待。

社会政治

临近大选的孟加拉国政局及未来走势

李建军

2011 年 5 月 10 日，孟最高法院宣布宪法第十三次修正案违宪，废除看守政府制度，这不仅是孟加拉国 2011 年最具影响力的事件，而且对孟政局及走势产生了深刻影响。此事件成为主要反对党民族主义党与执政党人民联盟对抗的催化剂，两党对于看守政府制度的存废之争贯穿 2012 年全年，对抗态势愈演愈烈，政局波澜起伏。随着原定于 2013 年底或 2014 年初举行的新一届议会的选举日期日益临近，选举能否如期举行面临严峻挑战，孟政局再一次徘徊到“十字路口”，前景迷离，值得关注。

一、政局持续动荡

看守政府制度从 2011 年 5 月 10 日被宣布废除的那刻起至今持续发酵，民族主义党领导的反对党联盟频繁举行大规模示威抗议活动向哈西娜政府施压，随着抗议活动与暴力冲突的相互交织以及伤亡人数的不断增加，孟加拉国在政治暴力和政局动荡的泥潭中越陷越深。

（一）看守政府制度的废除引发政局动荡

作为“缺陷民主”国家，孟加拉国实行的是一套有别于其他民主国家的民主选举机制，即看守政府制度。迄今为止，看守政府制度在孟选举中共实践过三届，朝野和民众各方对于该制度的安排及其功能基本认同，这也是孟加拉国政治民主化得以巩固和加强的一个重要步骤。1982 年 3 月 24 日，孟陆军参谋长艾尔沙德发动政变，对孟实行军法管制。1990 年 10 月开始，孟爆发大规模的反艾运动，以人民联盟为首的八党联盟和民族主义党为首的七党联盟以及左翼政党组成的五党联盟发表联合声明，要求艾尔沙德政府辞职。12 月 6 日，艾尔沙德宣布辞职。1990 年 12 月，中立的看守政府成立，并负责组织大选。1991 年 2 月，卡莉达·齐亚领导的民族主义党在大选中获胜，卡莉达·齐亚出任政府总理。看守政府制度在此次大选中发挥了重要作用，大选顺利进行，选举结果得到各政党和众多选民的认可，看守政府制度为恢复孟民主化进程发挥了重要作用。因此，1996 年 3 月 26 日，孟议会通过宪法第十三次修正案，将这种由看守政府组织大选的制度写进宪法。

根据宪法第十三次修正案的规定，在一届议会 5 年期满后，总理宣布解散议会并将权力移交给中立的看守政府，看守政府将在 3 个月内组织下届大选。看守政府由 1 名首席顾问和 10 名顾问组成，首席顾问和顾问均由总统任命。首席顾问由最近退休的前首席大法官或上诉法院资格最老的法官担任，如无合适人选，总统可以兼任，但首席顾问必须中立并具有非党派性质。首席顾问和顾问负责一个或多个政府部门，处理政府的日常运作，但没有制定国家重大政策的权力，也没有对主要政务官员的任命权，其主要任务是协助选举委员会和平而公正地组织下一次大选，任期 3 个月，并在大选结束后把权力移交给下一届占议会多数的政党。

2011 年 5 月 10 日，最高法院宣布宪法第十三次修正案违宪，取消看守政府制度。2012 年 9 月 16 日，公布的裁决全文显示，最高法院的 7 名法官中有 4 名支持宣布看守政府制度违法，有 2 名要求保留，有 1 名认为是否保留应由议会决定。[①] 2011 年 6 月 30 日，议会以 291 票赞成、1 票反对通过宪法第十五次修正案，废除看守政府制度，选举将在现行政府主持下进行。大选须在议会解散前的 90 天内举行，将选举专员的人数由目前的 3 人增至 5 人。[②] 2011 年 7 月 3 日，总统拉赫曼正式签署宪法第十五次修

---

① Shakhawat Liton，Ashutosh Sarkar，"Not all judges ruled it illegal，" *The Daily Star*，July 1，2011，http：//www.thedailystar.net/newDesign/news-details.php? nid=250053.

② Shakhawat Liton，Rashidul Hasan，"Caretaker system abolished，" *The Daily Star*，September 17，2012，http：//www.thedailystar.net/newDesign/news-details.php? nid=19230.

正案，废除看守政府制度。

看守政府制度的废除引爆了对抗政治的火药桶，主要反对党民族主义党及其盟友反应激烈，态度强硬，认为在现政府组织下举行的议会选举不能自由公正。从2011年5月以来，连续发动数十次大规模的诸如“人链”、“公路行进”、“封路”、“围攻达卡”等全国性的罢工、游行和集会活动，强烈要求废除这项修正案，恢复看守政府制度。同时，抗议活动不断升级，暴力活动时有发生。哈西娜政府对反对党联盟日益高涨的诉求予以回击，拒不退让，孟政治陷入僵局。

（二）长期抵制议会，拒绝参政议政

在议会中，民族主义党领导的反对党联盟采取不合作态度，拒绝参政议政，长期抵制议会，并提出重返议会与恢复看守政府制度挂钩。民族主义党多次表示，议会缺乏反对党重返议会的气氛，重回议会的前提是人民联盟政府将恢复看守政府制度的议案提交议会。

民族主义党领导的反对党联盟在议会共有39个议席，其中36个为民族主义党议席，2个为伊斯兰大会党议席，1个为孟加拉国民族党（曼派）议席。孟议会第九届议会第8次会期从2011年1月25日开始后，民族主义党议员一直缺席，直到3月15日才重返议会，连续74天缺席。[①] 反对党议员重返议会还是受制于宪法的规定。宪法规定，如议员未经议长批准连续90天缺席议会，将被自动取消议员资格。5月22日，议会第9次会期开幕，民族主义党未出席会议。截至2012年3月16日，在哈西娜政府执政的3年中，民族主义党领导的反对党联盟抵制议会时间累计已达233个工作日，创下历史记录。主席卡莉达·齐亚已连续83个工作日抵制议会，其他反对党议员连续抵制议会时间为78天。卡莉达·齐亚上次返回议会还是2011年3月15日。[②]

---

① “BNP may join JS today,” *The Daily Star*, March 14, 2011, http: //www. thedailystar. net/newDesign/news-details. php? nid=177596.

② Shakhawat Liton, “BNP sets Sangsad boycott record,” *The Daily Star*, March 16, 2012, http: //www. thedailystar. net/newDesign/news-details. php? nid=226513.

（三）抵制选举委员会的组建

民族主义党领导的反对党联盟拒绝与总统探讨选举委员会的组建，在选举委员会成立后，表示将抵制与选举委员会的对话。在总统齐鲁尔的领导下，从 2011 年 12 月 22 日到 2012 年 1 月 12 日，政府与包括人民联盟和民族主义党在内的 23 个政党举行了对话，讨论如何组建选举委员会，但民族主义党等 13 个政党“偏离对话主题”，要求恢复看守政府制度，其中民族主义党要求在组建选举委员会前先恢复看守政府制度，对如何组建选委会却只字未提。在这种情况下，2012 年 2 月 8 日，齐鲁尔总统宣布任命拉奇布·乌丁为选举委员会首席专员，任命哈菲兹、穆巴拉克、阿里和沙奈瓦兹等 4 人为专员。新的选委会任期 5 年，将主持下届议会选举。民族主义党表示将抵制与选举委员会进行对话，不考虑与选举委员会讨论下届大选议题，强调应首先解决看守政府制度问题，在现政府领导下的选举委员会根本无法独立工作。

（四）抗议活动不断升温，政局有崩盘的危险

据笔者粗略统计，截止到 2012 年，民族主义党领导的反对党联盟为恢复看守政府制度已实施了六阶段的“人链”、“封路”、“公路行进”、“围攻达卡”、“满月行动”等大规模抗议活动。抗议形式多样，规模庞大，次数密集，暴力冲突不断发生，伤亡人数也不断增加，局面已有失控迹象，这些都严峻考验着哈西娜政府的抗压能力以及反对党的耐心。按目前的发展趋势，预计临近大选前 3 个月，即 2013 年 10 月（原看守政府制度规定的现政府交权的时间），抗议活动与暴力事件将达到高潮，孟政局有崩盘的危险。

第一阶段从 2011 年 5 月 10 日最高法院宣布废除看守政府制度的第二天，即 5 月 11 日起，直到 6 月 12 日。5 月 11、12 日，民族主义党开始举行长达 36 小时的全国大罢工，其间烧毁 9 辆汽车，116 人被移动法庭判决入狱，513 人被捕。6 月 5 日，民族主义党、伊斯兰大会党和民族党（曼派）首次联合举行全国大罢工。6 月 12 日，民族主义党及其盟友发起 36

小时不间断的联合罢工，警察逮捕了113人，至少有包括4名警察在内的50人在冲突中受伤。第二阶段从总统齐鲁尔正式签署宪法第十五次修正案，废除看守政府制度后开始。7月6—8日和7月10、11日，民族主义党及其盟友举行全国大罢工，进行反政府游行，举行绝食活动，其间发生多起暴力事件，约550人受伤，400人被捕。第三阶段为10月10日—12月26日。民族主义党举行了三次声势浩大的“公路行进”活动，即10月10日达卡向锡莱特、10月18日达卡向拉杰沙希、11月26日达卡向库尔纳。卡莉达·齐亚沿途举行了10多次集会，要求修改宪法，由非党看守政府主持大选，组建中立的选举委员会，号召全国人民做好准备，在“公路行进”活动结束后共同发起一场保卫孟国家独立和主权的战争。12月18、19、21、24、26日，民族主义党和伊斯兰大会党举行全国游行示威，要求下届大选必须由看守政府主持，其间示威者与警察发生冲突，造成2人死亡，多人受伤，100余辆汽车被烧毁，250多人被捕。第四阶段从2012年1月8日到3月12日。1月8日，民族主义党举行前往吉大港的公路行进活动。3月12日，举行全国大游行以及示威活动，卡莉达·齐亚在集会中向人民联盟政府发出为期3个月的通牒，要求6月10日前恢复看守政府制度。第五阶段从最后通牒到期的第二天，即6月11日到7月15日。以民族主义党为首的十八党联盟①6月11日发起全国大罢工，估计150万人参加，示威者与军警发生冲突，至少134人被捕。6月17、24日和7月1、8、15日在全国各地举行游行。第六阶段从10月28日到12月26日。以民族主义党为首的十八党联盟分别于10月28日和12月6、9、23、26日举行大规模集会活动，要求恢复看守政府制度，其间示威者和警方发生激烈冲突。

---

① 2012年4月18日，民族主义党主席卡莉达·齐亚宣布成立18党联盟，这是民族主义党领导的4党联盟在成立13年后正式增加新成员。新成员包括自由民主党、Kalyan党、孟劳工党、民主党、穆斯林联盟、伊斯兰大会党、国民党等。通过扩大联盟，民族主义党希望借此对政府施加更大压力，迫使其恢复看守政府制度。

二、动荡政局的背后——大选角逐

看守政府制度的废除是孟政局持续动荡的直接原因。看守政府制度存在的意义就是保证大选的独立、公正，其存废之争的实质是两党备战2013年底或2014年初举行的议会选举而进行的政治博弈，是提前到来的遭遇战。已经执政4年的哈西娜政府，正面临着主要反对党民族主义党的强力挑战。两党为备战大选，积极出招，展开角逐，大选未定，硝烟已盛。

（一）人民联盟面临民族主义党的强力挑战

2011年，孟举行了全国自治市和乡理事会的选举。选举结果显示，人民联盟获得的市长席位处于劣势，落后民族主义党4个席位。乡理事会选举中人民联盟略占优势，但优势不明显。在全国236个市中，人民联盟赢得88个市长席位，该党"叛党者"赢得22个席位；民族主义党赢得92个席位，该党"叛党者"赢得11个席位；其他政党和独立候选人赢得23个席位。[①] 在举行的乡理事会选举中，亲民族主义党候选人赢得近半数主席职位。孟共有3754个乡，已公布的3723个乡的选举结果显示，人民联盟支持的候选人赢得1855个席位，民族主义党为1535个席位。[②] 据孟《每日星报》2013年1月4日公布的最新民调显示，人民联盟的支持率为42%，民族主义党的支持率为39%，两党的差距明显缩小。两年前中间选民达26%，如今已降为10%，但10%的中间选民足以改变孟政局。过去

① "BNP favourites upset AL," *The Daily Star*, January 19, 2011, http://www.thedailystar.net/newDesign/news-details.php?nid=170622.

② "UP results boost BNP confidence," *The Daily Star*, July 23, 2011, http://www.thedailystar.net/newDesign/news-details.php?nid=195386.

的3年中，大部分中间选民选择支持民族主义党。[①] 由此可见，两党难分伯仲，竞争处于胶着状态，未来大选前景难料。但执政党人民联盟的支持率与2008年12月26日举行的选举相比，已大幅下滑，人民联盟的未来执政地位受到巨大挑战。人民联盟自身感受到危机感，2012年6月11日哈西娜出席人盟议会党团会议时表示，在人盟目前的议员中，有25至30人的表现很差，如现在举行议会选举，这些人恐难胜选；另有25至30人的表现一般，胜选概率只有50%。[②] 同时，这也给民族主义党注入了强烈的信心，如不改变大选的“游戏”规则，继续由中立的看守政府主导大选，民族主义党胜出的概率也有50%。

同时，孟加拉国自1991年恢复民主以来，人民联盟与民族主义党两党垄断了孟政坛，两党轮流执政，形成了二元寡头政治格局。民族主义党主席卡莉达·齐亚分别于1991—1996年、2001—2006年两度出任总理，人民联盟主席谢赫·哈西娜也于1996—2001年、2009—至今两度执政。两党交替执政不仅利于孟民主进程的推进，而且普通民众似乎也习惯了这种格局。按照此规律，下一届议会选举时，民族主义党很有可能胜出。当然，人民联盟希望连任，借此打破该规律。

（二）两党备战大选的举措

谢赫·哈西娜总理领导的大联盟政府于2009年1月6日成立，至今执政已超过4年，其间孟经济发展总体运行平稳，打击伊斯兰极端势力取得一定成效，大国外交成果显著，具有连任的基本条件，但也面临党内腐败丑闻不断、油价上涨、物价飞涨和国内民众不满情绪上升等现实问题，并无获胜的绝对优势。为谋求连任，哈西娜政府采取了以下举措：一是从司法入手，宣布宪法第13次修正案违宪，废除看守政府制度，控制下一届议会大选的主导权。二是宣布在下一届大选中采用电子投票系统，并已在

---

① The Daily Star Opinion Survey，“AL still ahead of BNP in votes，but narrowly，” *The Daily Star*，January 4，2013，http：//www. thedailystar. net/newDesign/news-details. php? nid = 263739.

② Rashidul Hasan，“Polls 3 months before time，” *The Daily Star*，June 12，2012，http：//www. thedailystar. net/newDesign/news-details. php? nid=237981.

市、乡理事会领导人的选举中予以实践。三是大规模改组内阁，新增 7 名内阁官员，以保持党内的团结与活力。四是以涉嫌在 1971 年孟加拉国独立战争期间以屠杀及虐待平民为由，启动了对民族主义党主要盟友伊斯兰大会党 5 名领导人的审判。五是通过了《格莱珉银行条例修订案》，政府任命新的执行董事，取代了诺贝尔和平奖获得者尤努斯，其原因之一是尤努斯有组建新党的计划，此举解除了对该党的一大威胁。六是积极打击伊斯兰极端势力，取得了一定成效，并得到美国、印度、欧盟的支持。七是与印度的关系取得了突破性进展，两国领导人进行了互访，划定了所有陆上边界，解决了 162 块飞地地位的问题。八是进行了一系列军队重要职位人事调整，保持军队的稳定性和忠诚性。哈桑少将被任命为特别安全部队司令，原特别安全部队司令乔杜里少将调任第九师师长，原第九师师长拉赫曼少将出任负责后勤事务的陆军副参谋长。空军少将巴里正式接替前空军参谋长拉赫曼，成为新任空军参谋长。布延中将接任穆宾上将出任孟陆军参谋长。九是强迫民族主义党主席卡莉达·齐亚搬离位于达卡的军营中的住所，削弱其与军方的联系。

民族主义党领导的反对党联盟利用在市、乡理事会选举的有利形势，欲东山再起，重掌政权。但由于议会席位数处于绝对劣势，在议会民主中根本无法和人民联盟抗衡，因此采用的基本策略为：一是抵制议会，长期缺席议会，拒绝参政议政，提出重返议会与恢复看守政府制度挂钩。二是大兴街头政治。对人民联盟的失政之处，猛烈抨击，掀起波澜。利用世界银行因孟政府涉嫌腐败而停止对造价高达 30.6 亿美元的帕德马大桥的贷款、铁道部公车车载巨款涉嫌贪腐、废除看守政府制度、审判 1971 年独立战争罪犯、穆斯林对佛教徒的暴力事件等问题频繁举行诸如“人链”、“围攻达卡”、“公路行进”等声势浩大的集会、游行、示威活动，给政府强压。三是吸纳新党，增加反对党联盟的成员，增强反对党力量。2012 年 4 月 18 日，卡莉达·齐亚宣布成立 18 党联盟，自由民主党、Kalyan 党、孟劳工党、民主党、穆斯林联盟、伊斯兰大会党、国民党等均加入联盟。四是积极游说，争取国际社会支持其恢复看守政府的主张。卡莉达·齐亚先后于 2012 年 5 月 5 日会见美国务卿希拉里·克林顿、10 月 18 日访问中国会见时任国家副主席习近平、10 月 28 日访问印度会见印度总理辛格。

三、政局的未来走势

目前，孟政局由于看守政府制度的存废之争已陷入僵局。谢赫·哈西娜多次强硬表示，看守政府制度已经废除，没有恢复的可能。卡莉达·齐亚对此针锋相对，声明看守政府的恢复是开展一切政治对话的前提，并威胁推翻现政府是唯一目标。由于两党互不妥协，动荡局势将依然持续，政治危机亦会凸显，原定于2013年底或2014年初举行的大选能否如期举行已存疑问，孟政局再次在“十字路口”徘徊，这是民主进程的再一次中断还是民主化进程的继续艰难前行，目前难以预料。

从人民联盟政权方面分析，人民联盟通过大规模改组内阁、打击伊斯兰极端势力、密集开展外交争取外国援助，以及军队高层人员的调整，牢牢地掌控着军队、快速行动营和情报机构。这些措施在一定程度上稳固了政权，保证了该党的团结，并保持了经济平稳运行。在全国自治市选举和乡理事会选举中人民联盟的支持率虽然大幅下滑，但还是得到众多民众的支持，仍能和民族主义党平分秋色。从反对党民族主义党方面分析，该党想通过频繁街头政治的方式，靠自己的力量迫使人民联盟作出妥协，难度非常大。同时，该党虽屡遭打压，但根基深厚，仍能维持与哈西娜政府的两强格局。从外部环境分析，美国、欧盟、印度、中国等对目前孟局势的发展持静观其变的态度，暂无干涉行动，认为这是内部事务，是两党的政治游戏，既不支持废除也不支持恢复看守政府制度，主张两党通过对话达成政治和解，让所有政党都参与大选，确保大选自由、公正。因此，未来孟局势的发展有以下5种可能：

（一）人民联盟强行举行选举

执政党人民联盟不顾民族主义党的抵制，如期强行举行选举，但必然受到卡莉达·齐亚领导的18党联盟的联合抵制，公民投票率低，人民联盟轻松胜出。反对党拒绝承认选举结果，政治暴力再现，危机达到高潮。政治危机发展的结果，必然是选举无效，两党弥合分歧，达成政治和解，重新举行选举。孟局势如果照此发展，将是 1996 年政治危机的再现。

孟加拉国于 1996 年 2 月 15 日、6 月 12 日先后举行第六、第七届议会选举。1996 年 2 月，卡莉达·齐亚执政 5 年的任期届满。卡莉达·齐亚政府与反对党就成立看守政府问题矛盾尖锐，无法弥合。反对党要求组成中立看守政府和新的选举委员会，由最高法院首席法官担任选举委员会的主席，选举不能在执政的民族主义党主持下进行，卡莉达·齐亚以不符合宪法为由予以拒绝。2 月 15 日，卡莉达·齐亚不顾反对党的抵制，举行第六届议会选举。由于三大反对党的联合抵制，民族主义党轻松胜出，获得 300 个议席中的 289 席，但公民的投票率极低，只有 5%—10%，被称为孟加拉国“有史以来受抵制最大的一次选举”。反对党拒绝承认选举结果，民族主义党执政的合法性受到普遍质疑。此次选举不仅没有解决政治危机，还适得其反，引发了新一轮的全国罢工罢市、游行示威与暴力冲突。由于卡莉达·齐亚政府拒绝妥协，3 月 25 日危机达到高潮。政府官员、职员以集体辞职相威胁，向政府发出最后通牒，要求政府修宪、辞职并进行新的选举。

为了挽救政治危机，1996 年 3 月中旬，应朝野要求，总统阿卜杜勒·拉赫曼·比斯瓦斯分别会见反对党和执政党领导人，听取他们的意见和建议。反对党的要求是，取消 2 月 15 日举行的议会选举，现政府立即辞职，组建非党派的中立的看守政府，在其监督下 5 月份重新举行大选。执政的民族主义党同意在新议会第一次会议上通过有关组建看守政府的宪法修正案，以便为下届议会选举提供宪法保障。[①] 3 月 20 日，第六届议会第一次会议通过宪法第十三次修正案，授权成立中立的看守政府组织议会选举。3 月 30 日，卡莉达·齐亚政府交权下台。总统比斯瓦斯任命前最高法院首席法官穆罕穆德·哈比卜·拉赫曼为看守政府总理，并宣布 6 月 12 日重新举行全国选举，此次政治危机达成和解。

---

① 林良光：“人民联盟两度问鼎政权之路”，中国知网。

(二)恢复看守政府制度

两党通过对话，人民联盟作出让步，修改宪法恢复看守政府制度或两党达成默契，利用宪法第十五次修正案留下的“口子”(2010 年 5 月 10 日，孟最高法院宣布应废除现行宪法中的看守政府制度，但同时表示未来两次大选可暂时保留看守政府制度，但是否实行这一制度应由议会最终决定)，大选如期或者推迟不久后举行。

(三)就看守政府的替代方案达成共识

两党就看守政府的替代方案达成共识。如设立新的非党派中立政府，在其领导下，并在联合国、欧盟和美国等国际社会的监督下大选如期或者推迟不久后举行。

(四)举行全民公决

就是否恢复看守政府制度举行全民公决，这在孟加拉国也有先例。1983 年 12 月 11 日，艾尔沙德修改军事管制法并接任总统。1985 年 3 月 21 日，孟加拉国举行全民公决，确认艾尔沙德在下届总统选举前继续行使总统权力。如果此事能举行全民公决，将是孟政治民主化进程中的又一次前行。

(五)大选无限期推迟

两党都拒不妥协，对抗升级，大选无法如期举行，且无限期推迟。本届政府任期届满，局势依然动荡，齐鲁尔总统宣布实施紧急状态，推迟大选。但有一个棘手的问题是，届时现政府的任期已到，本该举行的大选与原定于 2007 年 1 月 22 日举行的大选风波有一个根本不同的地方在于：领导大选的法定机构已有本质区别。那次卡莉达·齐亚到期交权，成立了以法赫尔丁为首的看守政府。看守政府 2007 年 1 月 12 日即上台并立即推出了大选路线图。即便如此，在看守政府制度的运作下，第九届议会选举也是在推迟了近两年后的 2008 年 12 月 29 日才开始投票。2013 年底或 2014 年初举行的议会选举，按照宪法第十五次修正案的规定，选举将直接在齐鲁尔总统的领导下，在选举委员会的主持下进行。此前民族主义党就选举委员会的人员组成进行了抵制，届时也肯定不会与选举委员会对话，对选举委员会主持的选举必定会强烈抵制。而且对届时哈西娜政府能否按时交权、权力交接能否顺利进行等问题两党必将有一番争斗，何时能举行大选实无定数。即使两党达成妥协方案，大选至少要推迟两年或更多时间，因为选民的登记确认、划分选区、完成政党登记注册、确定参选候选人等诸多繁琐细致的工作要耗费很多时间。

（六）实行军法管制

军队势力从后台走上前台，实行军法管制，民主进程再次中断。军方历来都是孟国内的特殊政治势力，孟也有军人干政的传统和历史土壤。现今对抗两党的很多重量级人物也都是军人出身，军管局面的出现依然具有可能性。首先，军管在孟独立 42 年的历史中就出现过两次，时间累计超过 11 年。第一次，陆军参谋长齐亚·拉赫曼从 1976 年 11 月宣布军管，到 1979 年 4 月撤销军管，持续时间 2 年半。第二次，从陆军参谋长侯赛因·穆罕默德·艾尔沙德 1982 年 3 月宣布军管，到 1990 年 12 月在民主浪潮的抗议中辞职交权，军管时间更是长达 8 年多。其次，哈西娜政权也不是绝对稳固的，执政 4 年军队就发生两起事变。2009 年 3 月 25 日，在哈西娜就任总理不到两个月就发生了准军事部队步枪队哗变事件。2011 年 11 月又发生了涉及 16 名退役和现任军官的政变未遂事件。第三，哈西娜政府对伊斯兰宗教势力的打压引起宗教激进人士的强烈不满，这也是哈西娜政权最大的潜在威胁。哈西娜政府先是于 2011 年通过了宪法第十五次修正案，裁定孟加拉国属世俗国家，公民享有宗教自由。孟在时隔 31 年后重新宣布改为世俗国家，旨在从意识形态、政党、社会生活多方面削弱和淡化伊斯兰原教旨主义色彩，然后又启动了对伊斯兰大会党前任和现任 5 名领导人关于 1971 年独立战争罪的审判。这两项措施都引发了伊斯兰宗教激进人士的激烈对抗和严重的暴力事件。2011 年 11 月发生的涉及 16 名退役和现任军官政变阴谋就与“宗教狂热军官”有关系，这表明宗教激进者已渗透到军队。最后，2009年以来军队势力逐渐淡出政治舞台，国家领导层也出台了限制军队涉政的法律法规，但这一切都以局势不失控为前提，一旦政局混乱，形势紧迫，军方人士会再次登上政治舞台，接管政权。当然，为顾及自身利益，两党领导人都要处理好政权和军队的关系，避免重蹈历史覆辙。

总之，孟加拉国政治危机将继续下去，充满了变数，值得关注。

从部分邦议会2012年选举结果看印度政党政治变化

戴永红　孟　雪

印度独立之后，继承了西方的议会民主制，被西方学者誉为“亚洲民主的橱窗”，而选举则成为其民主政治的基石。意大利政治学者萨托利认为，衡量一个政党力量的大小从量上主要看它的选举力量，选举力量则体现在席位上，因此政党的力量就由该政党获得议会席位的多少来体现。[①] 印度是一个联邦制国家，由联邦中央和邦组成，因此选举由联邦人民院（简称大选）选举和邦立法院选举组成。众所周知，印度历史上曾一度形成了国大党从中央到地方“一统天下”的局面，但随着印度人民党及众多地方性政党的迅速崛起，国大党无论是在印度大选还是邦选举中，其力量明显削弱，呈现衰落态势。本文拟对2012年初在印度北方邦、旁遮普邦、果阿邦、北阿肯德邦（旧称北安恰尔邦）和曼尼普尔邦举行的邦议会选举结果做一简单论述，在此基础上对印度政党政治的变化提出几点看法。

一、印度五邦议会选举结果

2012年1月28日，印度北方邦、旁遮普邦、果阿邦、北阿肯德邦（旧称北安恰尔邦）和曼尼普尔邦的应届改选拉开了帷幕，共历时5周。旁遮普邦、果阿邦、北阿肯德邦（旧称北安恰尔邦）和曼尼普尔邦的选举结

---

① ［意］萨托利：《政党与政党制度》，韦泊文化事业出版社2000年版。

束较早，而北方邦由于地方大、人口多，选举分 7 个阶段，3 月 3 日才结束。为了避免一个邦选举的趋势影响另一个邦的民意，各邦的选举结果在 3 月 6 日统一揭晓。这次印度五邦大选，投票率都比历次高。北方邦规模最大、形势最复杂，但有 60％的选民投票；群山地区阿肯德邦也有 70％的投票率，旁遮普有 77％，果阿 81％，曼尼普尔 82％。而且，女性选民的选举热情也大大提高，在这 5 个邦的投票中，女性选民的人数均超过了男性选民。以下将对五邦的选举结果逐一做简要介绍。

（一）北方邦

北方邦是尼赫鲁—甘地家族的政治故乡，人口多达 2 亿，在国会有 80 个席位，具有很大的政治影响力，可谓是印度政治的“熔炉”。北方邦如果独立则可排名世界第五人口大国，与巴西不相上下，但 2 亿人口的经济总量只等于 200 万人的卡塔尔，由此可见其经济十分落后。

从 1995 年开始，“贱民女王”玛雅瓦蒂（Mayawati）共赢得了三次邦选举，连续 8 年出任邦首席部长。虽然玛雅瓦蒂利用执政党地位提高了“贱民”的尊严，但她却采取了不团结其他阶层的政策，且其竞选期间所承诺过的提高政府效能、整治贪腐及促进经济增长的目标也没能实现，而她自己却过着极为奢侈的生活。她曾花费 1 亿多美元建造豪华的“贱民公园”，园中有三尊巨型雕像，其中一尊就是她自己；2011 年 9 月，为了买一双时髦的新凉鞋，她竟派飞机专程飞往孟买一趟。因此，在本次选举中，前任首席部长雅达夫（Mulayam Singh Yadav）领导的社会主义党利用“反当权者效应”（anti-incumbency）强劲竞选，在议会中意外赢得了 225 个席位，从现任邦首席部长玛雅瓦蒂领导的“大众社会党”手中夺走权力，组建下届邦政府。为社会主义党夺回北方邦执政权的英雄是前任首席部长雅达夫的儿子，将近不惑之年、留学澳大利亚、工程师出身的新兴政治人物阿克列施（Akhilesh），他从 2000 年起就当选为印度国会议员，在本次选举中成为广受选民欢迎的选举明星。而此前雄心勃勃的国大党新生代候选人拉胡尔·甘地虽然跑遍了整个选区，出席了 200 多个竞选集会，甚至在乡村留宿，但也只拼抢了不到 7％的席位，最终在 403 个席位中只获得了 28 席，屈居第四，仅比 2007 年上届选举结果微幅改善，远低于他此前预计的 120 席。国大党发言人辛维（Abhishek Manu Singhvi）表示："如果这是真的，实在令人不解。"① 拉胡尔说："我们的选战打得出色，但成绩并不好。我愿意承担败选责任。"② 但他也同时表示会继续帮助国大党重掌北方邦政权。

（二）旁遮普邦

旁遮普邦位于印度西部，与巴基斯坦毗邻，是印度最小却最繁华的行政区域之一，锡克教徒占主体。产粮区旁遮普的政治生活主要就是两大势力的争斗：一方是前王室成员的代表，另一方则被锡克教徒所支持。

一直以来，旁遮普都有着"选下当权者"的传统。在 2007 年举行的上届旁遮普邦选举中，锡克教政党最高阿卡利党身手不凡，成为席位第一大党并与印度人民党联盟执政。在这次选举中，最高阿卡利党不但将蝉联执政，甚至单独拿下省议会 117 席中的 56 席。它与印度人民党联盟友好配合，两党联盟共获 68 席，而国大党只获 46 席，因此它战胜了强大的国大党与卡利党分裂势力联盟的挑战，在该邦选举史上首次打破"反当权者"（anti-incumbency）效应。帕卡什辛格巴达尔（Parkash Singh Badal），一位从美国取得 MBA 的高级知识分子出任首席部长。最高阿卡利党是具有全国影响力的地方性政党，是清一色锡克教徒的宗教政治组织，只允许锡克教徒加入，因此党的活动蒙上了浓厚的宗教色彩。该党经常利用宗教口号煽动群众情绪，进行组织动员，具有政教合一的色彩。尽管国大党出了一位锡克教总理——曼莫汉·辛格，而最高阿卡利党又面临着腐败的指控，但国大党还是没能获得这个以锡克教徒为主体的邦的治理权。原因可能是选民指责中央政府没能改善经济状况，致使旁遮普人生活贫困。③

---

① "印度指标性地方选举，执政国大党受挫"，中国新闻网，2012 年 3 月 6 日，http：//www. chinanews. com/gj/2012/03－06/3723189. shtml。

② 吴旭："印度奏响大选前奏，国大党遭遇滑铁卢"，中国新闻网，2012 年 3 月 7 日，http：//www. chinanews. com/gj/2012/03－07/3726521. shtml。

③ India's state election results a blow to governing Congress Party，The Globe and Mail，Mar. 06 2012. http：//www. theglobeandmail. com/news/world/indias-state-election-results-a-blow-to-governing-congress-party/article2360922/? utm _ medium＝Feeds％3A％20RSS％2FAtom&utm _ source＝Home&utm _ content＝2360922.

（三）果阿邦

果阿邦是位于印度南部西海岸的一个相对自由的邦，市民多信奉天主教。从1990年至2005年，果阿政局一直比较动荡，其间转换过14届政府。2005年3月，邦总督解散了议会并颁布了总统管治令（President's Rule），悬空邦立法职能。在2005年6月的补选中，国大党取得该次5个选举议席中的3个，重新成为执政党。

但是，作为果阿执政党的国大党却在这次邦选举中惨败。索尼娅·甘地发起的集会在果阿邦的影响力微弱，只得到40席中的9席，而其政敌——以印度教为主的印度人民党在天主教的支持下却获得24席。因此，人民党从国大党手中夺得了果阿邦议会的多数席位，宣布组成下届政府，马诺哈·帕瑞卡出任首席部长一职。有分析称，这次国大党丢掉果阿邦，很大程度上是国大党领导的邦政府在矿产开发中涉嫌违反环境法规并存在税务欺诈所致。

（四）北阿肯德邦

北阿肯德邦曾经是埃纳德邦北部地区最大的一个区域，现在是印度第27个独立邦，成立于2000年11月。国大党将其注意力放在该邦，是因为该邦反对派的势力相对弱小。再者，人们对中期上任的前首席部长拉梅什·坡科瑞亚（Ramesh Pokhriyal）感到不满，他不仅面临着大规模的腐败指控，而且作出的承诺也没有兑现。

在该邦竞选中，国大党与人民党展开了激烈对决，选举结果可谓势均力敌。国大党赢得了32席，成为该邦第一大党；人民党在78岁高龄的乔杜里（BC Khanduri）的领导下赢得31席，比上次选举少了5席。由于两者都未达到36席而成为议会多数，因而无法单独掌权。这种情况将导致“议院悬空”（hung assembly）的出现，无论是国大党还是人民党都需努力联合其他小党才能执掌政权。

（五）曼尼普尔邦

曼尼普尔邦位于印度东北部，于1972年从阿萨姆邦分出建立，南邻米佐拉姆，东接缅甸，西连阿萨姆邦。它的面积很小，而且起义频繁。在选举当天，曼尼普尔邦还出现分裂主义的武装叛乱，邦首府因帕尔（Imphal）200公里外的一个村选举站遭到叛军袭击，1名警察和3名选举工作人员遇难。

国大党在该邦立法院选举中取得了决定性胜利，获得了60席中的42席，连续第三次在该邦执政，这也是国大党在该年举行的邦选举中唯一一次获胜。曼尼普尔人民党领导的联盟只获得了1席，包括那加人民阵线（NPF）、草根国大党（TMC）、人民力量党（LJP）和曼尼普尔邦国大党在内的其他政党获得了17席。但有分析人士认为，国大党的胜利要完全归功于选民们对其首席部长辛格（O. Ibobi Singh）的喜爱，与国大党本身无关。

二、印度政党政治的新变化

（一）国大党继续衰落

国大党是印度独立运动的主要领导者，在印度独立后很自然地成为第一个执政党。独立之初，国大党一统天下，中央对地方拥有足够权威。但1967年是一个转折点，该年举行的选举标志着国大党在邦一级一统天下的局面第一次被打破，它仅获得席位总数的48.6%，17个邦中有8个邦的政权转移到了其他政党或政党联盟手中，形成地方政党单独执政或多党联合执政的局面。国大党虽然仍是印度最大、组织程度最高的政党，但“再不能宣称自己是公众信赖的唯一组织了，它不过是得到广泛支持的许多政党中最大的一个而已”。[①]

从某种程度上说，国大党的衰落是随着印度政治经济发展而出现的必然趋势。由于原来集中在国大党旗帜下的全国多数群众必然会按照利益、阶层、教派、地区等的差异逐渐分散，国大党的群众基础日益削减和缩小。其次，国大党内部也在分化。随着印度政党选举和政党竞争制度的逐渐规范化，各种政治力量从国大党中分化出来，国大党再也无力独自操纵选举，不得不与它们进行平等竞争。再次，国大党执政给印度民众带来的实际生活水平的改善非常有限，再加上自身腐败严重，它对下层人民的吸引力明显减弱，逐渐失去了民心。而此次举行的五邦选举被外界普遍视为对印度总理辛格领导的丑闻缠身的中央政府的支持度试练，由于它可以反映出选民对各政党的满意度，因而被舆论称为“2014年印度大选的前奏”。

选举结果揭晓后，外界对国大党的执政能力再度提出质疑。虽然甘地家族的3位政治明星在此次选举中一起下乡拉票，但也未能挽回颓势。结果显示，执政的国大党遭遇了“滑铁卢之败”，它仅在北部偏远的曼尼普尔邦获胜，丢掉了包括在全国大选中具有举足轻重地位的北方邦在内的4个邦。就目前而言，在印度的28个邦中，国大党只在其中的11个邦单独或联合执政（包括与中国存在领土争议的阿鲁纳恰尔邦，即藏南地区）。被周边邻国包围、与印度主体有较大异质性的东北部8个邦（包括阿鲁纳恰尔邦）反倒成了国大党的强势地盘，国大党控制了其中的5个。这一方面说明了近些年执政联盟在东北部成功的国家化操作，如大规模基础设施建设和反恐、反分离主义运动的深入开展；另一方面也足以映衬出国大党在印度主体部分的暗淡光景。[②] 实际上，国大党在邦议会选举的颓势是国大党在辛格2009年获选连任总理后面临的一系列政治经济问题的缩影。《每日印度》分析认为，地方立法院选举实际上是对“国大党”的一次全民公投。近来该党受腐败丑闻影响，再加上印度经济增长减速、社会动乱频繁，“国大党”在全国范围内形象大大受损。本届国大党领衔的执政联盟政府任内，曾出现电信诈骗案、英联邦运动会腐败案、煤炭门丑闻等多

① ［印］因德尔·马尔豪特拉著，施美华等译：《英迪拉·甘地》，世界知识出版社1992年版，第154页。

② 李英才：“印度改革的民粹与党争”，《南风窗》2012年第17期，第79页。

起贪腐案件。在经济方面，印度的经济增长率已下滑至7%以下，通货膨胀率高达10%，连索尼娅·甘地在内的国大党领导人也不得不承认，高通胀是国大党今后的“绊脚石”。印度主流英文媒体《印度教徒报》在一篇评论中说，印度仍然存在严重的饥饿和儿童营养不良问题，国大党如果不着力解决这两个问题，就很难在下次选举中获胜。当务之急是出台保障贫困人口温饱的法律，把更多的税收收入和国家资产用在扶贫和社会发展上。

（二）地方性政党发展势头强劲

自20世纪90年代中期以来，一批以邦为基础的独立地方政党发展壮大，与国大党和80年代崛起的印度人民党鼎足而立。可以说，地方性政党的崛起是当代印度政治的一大特色，它们的蓬勃发展既与国大党的日益衰败有关，也有其自身生存与发展的必然性。印度民族、语言、宗教、种姓的多样性是其兴旺的土壤；历史上的地区分割，独立后印度政治、经济、社会发展的不平衡以及政策失误则是催化剂。地方性政党的权力基础和选举力量囿于某一特别地区，在其他地区和群体中却影响甚微。“它们的纲领口号、方针、政策大多围绕这些集团的特殊利益展开，因此获得这些地区人民群众的强有力的支持。[①] 其实，印度真正的全国性政党只有4个：国大党、人民党、共产党（又分好几派，以印共马派势力最强）和社会主义党。有的政党挂着某某国大党、某某人民党的名称，其实大多是从这些党分出去的。就目前而言，在11个人口4000万以上的“政治大邦”中，国大党和人民党执政的分别只有3个，其余都由地方性政党执掌。而在本次选举中，地方性政党在北方邦和旁遮普邦都取得了胜利，在北阿肯德邦也实现了与全国性政党的联合执政，这更加凸显出地方性政党的强劲发展势头以及选民们对地方性政党的青睐。

尽管印度经济这几年来得到快速增长，但我们不应该忘记这一事实，即时至今日，印度仍有约1/3的人口生活在贫困线以下，农村人口更高达72%。如此大面积的农村人口和贫困人口，使得任何政党都必须贴近乡

---

① 林良光：《印度政治制度研究》，北京大学出版社1995年版，第219页。

土，重视和保护农村人口的利益，社会主义党取代大众社会党在北方邦掌权就是重要一例。社会主义党与大众社会党相似，是在北方邦长期经营的地方大党，其群众基础建筑在弱势群体之中，还尽量与国大党争夺比率较大的穆斯林选民支持。由于玛雅瓦蒂在任期间的不良作为和腐化作风，她的落选也在情理之中。

最后，印度独立以后虽然名义上实行联邦制的国家结构，但是联邦政府为加强国家的统一而采取了中央高度集权的做法，致使其联邦政府的权力远远超过一般联邦制国家中联邦政府的权力，是具有“单一制”性质的联邦制。20 世纪 50 年代中期，印度政府在国内少数种族的强烈要求下，按照种族—语言原则划分了各邦。这种划分在一定程度上缓解了种族之间的矛盾，但同时也助长了地区种族主义的发展和政党政治地区化的趋势。随着地方性政党在各邦纷纷掌权，在一些重大的国家政策甚至对外政策方面，邦政府有了越来越多的发言权，中央和各邦旧有的权力平衡正在被打破。在可预见的未来，国家的一部分权力将从中央转向地方，即地方分权的趋势将日益明朗化，印度有可能成为“真正的”联邦制国家。

三、前景

此次五邦的选举结果对国大党来说是一次沉重的打击。国大党原本预计会夺得 4—5 个邦的议会领导权，并在人口最多的北方邦议会中席位破百，但结果却差强人意，也让国大党的支持者们普遍感到失望。尤其是，国大党自 1995 年以来再一次失去至关重要的北方邦，它产生的影响极为深远，不仅意味着国大党未来几年在这个第一大邦被边缘化，而且对该党元老、总理辛格领导的政府也是个不小的打击。

国大党此次在北方邦的失利还给 2014 年大选中领导层的更迭增添了新的变数，因为主持北方邦竞选的是被视为国大党接班人的拉胡尔·甘地。年仅 41 岁的拉胡尔·甘地出身名门，是印度独立后首任总理尼赫鲁的曾孙、前任女总理英迪拉·甘地的孙子和前总理拉吉夫·甘地的儿子，属于甘地家族的第四代，被许多人看作是未来印度总理的热门人选。拉胡尔现任国大党总书记，从 2011 年各党开展竞选活动起就成为媒体关注的焦点。他不辞辛劳，奔波于助选会场，深入农村和贫困地区，向老百姓宣传国大党发展社会和保护农民利益的政策。甘地家族的另一后裔、拉胡尔的妹妹普里扬卡也出面为哥哥助阵。可以说，国大党和甘地家族都非常重视北方邦选举。因此，这场选战失败大大损害了拉胡尔乃至整个尼赫鲁—甘地家族的威望，同时也从侧面反映出尼赫鲁—甘地家族的影响力正在下降。

《印度时报》此前曾报道称，本次选举是“国大党”和其他政党之间的一次正面较量。如果“国大党”在人口最多的北方邦选举中获胜，拉胡尔·甘地就有“资本”提出在将来竞选总理一职。但也有媒体没有将“矛头”对准“国大党”。例如，《印度斯坦时报》就认为，印度政坛上政治力量比较分散，是传统的政治势力对北方邦的选举结果产生影响。当然，拉胡尔在占选民 60%的 30 岁以下的印度年轻人中，依然拥有相当的号召力。国大党在 2004 年的议会选举中成为执政党，并在 2009 年的大选中成功连任，当时拉胡尔在吸引印度年轻选民方面起了重大作用。总理辛格也在当时的新闻发布会上坦承，国大党获得重大胜利，拉胡尔“功不可没”。国大党领袖瓦西姆·艾哈迈德曾说：“在很多印度人当中存在着一种压倒一切的感情，就是拉胡尔代表了他们未来的希望。他年轻、精力充沛、正在学习执政，没有理由认为他不能在未来担当起尼赫鲁—甘地家族的重任。”新德里大学政治分析师拉金德拉·达亚尔也说：“在全国层面，民众投票选择政党，这与邦议会选举不同，在地方选举中人们习惯选择他们信任的地方领导人。”

此外，社会主义党在未来印度中的政治地位会有所上升。自 20 世纪 90 年代以来，印度就进入多党竞争、联合执政的时代，主要政党如国大党和印度人民党均不能在大选中获得多数席位而单独组阁，必须得到其他政党的支持才有可能在大选中胜出。因此，无论是国大党还是印度人民党，在大选中都必须联合地方性政党。中央政府的命运在很大程度上取决于地方性政党对它支持与否，而一些地方性政党为了自身的利益需求，也与主要政党讨价还价，从而影响到国家政策的制定和推行。西孟加拉邦首席部长玛玛塔·班纳吉（Mamata Banerjee）领导的草根国大党就是其中一个。她对辛格政府推行的市场化改革计划构成了强大阻力。例如，她带头参加反对政府提高燃料价格的游行；当时任铁道部长、自己的党内同僚德尼斯·特里维迪决定推行火车票涨价计划时，她斥之为“蓄意敌视穷人的计划”，并将其赶下了台。对于辛格政府的大部分改革，班纳吉几乎都唱对台戏，并以退出国大党领导的“团结进步联盟”相要挟。而北方邦作为印度人口最多的邦，可以选出 80 个联邦议员，在印度议会选举中占有重要地位，也是产生总理人数最多的邦。这使得在北方邦占据优势地位的政党自然在人民院的议会政治中也占有相当大的分量。因此，在北方邦掌权的社会主义党在印度政坛上的作用和地位不可忽视。未来无论是谁上台执政，社会主义党都会成为其积极拉拢的对象，因此它在很大程度上塑造着印度政局的走向，影响着政府政策的顺利推行。

最后，国大党的劲敌印度人民党在这次五邦的选举中也表现平平，甚至遭遇了比国大党更大的挫折。与 5 年前相比，印度人民党在每个邦的选票份额都有所下降。它不仅在具有传统优势的北方邦失利，在旁遮普邦和北阿肯德邦也是如此。它再次在曼尼普尔邦一票未得。除了微小的果阿邦外，它所取得的成绩根本无法使它的地区同盟相信它有赢得 2014 年大选的可能。[①] 印度人民党崛起于 20 世纪 80 年代，是印度政坛具有号召力与影响力的政党。它主要代表印度北部印度教派势力和城市中小商人的利益，其核心大部分属于印度高种姓的婆罗门。它的理想和主张在印度政坛上与国大党相辅相成，具有强烈的民族主义和教派主义色彩，并因 1998 年试验核武器和随后 7 年的执政成绩而让多数印度人的自信心空前高涨。但印度人民党目前领导内部闹不团结，2013 年 1 月新党首的推选也出现了难产，包括前任主席拉吉纳特·辛格和反对党议会党团主席斯瓦拉吉等人选都没有获得通过。这种情况如得不到改变，印度人民党在 2014 年下届全国大选中很难东山再起。

总之，面对 2014 年的大选，国大党和人民党都没有足够的信心与实力赢得多数，下届政府仍将是联合政府的可能性极大。在剩余的时间里，国大党和人民党都需进行认真的反省，找出自身存在的问题加以改进，从组织建设、竞选策略等诸多方面着手准备，以为 2014 年的大选铺路。

---

① A welcome slap in the face，The Economist，Mar 10th 2012.

印度阿萨姆邦民族冲突的深层次根源及其影响

张世均

2012年7—8月，印度阿萨姆邦连续发生三次较大规模的民族冲突，造成近100人死亡、40多万人流亡、400多个村庄化为灰烬。印度政府动用了1.6万名军警和其他资源来恢复秩序，但阿萨姆邦的民族问题仍然没能获得根本解决，相反还有可能持续发展。印度阿萨姆邦民族问题是怎样形成的？其根本原因是什么？本文试图对引起全球关注的、长期持续的印度阿萨姆邦民族冲突问题从历史与现实、根源与对策的视角进行诠释，以弄清其来龙去脉和发展趋势。

一、阿萨姆邦民族问题的由来与现状

阿萨姆邦是印度东北地区的一个邦，首府迪斯布尔。阿萨姆邦在地缘上同中国、不丹、孟加拉国、缅甸等国相邻，面积为7.8438万平方公里，人口约为2700万，占印度人口总数的2.95%。阿萨姆邦是一个多民族、多宗教信仰的邦，主体民族是阿萨姆族，占当地人口的58%，孟加拉族占22%，波多族占5%，印度斯坦占5%，其他占10%。阿萨姆邦的印度教徒占人口的67%，伊斯兰教徒占28%，基督教徒占3%，其他占12%。①

① Sahib Baruah, *India Against Itself*, Philadelphia University Press, 1999, pp. 19—20.

阿萨姆在当地语言中读为“Asom”，是“掸族”的异写，古汉语读作“seóm”，实际上是傣族的一个别称。7世纪，阿萨姆地区即成为吐蕃（今西藏）的领土。1228年，中国云南、缅甸东北部的一部分傣族越过阿萨姆东部山脉，统一阿萨姆各部族，建立“阿洪王朝”（Ahom），史称阿霍姆王国或阿萨姆王国。1242年，元朝统一西藏后，阿萨姆成为中国的领土。1826年，英国殖民者进入阿萨姆地区，迫使缅甸签订《杨达波条约》，规定将阿萨姆割让给英国，英国派总督进行管理，结束了傣族对阿萨姆地区长达600年的统治。1947年，印度独立后，阿萨姆地区成了印度共和国的一个邦。[①]

阿萨姆邦是印度东北地区面积最大、人口最多的邦，也是印度内地通往东北地区的必经之地。1947年，根据《蒙巴顿方案》实行分治、独立的印度和巴基斯坦，却留下了一系列错综复杂的民族冲突与宗教矛盾，成为长期困扰印度和谐发展的重大难题。[②] 印度东北地区阿萨姆邦的民族问题特别突出，成为印度民族分离主义势力活动的“重灾区”，被称为现代印度历史上开始时间最早、持续时间最长的民族分离主义运动。[③] 阿萨姆邦民族分离主义的暴力活动早在1952年就开始了，以后呈现出多样化和扩大化的趋势。

阿萨姆邦的民族分离主义组织众多，其中影响最大的是1979年成立的“阿萨姆联合解放阵线”（ULFA，United Liberation Front Of Assam），主张脱离印度，建立独立的“阿萨姆国”；其次是1986年成立的“波多民族民主阵线”（NDFB，the National Democratic Front of Bodoland），要求摆脱阿萨姆邦的经济剥削，确保波多人领地、文化和语言的自治权利，建立独立的波多邦等。[④]

“阿萨姆联合解放阵线”通过武装斗争，以实施暗杀、绑架、袭击军

① 张锡镇：《当代东南亚政治》，广西人民出版社1994年版，第26页。

② 张世均：“印度现代化进程中的民族问题及其根源”，《中南民族大学学报》2011年第6期，第9页。

③ Anand Kumar，“*Naga Talks In Turbulent Phase*，” 2006年6月1日，http//www.southasiaanalysis.org/%5Cpapers17%5Caper1666.html，2013年3月26日。

④ 张世均：“印度阿萨姆邦的民族问题及其应对策略”，《南亚研究季刊》2012年第4期，第88页。

警等暴力活动把该邦从"印度统治下解放出来"。[①] 其主要行动有 1979—1980 年的驱逐外来人（孟加拉穆斯林），造成两个炼油厂关闭；1983 年的反对邦大选，造成 3000 多人死亡；1985 年建立"阿萨姆人民联盟"（AGP），参加邦大选；2011 年共发动 10 多次袭击活动，造成大批平民死伤；2012 年 7—8 月，与波多族发生民族冲突，造成近 100 人死亡、40 万人流离失所、400 多个村庄化为灰烬。[②] 印度政府对"阿萨姆联合解放阵线"采取了安抚与打击并重的策略，在安抚无效的情况下，印度政府于 1990 年将"阿萨姆联合解放阵线"列为"恐怖主义组织"。1991 年，印度政府调集 4.3 万正规军发起了为期 3 个月的"犀牛行动"（Operation Rhino）。"阿萨姆联合解放阵线"受到重创，主战派潜入不丹、缅甸等国先后建立了 13 个营地，作为训练武装人员、储存弹药以及向印度实施突袭的基地。目前，"阿萨姆联合解放阵线"仍然与政府军不时发生激烈的军事冲突，并造成较大的人员伤亡和地区动荡。

在"阿萨姆联合解放阵线"遭到印度政府镇压的情况下，"波多民族民主阵线"在 1993 年宣布"波多自愿军"放下武器，政府同意建立波多自治委员会。2005 年，"波多民族民主阵线"一度与政府达成停火协议。但是波多人争取自治权利的斗争并未停止：2008 年 10 月 7 日，"波多民族民主阵线"与孟加拉国裔移民的冲突，造成至少 49 人丧生、100 多人受伤；[③] 10 月 30 日，在阿萨姆邦策划系列爆炸事件，造成近 100 人死亡；2009 年 10 月 4 日晚，在阿萨姆邦发动袭击，造成至少 11 人死亡，另有 10 多人受伤；[④] 2010 年 11 月 8 日，在阿萨姆邦发动一系列袭击，造成至少 19 人死亡；[⑤] 2012 年 7 月初及 7 月 19 日，波多族土著与穆斯林移民爆发种族冲突，引发大规模流血事件，先后有 4 名穆斯林遭到杀害；7 月 20 日，4 名

① "阿萨姆联合解放阵线"，中国网，2007 年 11 月 23 日，http：//club. china. com/data/thread/1011/115/22/89/2_1. html，2013 年 3 月 26 日。

② "印度种族冲突引发 40 万人逃亡潮"，《南充晚报》2012 年 8 月 20 日。

③ "印度种族冲突百余人死伤被指是种族灭绝"，星岛网讯，2008 年 10 月 7 日，http：//www. stnn. cc/society_focus/200810/t20081007_874271. html，2013 年 3 月 28 日。

④ 聂云："印度东北部反政府武装发动袭击造成至少 11 人死亡"，2009 年 10 月 5 日，http：//news. xinhuanet. com/world/2009－10/05/content_12183000. htm，2013 年 3 月 28 日。

⑤ 小唐："印度反政府武装实施报复性杀戮至少 19 人死亡"，2010 年 11 年 9 日，http：//news. cnnb. com. cn/system/2010/11/09/006737233. shtml，2013 年 3 月 28 日。

波多族前“波多解放猛虎力量”成员中枪身亡，从而引发穆斯林移民和波多土著居民互相进行报复性袭击，到24号晚上这场冲突已经造成32人死亡，其中4人是在骚乱现场被警方击毙的，其余则死于双方械斗。此外，大约有4万人为了躲避冲突已经离开位于冲突区域内的家园。在他们离开之后，冲突双方焚毁了他们此前居住的村庄，据不完全统计，至少有60个村庄已经被完全焚毁。狂热的骚乱分子还袭击过境的列车，造成部分旅客受伤，阿萨姆当地铁路部门已经紧急调整或取消了部分列车班次，造成不少旅客滞留冲突区域。[①] 到2012年8月中旬，阿萨姆地区的骚乱事件最终造成该地区近100人死亡、400个村庄被烧毁、40多万人流离失所。[②]

二、阿萨姆骚乱的深层次根源

阿萨姆邦在历史、地理、经济、民族和文化上存在的巨大差异，以及复杂的区域环境的影响是形成民族问题的主要因素，具体反映在以下4个方面：

（一）英国殖民统治留下的政治“遗产”

英国殖民者从1826年开始统治阿萨姆地区，到1947年印度独立时为止，共统治了该地区121年。阿萨姆邦人员构成复杂，有当地土著波多部落，有来自西孟加拉地区的穆斯林移民，还有印度教移民。在阿萨姆邦形成了语言、宗教信仰各不相同的景象——有阿萨米语、孟加拉语、藏缅语和印地语等语言，各方交流很不顺畅，而各民族分别信仰印度教、伊斯兰教、藏传佛教和耆那教等宗教。英国殖民者利用该地区民族、宗

---

① 王超：印度阿萨姆邦爆发部族冲突致32死数万人逃离家园，2012年7月25日。http://www.chinadaily.com.cn/hqgj/zbyt/2012－07－25/content_6530234.html，2013年3月24日。

② “印度种族冲突致78人死亡40万人流离失所”，中安在线，2012年8月16日，http://news.anhuinews.com/system/2012/08/16/005149225.shtml，2013年3月28日。

教、经济的各种社会矛盾，运用“分而治之”的策略，通过不断挑起民族冲突，甚至采用“以印治印”的手法挑起阿萨姆地区的民族仇恨，对不服从英国殖民统治的少数民族进行杀戮，以维护其在阿萨姆地区的殖民统治。1947 年，“印巴分治”时，将紧邻东巴基斯坦（今孟加拉国）的阿萨姆地区划归印度，造成居住在阿萨姆地区的印度教徒与穆斯林相互残杀。为防止对方的迫害，曾出现印度与巴基斯坦之间不同宗教信仰的民族相互大迁徙的局面。[①] 英国殖民统治者“分而治之”的统治政策，为独立后印度的民族发展留下了可怕的政治“遗产”，成为影响印度建立和谐民族关系的一大障碍，以至于 20 世纪 80 年代执政的印度国大党还大打教派牌，形成新的民族冲突，[②] 在阿萨姆邦产生了民族分离主义组织——“阿萨姆联合解放阵线”和“波多民族民主阵线”，从事民族分离主义行动。

（二）经济发展相对缓慢与不平衡问题

在经济现代化的发展进程中，印度国内贫富差距拉大，地区之间的经济发展不平衡，普通群众生活水平较低，这成为印度民族冲突的经济根源。[③] 印度独立前，阿萨姆邦人均收入要高于印度其他地区的平均水平，但现在东北各邦均已远远落后。[④] 阿萨姆邦自然资源十分丰富，特别是水电资源、森林资源、矿产资源、农业资源等都非常丰富，具有极大的发展潜力。阿萨姆邦还是印度东北地区重要的交通枢纽，地理位置非常重要。但是，由于印度政府对经济社会的管理水平有待提高，制定的关于发展民族区域经济的政策需要进一步落实，加之印度政府长期实施“内向型”发

---

① Bipan Chandra，*India After Independence 1947－2000*，New Delhi：Penguin Books，2002，pp. 54－56.

② Amratya Mukhopadhyay，“*India's Political Culture*，” in Rakhahari Chatterji ed.，*Politics India*：*The State-Society Interface*，New Delhi：South Asian Poblishers，2004，p. 141.

③ 张世均：“论印度政治现代化进程中的宗教问题”，《西南大学学报》2008 年第 4 期，第 184 页。

④ S. K. Sinha：“*Violence & Hope In India's Northeast*，” 2002 年 7 月 9 日，http：//www. satp. org/satporgtp/publcation/faultlines/volume3/Fault3－GenPillaif. Htm，2013 年 3 月 20 日。

展战略，阿萨姆邦的经济资源未能得到合理开发，从而限制了阿萨姆邦经济的发展速度。因此，阿萨姆邦一直是印度比较动荡的地区，在看似复杂的矛盾背后，阿萨姆邦面临的最主要问题就是贫困问题，总体上讲阿萨姆邦的民生问题非常大、非常突出。如果民生问题解决不了，部族之间的不平等现象就不能消除，种族冲突也难以根除，[①] 特别是普通民众在面对突发的自然灾害等时缺乏安全感，这往往演变成引发民族矛盾与冲突的诱因。例如，无论是2008年还是2012年阿萨姆邦爆发的民族冲突，都是由于发生过严重洪灾，粮食严重减产，部分房屋受损，普通民众忍饥挨饿、四处流浪，经济遭受巨大的损失，结果阿萨姆邦社会矛盾激化，成为严重的民族冲突的导火线。

（三）外来非法移民挤占资源问题

印度的阿萨姆邦与不丹、孟加拉国、中国、缅甸接壤，不仅民族成分复杂，而且居住着大量的跨境民族。阿萨姆邦以土著人为主，19世纪末期英国殖民当局鼓励西孟加拉的穆斯林大批迁移到阿萨姆地区，造成当地土著民族与穆斯林（孟加拉族）之间的矛盾。

印度独立后，许多穆斯林，特别是孟加拉族穆斯林大量移民到阿萨姆邦，加剧了阿萨姆邦土著和穆斯林移民之间的矛盾。孟加拉国独立后，由于孟加拉国与印度有着长达4000多公里的边境线，孟加拉国进入阿萨姆邦寻找工作或居住的人一直源源不断，印度政府也一直难以遏制这种势头。据印度政府近年来的一项估计表明，目前约有2000万孟加拉国人生活在印度，其中多半生活在阿萨姆邦和西孟加拉邦。另据统计：2002—2012年间，就有至少140万非法移民从孟加拉国进入印度，进一步加深了以波多土著居民为主的当地民众对穆斯林移民的不满，前者认为他们侵占了自己的土地，导致阿萨姆邦土著族群与穆斯林移民冲突不断，双方矛盾由此愈演愈烈，造成阿萨姆邦土著和穆斯林移民之间长期不断的冲突。

2012年7—8月在阿萨姆邦发生的一系列民族冲突主要是穆斯林移民

① 吉欣："印度种族冲突难以根除"，《工人日报》2012年8月20日。

和当地波多族土著居民的民族冲突，受到冲击的还有其他民族，如中国的藏族、傣族等。[①] 当地土著民族一直认为外来的“非法移民”挤占了他们的生活资源，导致其生活质量下降，因此当地土著民族与外来移民相处并不愉快，特别是波多族与孟加拉国裔的穆斯林移民之间的矛盾与冲突尤甚，双方积怨已久，曾多次爆发种族冲突，造成大量的人员伤亡和财产损失。

（四）地方民族分离主义势力的发展

印度前总理尼赫鲁说：“我感到印度面临的任务不仅仅是发展经济，实现印度人民心理和精神上的整合是一个重要的任务。”[②] 这指出了实现印度民族团结的重要性和艰巨性。20 世纪 80 年代以来，一些极端的印度教教派主义势力提出“建立印度教特性的国家”的口号，使穆斯林感到了威胁。印度政府推行的“维护宗教平等，促进宗教和谐，反对宗教歧视，保护宗教少数派”[③] 的世俗主义政策的影响力较弱，印度各地迅速出现一些地方民族分离主义组织。印度阿萨姆邦先后出现的地方民族分离主义组织主要有：穆斯林建立的“阿萨姆联合解放阵线”；波多族人建立的“波多民族民主阵线”、“波多解放猛虎力量”（BLTF，Bodo Liberation Tiger Force）；迪马族人建立的“迪马民族安全力量”（Dimasa National Security Force），其要求脱离阿萨姆邦，建立“迪马兰邦”（Dimaland）等。[④] 随着印度各种地方民族分离主义组织势力的不断发展，他们打着维护本民族利益的旗号，要求实现民族自治或民族独立，企图通过武装冲突、恐怖活动等暴力行动来实现民族分离的目标，给阿萨姆邦甚至印度的社会稳定和经济发展带来巨大的负面影响。

---

① 孙士海、葛维钧主编：《列国志·印度》，社会科学文献出版社 2010 年版，第 487 页。

② Gopal Sarvepalli，*Jawaharlal Nehru：A Biography*，vol. 3，Harvard University Press，1984，p. 22.

③ Henrik Berglund，*Hindu Nationalism and Democracy*，New Delhi：Shipra Publications，2004.，pp. 21－22.

④ 李益波：“印度东北地区部族分离主义运动探析”，《南亚研究季刊》2007 年第 3 期，第 53 页。

（五）文化教育水平低下

印度阿萨姆邦民众的经济贫困、不同的宗教信仰和持续的民族冲突形成了一种相互影响的恶性循环，文化教育水平低下是其重要根源。

印度政府自从独立以来，实行不承认印度存在着“少数民族”，也不承认印度有一个“主体民族”，只承认印度是“一个国家，一个民族”，即所谓单一的“印度民族”的民族理论与政策。但是，印度的宪法里却使用“表列部落”（Scheduled Tribes）一词，并沿用至今来描述与印度斯坦族具有不同文化的共同体。印度宪法第366条第25款对“表列部落”进行了解释：所谓表列部落就是指在宪法第342条中界定的那些部落、部落群体或者是零散群体组织等。[①] 1965年印度总统的一项特别法令把414个部族列为表列部族，而在1976年的宪法修正案中这样的共同体数目达到550个。[②]

在印度东北的阿萨姆邦，穆斯林占据总人口数的1/3。印度政府如果能够在民族地区采用正确的、符合印度国情的国民教育指导思想，接受统一的正规国民教育，使印度民族地区的公民形成统一的国民意识，或许能降低民族宗教冲突的风险。

文化教育水平低下的问题在穆斯林群体中较为突出。2001年，印度人口统计数据表明：印度穆斯林7岁及以上人口识字率为59.1%，低于全国平均水平（65.1%），虽然高于表列部落和表列种姓（52.2%），然而远远低于信仰其他宗教的少数群体（70.8%，不包括表列种姓）。2004—2005年间，印度穆斯林识字率虽有缓慢上升，6岁及以上的穆斯林人口识字率达到59.9%，但仍然比普通印度教徒识字率（80.5%）低得多。

2005年，印度穆斯林入学率为50.7%，甚至低于表列种姓，甚至1/3

① “印度宪法（汉译本）”，2010年1月23日，来源：百度词条，http：//www.baike.com/wiki/%E5%8D%B0%E5%BA%A6%E5%AE%AA%E6%B3%95%28%E6%B1%89%E8%AF%91%E6%9C%AC%29？prd=so 1 doc。

② 贾海涛：“印度的民族划分和民族构成探源”，《西南民族大学学报》2005年第6期，第68页。

的穆斯林女孩从未入学。[①]

文化教育水平低下是印度穆斯林人口难以改变贫困命运的重要原因，贫困本身又妨碍了穆斯林家庭子弟接受教育，扭转贫困命运，从而形成贫困与文化教育水平低下相互影响的恶性循环，也成为印度阿萨姆地区民族冲突的重要根源。

三、阿萨姆民族冲突的巨大影响

印度独立后，阿萨姆邦相继出现的民族分离主义势力、恐怖主义势力等民族问题，成为长期困扰印度稳定与发展的一个难题，特别是 2012 年 7—8 月阿萨姆邦发生骚乱后，印度政府虽然采取了一系列补救措施，但是它仍然给印度现代化进程造成了一系列消极影响。

（一）阿萨姆地区损失严重，形成了潜在的动荡因素

20 世纪末至 21 世纪初的头几年，印度政府通过和阿萨姆地区的民族分离组织进行和平谈判，形成了短暂的、较为和谐的局面。但是，2012 年阿萨姆地区发生骚乱以后，该地区的局势更加动荡，对其发展造成了一系列破坏。

第一，这次骚乱给阿萨姆地区的民众造成了严重的经济损失和人员伤亡。2012 年 7 月初，阿萨姆地区波多族土著与穆斯林移民爆发的种族冲突给当地民众造成巨大的财产损失和人员伤亡。据报道，截止到印度时间 7 月 24 号晚上，这场冲突已经造成 32 人死亡，大约 4 万人为了躲避冲突离开了位于冲突区域内的家园，有 60 个村庄已经被完全焚毁。狂热的骚乱分

① 梅新育："印度民族冲突的警示"，2012 年 8 月 6 日，http：//www. m4. cn/space/2012－08/1176602. shtml，2013 年 3 月 24 日。

子还袭击了过境的列车，造成部分旅客受伤。[①] 到8月中旬，阿萨姆地区的骚乱事件最终造成该地区近100人死亡、400个村庄被烧毁、40多万人流离失所。[②]

第二，这次骚乱在军事上给印度军警造成大量的军力资源浪费。2012年7—8月，阿萨姆邦发生民族冲突事件后，印度中央政府立即作出反应：动用了1.6万名军警和其他资源来恢复秩序。[③] 至2012年8月底，由于印度中央政府和阿萨姆邦政府采取了适当的武力措施和策略，阿萨姆邦的民族冲突暂时被制止下来，冲突地区的社会秩序得到逐渐恢复和保持。

第三，这次骚乱导致阿萨姆地区的民族隔阂更加严重。印度阿萨姆邦的土著民族与穆斯林移民之间长期存在的宗教信仰、传统文化等方面的差异，在这次严重的民族冲突与骚乱之后，不仅没有得到“缝合”，反而进一步加深了不同民族之间的矛盾和互不信任，形成了人心思散、人心分离的局面，有可能导致阿萨姆地区极端势力或恐怖活动再次发生。

（二）印度政府的国际形象受到损害

第一，造成了印度边疆地区局势的动荡。印度阿萨姆邦与中国、不丹、孟加拉国、缅甸等国相邻，当阿萨姆邦发生民族冲突时，受到骚乱伤害的大量民众形成难民进入邻国，引起了周边国家的关注和警惕，造成了印度边疆地区的紧张局势。特别是大量的穆斯林移民进入经济比较落后的孟加拉国后，印度与孟加拉国长期存在争论的“非法移民”问题变得越发突出，形成了印度在国际社会中不负责任的形象，导致印度政府的国际地位和影响下降。

第二，影响了印度经济现代化发展的进程。21世纪初期，印度经济现代化发展进程受到世界各国的瞩目，成为当今世界上著名的金砖四国之

---

① 王超：“印度阿萨姆邦爆发部族冲突致32死 数万人逃离家园”，2012年7月25日，http://www.chinadaily.com.cn/hqgj/zbyt/2012—07—25/content_6530234.html，2013年3月24日。

② “印度种族冲突致78人死亡40万人流离失所”，中安在线，2012年8月16日，http://news.anhuinews.com/system/2012/08/16/005149225.shtml，2013年3月28日。

③ 李娜：“印度阿萨姆邦已致90人死伤4万多人无家可归”，《环球时报》2012年8月29日。

一。2012 年 7—8 月发生阿萨姆民族冲突后，印度经济现代化的快速发展进程受到一定影响，至少有两道国内难题摆在印度政府的面前：一是如何稳定民心，避免未来在南部城市发生流血骚乱事件；二是如何化解南北矛盾，避免区域冲突升级成为全国范围内的战乱。一些分析人士预测：印度中央政府有能力控制局势的进一步恶化，今后一段时间把民族冲突升级为全国范围内或更大密度的战乱的可能性比较小。①

（三）印度与周边国家的国际关系受到影响

印度的阿萨姆邦北与不丹、中国接壤，东与缅甸相连，南与孟加拉国相邻，特别是向西通过一条宽仅 22 公里的通道与西孟加拉邦相连。20 世纪 70 年代，由于东巴基斯坦出现战乱，大批印度教徒避难进入阿萨姆邦，随后又有大批的孟加拉国穆斯林为贫困所迫不断非法进入阿萨姆邦。阿萨姆地区以波多土著居民为主的当地民众始终对穆斯林移民不满，认为他们侵占了自己的土地。印度内政部国务部长拉玛昌德拉曾说："过去 10 年，至少有 140 万非法移民从孟加拉国进入印度。"② 印度内政部一直认为，大量外国尤其是来自孟加拉国的非法移民对印度的国内安全构成了严重威胁，计划遣返所有孟加拉国非法移民。孟加拉国政府一直否认印度存在非法孟加拉国移民问题，导致了孟加拉国政府对印度政府的不满。③ 这次阿萨姆发生骚乱后，印度政府把骚乱的主要原因归咎于孟加拉国非法穆斯林移民，引起了孟加拉国政府的不满。

另外，印度阿萨姆地区的骚乱还使其他一些外来民族受到较大冲击，如中国的藏族、傣族、景颇族、苗族等也遭受到一定程度的损失和伤害，有的被迫逃离，引起了中国政府的关注。

总之，印度在进入 21 世纪以后，随着国力的逐步增强和国际影响的提高，对待民族问题的各项政策应该更加灵活务实，为阿萨姆邦等"东北难题"的解决创造更加有利的条件和机会。

---

① 吉欣："印度种族冲突难以根除"，《工人日报》2012 年 8 月 20 日。

② 王菁："阿萨姆邦移民问题是冲突主要祸根"，《中国日报》2012 年 8 月 17 日。

③ 刘建：《孟加拉国》，社会科学文献出版社 2010 年版，第 259 页。

近年来印度推广泰戈尔文化软实力的概况

尹锡南

罗宾德拉纳特·泰戈尔（Rabindranath Tagore，1861—1941 年）是印度著名文学家和艺术家。1913 年，泰戈尔为亚洲第一次赢得诺贝尔奖。2009—2012 年，印度、美国、中国、新加坡等国举办了多次泰戈尔国际学术研讨会，纪念这位杰出的作家、思想家与社会活动家。2011 年是泰戈尔诞辰 150 周年，印度多地举行活动纪念这位世界文坛泰斗。当年 5 月 7 日，印度总理曼莫汉·辛格与印度国大党主席索尼娅·甘地等政要在新德里出席了为纪念泰戈尔诞辰而举行的盛会。辛格在致辞中说："泰戈尔与世界各国的广泛交往是印度开展对外文化传播的最佳平台。"[①] 2012 年 12 月 19 日，经谭中等印度学者的提议，印度国际大学中国学院与德里中国研究所等单位、机构联合举行了纪念泰戈尔获得诺贝尔文学奖 100 周年启动仪式，印度总统等政府高官和一批著名学者出席此次盛大仪式。这意味着新一轮泰戈尔宣传热潮即将开始。例如，2013 年 5 月底，纪念泰戈尔获得诺贝尔文学奖 100 周年的活动在上海举行，有多位印度政府人士、学者来华聚会，宣传泰戈尔的文化魅力。这说明，印度已经将泰戈尔视为文化外交的国家修辞话语，以展现印度文化的国际亲和力，构建和推广印度正面的国家形象，为印度崛起营造良好的外部环境。在当今世界各国普遍重视软实力、尤其是文化软实力建设的背景下，在我国开始实施"文化强国"战略的前提下，探讨泰戈尔之于印度文化软实力传播的关系无疑具有重要的现实意义和参考价值。

---

① 郭西山、金丰："印度借泰戈尔推广软实力，"《环球时报》2011 年 5 月 9 日。

一、泰戈尔思想的文化软实力韵味

泰戈尔之于印度的文化意义和形象价值不言而喻。早在1900年，一位印度的孟加拉语作家便将泰戈尔称为“孟加拉人中的世界诗人”。[①] 就翻译为中文并于2000年出版的24卷《泰戈尔全集》来看，泰戈尔的诗歌占了8卷，演讲集、文论和其他各类思想著述占了6卷，其他卷则为小说、戏剧等题材的作品。这还不是泰戈尔作品的全部，例如他与东西方各国人士的通信也包含了丰富的思想内涵。泰戈尔还是举世闻名的教育家和著名的音乐家、画家，印度和孟加拉国的国歌皆由他作词，泰戈尔因此成为百科全书式的作家。重要的是，泰戈尔不仅创作成果丰硕，还以自己的学术著述、社会实践和世界演讲为后人留下了宝贵的精神财富，使其成为人类文明智慧的重要结晶。泰戈尔对人类精神和谐、亚洲和谐、东西方合作发展等方面的论述，现已成为中国、印度与世界学术界探讨的重要议题。泰戈尔丰富的思想智慧值得从文化软实力的角度进行考察和审视。

软实力（soft power，或译“软权力”）这个概念最早由美国国际关系学者约瑟夫·奈于1990年提出。在他看来，软实力是具有合作性质的权力，而硬实力具有对抗性，软实力的来源主要是文化和经济。他在2002年出版的著作中认为：“软实力很多产生于我们的价值观。这些价值观通过我们的文化、我们在国内所实行的政策以及我们处理国际问题的方式表现出来……像爱情一样，软实力很难测量和把握，不触及任何人，但这并不降低它的重要性……软实力是重要的，也是真实的。”[②] 他还对美国价值观的具体表现做了说明：“我们还必须记住，在今天的全球信息时代，软实力的作用正在加大。不能小看，每年有50万外国学生到美国留学，欧洲人和亚洲人要观看美国电影和电视，美国的自由在世界许多地方很有吸引

---

① Sisir Kumar Das, ed. *The English Writings of Rabindranath Tagore, Vol. 1*, “Introduction,” New Delhi: Sahitya Akademi, 2004, p. 9.

② ［美］约瑟夫·奈，郑志国等译：《美国霸权的困惑：为什么美国不能独断专行》，世界知识出版社2002年版，第10页。

力，而且假如我们不过分傲慢，别人都会尊敬我们，听从我们指引。我们的价值观是软实力的重要源泉……在全球信息时代，软实力已变得比以往更加重要了。”[①]

随着冷战结束，以军事对抗为核心的硬实力的作用依然存在，但软实力的重要性却不断上升。所谓“软实力”一般被界定为包括三方面的因素：价值标准，尤其指西方意义上的自由、民主和人权；市场经济，主要指自由市场经济体制及其运行机制；西方文明，包括西方文化和宗教等因素。[②] 关于文化与软实力的关系，有人指出：“文化不仅是一个国家政策的背景，而且是一种权力，或者一种实力，可以影响他国的行为。”[③] 综合上述，软实力主要体现的是一种价值体系，一套成熟而完善的叙事话语，文化是其核心的表征。以文化因素为核心的软实力，即文化软实力在当代国际交往中正体现出越来越重要的价值。

作为具有独特思想体系的泰戈尔，由于深深浸淫于印度博大精深的传统文化中，且得西方文化精髓之熏陶，其诗歌、小说、戏剧自然体现了具有浓厚个人色彩的印度文化理念，他的许多著述和演讲如《中国演讲集》、《民族主义》和《人的宗教》等更是涉及世界文明如何发展的重要命题。这些思想如放在文化软实力的“显微镜”下进行观察，其对当代国际关系发展的指导意义、对人类构建和谐社会与和谐心灵的重要价值不可忽视。

且不论泰戈尔文学作品蕴含的人道主义思想等复杂因素，单是通观其广义的散文著述及各种演讲中构建的思想体系也可发现，他十分强调人类文明交往的基础应是宗教性的博爱意识：“人类交往的基础应是博爱，而不是憎恨。”[④] 在泰戈尔看来，人类与动物的不同在于，人是富有爱心的高级动物。这和中国古人所谓“四海之内皆兄弟”的传统智慧非常相似。泰

---

① ［美］约瑟夫·奈，郑志国等译：《美国霸权的困惑：为什么美国不能独断专行》，世界知识出版社 2002 年版，第 151 页。

② 倪世雄等著：《当代西方国际关系理论》，复旦大学出版社 2001 年版，第 393 页。

③ 王沪宁：“作为国家实力的文化：软权力，”《复旦大学学报》（社会科学版）1993 年第 3 期。

④ 泰戈尔著，耿克璞译：《国际大学》，刘安武、倪培耕、白开元主编：《泰戈尔全集》，第 21 卷，河北教育出版社 2000 年版，第 130 页。

戈尔还认为："我们必须知道，正如凭借科学和商业，物质世界团结的实现给了我们力量一样，唯有人类精神上的伟大团结才能给予我们和平。"① 从某种程度上说，当今世界仍然存在强权政治，强势文明与弱势文明之间尚未形成平等互动。为人类未来着想，高扬人性应当成为时代的主题。这便显示了泰戈尔论述的正确性和现实意义。正因为强调文明之间交往的基础是人类平等，泰戈尔敏锐地注意到妇女与文明发展的关系问题。在泰戈尔生活的时代里，他将女性的命运与整个人类文明的健康发展联系起来，的确是难能可贵之见。这是泰戈尔世界文明观的一大贡献。泰戈尔上述思想有的来源于他对印度古代经典的领悟和引申，有的来源于他对现实问题的深刻思考，其蕴含的文化软实力价值不容忽视。

就印度现代作家而言，泰戈尔无疑是中国读者最欣赏的人。这自然有泰戈尔作品的译文在中国广泛传播的缘故，其实还与泰戈尔一生对中国的热爱、对中印友好事业作出的杰出贡献有关。

泰戈尔对中国文化的博大精深由衷地爱慕和敬佩。很早的时候，他便开始关注中国文化，关注中国的命运。泰戈尔对中国的赞美，充分体现了他的诗人气质。在1924年访华的演讲中，泰戈尔赞扬了中国文明的发展之于人类文明的巨大贡献。泰戈尔还回顾了中印两国饱受殖民主义迫害的黑暗历史，他与中国文明的神交建立在这种互相同情的基础之上。在中国，泰戈尔在各种场合演说的基调之一是，缅怀中印传统友谊，寻求恢复和加强两国人民的友好关系。他把访华与恢复中印两国传统友谊的伟大使命紧密而自觉地联系在一起。他对中国朋友说："如果通过这次访问，中国接近了印度，印度也接近了中国——不是为了政治的或者商业的目的，而是为了毫无功利性的人类之爱，除此之外，别无他求，那么我将会感到很荣幸。"② 在中国抗日战争期间，他在回复日本作家野口米次郎的信中，重申了对帝国主义战争的痛恨和对中国人民正义事业的坚决支持。

泰戈尔之所以成为中国读者最喜爱的印度作家，他关于中国的诸多友好言论、他在诗歌和散文中对中国的正面赞扬，无疑是非常关键的因素。

---

① 泰戈尔著，冯金辛译：《现代》，刘安武、倪培耕、白开元主编：《泰戈尔全集》，第21卷，第265页。

② 泰戈尔著，李南译：《在中国的演讲集》，刘安武、倪培耕、白开元主编：《泰戈尔全集》，第20卷，第29页。

在中国，提起泰戈尔的名字，很多人便能想起冰心等人翻译的他的优美诗篇，想起他对中国的友好言论。泰戈尔是现代中印友好的一个文化符号，可以说，如果缺乏泰戈尔这么一位对华友好的世界级作家，印度文化软实力对中国的感召必将大大削弱。就发展健康友好的中印关系而言，泰戈尔作品和他关于中国的论述，可以视为印度文化软实力的一个重要组成部分。

对地理和文化意义的亚洲乃至东方而言，泰戈尔的诸多言论亦可视为印度的一种重要的文化软实力。泰戈尔对亚洲问题的许多论述，即使今天读来仍有启迪意义。

泰戈尔是一位著名的社会活动家，他的足迹遍及亚洲很多国家和地区。他不仅多次访问欧洲、美国和阿根廷，还到过东南亚、西亚和日本。他每到一地，总要播下友谊的种子，这让后世的人们难以忘记。由于殖民主义时期西方强权政治和文化霸权的存在，泰戈尔对于东西方关系的现状保持清醒的头脑。他认为，西方对东方的殖民剥削已造成严重的后果："东方与西方的结识仍然没有完成。"[①] 他认为，东方世界必须向西方学习，努力追赶西方："东方必须在科学上寻求它自己的平衡——这正是西方能给它的宝贵礼物。"[②] 泰戈尔曾经提出亚洲联合的方针。泰戈尔心中存在一种区域连带意识。他设想亚洲以文化大联合向西方展示自己的力量，找回自立于世界之林的民族自信心。他认为，中国若能与印度一起维护东方文明，东方文明定可发扬光大，反之亚洲则无力维护东方文明。这种对亚洲各国或东方民族的关注，使得今天的亚洲读者读来仍倍觉亲切。这也是亚洲很多国家对泰戈尔作品及思想保持高度认同的一个重要原因。

尽管泰戈尔有着强烈的民族自尊和东方情结，但他仍然倡导世界文明的多样性，这与他的世界主义意识密切相关。"泰戈尔融合了东方与西方，他是一个极具世界意识的人，不同国家和地区的人都对他饶有兴趣。"[③] 泰戈尔认为，各种人类文明皆有其存在的合理性，每一种文明的形成和发展

---

① 泰戈尔著，冯金辛译：《一所东方大学》，刘安武、倪培耕、白开元主编：《泰戈尔全集》，第21卷，第280页。

② 泰戈尔著，冯金辛译：《东方与西方》，刘安武、倪培耕、白开元主编：《泰戈尔全集》，第21卷，第257页。

③ Suniti Kumar Chatterji, *World Literature and Tagore*, Santiniketan: Visva Bharati, 1971, p. 168.

都是人类思想活动的结晶。简而言之，贯穿泰戈尔文明观的一条主线是，东方文明和西方文明必须互相学习，在平等的交流互动中共求发展。泰戈尔衷心希望世界上存在一个东西方互相团结、彼此交融、共生共荣的“文明大观园”。这种提倡东西合作、共同发展的思路，容易吸引人们的目光，从而赢得世界的尊重。这也便是泰戈尔在印度、中国乃至亚洲和世界范围长期受到各界学者关注的根本原因之一。以推介和传播泰戈尔的高尚思想而达成亚洲乃至世界对印度文化的认同，从而建构当代印度积极正面的国家形象，无疑是印度官方、民间的一种智慧举措。

二、印度推广泰戈尔文化软实力的举措

自从 20 世纪 90 年代“软实力”的概念问世以来，许多国家纷纷将提升软实力纳入到本国的发展战略之中。作为全球第二大发展中国家，印度近年来越来越重视本国文化软实力的发展和推广，逐渐形成一套印度式的传播体系。

印度的通俗文化多年来一直影响着南亚次大陆、中东、东南亚乃至欧美一些国家。宝莱坞（Bollywood）是印度通俗文化的典型代表，也是印度文化软实力的重要象征。丰富多彩的宝莱坞电影不仅改变了印度以往贫穷落后的形象，相反它向世人展现了印度生机勃勃的新形象。2004 年，阿富汗新政府成立时，当时的印度外长 J. 辛格出访阿富汗的专机中装的不是食品、衣物，而是大量的宝莱坞影视光盘和音乐唱片。印度电视连续剧《每个婆婆都当过儿媳》在阿富汗播放时，观众反响热烈。在某些外国学者看来，辛格此举代表了一种明显的官方立场：“新德里的目标非常明确，就是要影响其他国家，特别是美国，希望在与对手巴基斯坦的竞争中赢得友谊、投资和政治支持。”①

通过吸引留学生到印度学习，培育其对印度的文化亲和力，从而传播

① Jehangir Pocha, “The Rising Soft Power of India and China,” in *New Perspective Quarterly*, No. 20, Winter 2003, p. 8.

印度文化及价值观，这也是印度培育自己文化软实力的重要一环。2004年印度总理辛格访问阿富汗，宣布为500名阿富汗学生提供前往印度学习的奖学金，迄今已有超过3000名阿富汗学生赴印度大学学习。印度对外文化关系委员（ICCR）曾表示，当外国学生结束在印度的学习回国后，他们将成为印度与这些国家之间的“友谊大使”。尽管印度接纳外国留学生的能力相对有限，但在接纳来自南亚邻国、非洲和东南亚及某些欧美国家的留学生方面，它一直保持着积极的势头。

印度还将佛教作为提升其文化软实力的重要手段，并借此加强与东亚、东南亚国家的联系。印度通过举办世界佛教大会等方式，向外部世界传达一些重要信息。印度还通过在国内外举办各种形式的印度文化节推销印度文化。印度政府还制定并通过了双重国籍政策，吸引海外印度人回国投资，还定期召开海外印度人大会并向其杰出代表如奈保尔等人颁发奖励，拉近海外印度人与母国的联系，增强海外印度人的民族文化认同感，期望借助这些海外精英分子获得一定程度的国际话语权。此外，印度瑜伽、传统舞蹈、戏剧、独具特色的服饰和食品等重要的文化符号也在印度开发和传播文化软实力方面扮演着重要角色。

值得注意的是，一些印度名人由于其长久以来的世界影响，从而成为印度推广自己文化软实力的不二选择。第61届联合国决议规定将每年的10月2日即圣雄甘地的诞辰定为“国际非暴力日”。很多印度学者建议政府效仿中国的“孔子学院”设立“甘地学院”。辩喜也是现代印度具有世界影响的宗教思想家，对于他的文化影响力的开发也在一些印度学者那里得到了印证。

在这样一种时代前提下，具有更为广泛的世界影响、其文艺作品和思想体系更能“润物无声”地深入人心的泰戈尔，自然成为印度推广文化软实力的首选人物。《印度时报》等多家媒体认为，泰戈尔生前曾多次出访世界各地，他的《吉檀迦利》、《飞鸟集》、《新月集》等被译成多国文字广为流传。“泰戈尔早已成为印度文化对外交往的一张名片。”① 有分析家认为，印度政府高调庆祝泰戈尔诞辰，表明印度精英已不满足经济、军事等“硬实力”的发展，还希望通过泰戈尔这个文化符号推动其软实力在全球

① 郭西山、金丰：“印度借泰戈尔推广软实力”，《环球时报》2011年5月9日。

范围的传播。

2011 年 5 月 7 日，印度总理辛格在新德里纪念泰戈尔诞辰 150 周年大会上宣布，印度政府将向泰戈尔创办的国际大学投入 9.5 亿卢比（约合 1.35 亿元人民币）资金，力争将其打造成印度学术界的最高学府之一。此外，印度还将设立以泰戈尔为名的国际奖项，通过世界对泰戈尔的关注，在国际范围内推动印度文化的传播。在纪念活动上，国大党主席索尼娅宣布发行泰戈尔画册电子版典藏集，印度电信部长西巴尔还宣布发行泰戈尔纪念邮票。孟加拉国规划部长、空军副元帅坎德克也出席了纪念活动。为期一年的印孟联合纪念泰戈尔诞辰 150 周年系列活动正式启动，以泰戈尔作品为主题的电影节、专题展览，讨论泰戈尔著作的国际研讨会在这一年里举办了多次。印度英文杂志《印度展望》（India Perspective）于 2010 年第 2 期推出了 132 页的纪念泰戈尔专号，而印度驻华大使馆主办的中文杂志也在 2011 年 5 月推出了 128 页的“纪念泰戈尔诞辰 150 周年”彩色特刊。笔者的两篇纪念泰戈尔访华的文章均为这两期特刊收录。《今日印度》还不时报道在中国和印度举行的与泰戈尔相关的各种纪念活动。

印度借推广泰戈尔而发展文化软实力的一个步骤便是，在国外设立以泰戈尔命名的学术研究机构或教职，以方便印度开展对外文化交流，传播印度文化，培育印度在世界各国的亲和力。据统计，印度政府现已在 20 多个国家建立泰戈尔文化中心，并计划在年内扩展至 40 个。

据中国新闻网报道，2011 年 12 月 6 日云南大学与印度文化关系委员会签署备忘录，联合设置泰戈尔教席，以促进滇印学术交流。根据双方签署的协议，印度驻广州领事馆文化事务处将在云南大学设立泰戈尔客座教授席位，今后 3 年内每年将选派一名印度高级学者到云南大学访问和讲学，时间为 6—12 个月。印度驻华大使苏杰生在签字仪式上称，此次设立的泰戈尔教席是一个长期合作项目，3 年结束后双方可以续签。苏杰生表示，之所以选择云南大学，是因为该校长期以来为滇印学术合作作出了突出贡献。云南大学先后与印度普那大学、泰戈尔大学、加尔各答大学等多所印度高校签署框架合作协议。云南大学还设有印度研究中心，与印度高校交往密切并合作开展了课程建设项目。苏杰生认为，在中国留学的印度学生超过万人，但到印度留学的中国学生却很少。印度将在当地学校开展中文课程，鼓励中印文化交流合作。[①]

根据2011年11月24日出版的《印度教徒报》报道，印度文化关系委员会与位于苏格兰的爱丁堡·纳皮尔大学（Edinburgh Napier University）签署了谅解备忘录，决定在该校设立泰戈尔研究客座教授职位。报道说："该大学还计划创办苏格兰泰戈尔研究中心（Scottish Centre for Tagore Studies），并希望将它培育成推广印度文化、教育、哲学、艺术和文学的国际中心。"[②]

此外，鉴于泰戈尔复杂多面的文学家、艺术家、思想家和社会活动家身份，更由于他有生之年的足迹遍及东西方很多国家，在各国的文学交流史上留下了珍贵的"雪泥鸿爪"，2009年至今的5年时间里，印度除了在国内举办多次泰戈尔国际学术研讨会外，还由印度海外侨胞牵头，在国外举办了多次泰戈尔国际学术研讨会。笔者便受邀先后参加了新加坡国立大学和美国芝加哥大学举办的两次类似会议（相关情况参见本书附录）。这种范围之广、持续时间之长、密度之大、参加学者之多的单个作家研讨会，在世界现代文学史上和国际文化交流中皆为特例。这非常鲜明地体现了印度在推广泰戈尔以宣传文化亲和力、培育正面国家形象等方面的"文化自觉"意识。

为迎接泰戈尔诞辰150周年，印度、美国、中国和新加坡四国学者共同策划和组织了系列泰戈尔国际学术研讨会。研讨会在上述四国轮流举行。哈佛大学于2009年11月6—7日召开了第一次泰戈尔国际学术研讨会，主题是"泰戈尔时代的亚洲观"。2010年8月下旬和2011年11月，北京大学先后举办了两次泰戈尔国际学术研讨会。2010年5月11—13日，新加坡东南亚研究所组织召开了泰戈尔国际学术研讨会。北京大学东方文学研究中心王邦维教授、中国社会科学院亚太研究所刘建研究员和笔者等三人应邀参加了研讨会。此次会议还有来自印度、美国、英国、泰国、新加坡、越南、缅甸、韩国等国及中国香港特别行政区的学者参加。会议主题是"行动的时代：泰戈尔的亚洲之行"（An Age in Motion: The Asian

---

① 张丹："云南大学设立泰戈尔教席，滇印加强学术合作"，http://news.163.com/11/1206/23/7KKKFK3I00014JB6.html。

② Vijetha S. N.，"Chair for Tagore Studies in Scotland，" *The Hindu*，November 24，2011.

Voyages of Rabindranath Tagore)。围绕 1916 到 1932 年间泰戈尔对东亚、东南亚和西亚等地的访问及其历史影响，这次研讨会分 3 个议题进行探讨。第一个议题是对泰戈尔亚洲之行进行理论概括，第二个议题是探讨泰戈尔与东南亚的文化联系，第三个议题是讨论泰戈尔与东亚的文化互动。此次学术研讨会期间，会议主办方还组织与会学者观看了泰戈尔 1924 年访问中国的纪录片，并欣赏了印度加尔各答艺术家表演的印度舞蹈和演唱的泰戈尔歌曲，还组织了用孟加拉语和英语举行的泰戈尔诗歌朗诵会。从这次新加坡会议来看，通过探讨和梳理泰戈尔与泰国、缅甸和越南等东南亚国家以及与中国、韩国等东亚国家的历史交往，印度在国际文化交流层面理清了自己的思路，也让这些国家的学者体会到了印度文化的魅力所在。这对推行印度针对东南亚国家的“东向政策”、密切与东亚国家的友好关系不无助益。

值得一提的是，印度对于中国等国借纪念泰戈尔的“东风”传播泰戈尔的文艺作品表示了很高的热忱。例如，2012 年 3 月 24 日，兰州大学礼堂首次上演泰戈尔戏剧《齐德拉》（也译《花钏女》）的中文版时，印度驻华大使苏杰生和其他印度外交官亲临现场观看，以为助兴和热情支持。[①] 印度驻华大使馆主办的《今日印度》透露，该剧将在北京、上海、成都、深圳和广州等地巡演。

三、印度传播文化软实力的优势和劣势

当代印度发展和传播文化软实力，有着自己的一些优势。这种优势也同样反映在以传播泰戈尔而推广印度文化软实力的软性战略上。

如果说社会制度或政治体制也是软实力的重要组成部分并有助于一个国家进行国际文化传播的话，那么号称“世界上最大民主国家”的印度在这方面占有先天优势。由于实行资本主义制度，它与欧美资本主义国家在意识形态方面具有高度的认同感，这使得印度在向西方传播自己的文化时

① 印度驻华大使馆主办：《今日印度》2012 年第 3 期，第 31 页。

罕见遇到阻力。

从泰戈尔的思想体系来看，虽然说他也曾抨击过西方殖民主义时期的某些政治经济策略及文化侵略思想，但仔细分析，他的某些主张仍然存在近似于资本主义制度所推崇的民主、自由思想，这不能不引起西方自由知识分子的心理认同。再加上泰戈尔生前的大部分国外旅行和演讲均在欧美各国进行，这种历史足迹也证明了他对西方文明精华的认同，同时必然会引起当代部分西方学者的探索兴趣，这恰恰为以泰戈尔思想为代表的印度文化向西方再次进行深度传播提供了难得的机遇。

在当代世界，语言在跨文明的国际文化交流中发挥着越来越重要的作用。在这方面，印度同样具有明显的优势。由于历史上英国对印度的文化殖民，英语在当代印度的政治、教育、文学创作与文化交流等各个方面都占有不可忽视的重要地位。英语成为印度政治和文化精英分子通往外部世界的闪亮"名片"。在此基础上，印度向外传播自己的文化话语，可以省去很多不必要的经济投入。例如，根据印度学者的介绍，后殖民时期几十年里，印度翻译界出现了一种新的趋势："大多数印度作家争先恐后地将自己的作品译为英语。这类从印度语言译为英语的作品数量不断增长。当前，把作品译为英语成为印度各地方语言作家们的一种地位象征。"[①] 印度文学院（Sahitya Akademi）和全国图书托拉斯（National Book Trust）一直鼓励各种印度语言的作品相互翻译及出版，并支持印度语言文学力作精品的英译。印度主要的出版机构和组织，如企鹅出版社等都从其他印度语言英译了一些印度作家的作品。这种英译作品无疑会加快印度文化向西方传播的力度和频率。德里大学英语系教授哈利西·特里维迪曾经与西方学者合作主编并出版包括翻译研究在内的多种学术著作，这成为印度当代翻译研究蓬勃发展的一大亮点，也是其传播印度文化话语的强劲动力。斯皮瓦克、霍米·巴巴等人在西方传播带有或浓或淡的印度色彩的翻译研究声音，并与印度学界共鸣，这无疑也促进了印度的翻译研究。由于具有英语表达优势，印度一些著名学者如特佳斯薇妮·尼南贾娜、苏坎多·乔杜里等或在西方出版翻译研究著作，或在西方学术刊物发表翻译研究论文，这

① G. N. Devy，*In Another Tongue*：*Essays on Indian Literature in English*，Madras：Macmillan，1995，p. 151.

是一般的中国翻译研究者无法望其项背之举，也为传播印度文化声音、增强印度文化软实力提供了便利。单个学者的翻译研究不可能成为泰姬陵式引人瞩目的文化符号，但印度学者的研究成果不断地在西方世界进行“集体亮相”，这便不能不使西方学界为之动心、为之动容。后殖民时期印度与西方世界并未斩断殖民时期那种密切的全方位文化互动，这便是西方世界长期以来并未出现“印度威胁论”的根本缘由之一，也是印度当今的国际生存空间潜力无限的一大因素，更是中国翻译界、中国翻译研究界乃至整个中国学术界在思考如何传播中国声音、培育中国文化软实力时必须思考的一种事实。

对于一位土生土长的印度作家来说，要想成为世界诗人，首先面临的便是作品的英译或直接利用英语进行创作的问题。泰戈尔最初没有打算用英语写作或英译自己的作品，但他从小便开始学习英语和梵语，这为他日后从事英语创作和英译自己作品打下了坚实的基础。20 世纪初，随着各种情况的变化，泰戈尔开始逐渐认识到英译自己作品的必要性。1912 年 5 月，泰戈尔到达英国伦敦，后来成为 1923 年诺贝尔文学奖得主的著名作家叶芝对罗森斯坦呈来的泰戈尔译诗大为欣赏。罗森斯坦遂向印度学会建议，为泰戈尔出版诗集，叶芝为之作序。于是，英文本《吉檀迦利》第一版于 1912 年 11 月问世。其后，推荐泰戈尔角逐 1913 年诺贝尔文学奖的公函从英国寄出，泰戈尔遂水到渠成、有惊无险地获得了诺贝尔文学奖，成就了亚洲文学史上分量绝对不轻的第一次。有了这样的世界声誉，泰戈尔后来在西方传播印度文化声音才是顺理成章的事。由此看来，英语对于泰戈尔在西方的声名鹊起和其后在西方乃至东方的中国等地传播印度话语、提倡文明对话所起的重要作用，怎么强调也不过分。

由于泰戈尔大量翻译了自己创作的孟加拉语作品，并以英语创作了一些作品，还以英语写下了很多著名的演讲辞，如《人的宗教》等，这便极大地方便了西方乃至部分东方读者、学者对其文学之美和思想之富进行阅读、欣赏和探索，也自然方便了印度文化借助于泰戈尔自译作品和英语作品在世界的传播。

由于印度在世界各地、特别是在欧美各国具有大量的侨胞，而这些海外印度人的民族文化认同感异常强烈，这便使印度文化向世界传播找到了一个极佳的中介力量或支撑点，他们甚至在某种程度上超过了华裔对中国文化海外传播所能真诚奉献的力量。鲜为人知的是，在大英帝国殖民印度时期，印度海外力量即印度当时在伦敦的侨民团体便以各种方式协助泰戈尔翻译作品和出版诗集，这对泰戈尔获得诺贝尔文学奖也是一个不小的贡献。

有的学者认为："diaspora强调了一种移民对祖国或家乡（包括祖先家乡）的强烈依恋和归属感，体现了一种终极的情感乃至身份的皈依和认同。这一点在犹太人身上表现得最为典型，在海外华人和海外印度人身上体现得也比较充分。"① 目前海外华人和海外印度人大约在3000万和2500万之间。海外印度人被认为是世界第三大海外移民群体，仅次于分布于全世界的英国后裔和海外华人群体。目前，海外印度人分布较多的是美国、英国、加拿大等西方国家和缅甸、马来西亚、新加坡等东南亚国家。"海外印度人和印裔人口也是印度文化产品的重要消费群体。"② 海外印度人的国际影响力不可忽视，这对印度政府近年来采取双重国籍政策产生了积极的影响。一般而言，海外印度人基本保持着对印度的文化认同，大多数人仍将印度视为祖国，并和印度保持着密切联系。20世纪80年代，随着印度海外移民在国际上的政治地位和经济实力乃至文化影响力不断上升，印度政府一改此前谨慎保守的态度，开始主动接纳他们。2003年1月9日，印度政府在新德里召开了第一届"海外印度人节暨海外印度人奖颁奖大会"。在这次活动的开幕式上，时任印度总理的瓦杰帕伊郑重宣布印度计划实施双重国籍政策。印度的双重国籍政策自酝酿之初到正式实施一直充满着争议，但是它毕竟开始正式成为印度的一项基本国策，这有力地说明了海外印度人地位上升和印度政府格外重视他们的两大事实。参加第一届海外印度人颁奖大会的海外印度人有2001年诺贝尔文学奖获得者V.S.奈保尔和1998年诺贝尔经济学奖获得者阿玛蒂亚·森等人。2004年1月7日，在第二届"海外印度人节"开幕前夕，印度双重国籍政策完成了法律化的程序。"印度的双重国籍政策可以被视为印度对待其海外移民政策的

---

① 贾海涛、石沧金：《海外印度人与海外华人国际影响力比较研究》，山东人民出版社2007年版，第30—31页。

② 张讴：《印度文化产业》，外语教学与研究出版社2007年版，第1页。

一个转折点，同时也可被视为其改革开放和国家战略的一个重大举措。”[①]明眼人一看便知，双重国籍政策对于印度发展文化软实力、在世界各地建构良好的国家形象将发挥独特的作用。以阿玛蒂亚·森等人为代表的海外印度人的确在维护印度形象、传播印度文化声音等方面起到了某些印度国内学者无法企及的作用。

再回到 2009 年至 2012 年在世界各地举行的泰戈尔国际学术研讨会。笔者于 2010 年 5 月参加的新加坡泰戈尔国际学术研讨会的主持者即为印裔美国学者、新加坡东南亚研究所“那烂陀—室利佛逝国”（Nalanda Srivijaya）研究中心主任沈丹森（Tansen Sen）；而笔者于 2011 年 10 月参加的芝加哥大学泰戈尔国际学术研讨会则由该校南亚语言与文明系教授、印裔美国学者迪佩西查克拉巴蒂（Dipesh Chakrabarty）召集并主持。哈佛大学历史系的印裔美国学者苏迦塔·鲍斯（Sugata Bose）主持了 2009 年底在哈佛大学召开的泰戈尔国际学术研讨会。这充分说明，印裔学者已经在促进印度文化向世界传播中扮演着越来越重要的角色。

就泰戈尔本人来说，正如前述，当时在英国的一些印度人为他在西方建立文学声誉作出了自己的贡献。泰戈尔英译自己作品的历史开始于 29 岁即 1890 年，不过，此后 10 年间他再无英译的尝试。世纪之交，随着泰戈尔创作实绩的积累和文学声誉的提升，部分印度和西方人士开始翻译他的作品。某些印度人如 J. C. 鲍斯（Jagadish Chandra Bose，1859－1937 年）甚至明确地表达了将泰戈尔推向西方世界的强烈愿望。鲍斯于 1900 年自伦敦写给泰戈尔的信中说：“我不允许你一直在乡下保持默默无闻的状态。”[②]1909—1912 年，印度与英国突然出现了译介泰戈尔作品的一次高潮。不仅印度的泰戈尔崇拜者热情地译介泰戈尔作品，一批身处英国的年轻的孟加拉知识分子也加入这一行列，他们的目标非常明确，那就是齐心协力地将泰戈尔作品推向西方世界。正是这种协同作战的精神和强烈的民族自尊促使泰戈尔改变创作方略，走上了自译作品的道路，从而为获得诺贝尔文学奖并进而在西方传播印度文化话语奠定了坚实的基础。

---

① 海涛、石沧金：《海外印度人与海外华人国际影响力比较研究》，山东人民出版社 2007 年版，第 148 页。

② Sisir Kumar Das，ed. *The English Writings of Rabindranath Tagore*，*Vol. 1*，“Introduction，” New Delhi：Sahitya Akademi，2004，p. 12.

印度高度的民族文化自豪感也是他们不遗余力地向外部世界传播自身文化的一大精神动力。在某些西方学者看来，追溯历史文化根源不难发现，印度具有高度的民族自豪感。印度部分精英分子的民族主义情结比较浓厚："印度的社会精英完全有理由相信他们的国家与俄罗斯、中国和美国同属大国之列。印度拥有高度发达的文明，也许是最先进的文明，因为它融合了诸多其他文化。与中国不同的是，它的文化更具有宽容性……从多样化角度来说，印度与欧洲和美国十分类似，但在印度民粹主义者看来，它的精神遗产比这些国家要先进得多。"① 耀眼的诺贝尔文学奖"光晕"，加上泰戈尔对印度文明智慧解决当代问题的强烈自信，使得他成为当代印度选择并向世界推广其文化软实力的最佳符号。

基于强烈的民族自信心，泰戈尔认为："今天，我请求印度成为整个东方世界的代表，为真理的苦行建立起一座宾馆。我知道：它没有钱，但是它有资源，就在这种资源的基础上它将邀请世界。"② 他还这样写道："世界今天仍然需要印度，在这日新月异、五彩缤纷的现代世界，印度式的修行能够很好地解决一切复杂问题。"他认为，全世界的人们"正以不同的声音表达对印度的这一期待"。③ 正是怀抱这种强烈的文化自信和民族自尊，泰戈尔首先翻译了带有浓厚宗教气息的诗集《吉檀迦利》，将之推向英语世界，而在获得诺贝尔文学奖后，他继续辗转欧、亚、美三大洲，到处旗帜鲜明地发表演讲，宣扬以印度为代表的东方文明，批判自私自利的民族主义和殖民主义思想，以期拯救西方文明于水火之中。在一战废墟上惶惶不可终日的部分欧洲人及部分心有灵犀的东方知识分子，遂很快对其思想产生了强烈的共鸣。从这个角度来看，泰戈尔在20世纪上半叶向东西方世界传播印度文化声音，确实在很大程度上达到了预期的目标，尽管也有部分人士对他的观点保持沉默或进行激烈的抨击，陈独秀和郭沫若之类的中国知识分子便是如此。

---

① ［美］斯蒂芬·科亨，刘满贵等译：《大象和孔雀——解读印度大战略》，新华出版社2002年版，第50页。

② 泰戈尔著，殷洪元译：《教育的联合》，刘安武、倪培耕、白开元主编：《泰戈尔全集》，第22卷，第382页。

③ 泰戈尔著，李缘山译：《梵社的成功》，刘安武、倪培耕、白开元主编：《泰戈尔全集》，第23卷，第459页。

从另一个方面来看，印度向东西方世界展示和传播文化软实力也存在一些不容忽视的负面因素或劣势。这些因素对于印度文化软实力的世界传播无疑是某种限制，即使在泰戈尔自己向东西方世界传播印度声音的时代，这些因素也已经隐蔽地存在着。

首先，西方文化的主流地位及其在东方各国的巨大影响，是印度文化世界传播必须面对并加以研究的现实问题。在世界电影市场上，与美国好莱坞电影相比，印度宝莱坞电影的竞争力自然要大打折扣。如近 20 年来中国电影院上映的西方电影很多，却非常罕见印度电影上映。这不能不考虑到西方流行文化的巨大影响。再如文学作品的传播，印度两大古代史诗和一些梵语文学作品已经先后被译为中文并出版，但其在中国读者中间受欢迎的程度自然不如西方文学经典。因为没有翻译等诸多复杂因素，除了泰戈尔和普列姆昌德等人之外，其他很多印度现当代作家的作品不能进入中国读者的阅读视野。但是，西方文学作品、特别是英语作品对世界各国读者的影响力巨大，这不能不说也是一个重要的制约因素。再如学术研究，西方文学理论在中国研究者众多，而印度的梵语诗学无论是翻译还是基于梵文元典的研究，一直处于金克木（已故）和黄宝生（健在）等极个别学者“惨淡经营”的状态中。这种情况在西方学术界基本上大同小异。这自然有梵语难学的缘故，同样也有西方中心的心态在作梗。即使海外印度作家创作了诸多印度题材英语作品，能为西方和东方读者欣赏，但它们多是描述印度在海外的流散一族的“文化分裂症”，不能如实反映印度文化或印度现实问题，有的英语作品还以故意暴露印度黑暗和消极面为主，以满足某些西方读者的阅读怪癖，这是对印度形象的负面描绘。这种种问题增加了印度文化海外传播和印度形象世界建构的难度。总之，在与西方文化对垒中，印度文化注定是危机四伏。当年泰戈尔在中国宣讲以东方文明拯救西方文明于“水火”的道理，遭到一些知识分子的激烈批评，这既与中国当时特殊的政治背景有关，也与部分中国激进知识分子自我贬低东方文化而认同西方文化价值观有关。泰戈尔当年的尴尬可视为当今印度文化向世界传播时常会遭遇的困境。

印度文化具有很强的民族特色或宗教特性，这是一种事实。对一些东西方读者、观众、听众和学者来说，要准确地理解富含民族色彩或宗教色彩的印度文化会遇到很多障碍，这便是其跨文化传播的另一大难题。例如，很多印度电影充满着大段的歌舞场面或情节，不熟悉印度古代戏剧理论如《舞论》对戏剧表演的程式化规定，便不可能理解这种带有强烈民族色彩的印度歌舞，也就不可能真正或长期欣赏印度电影这种华丽炫目的风格与热情洋溢的叙事语言。在奥斯卡历史上，印度电影只有3次获得奥斯卡外语片提名，这就是1957年的《母亲印度》、1988年的《祝福孟买》和2002年的《土地税——印度往事》，但却没有一次拿到奥斯卡最佳外语片奖。“对于印度电影人来说，能获得奥斯卡奖固然值得庆贺，但这不是拍摄电影的主要目的。赚钱才是制作电影的第一目标。”① 由于语言障碍和文化差异，以马拉提语和泰米尔语等拍摄的印度方言剧主要在印度国内放映。这些电影有的如《季风婚礼》等还获得第58届威尼斯电影节的金狮奖。这些方言电影的制作质量高，贴近当地民众生活，更注重反映社会现实，但却很难向世界各国观众传播，这自然制约了印度文化“走出去”的战略步伐。泰戈尔当年向西方读者主动展示自己英译的典型的宗教抒情诗集《吉檀迦利》，却遭到叶芝等人的定型刻板式解读，叶芝等人未能准确把握该诗集的宗教涵义，以至于西方读者对此产生了文化误读。《吉檀迦利》为代表的泰戈尔诗歌至今在中国仍然因为阐释众多而处于“仁者见仁、智者见智”的阅读状态。《摩诃婆罗多》和《罗摩衍那》这两部古代史诗更是因为篇幅巨大和宗教性强等缘故，在向更多的普通读者进行传播的过程中受到了限制。这对在中国培育更丰富的印度文化亲和力自然是一种制约。

西方特别是欧洲传统的东方学十分发达，但大部分集中在对印度古代宗教、哲学和语言的探索上，对于印度现代文学关注明显不够，这也是传播以泰戈尔为代表的印度文化软实力的无形障碍。这种情况在中国也部分存在。国内数量极其有限的梵语学者多专攻佛教研究，长期关注古代梵语文学或梵语诗学的人微乎其微，虽精通印地语和乌尔都语、孟加拉语、泰米尔语的学者在译介和研究印度现代文学方面多有建树，但同时也留下了很多空白待人填补。这些情况自然不利于印度文化在中国的迅速传播。

国家形象的跨文化传播自然要以强大的经济实力为后盾，当今印度经济发展迅速，但其国内建设和军事发展等方面开支巨大，这不能不制约印

① 张讴：《印度文化产业》，外语教学与研究出版社2007年版，第67页。

度政府对提升文化软实力和国际文化交流的经费投入。尽管印度政府和民间人士近年来坚持不懈地努力着，但其培育、提升和传播文化软实力的道路仍然相当漫长，只有站在国家文化战略的高度来看问题，在兼顾国内发展和国际交流的基础上寻求平衡，问题的解决才会迎来转机。

总之，印度以纪念泰戈尔诞辰 150 周年为契机，开展世界范围的文化推销，这其中的很多经验值得中国借鉴。例如，他们通过海外印度人的影响力，在世界重要国家举行形式多样的泰戈尔纪念活动，既展现了印度现代文学的魅力和正面的印度形象，也密切了海外侨胞与母国的文化联系，可谓一举多得。中国古代文化和现代文学经典的跨文化传播，是否可以在一定程度上借助海外华人的力量开展类似的活动，这是值得思考的问题。2012 年 10 月，中国作家莫言获得诺贝尔文学奖，这为中国文化“走出去”带来了一个新的契机。鲁迅等中国现代作家在印度、日本和欧美各国都有一定的接受基础。目前世界范围内的“汉语热”必将对中国文学、中国文化“走出去”产生积极的促进作用。在实施“文化强国”战略和文化“走出去”方针的背景下，有的中国学者指出：“当今世界，衡量综合国力的一个重要标准就是看一个国家的文化在国际上的影响力，特别是其价值理念、发展道路、国民素质、国家形象等能不能在国际上有竞争力，能不能赢得更多的国际认同，能不能占领世界文化高地。因此，我们需要着力增强国家文化软实力，深入把握文化交流规律，进一步加强对外宣传和文化交流，创新文化走出去模式，推动中华文化走向世界，增强我国文化产业国际竞争力，扩大中华文化国际影响力，维护国家文化安全，为人类文明进步作出更大贡献。”[①] 目前，部分西方乃至印度人看中国并未摆脱刻板定型的思维模式，他们往往以所谓民主和自由的尺度来考察中国社会现实，以西方文学理论模式分析中国文学，将中国社会或中国文化视为异己的“他者’，这不利于中国与外界的跨文化对话。因此，中国要借鉴印度经验，加快中国文化“走出去”的步伐，将中华文化精髓送给外部世界，从而达到增强民族文化软实力、塑造良好国家形象的理想目的。

---

① 陈晋：“抓住文化强国建设的关键环节”，《人民日报》2012 年 1 月 4 日。

国别报告

2012年印度综述

宋志辉

2012年，印度国大党因大选受挫和甘地家族前途受创的动荡，辛格政府因表现不佳而被西方调侃为“不达标者”，同时因腐败问题饱受指责，印度政治经历了混乱和动荡的一年。由于经济神话面临破灭和信用评级被下调的处境，辛格政府强推改革导致执政联盟分裂。面对印度经济发展的困难局面，印度财政部长奇丹巴拉姆表示印度将继续坚定不移地推进经济改革，在已出台的系列改革举措基础上，政府还将推出新的经济改革措施和财政整固措施，以此增加就业并推动经济增长。由于经济改革未见成效，辛格总理亲自兼任财政部长以增强投资者信心，试图让印度经济取得双位数增长，但辛格总理也承认，如果印度继续实施寻常的经济政策，恐怕不但其经济的高增长难以实现，就连五年计划中8%的目标也将变成“野心”。外交上，印度继续发展中印关系，与中国保持高层接触，与巴基斯坦实现了高层互访，双边关系有所缓和。与此同时，印度继续强化与美国、日本、缅甸和东盟的合作以期实现对中国的制衡。军事上，印度在继续加大采购力度，成为世界头号军购大国的同时，重点加强与俄罗斯的军事合作，并在中印边境频繁演习。年中发生的超过半个印度的大停电和年底发生的新德里“黑公交”轮奸女大学生案不仅引起国内民众的强烈抗议，也引起国际社会的广泛关注，尤其是对印度妇女地位的担忧。

一、政治形势

2012年，印度政坛一片混乱，有如一潭泥沼。执政党内部、执政党与执政联盟之间、执政联盟与反对党之间，在土地改革、反腐败等一系列事关重大的改革问题上都矛盾重重，改革计划几乎无从谈起。年内，国大党在地方选举中惨败，这不仅让外界对国大党的未来充满怀疑，也让国大党在2014年大选的命运充满疑问。国大党的主要对手——印度人民党内部也矛盾重重。这就意味着，在2014年大选之后，领导印度的可能还会是一个虚弱的执政联盟，对印度的经济改革来说，这绝非福音。7月22日，前财政部长普拉纳布·慕克吉成功当选总统，虽然总统在印度只是礼仪性职位，而慕克吉的当选似乎也毫无悬念，但此次总统选举过程中却暴露出执政联盟与反对党各自内部的不同声音与矛盾，这更为2014年的大选埋下诸多隐患。

（一）国大党中期选举挫败，甘地家族政治前途受重创

2012年1月，印度大选序曲一拉开，国大党就面临难堪局面。印度人民党呼吁让拉胡尔·甘地当总理，由人民来检验其能力，其妹普莉扬卡·甘地也公开为国大党竞选，但拉胡尔在演讲时却遭遇扔鞋的尴尬。3月6日，印度至关重要的邦议会选举公布的初步结果显示，印度中央政府遭受中期挫败，同时也重创甘地家族。最终选举计票结果显示，国大党选情不利，仅赢得北方邦、旁遮普邦、果阿邦、北阿肯德邦（旧称北安恰尔邦）和曼尼普尔邦5个关键邦中的一个，在人口最多、政治意义最重要的北方邦名列第四。国大党原本寄望在这次“中考”中取得好成绩，为2014年全国议会选举做准备，但结果事与愿违，不仅令现任总理曼莫汉·辛格难以在剩余的2年任期内推行改革措施，更让国大党核心人物、索尼娅·甘地之子拉胡尔·甘地出任总理蒙上阴影。9月，印度政府公布的一系列经济

改革措施引起政府的盟友、反对党和工会的强烈反对。执政党国大党的最大政治盟友草根国大党的6名部长及19名议员随后提交辞职信，退出联合政府。草根国大党的退出意味着以国大党为首的左派团结进步联盟在国会中的席位由原本的273席减少至254席，不足议会半数席位（271席），从而失去多数派地位。12月20日，西部地方选举计票结果显示，莫迪领导的右派人民党在古吉拉特邦地方议会中赢得122席，高于之前的117席。人民党的主要对手国大党，只赢得56席，减少了6席。反对党人民党在西部地方选举中大胜，增强了古吉拉特邦首席部长莫迪的声势，这一选举结果或将影响2014年印度全国大选的选情。

（二）辛格总理被指任职“不达标”，在反腐问题上饱受指责

2012年3月份出版的美国《时代》周刊把印度总理辛格调侃为“不达标者”，并将之登上《时代》周刊亚洲版封面，在印度引起强烈反响。反对党认为《时代》周刊的批评反映了印度人民的心声，没有人像辛格一样如此忠实于一个“腐败的政府”，辛格担任总理的“成绩”就是使印度政府充斥腐败和欺骗。《时代》周刊在报道中称，如今的辛格在阴影中，不但面临经济衰退、财政赤字和货币贬值等难题，其领导的政党更是深陷腐败丑闻，以及被批应对经济萧条乏术。2012年以来，印度出现严重通货膨胀，尤其是在食品领域。标准普尔对印度的评级为BBB－，在金砖国家中最低。辛格接受采访时承认印度经济发展面临五大挑战，即税收政策透明化、控制财政赤字、复苏金融市场、清除投资障碍以及加强基础设施建设。辛格表示虽面临困境，但不会走回头路，要坚持经济开放，并将畅通投资渠道和创造就业。8月，辛格政府曾抛出一项计划，承诺向约600万贫困家庭每户发放一部手机，并提供200分钟的免费通话时间。这项计划需耗资约700亿卢比，由于遭到反对党的抵制，最终因未能在国会通过而不了了之。由于丑闻缠身，且受到经济增长乏力的困扰，辛格政府力求推出新一轮经济改革计划来提振民心，但由于在放宽外资限额等问题上受到反对党掣肘，国会的冬季会议也一直处于瘫痪状态。与此同时，辛格政府

及其本人在腐败问题上也饱受指责。5 月 26 日，安纳的反腐团队再次对国大党领导的团结进步联盟政府提出指控，称印度总理辛格及 14 名内阁部长涉嫌参与严重的腐败案件。反腐败一直是印度热议的话题，7 月底发生的印度大停电导致近 7 亿人生活在黑暗中长达 2 天之久，幕后根源直指官员贪腐。印度瑜伽大师拉玛达夫号召支持者进行绝食示威，抗议地方腐败。印度反腐先锋、75 岁的安纳·哈扎尔的反腐队伍因拉玛达夫的加入势力大增。

（三）强推改革引发众怒，执政联盟发生分裂

2012 年 9 月，辛格政府强推包括对外资开放本国零售业、削减燃料补贴等措施，导致国大党执政联盟发生分裂，而数名内阁部长受困于手机牌照和煤矿招投标等腐败丑闻，辛格政府和国大党的支持率进一步下降。辛格推行的改革还遭到代表中下阶层的草根国大党主席班纳吉的强烈反对，批评政府没有听取执政同盟的意见，伤害了印度平民的利益。为此，辛格进行内阁改组，撤换了多名部长。为提升国大党士气，改善国大党形象，尼赫鲁—甘地家族的拉胡尔·甘地也被拉入阁。外长克里希纳等人甚至为此而辞职以表明政府改组的决心，以便“吐故纳新，实现内阁成员的年轻化”。为了抗议，包括铁道部长在内的草根国大党在中央政府中的所有 5 名国务部长向辛格政府提交辞职信。由于草根国大党在印度议会人民院中占据 19 席，草根国大党的离开意味着勉强占据议会多数的以国大党为首的执政联盟的席位将由现在的 273 席减少至 254 席，不足 271 席的半数，从而成为少数派。草根国大党的决定使执政的国大党受到重创，最大的反对党印度人民党表示，这是国大党滥用权力的结果，也是执政当局丧失合法性的开始。草根国大党的决定得到印度共产党的声援，如果不能及时争取其他党派的支持，团结进步联盟将失去执政基础。面对危机，国大党一方面强调相关政策对于印度经济增长的重要性，另一方面继续安抚班纳吉及草根国大党，称其仍是本党亲密的伙伴，同时积极寻找其他政治盟友，最终得到占据议会 22 席的社会党的支持，勉强维持中央政府。草根国大党与国大党执政联盟的决裂，进一步暴露了辛格政府执政能力的脆弱，如果处理不当，印度政府可能被迫提前举行大选。

（四）多地罢工、冲突不断，政府被质疑反应过慢

2012 年 2 月 28 日，印度多个城市举行由当地工会组织的为期一天的罢工活动，呼吁政府进一步加强劳工法规及设定最低工资标准。共有 11 家工会组织支持此次罢工提出的要求，包括设定全国最低工资标准、为 5000 万合同工提供永久性工作，以及政府加大力度控制生活成本。过去 3 年来，在印度经济以最低速度增长的同时，辛格政府不仅未能将通胀率保持在一位数内，而且接连爆出一系列腐败丑闻。印度交通运输、银行和邮政部门也受到此次罢工活动的影响。7 月 14 日，阿萨姆邦当地波多族土著与穆斯林冲突已造成当地 78 人死亡，400 个村庄被烧毁，40 多万人流离失所。7 月 20 日，4 名当地土著波多族的前“波多解放猛虎力量”成员中枪身亡，从而引发当地穆斯林移民和土著居民互相进行报复性袭击，最终导致暴力事件升级。这一局部地区的冲突事件经过不断发酵，又在印度多地引发新的暴力事件，新德里、孟买和加尔各答等多地发生抗议示威，少数人砸毁并焚烧公交车辆，并与维持秩序的警察发生冲突。印度南部地区纷纷传言称，外来移民将对原籍为阿萨姆邦的人进行报复，导致数万名阿萨姆邦人火速从南部逃离。为了制止蔓延不止的谣言，印度政府不得不颁发禁止短信群发 15 天的禁令。阿萨姆冲突的深层原因仍然是当地经济发展长期滞后，人民生活水平得不到切实提高。印度的东北部从历史上来看，和普遍的印度文明并不属于一个文化圈，有着和印度教文明截然不同的宗教信仰、语言、风俗习惯。这一地区大部分的居民生活水平都低于印度内陆。为缓解此次事件带来的恐慌，印度政府从一开始就采取系列措施，但政府对于此次事件巨大的影响力和恐慌效应准备略显不足，且反应过慢，未能从开始阶段就给予足够的重视和果断的决策，引发民众的强烈不满。

（五）印共（马）大会引发“思想风暴”，激烈争论“中国模式”

2012 年 4 月 8 日，印共（马）召开第 20 届党代会，对“中国模式”

进行激烈争论，在党内引发“思想风暴”。会上，该党政治局委员亚秋里提交了《关于一些思想认识问题》的议案，指出中国社会主义模式的缺点，分析了拉丁美洲、朝鲜、古巴和越南模式，并得出结论认为，印共必须从这些国家的经验中“正确地吸取教训”，根据印度的“具体情况”制定出路线图。“在印共（马）党代会举行的第 4 天，探索印度社会主义模式的辩论进入白热化”，代表之间就印度马克思主义者应该遵循哪种模式，即中国模式还是拉丁美洲模式产生严重分歧。来自印度北部的一些代表建议印共（马）效仿拉丁美洲的左翼政府，而不是学中国。但喀拉拉邦和西孟加拉邦的代表明确支持中国模式里好的元素，并建议在印度模式中采纳。会上还有代表认为中国出现了“反革命”迹象，但亚秋里予以反驳。印共（马）1964 年从印度共产党中分裂出来，现有 104 万党员，是印度最大的左翼政党。印共（马）领导着印度各邦和国民议会中左翼政党的左翼阵线联盟，在喀拉拉邦、西孟加拉邦和特里普拉邦的影响力较大，并曾在这些邦长期执政。但在 2011 年地方选举中，该党遭遇惨败，现在只在特里普拉邦执政。印共（马）具有强烈的反资本主义、反全球化和反美帝国主义情绪，坚持马克思主义哲学原则。正处于最困难时期的印共（马）希望借此次会议向其全体党员发出信息，通过“关于一些思想认识问题”的决议显示其思想的正确性，提高士气。该决议案在承认资本主义秩序现在全球占上风的同时，指出资本主义的剥削性质，认为资本主义方式不能克服经济危机，只是从一场危机到另一场危机，全球化的结果是不平等，只有社会主义才是人类解放和解脱的灵丹妙药。亚秋里表示，该党的目标是改变世界现状，找到一种取代资本主义的政治模式。

二、经济形势

2012 年新年伊始，“开放投资”成为印度媒体讨论的热门话题。与此同时，印度经济再次成为世界关注的热点，引起关注的不再是印度人习以为常的“印度神话”与“印度奇迹”，而是“印度神话的破灭”。根据印度经济监测中心的最新报告，印度 2011 年新增投资计划出现 5 年来最低水平，总投资额仅为 10.46 万亿卢比（1 卢比约合 0.119 人民币），同比下降 45%。长期的投资疲软将增加印度企业的贷款违约或是债务重组的概率。经济下行风险是造成投资市场萎缩的主要原因之一，资本市场动荡是印度经济面对的另一个难题。伴随着印度卢比兑美元出现约 15%的贬值，大量外资也迅速从印度资本市场上撤离。面对投资困境，印度政府年初发表声明，决定允许符合资质的外国个人投资者直接参与印度股市，而在此之前，外籍人士仅限于通过共同基金或机构工具等间接途径投资印度股市。尽管政府推出了诸多改革举措，但印度的经济前景仍不容乐观。

（一）印度经济神话破灭，经济改革面临巨大挑战

2012 年，印度经济神话破灭，使辛格政府实施的经济改革面临巨大挑战。1 月 10 日，印度商业与工业部宣布，允许外国企业在印度开设独资的单一品牌零售店，但仍不允许外资经营超市。此外，外国个人投资者从 1 月 15 日起将获准直接进入印度股市参与自由买卖。这一系列措施的出台反映出印度经济增长重心正在转向投资，即通过开放投资广泛吸引全球投资者，代替消费需求成为未来经济增长的主要引擎。由于当前市场环境仍不稳定，短期内对印度经济的影响不明显。6 月 11 日，国际评级机构标准普尔发布报告警告称印度经济增长乏力，经济政策的政治障碍重重，这一亚洲第三大经济体面临丧失投资级评级的巨大危险。英国《经济学人》杂志也发表文章称，鉴于印度卢比大幅贬值，私人投资枯竭，GDP 增速放缓，印度奇迹已成海市蜃楼，印度经济重回高速增长道路的前景也不妙。2012 年第一季度，印度经济增长速度为 5.3%，这一数字不仅低于政府预期的 6.9%，而且是 9 年来的最低。自 1991 年推动经济改革以来，印度经济以平均每年 7%的速度增长。在 2004 年至 2008 年间，印度经济平均增速高达 9%。外资大量涌入，进出口总额大幅增长，印度的经济实力快速上升。而按照印度的标准，印度已经拥有大约 3 亿中产阶级。如此耀眼的统计数据让很多西方媒体和印度媒体惊叹为“印度神话”。连续多年的高速增长，加上政治家、印度媒体以及西方媒体对“印度神话”的一再宣扬，很多印度人已经习惯了经济的快速前行，更多的印度人则对改变自己的人生充满乐观预期。经济减速让众多印度人感到不适，充满失望与愤怒。为了改变

这种状况，辛格总理于 2012 年 9 月 14 日出乎意料地宣布，经过内阁会议审议通过进一步开放零售、航空和广播电视等行业的一揽子改革法令，相应增加外资在上述行业公司中的持股比例，另外还决定出售大型国有公司股份，以应对经济增速日益下滑，避免该国主权信用级别再遭调降。辛格在当天的会议上表示，印度到了要进行大刀阔斧改革的时候了，政府应该继续坚定不移地推进经济改革。从近两年趋势来看，印度经济已滑入慢车道，增速持续放缓。此外，财政和贸易双赤字严重，通胀持续高位运行，经济结构存在不平衡缺陷。如何止住经济颓势和取信于民成为执政党的最大挑战，改革成为破解政经困局的唯一出路。遭遇困难的经济表现使得政府频频成为反对党攻击的对象，辛格的经济改革面临巨大挑战。

（二）政府发誓继续推进改革，经济前景仍然不容乐观

面对印度经济发展的困难局面，时任财政部长奇丹巴拉姆在 10 月 9 日接受采访时表示，印度将继续坚定不移地推进经济改革，在已出台的系列改革举措基础上，政府还将推出新的经济改革措施和财政整固措施，以此增加就业并推动经济增长。奇丹巴拉姆警告说，如果不采取进一步改革措施，印度经济将面临停滞风险。印度政府将采取可信并可行的财政整固措施，经济改革将贯穿于整个“十二五”计划期间。新的改革措施方面，政府已决定将保险业外资投资上限从 26%提高到 49%，并希望议会能尽快批准，据称此项改革措施能在中期内吸引 50 亿—60 亿美元的资金。此外，资本市场改革、重启银行牌照发放、减持国有股等措施都已提上政府的行动日程。国际货币组织在其最新公布的《世界经济展望》中将印度 2012 年经济增长率从此前的 6.2%下调到 4.9%。国际货币组织认为，印度当前经济面临的困境包括：投资信心缺乏、新项目出台缓慢、结构改革滞后、外部需求恶化、为抑制通胀不得不维持高利率等。尽管印度政府近期出台了一系列经济改革措施，但国际货币基金组织和世界银行分别于 2012 年 10 月 9 日和 10 日先后下调了印度 2012 年经济增长率预期，并警告印经济表现更差的概率很高。上述预测的修订是基于印第一季度经济低迷、多方面财政削减以及高达 8%的通胀率。大多数分析师认为第一季度经济增长放

缓至 5%—5.5%。世行认为印度政府最近宣布的改革措施包括控制补贴和外国直接投资领域的开放，虽将带来更大的资本流动，但对财政收支的影响有限。由于低税收、加息后国内需求低迷以及高通胀，财政赤字更加恶化。印度财政赤字估计达到 GDP 的 5.8%，远高于预算的 5.1%。国际贷款机构也认为印度能源领域正面临着财政瓶颈。鉴于目前国际经济形势，投资开发能源是一条出路，基础设施的投资可以缓解供应瓶颈并缓冲价格上涨带来的影响。投资者正在等待政府即将出台的一系列政策，包括直接税改革、商品及服务税的实施、土地征用和采矿法案的通过。鉴于政府最近批准的债务重组计划等效果并不理想，印度的经济前景仍不容乐观。

（三）经济改革未见成效，总理亲任财长以增强投资者信心

鉴于印度经济改革效果不甚明显，辛格总理亲自兼任财政部长，以提升投资者信心。据印度财政部预测，在本财政年（2013 年 3 月份结束）后半年，印度经济增长率有望略微提高，而 GDP 的年增长率将在 5.7%—5.9%之间，早期预测为 7.6%。根据印度财政部 2012 年 12 月 17 日公布的官方预测数据，印度 2012 至 2013 财政年经济增长率为 5.8%，这是印度经济 10 年来增长率最低的一年。印度修订的官方预测与国际货币组织的最新预测相一致。印度储备银行不愿意降低利率，但低通货膨胀可能为 2013 年上半年实行宽松的货币政策铺路。此外，印度还必须保证借贷在可控范围之内。印度正寻求减少补贴和出售大量国有公司股票来弥补 2012 年到 2013 年之间的预算赤字，这一数字已占 GDP 的 5.3%。印度近来采取的改革措施允许更多外国公司投资其零售业，但这个世界第二人口大国想要恢复到以前接近两位数的年增长率，还需要付出更多努力。辛格总理决定兼管财政部后，投资者对印度经济复兴的信心有所提升，并期望辛格总理能够实施“第二代”改革措施，让印度经济取得双位数增长。辛格总理在 20 年前实施激进的改革手段，成功改变了印度的经济前景，投资者如今希望这位年近八十的总理能再施展他的改革魔术，让陷入 9 年最低点的经济增长重现生机。12 月 27 日，有数据显示，2012 年印度经济陷入低迷，

连续三个季度 GDP 增长率均低于 6%。印度总理辛格表示，如果印度还将继续实施寻常的经济政策，恐怕不但其经济的高增长难以实现，就连五年计划中 8%的目标也将变成“野心”。

三、对外关系

2012 年，印度的外交异常活跃，动作频繁。一方面，印度继续发展中印关系，与中国保持高层接触，与巴基斯坦实现了高层互访，双边关系有所缓和。另一方面，印度继续强化与美国、日本和东盟的合作，以期实现对中国的制衡，继续搅局中国南海问题。同时，印度在中国发展与不丹和马尔代夫关系问题上充满戒心并试图从中阻挠。

（一）中印关系持续稳定发展，双边贸易额持续增长，军事交流有所加强

2012 年，中印关系持续稳定发展，中印双方高层领导多次会见，共谋两国发展大局，但两国关系中仍有不和谐因素。1 月 16—17 日，中印边界问题特别代表第十五次会晤在新德里举行。中方特别代表、国务委员戴秉国和印方特别代表、国家安全顾问梅农坦诚深入地讨论了中印边界问题和共同维护两国边境地区和平与安宁等事宜。双方表示，将根据已达成的解决边界问题的政治指导原则，努力推进框架谈判进程，寻求公平合理和双方都能接受的解决方案。双方就解决框架交换了意见，并商定对框架谈判以来双方达成的共识进行梳理和总结，并以适当方式加以确认，为未来谈判提供指导。3 月 28 日，胡锦涛主席出席在新德里举行的金砖国家领导人第四次会晤。胡锦涛在会见印度总理辛格时，就中印关系发展及共同关心的国际和地区重大问题交换意见，达成新的重要共识，并就发展中印关系提出保持高层往来、增进政治互信等五点建议。11 月 19 日，温家宝总理在柬埔寨金边会见印度总理辛格，希望中印抓住两国发展的战略机遇，扩

大互利合作。12月3日，国务委员戴秉国在同印度国家安全顾问梅农会谈时表示，中国欢迎并积极看待印度的发展，中印要坚定世界有足够空间供中印共同发展和开展合作的共识，把握机遇，加强合作。2012年，中印双边贸易持续增长，经济合作继续加深。双边贸易额从2010年的610亿美元增加到2011年的740亿美元，2012年有望继续增加。11月26日，两国在印度举行第二次中印战略经济对话，双方同意下设基础设施工作小组，主管双方高铁合作问题。印度希望中国对印度企业开放服务业、信息技术和制药业，并寻求中国在其基础设施领域加大投资力度。不过，此次对话举行的舆论环境并不清净，部分印度媒体仍在炒作中国新版电子护照地图。年内，中印军事交流也有所加强，继续建议军事互信。8月29日，中国国防部长梁光烈访问印度，双方就如何加强中印防务关系举行会谈，包括加强措施以保持两国边境地区的和平与安定，以及促进在两国武装力量之间建立信任的措施。此次访问是7年来中国国防部长再次访问印度，将在一定程度上减少双方在有关领域的分歧。

（二）印巴实现高层互访，双方关系逐步改善

2008年孟买恐怖袭击事件发生后，印度与巴基斯坦的关系一度处于紧张状态。2012年，两国关系开始解冻。4月8日，巴基斯坦总统扎尔达里以私人身份访问印度，两国领导人在新德里会晤，双方对促进两国关系正常化一事表达了高度善意。访问期间，印度总理辛格欣然同意扎尔达里提出的回访邀请。9月7日，印度外交部长克里希纳前往巴基斯坦，在抵达伊斯兰堡的当天就拜会了巴基斯坦总统扎尔达里、总理阿什拉夫，并立即与与巴基斯坦外长希娜·哈尔举行了会谈。双方均认为两国的友谊是“大势所趋”，特别是两国在一些敏感事宜上达成一致之后。克里希纳还对巴基斯坦外长对两国关系所做的努力表示称赞，并表示如果受到巴基斯坦总统的邀请，印度总理辛格可能很快访问巴基斯坦。克里希纳还引用哈尔的话称，现在巴基斯坦人民对印度的态度有了积极的变化。继巴基斯坦总统扎尔达里与印度总理辛格于2012年8月底在德黑兰会晤后（共同出席不结盟峰会），这次印度外长对巴基斯坦的访问，使得印巴两国关系有了新的改善。此次印度外长访巴的最大收获是，两国终于就放宽对各自公民的签

证限制达成了协议。这是印巴关系的一个突破，尤其对两国跨境离散的亲属团聚而言是一个福音。克里希纳在回答巴基斯坦记者提问时强调，印度希望一个繁荣和稳定的巴基斯坦，强调两国要用对话方式解决一切争端。而哈尔外长则强调，过去两年两国关系的改善完全是因为两国政治家不再沉陷于历史宿怨。扎尔达里总统在接见印度外长时强调，巴基斯坦十分愿意为南亚地区实现持久和平与繁荣而努力。此次会谈对一些影响两国关系的、重大的、悬而未决的纠纷进行了逐一讨论，双方对今后关系的发展趋势都持乐观态度。作为此次访问的成果之一，印度和巴基斯坦两国签署的签证自由化协议于10月开始生效，该协议结束了两国长期签证限制，并首次引入团体游客签和宗教朝圣签，同时将商务签证与旅游签证从类别上分开。新的签证协议取代了双方延用了近40年的严限签证政策，为密切两国人民的联系和促进贸易起到推动作用。与此同时，印巴两国企业界和商界人士要求迅速扩大双边贸易的呼声日渐高涨。在巴基斯坦第一大城市卡拉奇、第二大城市拉合尔，有关如何促进印巴贸易关系的各种学术研讨会和推介会不断，巴基斯坦企业界人士踊跃参加，印度到卡拉奇和拉合尔洽谈经贸合作业务的商人陡增。

（三）印美承诺深化战略伙伴关系，共同应对中国崛起

2012年4月17日，在南海局势紧张、朝鲜发射卫星等背景下，美国助理国务卿坎贝尔在印度首都新德里与印度外交部的同行举行与东亚问题有关的对话，其中包括中国问题及南海局势、朝鲜发射火箭以及缅甸反对派领袖昂山素季在议会选举中获胜等。6月5日，美国国防部长利昂·帕内塔抵达印度。在为期两天的访问中，帕内塔会见了印度总理辛格、国家安全顾问梅农以及其他官员，并发表政策演讲。双方讨论的问题包括扩展防务联系、北约在阿富汗的战事以及中国在该地区不断增强的经济和军事力量。帕内塔表示，在与印度建立“一种坚固的安全关系”方面，美国希望“维护”自己的利益。鉴于中国在南海问题上的强硬举措使其与越南、菲律宾、马来西亚等国家产生了冲突，印度国防部长安东尼与帕内塔都强调要确保在国际海域的通航自由。在2012年1月份公布的奥巴马总统的新

战略蓝图中，印度是唯一作为关键伙伴被具体提及的国家。美国官员表示，两国都有着民主传统，而且同样关心中国的态度以及南亚伊斯兰极端分子带来的威胁。6月13日，印度与美国在华盛顿举行第三轮战略对话，双方承诺进一步扩大并深化两国全球战略伙伴关系，同时提出以推动共同繁荣、和平与稳定为中心内容的远景规划。美国国务卿希拉里·克林顿和印度外长克里希纳在对话结束后发表联合声明称，对于亚太和印度洋地区的和平、稳定与繁荣，两国看法一致，并且致力于携手合作，与地区其他国家一道“发展一个开放、均衡和不排斥任何一方的架构”。双方强调依据国际法保障海上安全、无阻碍通商和自由航行的重要性，强调应和平解决海上争端。双方还同意继续就重大国际问题保持密切磋商，包括在缉毒、打击海盗、保障海上安全和提供人道援助及救灾等领域开展双边磋商并交换信息，同时在阿富汗问题上开展合作，与阿富汗政府举行三方对话。两国外长对两国防务关系取得的进展表示满意，指出两国过去6年开展了不少军事演习和交流活动，双方重申通过加强技术转让、联合开展研发和联合生产防务产品等形式加强防务合作。印美前两轮战略对话分别于2010年6月和2011年7月在华盛顿和新德里举行。双方同意第四轮对话于2013年在新德里举行。

越来越多迹象表明，印美正就亚洲问题达成共识。印度与美国加强战备合作，目的在于共同应对中国的崛起。

（四）加紧实施“向东看”战略，拉拢东盟制衡中国

20年前，印度首次提出“向东看”战略。2012年11月，印度总理辛格参加在柬埔寨首都金边举行的第10届东盟—印度峰会及东亚峰会。东盟—印度峰会将使印度与东盟的关系上升至一个新的高度。在东盟国家和包括印度在内的经济伙伴间推广“区域全面经济伙伴关系”的谈判将是在该地区创建经济共同体的“一大步”，而东亚峰会也是在亚太地区推广和平、稳定和繁荣的论坛。辛格利用此次机会推进印度的“东向”战略。对于经济快速增长的印度来说，东盟是其发展经济不可或缺的合作伙伴，是一个非常有潜力的投资地，而产业结构的较强互补性也使扩大合作成为可能。

对东盟而言，印度是一个拥有10亿人口、国内生产总值超过8000亿美元的巨大市场，为东盟国家提供了广泛的贸易和投资机会。此外，双方在能源、农业、信息产业、教育等领域均有广泛巨大的合作前景，加强双边合作也可减少双方对美国和欧盟市场的依赖，化解国际市场变化所带来的风险。2012年12月20日，东盟—印度峰会首次在新德里举行，来者包括东盟所有成员国的国家元首和政府首脑（菲律宾由副总统代替总统出席）。东南亚领导人以一场在印度的“宏大聚会”，纪念双方首脑级会议开启10周年和对话伙伴关系20周年。此次峰会对东盟与印度关系的最新定位为“战略伙伴关系”。印度于1992年成为东盟的行业对话国，1995年升级为全面对话伙伴关系。这是印度加速同该地区交往的决定性步骤。正如印度总理辛格所说，“向东看”不只是外部经济政策，还是印度世界视野的战略性转移。为达到这一目标，新德里已经通过与新加坡、印尼和越南举行联合演习等方式培养与这些国家的战略和国防联系，使东南亚感受到印度的存在。年内，印度还频繁插手南海和东盟事务。在柬埔寨举行的东盟外长会议上，印度外长克里希纳声称，南海地区的自由通航和资源的自由获取必须得到保证，这也关乎印度的国家利益。印度媒体认为，克里希纳此言是对“中国南海霸权”的反对。5月27日，印度总理辛格访问缅甸，并分别会见缅甸总统吴登盛和反对党领导人昂山素季，这是印度总理25年来首次访问这个邻国。在与缅甸总统吴登盛的会谈中，双方同意加强两国多领域合作，推动双边关系发展。根据双方会后发表的联合公报，双方同意在双边、地区和国际事务上加强互利合作，重申打击恐怖主义和叛乱活动，加强安全部队合作和边境管理，确保边境地区的安全与稳定。两国领导人还承诺加强缅印在贸易和能源安全领域的合作，力争使双边贸易额在2015年前实现翻一番的目标。辛格缅甸之旅的另一个目的是再次确认印方与反对党领导人昂山素季的关系。昂山素季的母亲曾任缅甸驻印大使，昂山素季在印度度过中学时代。缅甸政治斗争中，印度一度支持昂山素季，20世纪90年代转与军政府加强关系。昂山素季软禁期满获释后曾说，她对印方不给予支持感到“难过”。辛格缅甸之旅的另一个目的是加强贸易和投资，促进两国边境地区发展。印度发展与缅甸的关系在很大程度上改变了印度与中国在湄公河领域竞争的不利地位。印度与缅甸等国家成立的“五国合作组织”也包含与中国竞争的意图，以提升印度对东盟的影响力，强化印度在东盟的地位。

（五）印俄关系继续发展，武器供应成为重要内容

2012 年 12 月 24 日，俄罗斯总统普京访问印度，双方就俄印合作和重大国际问题展开讨论。普京明确表示，加强与印度的友好关系是俄罗斯的头等外交大事。2012 年是俄印建交 65 周年，在过去的 10 年里，俄印两国在一系列领域都进行合作，并取得巨大进步。虽然时代在变，但双边关系的原则却没有改变。印俄两国于 2000 年 12 月签署的战略合作宣言标志着两国关系真正的历史跨步。访问期间，普京与印度总理辛格签署了价值 29 亿美元的军备销售合同，内容涉及印度从俄罗斯购买 42 架苏—30 型战斗机和 71 架米—17 型军用直升机。双方还签署了关于军工技术合作转让的意向书以及关于外空科技合作的协议。值得关注的是，双方领导人均强调发展经贸合作。普京和辛格同意启动有关建立一个包括白俄罗斯和中亚独联体国家在内的经济合作区域的谈判，并同意建立一个总额 20 亿美元的政府基金用于发展双边经贸。长期以来，军售一直是俄罗斯和印度双边关系的支柱，印度军事装备中 70%以上从俄罗斯进口。不过，近年来印度开始推动军备采购渠道的多样化，一些西方武器制造商在印方的采购招标中频频中标。相反，俄罗斯近来在印度国防部的招标中却屡屡受挫。例如，美国波音公司击败俄罗斯米尔直升机制造厂，拿下一笔印方直升机采购大额订单。与此同时，印俄近来在军事技术合作领域也出现一些摩擦和矛盾。例如，由俄罗斯改造并出售给印度的“超日王”号航空母舰（即苏联“戈尔什科夫元帅”号航母）的蒸汽锅炉 2012 年 7 月在进行海上试航时发生事故，俄方将事故责任归咎于印方，而印方则扬言要对俄方征收罚款。此外，印度对于同俄罗斯联合研制第五代战机项目的热情也在下降。俄印关系的维系在很大程度上得益于军事合作渊源。从 2003 年起，两国轮办海陆联合演习；从 2007 年起，印度一直是俄罗斯武器出口的最大目的地国。然而近年来，俄罗斯在印度军购中一家独大的地位正在受到挑战，一些西方武器制造商频频中标。

（六）印日加强勾结，试图制衡中国

2012 年 5 月 6 日，印度与日本两国外长在新德里达成协议，计划于下半年共同举行以“保障海上交通安全”为核心的联合军事演习，这是印日两国军事力量举行的第一次双边演习，其背后有两国各自的战略考量，未来军事合作动向值得关注。虽然两国海上军事力量在亚太地区都居前列，但其影响在地理以及传统上并没有相应的交集。特别是日本，此前更多的是由其自卫队与美国军队共同举行双边演习。但近年来，日本不断突破和平宪法的限制，在对外军事合作上实现了一次又一次突破。而与印度海军进行双边军演，则可以进一步试探国内外对自卫队跨出国门的容忍度。6 月 4 日，日印海军在东京附近的相模湾举行了首次共同演习，印度海军出动了 4 艘驱逐舰，日本自卫队出动了 2 艘护卫舰，双方进行了模拟作战队形和搜救的训练。10 月 22 日，日印两国外交、防卫部门在东京举行副部长级对话，就在印度洋上开展海上自卫队和印度海军共同演习达成协议。10 月 29 日，美、印、日三国召开三方会谈。此次会谈除了分析其战略意义，还着重强调了印度在东南亚国家的影响力，并称日本希望借此来抗衡中国。日本将利用印度在缅甸的影响力，并借助美国的战略实力来对这些东南亚国家实施海外发展援助计划。在过去 10 年，日本将海外援助作为其战略优势，而最近几年日本的援助不断减少，取而代之的是中国在海外的巨额企业。如今，日本意欲利用对印度和越南的援助重新展开“支票簿外交”，试图恢复其地区影响力。由于印度、日本和美国在亚太地区越来越紧密的联系，三国在地区战略认知上有了更深入的互动。日本准备和重视与印度合作的美国步调一致，强化日印关系。在双边会谈中，印方还与日方讨论了引入日本高速铁路“新干线”以及对日提供稀土等问题。为了摆脱对中国稀土的依赖，日本转向印度进口。印度将保证日本每年稀土使用量的 15%，即 4000 吨稀土。此外，双方还决定在年内启动两国外长此前同意举行的局长级海洋磋商。印度副外长马塔伊会后还与日本外务大臣玄叶光一郎进行了会晤，玄叶表示日本期待同印度在多个领域展开密切合作。印度国防部副部长夏尔玛则在会后拜会日本防卫省，与防卫省高层就日印海军保持信息紧密沟通达成了共识。

四、安全形势

2012—2013财政年度，印度的国防开支高达386亿美元，增幅达到17%，同时印度也成为全球最大的武器买家。印度不断增加的庞大军费已经超过印度的安全所需，从而引起国际社会的广泛关注，大幅增加的国防开支也引起邻国的担忧。对于印度近年来军费过快增长，印度国内也有不同看法。反对者认为，印度应该把一部分军费用到解决国内社会问题上。近年来，印度一直把军队作为实现其“世界大国”战略目标的主要手段之一，并制定了完整的军事战略，其目标就是：以实力为后盾，控制弱小邻国，遏制东北部邻国，排挤大国对南亚和印度洋事务的干涉，积极争当世界大国。为实现这一战略目标，印度制定了“适当控制数量，重点加强质量，进一步提高战斗力”的军事发展方针，强化军队现代化建设，积极扩充军备，全面提高印军的作战能力。

（一）印度跃升军购大国，千亿美元军购为与中巴同时开战

近年来，印度一直是国际军火市场上的大客户。2012年，印度计划投资1000亿美元用于今后5—7年内的武器装备采购，以实现军事现代化。但是印度陆军高级官员表示，如果按印度“同时与中国和巴基斯坦开战”的军事战略，这一数字至少要增加到1500亿美元。印度计划在印中、印巴边界增兵，并为其山地步兵配备新型武器装备。目前，印度正在升级51架“幻影2000”战斗机，并从法国采购126架多功能“阵风”战斗机，包括直接购买的18架战机和在印度制造的108架，耗资达110亿美元，以增强作为世界第四大空军的实力。2012年1月5日，印度内阁批准了一项金额为12亿美元的军购大单，将从欧洲导弹集团（MBDA）采购500枚空对空导弹。这项订单是印度军事现代化进程的一部分，而这一进程旨在应对与

中国及巴基斯坦的紧张关系。这是印度 2011 年 7 月通过的升级 51 架“幻影”2000 战机一揽子计划的一部分。该计划总金额达 24 亿美元，由法国军事电子厂商泰雷兹公司及达索飞机制造公司具体执行，预计需要 10 年才能完成。目前，已有两架“幻影”战机送抵法国进行升级，而其余的则进入印度斯坦航空公司的厂房进行现代化改造。目前，印度正耗资数百亿美元对军队的硬件进行升级，以应对与中国及巴基斯坦的“长期紧张局势”。5 月 10 日，印度国防部要求财政部提供额外预算，以使军队能够应对中国和巴基斯坦分别在东部和西部边境发动的钳形攻势。印度制定千亿美元的军购计划，目的就是为与中巴两国同时开战做准备。

（二）印军频繁举行军演，加强对我军事准备

2012 年 2 月 1 日，印度海军与来自 13 个国家的海军共同举行代号为“米兰”的第八次海军演习。此次演习旨在增强预防海上恐怖主义行为、海盗和非法捕捞以及实施人道主义搜救的能力。参与此次演习的 14 个国家包括澳大利亚、缅甸、文莱、马来西亚、印度尼西亚、泰国、新加坡、孟加拉国、斯里兰卡和马尔代夫等。“米兰”军事演习始于 1995 年，除 2011 年与 2005 年外，皆每隔两年举行一次。9 月 17 日，印度军队在中印边境部署两个坦克旅，分别在拉达克和印度东北部，在拉达克的第 14 军团将会被分配到一个装甲旅，覆盖从西藏到久舒尔的平坦入口，而第二个装甲旅将会被部署在西孟加拉邦的西里古里走廊。该计划包括增加 6 个装甲团，包括储备在内，共配备 348 辆坦克，每个团 58 辆。另外，还将增加 3 个步兵营，BMP－Ⅱ步兵战车的数量将提升至 180 辆。这是印度第一次在中印边界部署装甲编队，而这些装备了主战坦克和 BMP－Ⅱ步兵战车的编队通常只是用于抵御“外敌入侵”。此前，印度已从俄罗斯购买了 657 辆坦克，并将获准再建造 1000 辆，印军还希望能得到该坦克的最新版本。9 月 25 日，为了检验军队的战备状态，印度军队东部陆军司令部麾下的 33 支部队最近在印度东北地区的印中边界举行了军事演习，旨在检验针对中国军队的战备情况。此外，还准备不久后在印巴边界举行类似演习。过去 5 年，印度已举行过数次军演，包括“胜利”军事演习、“苏达尔尚·沙克蒂”军事演习和“桑格·沙克蒂”军事演习，以验证自身的抗敌作战理念。印

度军队近来的建设重点主要放在该国东部，这一地区自印度独立以来未有太大发展。为此，印度陆军在东北地区部署了两个山地师、一个特种部队营、一个炮兵旅以及一个装甲团。印度空军则在印度东北部部署了苏－30MKI 前线战斗机，并计划很快在该地区新建一些机场。印度正悄悄地在实际控制线附近的高海拔地区进行空降训练，加强战备。这项作战训练隶属于一项总体计划，旨在战略上对抗中国在争议边界附近大规模提升军事基础设施的举动。2012 年 11 月 23 日，印度成功进行了一次弹道导弹防御系统的试验，展示了印度同时拦截多个导弹袭击的能力。试验中所用的攻击导弹也是“大地”型导弹，其打击范围为 600 至 1000 公里。负责进行此次试验的印度国防研究与发展组织表示，该导弹拦截系统有望在 2014 年开始投入部署。

（三）加强军事现代化建设，向世界军事大国迈进

印度积极追求“世界大国”的战略目标，与之相对应，其正在积极抓紧实施军事现代化建设，尤其是在海军方面，提出了“海洋威慑”和“远海歼敌”的战略思想，欲建世界第二大航母编队，为称霸海洋做准备，并积极调整海军外交来“制衡”中国。多年来，印度一直投入巨资加强国防现代化建设，力图迈向世界军事大国。2012 年前 3 个月，印度在军备建设上的大手笔令世界为之震惊：1 月底，印度正式确定购买法国 126 架“阵风”战斗机。2 月份，印度在东部奥里萨邦沿海军事基地成功进行了第七次导弹拦截试验。3 月份，印度又成功试射了潜射型“K—15”弹道导弹。印度大手笔的强军计划背后是其孜孜以求的大国梦。此前印度军备现代化的步子比较缓慢，很多武器还是苏联时代的旧式军备。而现在印度大量购买战斗机、海军护卫舰、直升机和其他装备，一跃成为世界第一大武器进口国。印度空军近年来为对抗实力不断强大的中国解放军，花大钱采购了不少先进武器装备。不过，由于多数战机服役时间过长、工业维修能力不足和高级教练机欠缺等问题，印度在新战机到位之后很难快速形成战斗力。长期以来，印度一直视印度洋为“命运之洋”、“未来之洋”，想要主导印度洋，以航母为核心的舰队自然不可或缺。据印度军方估算，要想在防范巴基斯坦的同时强化远洋力量，至少需要保持 3 艘大中型航母在役。

为促使这一愿景尽快成为现实，印度海军很早就决定采取外购、改造和自主研制“三管齐下”的办法，加快航母发展步伐。就航母操作而言，印度一直师从英国。不过，在新世纪之初选择合作伙伴时，它却盯上了俄罗斯海军闲置多年的“戈尔什科夫”号，其为“维克拉玛蒂亚”号的前身。2004年1月，俄印签署关于购买并改装该舰的协定，规定由俄方对舰体布局进行重新设计。施工中，航母原有的大量武器装备被拆卸一空，取而代之的是全通式滑跃飞行甲板。“维克拉玛蒂亚”号未服役即成为国际媒体关注的焦点，并非缘于其强大的实力，而是因为该舰改造工程之艰难远远超出新德里的预料。该舰本来定于2008年交付，但改装费用不断飙升，从原来的15亿美元提高至29亿美元，交付日期也一拖再拖，先是延期到2010年，后又延期至2012年，此间一度被印方主管官员受贿的丑闻笼罩。无论如何，经过长达8年的施工，“维克拉玛蒂亚”号终于在2012年6月8日开始了试航。同年4月4日，由俄罗斯建造和租借给印度的“海豹”号核潜艇编入印度海军，印度表示这将壮大印海军的力量。而随后在4月15日印度还试射了射程达到5000公里的“烈火－5”洲际导弹，能够将北京纳入其射程范围之内。“海豹”号核潜艇交付印度后更名为“查克拉Ⅱ”号。

五、社会民生

2012年，印度发生的一系列有关社会民生的重大事件，从飞行员罢飞、全国大面积停电、遍布全国的随地大小便到年底新德里发生的黑公交轮奸女大学生致死案等，无情地敲击着追逐“大国梦”的印度领导人的敏感神经，给印度的经济发展和社会进步增加了诸多不定因素。

（一）数百名飞行员集体罢飞，航空业受巨大影响

2012年5月8日，在困境中挣扎的印度航空公司遭遇新的挫折：100多名飞行员突然集体“生病”并拒绝执行飞行任务，随着更多飞行员报告“身体不适”，因“生病”罢飞的飞行员将超过250人。受飞行员“生病”

罢飞影响，印度航空公司不得不取消4条国际航线的航班，受影响的航班超过200个。由于受燃油价格上涨和管理不善等诸多因素的影响，印度航空公司目前背负数百亿美元债务，飞行员大罢工造成的直接或间接经济损失已经高达23亿卢比。导致此次罢工的导火索之一是印度航空公司制定的波音787梦想客机培训计划，2012年12月波音公司向印度航空公司交付了第一架波音787客机，飞行员培训随之展开，但问题在于印度航空公司原有飞行员对于合并公司“印度人航空公司”飞行员也能加入表示不满。此外，工资水平和工作待遇也是引发罢工的原因之一。

（二）大面积停电影响居民生活，暴露基础设施严重缺陷

2012年7月31日，印度三大电网先后出现故障，造成6亿多人口电力供应中断。作为备受国际社会瞩目的金砖国家之一，“大放光芒”的印度竟发生这种有损其光辉形象的重大事故，发人深思。近年来，随着印度经济的发展，印度全国对电力的总需求持续增长，大大超过发电能力增长的速度。毫无疑问，电力不足和基础设施落后是导致印度发生大规模停电事故的直接原因。现在，印度全国仍有约40%的人口无电可用，而用上电的人口也经常遭遇断电的困扰。印度许多企业、宾馆、医院、机场都不得不自备发电设备，以防不时之需。印度电力的严重短缺大大制约了其经济与社会发展。造成印度电力“供不应求”的原因，除了久已存在的电力设施陈旧、电力运输损耗大等问题外，一些已有电厂运营不足也是重要原因，而罪魁祸首当属能源短缺。印度大规模停电事件所反映的不仅仅是一个基础设施落后和能源不足的问题，还反映了体制和思想观念的深层次问题。在印度，随地大小便一直是个大问题。印度计划委员会承认，印度独立60年后，仍有一半人口露天解决大小便问题。人口普查显示，印度人口如今超过12亿，而居住在有厕所住房中的人仅占46.9%，印度约1.3亿户家庭没有厕所。世界卫生组织和联合国儿童基金会的一项最新报告显示，超过58%的印度人口在户外大小便，约占全球在户外大小便人口的3/5。印度乡村发展部内阁部长杰拉姆·拉梅什也坦言，印度已经成为全球

"随地大小便之都"，每天载客量1100万人次的铁路系统是"全球最大的露天厕所"。

（三）黑公交轮奸惨案引发全国抗议，女性权利难以保障

2012年12月16日晚，一名23岁女大学生在南德里乘坐公交车时，被车上的一伙暴徒轮奸，与该女子同行的一名男性伙伴则遭到铁棒毒打，两人最后还被扔出公交车外，该女子受伤严重，后经抢救无效死亡。这起性质恶劣的案件在印度甚至国际上引发强烈的愤慨，随后印度多地持续爆发大规模的抗议示威活动，要求政府严惩女大学生被轮奸案的罪魁祸首，并改善首都的治安情况，大力打击性犯罪活动。迫于巨大的社会压力，印度总理辛格召见了内政部长及相关负责人，要求尽快彻查这起轮奸事件，并拿出切实措施整改首都的社会治安。内政部长信德随后召开紧急新闻发布会，表示将成立专门的调查委员会彻查这起事件，并承诺将所有嫌犯绳之以法，按照相关法律严惩。"黑公交"轮奸惨案激发印度政界考虑采用新的方式保护女性安全。例如，印度执政党国大党领导的进步统一联盟目前正考虑引入新的条款，修订该国的反强奸法律。印度国会也讨论一些对强奸犯实施更严厉惩罚的提议，包括对强奸者实施"化学阉割"等。这起案件之所以在印度社会引起轩然大波，首先是事件本身极其恶劣、令人发指，警方在处理案件时的不作为激起印度社会积攒已久的不满情绪。其次，在一些反对党派和利益集团的不断鼓动下，正在崛起的中产阶级希望通过抗议示威来表达权利关切。惨案发生以来，包括首都新德里在内的印度多地多次爆发民众示威游行，要求严惩施暴罪犯，并呼吁通过立法提高妇女权利，保障女性安全。印度总统慕克吉发表公开声明："希望所有人维护和平、保持冷静，同时让我们一起努力确保女孩不会白白牺牲。"总理辛格也对女孩的逝世表示"无比悲痛"，并认为这起事件引发的民众反应"完全可以理解"，同时强调"人们应当把这些情绪和动力转换成有建设性的具体行动，这才是纪念女孩最好的方式"。印度多位政要也纷纷发表声明，呼吁民众保持冷静，并希望尽快将凶手绳之以法。为平复民众情

绪，印度政府已宣布成立一个专门质询委员会调查这起恶性强暴案件。辛格总理表示，通过这一事件可以看出，印度民众迫切希望国家尽快进行社会改革，切实保障妇女权利及安全。

2012年巴基斯坦综述

陈继东

2012年巴基斯坦国内局势跌宕起伏，但未失控；外交姿态活跃，但成果有限；经济略有起色，但仍很脆弱；社会安全情况有所好转，但总体形势依然严峻。

一、内政

2012年巴基斯坦内政事端起伏，导致政府总理换人，但局面总体未失控，各方博弈主要围绕以下问题展开。

（一）全国和解令判决执行案

2012年1月10日，最高法院就政府不执行“全国和解令”（NRO）判决一事，向总统和总理以及司法部长发出警告。[①] 1月11日，最高法院成立由7名法官组成的法庭来审理政府不执行对全国和解令判决的案件。1月16日，最高法院向总理吉拉尼发出藐视法庭的通知并要求其在1月19

① Hasnaat Malik，Court lists six options to act over non-implementation of NRO order，Daily Times，Jan 11，2012，http：//www. dailytimes. com. pk/default. asp? page=2012 \ 01 \ 11 \ story _ 11－1－2012 _ pg1 _ 1.

日出庭受审。[①] 2012年1月19日，总理吉拉尼出庭为自己不向瑞士当局写信的行为进行辩护。吉拉尼坚持，总统拥有豁免权是他不写信的原因并拒绝承认对他的藐视法庭的指控。

经过几轮审理之后，最高法院在4月26日宣判吉拉尼蔑视法庭罪成立，拘押至法庭起立为止。[②] 5月8日，最高法院发布对吉拉尼藐视法庭的详细判决。6月19日最高法院宣布从4月26日起取消吉拉尼的议员资格。随后，巴选举委员会根据最高法院的判决，公布取消吉拉尼议员资格的通知，并宣布该席位空缺。[③] 吉拉尼在失去议员资格之时起就不能继续担任政府总理了。6月22日，人民党候选人阿什拉夫当选为巴基斯坦新总理。6月27日，最高法院要求总理阿什拉夫在两周内向瑞士当局写信。

为彻底避免政府领导人受藐视法庭罪的指控，人民党利用其领导的执政联盟在议会中的优势，试图通过修改现行《藐视法庭罪法案》的相关条款，从法律层面改变被动局面。8月3日，最高法院宣布《藐视法庭法案2012》无效，[④] 这使人民党想通过修改法律保护总理的做法没能实现。

面对可能出现再次罢免总理的情况，巴政府和最高法院也在寻求解决之道并调整各自的立场。[⑤] 9月18日，阿什拉夫同意致信瑞士当局。11月14日，政府向最高法院报告，政府已经完全遵照法院对全国和解令案件的判决。司法部长奈克向最高法院递交了关于写信给瑞士以及瑞士当局收到

① SC issues contempt notice to PM，The Nation，Jan 16，2012，http：//www.hation.com.pk/pakistan-news-newspaper-daily-english-online/national/16 — Jan — 2012/sc-issues-contempt-notice-to-pm.

② All in 32 seconds，Daily Times，April 27，2012，http：//www.dailytimes.com.pk/default.asp? page=2012 \ 04 \ 27 \ story _ 27—4—2012 _ pg1 _ 1.

③ Iftikhar A. Khan，Election Commission denotifies Gilani a few hours after SC verdict：Prime minister is sent packing，Dawn，Jun 20，2012，http：//dawn.com/2012/06/20/election-commission-denotifies-gilani-a-few-hoursafter-sc-verdict-prime-minister-is-sent-packing/.

④ Hasnaat Malik，Top court strikes down new contempt law，Daily Times，Aug 04，2012，http：//www.dailytimes.com.pk/default.asp? page=2012 \ 08 \ 04 \ story _ 4—8—2012 _ pg1 _ 1.

⑤ Hasnaat Malik，Swiss letter saga takes a new twist，Daily Times，Aug 16，2012，http：//www.dailytimes.com.pk/default.asp? page=2012%5C08%5C16%5Cstory _ 16—8—2012 _ pg1 _ 1.

信件的相关文件。随后，最高法院宣布取消对总理阿什拉夫藐视法庭案的通告，并撤销对巴基斯坦政府的诉讼。① 到此，历时 3 年的“全国和解令”判决执行案暂告结束。

（二）扎尔达里双职位判决案

2012 年 6 月 22 日，拉合尔高等法院首席法官向总统秘书长发出通知，要其在一个月内就总统对双职位案件判决的执行情况给出答复。② 6 月 27 日，拉合尔高等法院要求总统在 9 月 5 日之前放弃人民党联合主席职位并不能在总统府从事政党活动。③ 9 月 5 日，拉合尔高等法院通过总统秘书长向总统发出通知，要求扎尔达里就违反该院判决继续担任人民党主席一事给予答复。④ 11 月 22 日，法庭认为，在对总统启动藐视法庭罪起诉之前，必须先解决豁免权问题。⑤ 在随后的几次庭审期间，双方围绕总统的豁免权展开辩论。总统的辩护律师以各种理由要求法庭推迟审理，⑥ 该案件将在 2013 年继续审理。

（三）议员双重国籍问题

2012 年 3 月 12 日，马哈茂德·阿克塔尔·纳克维（Mahmood Akhtar

① SC discharges contempt notice against PM，drops proceedings，APP，Nov 14，2012，http：//app. com. pk/en _ /index. php? option=com _ content&task=view&id=214591&Itemid=1.

② Zardari put on notice for contempt of court，Daily Times，Jun 23，2012，http：//www. dailytimes. com. pk/default. asp? page=2012%5C06%5C23%5Cstory _ 23-6-2012 _ pg1 _ 4.

③ Amir Riaz，LHC asks president to shun politics in Presidency till Sept 5，The News，Jun 28，2012，http：//www. thenews. com. pk/Todays-News-13-15656-LHC-asks-president-to-shun-politics-in-Presidency-till-Sept-5.

④ Rana Tanveer，Dual offices case：LHC issues fresh notice to President Zardari，The Express Tribune，Sept 06，2012，http：//tribune. com. pk/story/432267/dual-offices-case-lhc-issues-fresh-notice-to-president-zardari/.

⑤ Dual office case adjourned till Dec 5，Dawn，Nov 22，2012，http：//dawn. con/2012/11/22/dual-office-case-adjourned-till-dec-5/.

⑥ Zardari dual office case：LHC adjourns hearing till November 7，The Express Tribune，Oct 31，2012，http：//tribune. com. pkstory/458810/zardari-dual-office-case-Ihc-adjourns-hearing-till-norember-71.

Naqvi）向法院起诉称，包括内政部长马利克在内的35名议员拥有双重国籍，违反了国家相关法律规定。最高法院组成3人法庭审理此案，并要求相关议员和联邦、省选举委员会向最高法院递交对此事的答复。① 至此，该问题凸显出来。

2012年5月26日，最高法院经过庭审后宣布，前巴驻美大使哈卡尼的夫人法拉赫娜兹·伊斯帕哈尼拥有美国国籍，暂停其国民议会议员资格，不得参加国民议会的各种会议。② 6月4日，最高法院暂停内政部长马利克的参议员资格，如果马利克能在6月13日前向最高法院提交足够的证据，其参议员的资格将恢复。同时，最高法院要求包括财政部长谢赫、参议院副主席、俾路支和穆盟（谢派）成员在内的另外14名议员提交有关双重国籍的答复。③

到6月底，最高法院还暂停了3名人民党成员、1名穆盟（谢派）成员的议员资格。④ 7月3日，最高法院暂停了1名穆盟（谢派）成员的议员资格。7月4日，最高法院暂停了2名统一民族运动党成员的议员资格。9月20日，最高法院宣布，取消包括此前被暂停议员资格在内的11名各级议员的资格。同时，最高法院认为，内政部长马利克在选举文件中的声明不真实，因此要求参议院主席决定是否罢免马利克的参议员资格。⑤

最高法院还要求巴基斯坦选举委员会提交拥有双重国籍议员的名单，共有16名议员没能按时提交证明。随后，信德省议会的6名议员辞去部长

① SC asks for evidence in dual nationality case，Dawn，March 12，2012，http：//dawn. com/2012/03/12/sc－asks-for-evidence-in-dual-nationality-case/.

② Terence J Sigamony，SC suspends Farahnaz as MNA over US nationality，The Nation，May 26，2012，http：//www. nation. com. pk/pakistan-news-newspaper-daily-english-online/national/26－May－2012/sc-suspends-farahnaz-as-mna-over-us-nationality.

③ Hasnaat Malik，Dual nationality case，Daily Times，Jun 05，2012，http：//www. dailytimes. com. pk/default. asp? page＝2012％5C06％5C05％5Cstory _ 5－6－2012 _ pg1 _ 2.

④ Hasnaat Malik，Dual nationality case，Daily Times，Jun 26，2012，http：//www. dailytimes. com. pk/default. asp? page＝2012％5C06％5C26％5Cstory _ 26－6－2012 _ pg1 _ 3.

⑤ Dual nationality：SC sends packing 11 MPs，Daily Times，Sept 21，2012，http：//www. dailytimes. com. pk/default. asp? page＝2012％5C09％5C21％5Cstory _ 21－9－2012 _ pg1 _ 3.

职务。[①] 另外，属于统一民族运动党的 4 名国民议会议员也因双重国籍而主动提出辞职。[②]

双重国籍事件导致多名议员被取消资格，人民党在国民议会的支持席位现在最多能得到 220 席，达不到国民议会 2/3 多数的 228 席。[③]

（四）备忘录调查事件

2012 年 1 月初，按照备忘录事件调查委员会的要求，陆军参谋长基亚尼和三军情报局长帕萨向该委员会递交了答复。[④]

但是，政府对基亚尼和帕萨的这一行动表示不满。1 月 9 日，正值陆军参谋长基亚尼访问中国之际，巴基斯坦总理吉拉尼在接受人民网采访时表示，基亚尼和三军情报局长帕萨向备忘录事件调查委员会递交答复前需得到批准，没有政府批准的行动“违宪和非法”。[⑤] 1 月 11 日，政府以在国家机构间造成误解为由，将国防秘书纳伊姆・哈立德・罗德希（Naeem Khalid Lodhi）解职。[⑥]

1 月 11 日，巴基斯坦三军公关处发表声明表示，总理有关基亚尼和帕

---

① Dual nationality: Six lawmakers including four ministers resign in Sindh, Dawn, Dec 02, 2012, http: //dawn. com/2012/12/02/dual-nationality-six-lawmakers-including-four-ministers-resign-in-sindh/.

② Now four MQM “dual nationals” quit National Assembly, The Nation, Dec 03, 2012, http: //www. nation. com. pk/pakistan-news-newspaper-daily-english-online/national/03 — Dec — 2012/now-four-mqm-dual—nationals-quit-national-assembly.

③ Dilshad Azeem, PPP no more in position to amend Constitution, The News, Dec 03, 2012, http: //www. thenews. com. pk/Todays-News — 13 — 19218 — PPP-no-more-in-position-to-amend-Constitution.

④ Memo commission issues notice to President Zardari, The News, Jan 05, 2012, http: //www. thenews. com. pk/Todays-News — 13 — 11496 — Memo-commission-issues-notice-to-President-Zardari

⑤ Memogate scandal, Daily Times, Jan 10, 2012, http: //www. dailytimes. com. pk/default. asp? page=2012 \ 01 \ 10 \ story _ 10—1—2012 _ pg1 _ 1.

⑥ Defence Secretary sacked on “creating misunderstanding among state institutions,” APP, Jan 11, 2012, http: //app. com. pk/en _ /index. php? option = com _ content&task = view&id = 174465&Itemid=1.

萨向最高法院提交答复的讲话将对国家造成严重影响。[①] 同时，巴陆军对守卫伊斯兰堡的主要作战力量第111旅的领导职务作出调整，任命萨尔夫拉兹·阿里（Sarfraz Ali）准将为陆军第111旅新的旅长，[②] 这引发了外界对巴基斯坦可能发生军事政变的猜测。

为缓和军政对立的紧张关系，穆盟（领袖派）领导人苏贾特·侯赛因从中斡旋，因备忘录事件导致的军政关系对立的局面基本得到缓解。

（五）三军情报局资助政党案件

2012年2月29日，巴最高法院开始审理搁置16年的巴基斯坦前空军参谋长阿什加尔·汗（Asghar Khan）在1996年状告前陆军参谋长贝格（Mirza Aslam Baig）和前三军情报局长杜拉尼（Asad Durrani）等在1990年大选前动用1.4亿卢比资金支持反对人民党的政党候选人的案件。[③] 该案件涉及到军方在三军情报局设立政治处并向有关政党分发竞选资金，有违军队不干涉政治的原则。

经过8个多月的审理，2012年10月19日最高法院对该案件作出判决称，前总统吴拉姆·伊沙克·汗（Ghulam Ishaq Khan）、前陆军参谋长阿斯拉姆·贝格将军和三军情报局前局长阿萨德·杜拉尼的行为违背了宪法，最高法院要求联邦调查局对此事进行调查。[④]

2012年11月5日，针对最高法院的判决，基亚尼在陆军总部一次会议上表示，军队希望巴各机构能在国家利益基础上和谐运转。此事未影响军队与司法的关系。

---

① Shakil Shaikh, PM's statement, The News, Jan 12, 2012, http: //thenews. com. pk/TodaysPrintDetail. aspx? ID=11663&Cat=13.

② New commander appointed to head 111 "coup" Brigade, The News, Jan 12, 2012, http: //thenews. com. pk/TodaysPrintDetail. aspx? ID=11667&Cat=13.

③ Sultan M Hali, The Asghar Khan case, Pakistan Observer, Feb 24, 2012, http: //pakobserver. net/detailnews. asp? id=141736.

④ Asghar Khan case short order: Full text, The Express Tribune, Oct 19, 2012, http: //tribune. com. pk/story/453773/asghar-khan-case-short-order-full-text/.

二、外交

2012 年，巴基斯坦外交姿态积极，出现新的动向，但效果有限，整体外交形势未有实质扭转。

（一）与美国的关系

2012 年，巴美双方修复关系意愿较为强烈，双方采取了一些切实举动：一是公开释放善意。新年伊始，美国政要在公开场合表示美国重视与巴基斯坦的关系，并承认巴基斯坦在反恐中作出了重大牺牲。之后，双方党政军要员分别通过官方或其他渠道相互表示善意，尤其是双方通过各自新任大使传达友好意愿。[①] 二是高层频繁交往。2012 年巴美官员交流涉及政党、军方、议会、政府各个方面。[②] 除互访外，双方还在多边场合实现接触。三是合作持续推进。2012 年，巴美在经贸、军事安全、援助等方面的合作取得进展。经贸方面，巴美首次在贸易与投资框架协议（TIFA）下共同主持召开美—巴商业机会会议。军事安全方面，巴美双方以及巴、美、阿三方多次召开安全会议，同意建立边境控制机制，表示在阿富汗和平进程中要继续加强合作。援助方面，美国民事援助项目有所减少，主要集中在水电开发、基础设施建设、健康教育、边境建设等领域，但承诺总金额不变。[③]

但是，新旧矛盾交织，严重影响着巴美关系的实质性改善，主要表现如下：一是重开北约补给线问题。直到 2012 年 7 月 31 日巴美签署备忘录，巴美就此问题的集中谈判进行了 8 个月。二是无人机越境打击问题一直是

① 巴基斯坦于 1 月份任命拉赫曼为新任巴基斯坦驻美大使；6 月，美国任命原美国阿富汗发展和经济项目主管理查德·奥尔森（Richard Olson）为新任美国驻巴大使。

② 其中，詹姆斯·马蒂斯、约翰·艾伦、彼得·拉沃伊、格罗斯曼都多次到访巴基斯坦。

③ “美国将调整对巴基斯坦民事援助”，中国驻伊斯兰堡大使馆经参处，2012 年 4 月 16 日，http：//pk. mofcom. gov. cn/article/jmxw/201204/20120408070854. shtml。

巴美关系中的障碍，2012 年尤为明显。三是哈卡尼网络问题。2012 年 9 月 7 日，美国将哈卡尼网络组织列入外国恐怖组织，巴官方较为低调。四是美国在巴基斯坦俾路支省自治问题、巴伊合作问题等方面横加干涉，导致巴方不满和抵制。

总之，2012 年巴美关系总基调是谈而不拢、修而不复。虽然双方有修复关系的政治意愿，但各自外交战略的调整，注定双方利益切合点越来越少，新旧矛盾出现叠加之势。

（二）与中国的关系

2012 年，中巴关系除在政治、外交、经贸、安全、文化等领域继续深化务实合作外，中巴地区合作、民间交往加深，合作领域明显扩大。

一是高层接触频繁，深化政治互信。2012 年，中巴双方通过互访及多边场合保持密切联系。其中，访华的巴基斯坦政要包括总统扎尔达理，总理吉拉尼、阿什拉夫，[①] 陆军参谋长基亚尼，海军参谋长桑迪拉，商务部长法希姆，新闻和广播部长阿旺，国家银行行长安瓦尔，外交秘书贾利尔等。访巴的中国政要有中共中央政治局常委李长春，中国人民解放军副总参谋长马晓天，外交部长杨洁篪，全国人大外事委员会副主任委员刘冬冬，中国政协常委、外事委员会主任赵启正等。除了互访，双方还在多边场合实现会晤，共同协调立场。

二是继续推进全方位合作。经贸合作显著增强，主要涉及基础设施建设、能源、电力、汽车、手机通讯等领域。军事安全合作进一步加深，中巴安全合作与交流频繁、涉及面广。人文交流继续增多，还增添了很多项目合作。地区交往继续加深，中国新疆和云南与巴基斯坦的关系日益机制化，青海积极拓展与巴基斯坦的联系。

三是在双边及多边事务中相互理解，无私帮助。2012 年 4 月 7 日，锡亚琴冰川巴方驻防一侧发生雪崩，上百名巴方官兵被埋，中国军方及时提

---

① 6 月 20 日，巴基斯坦最高法院以藐视法庭罪取消了吉拉尼的总理资格，吉拉尼未就此判决进行上诉。随后举行的总理补选中，巴基斯坦人民党总理候选人拉贾·佩尔韦兹·阿什拉夫（Raja Pervaiz Asharf）以 211 票击败了获得 89 票的穆斯林联盟（谢里夫派）候选人阿巴斯（Sardar Mehtab Abbasi Abbasi）当选为巴第 25 任总理。

供技术、设备援助，并派出相关专家协助巴方开展救援工作。9 月，巴卡拉奇和拉合尔发生特大火灾，中国官方及民间组织及时施以援手。中方还积极参与巴基斯坦洪灾重建援建项目。[①] 在双边和多边事务中相互理解和支持，在第 12 届上海合作组织峰会、金边东盟外长会议、第 67 届联大会议等多边场合，中巴保持密切沟通和联系，就共同关注的问题表达理解和支持。

总之，2012 年，中巴关系政治互信进一步增强，全方位合作再度加深；双方经贸纵深发展；军事安全合作再拓展；地区合作日益机制化。

（三）与印度的关系

2012 年，印巴关系整体持续改善。

一是政治接触增多。双方释放善意，各层级会晤、会谈、沟通增多。多边场合中，巴基斯坦领导人同印度总理辛格分别在核安全峰会和不结盟首脑会议上举行会谈。

二是经贸合作取得进展。其一，贸易正常化谈判取得进展，签署《海关合作协议》、《相互承认协议》和《投诉解决机制协议》3 个文件，致力于消除非贸易壁垒。其二，新签证制度惠及印巴更多民众。9 月，两国外长会谈期间签署了一系列协定，其中最重要的就是《双边签证协定》，主要涉及实控线过境交流及边境贸易。其三，能源合作有所增多。1 月，两国能源部长在新德里举行有关土库曼斯坦—阿富汗—巴基斯坦—印度（TAPI）天然气管道项目的会谈。[②] 3 月至 9 月，印巴双方就向巴基斯坦出口电力和液化石油气问题进行谈判并达成初步意向。[③] 其四，金融领域合作有所加强。巴基斯坦央行批准巴国民银行（NBP）和联合银行（UBL）

---

① 详情请参见“中国援巴国道公路网修复项目实施合同签约仪式在巴举行”，中国驻巴基斯坦使馆经参处，12 月 6 日，http://pk.mofcom.gov.cn/aarticle/jmxw/201212/20121208469179.html。

② “Petroleum Minister Dr. Asim meets his Indian counterpart,” APP, Jan 25, 2012, http://app.com.pk/en_/index.php?option=com_content&task=view&id=176171&Itemid=1。

③ Mehtab Haider, “Pakistan, India ink key accords in trade, power sectors,” The News, Sept 22, 2012, http://www.thenews.com.pk/Todays-News-13-17630-Pakistan-India-ink-key-accords-in-trade-power-sectors.

在印度开设分行，印度国家银行（SBI）和印度银行（BOI）也将在巴基斯坦开设分行。[①]

三是民间交往继续扩大。比如，“Aman Ki Ashan”（期望和平）运动持续推进，政党、议会、媒体、学术界尤其是民间交往较2011年都有所增加。

然而，印巴固有矛盾如克什米尔问题、乌拉尔大坝问题、锡亚琴冰川问题、塞·克里克湾问题等没有取得实质进展；恐怖主义问题、能源合作问题仍有重大分歧和顾虑；阿富汗和平进程问题、加入上合组织问题存在明显竞争。

（四）与俄罗斯关系

2012年，巴俄关系持续升温，双方交往尤其是军方交往明显增强。

一是高层交往继续增多。2012年巴俄高层交往主要是军事交流，级别高，成为本年度双边关系的主要亮点。

二是经贸有所扩大。6月，俄罗斯能源部副部长谢秋林（Yury Sentyurin）率团出席巴俄能源会。[②] 7月，俄罗斯商人、世界国际象棋联合会主席伊柳姆日诺夫（Kirsan Ilyumzhinov）寻求在巴能源领域的投资机会。[③] 9月，第二次巴—俄政府间贸易、经济、科技合作委员会会议在伊斯兰堡举行，双方签署了联合会议纪要，并最终核实和敲定了多项谅解备忘录的文本。[④] 10月，俄罗斯企业家代表团访巴，签署了3个备忘

---

① “印度国家银行和印度银行将在巴基斯坦开设分行”，中国政府采购网，2012年8月24日，http://www.ccgp.gov.cn/gjcg/gjdt/201208/t20120824_2303149.shtml。

② Khalid Mustafa, “Russia agrees to extend help for laying IP gas pipeline,” The News, Jun 28, 2012, http://www.thenews.com.pk/Todays-News－13－15666－Russia-agrees-to-extend-help-for-laying-IP-gas-pipeline.

③ “Russian investor willing to invest $5.5 bn in Thar Coa” l, The News, Jul 16, 2012, http://www.thenews.com.pk/Todays-News－13－16102－Russian-investor-willing-to-invest－$55－bn-in-Thar-Coal.

④ Maqbool Malik Pakistan, “Russia ready MoUs for greater cooperation,” The Nation, Sep 11, 2012, http://www.nation.com.pk/pakistan-news-newspaper-daily-english-online/national/11－Sep－2012/pakistan-russia-ready-mous-for-greater-cooperation.

录。[①]

另外，两国在双边投资协议、自由贸易区、互设银行分支机构以及货币互换方面也进行了探讨。

存在的主要问题包括：一是巴俄缺少互惠互利的共同点。经贸上，贸易额严重偏低。[②] 二是政治上互信偏低，机制化建设有待加强。

（五）与英国及欧盟的关系

2012 年巴基斯坦与英国及欧盟保持传统友好关系，政治交往密切，全面合作增强，巴基斯坦—欧盟市场准入谈判取得重大进展。

安全合作一直是巴与英国及欧盟合作的主要领域之一。5 月，巴总理吉拉尼访问英国，英方表示继续支持巴基斯坦打击地区恐怖主义维护地区和平与稳定的行动。[③] 6 月 5 日，欧盟外长瑟琳·阿什顿访巴，双方同意成立一个巴基斯坦—欧盟反恐指导委员会，共同致力于合作打击恐怖主义。[④] 6 月 26 日，巴—英在伊斯兰堡展开第三轮国家安全对话，讨论“反恐、地区安全和阿富汗局势”议题。[⑤] 9 月，在纽约出席联大会议期间，巴基斯坦、阿富汗、英国三国首脑举行了第二轮三方会谈，扎尔达里与卡梅伦举行了双边会晤。12 月，巴基斯坦、阿富汗和英国在伦敦举行三方会谈。巴基斯坦外长哈尔率团参加，会议主要回顾了各方为促

---

① 第 9 届欧亚峰会期间，俄罗斯总理梅德韦杰夫与巴基斯坦总理阿什拉夫会晤时表示，他已经签署了《关于俄罗斯向巴基斯坦钢铁厂（PSM）进行现代化升级改造提供资金的谅解备忘录》，参见：“Shahid Ali Butt，Russian PM signs decree approving expansion，modernization of Pakistan Steel Mills，” APP，Nov 05，2012，http：//app. com. pk/en _ /index. php? option＝com _ content&task＝view&id＝213703&Itemid＝1。

② 有关 2011 年巴俄关系请参考陈继东等编著：《巴基斯坦报告（2011 年）》中的“2011 年的巴基斯坦外交”部分，云南大学出版社 2012 年版。

③ “Pakistan，UK to intensify cooperation against terrorism-Gilani，” APP，May. 10，2012，http：//app. com. pk/en/index. php? option＝com _ content&task＝view&id＝193883&Itemid＝1.

④ “EU seeks long-term ties with Pakistan，” Daily Times，June. 6，2012，http：//www. dailytimes. com. pk/default. asp? page＝2012%5C06%5C06%5Cstory _ 6－6－2012 _ pp. 1－3.

⑤ 该对话是去年（2011 年）4 月 15 日卡梅伦访问巴基斯坦时正式启动的巴英加强战略对话的一部分，详情请参见：“NSD third round：Pak-UK talks focus on counter-terrorism，regional security，” The News，June. 27，2012，http：//www. thenews. com. pk/Todays-News－13－15636－NSD-third-round-Pak-UK-talks-focus-on-counter-terrorism-regional-security。

进阿富汗和平进程所做的努力，并讨论了未来进一步推进和平进程的方式。[①]

（六）与周边国家的关系

2012 年，巴基斯坦继续重点经营与阿富汗、土耳其和伊朗等国关系，取得一定进展。

一是与阿富汗的关系。2012 年，巴阿双方继续保持全面合作，高层政治交往密切；经贸合作持续推进，巴阿贸易额达到 22 亿美元；安全防务交流加深，但竞争关系也逐步显现，巴阿越境袭击事件明显增多，双方互有指责。

二是与土耳其的关系。2012 年，巴基斯坦继续发展与土耳其的友好关系，双方保持密切政治接触，全面合作愿望进一步增强。双方正努力加快完成巴基斯坦—土耳其特惠贸易协定（PTA）。第七次巴土阿三边峰会期间，三国签署《提升和促进三国间贸易和经济合作的三边备忘录》。双方国防工业合作取得进展。但双方经济基础薄弱，易受突发事件影响。

三是与伊朗的关系。2012 年，巴伊关系继续升温，务实增进联系。双方政治交往频繁，在双边和多边保持了密切接触，合作领域及密度进一步扩展。巴—伊天然气管道项目有一定进展。双方贸易额也由上年的 7.35 亿美元增加到 15 亿美元。

（七）与其他国家的关系

2012 年，巴基斯坦通过双边和多边渠道合，保持并有选择地拓展了与各大洲国家的外交关系。

在欧洲，除了加强与英国的传统友好关系外，巴基斯坦继续通过双边和多边渠道保持与其他欧洲国家的联系，主要是法国和德国。巴基斯坦继

---

① "Trilateral meeting reviews situation in Afghanistan," APP, Dec. 6, 2012, http://app.com.pk/en_/index.php?option=com_content&task=view&id=217429&Itemid=1.

续增强与中亚国家的联系。在西亚、北非，巴基斯坦特别加强与埃及、卡塔尔、沙特等国家关系。在东南亚，巴基斯坦主要保持与马来西亚、印度尼西亚的关系，有意加强与缅甸的关系。在东亚，巴基斯坦有意增强与日本、韩国的关系。巴基斯坦通过参加在澳大利亚举行的参谋长会议（CHODS），保持与有关国家的合作。在南亚地区，巴基斯坦与孟加拉国、斯里兰卡的关系明显加强。

总之，2012 年巴基斯坦继续重视开展与美国、中国、印度、俄罗斯、英国（欧盟）等大国的外交，地区外交战略更加明朗，效果也逐步显现。

三、经济

总体来看，2012 年巴基斯坦经济运行平稳，呈温和复苏态势。但制约经济发展的诸多问题仍没有得到解决，经济建设任重道远。

（一）GDP 增速有所恢复，经济仍存下行风险

2011—2012 财年（2011 年 7 月—2012 年 6 月，下同）巴基斯坦的 GDP 增长 3.67%，比上财年增加 1.22 个百分点，未达预期的 4.2%。农业增长 3.13%，高于上财年 2.38% 的增长率，对 GDP 增长的贡献率为 0.66%；大型制造业增长 1.78%，略高于上财年的 1.15%，[①] 这样，第一产业占 GDP 总量 21.06%，第二产业占 25.55%，其中制造业比重为 19.01%，第三产业占 54.39%。[②]

2011—2012 财年消费占据 GDP 总量的 88.35%，比上年提高 5.35 个百分点。其中私人消费（居民消费）占 GDP 的总量由上财年的 68% 上升

---

① 巴基斯坦财政部：2011—2012 Pakistan Economic Survey，Growth and Stabilization，http：//www.finance.gov.pk/survey/chapter _ 12/01—GrowthAndStabilization.pdf。

② 巴基斯坦财政部：2011—2012 Pakistan Economic Survey，http：//www.finance.gov.pk/survey/chapter _ 12/ExecutiveSummary.pdf。

至本财年的75%，提高了7个百分点。[①] 相反，公共消费（政府行政支出与国防支出以及教科文卫支出）所占比重却由上财年的15%下降到本财年的13.35%。[②]

与消费对经济拉动的强势表现相反，投资占GDP总量的比重由上年的13.1%下降到12.5%。[③]

由此可见，巴基斯坦经济在2012年的恢复增长，主要依靠的是灾后逐渐恢复的农业和大量廉价劳动力支撑的服务业，第二产业尽管有所恢复，但仍然受到投资减少与能源短缺等因素的制约。总的来说，突破制约经济发展瓶颈的难度较大，巴基斯坦经济有可能维持这种低速增长的状况，伴随国内局势的变化，不排除经济发展下行的可能性。

（二）洪灾对农业增长影响有限

2011年9月，巴基斯坦南部信德省及俾路支省北部地区遭遇空前的洪水灾害，造成重大人员伤亡和财产损失。巴南部地区约960万人口受灾，受灾地区的农业、工业以及基础设施都受到不同程度的破坏，损失高达37亿美元。相比2010年洪灾造成的28亿美元的损失还要高出9亿美元。[④]

作为重灾区的信德省是巴基斯坦最重要的农业区之一，洪灾爆发的时候正是农业生产的关键时间。所以，2012年巴基斯坦农业生产受到洪水灾害的影响较大。

但2011—2012财年巴基斯坦的农业产值增长仍然达到3.13%，高于2010—2011财年的2.38%。其中，主要农作物的产值增长3.18%，比上财年下降了0.23个百分点。[⑤] 考虑到洪灾的影响，取得这样的成绩已属不

---

① 巴基斯坦财政部：2011—2012 Pakistan Economic Survey，Growth and Stabilization，http：//www. finance. gov. pk/survey/chapter _ 12/01zGrowthAndStabilization. pdf。

② 同上。

③ 巴基斯坦财政部：2011—2012 Pakistan Economic Survey，Growth and Stabilization，http：//www. finance. gov. pk/survey/chapter _ 12/01zGrowthAndStabilization. pdf。

④ 巴基斯坦财政部：2011—2012 Pakistan Economic Survey，Agriculture，http：//www. finance. gov. pk/survey/chapter _ 12/02—Agriculture. pdf。

⑤ 同上。

易。[①] 2012 年巴基斯坦的林业产值增长了 0.95%，比上年增加 0.55 个百分点；畜牧业产值增长 4.04%，上年为 3.97%；渔业产值增长 1.78%，上年为 1.94%。[②]

2012 年巴基斯坦共投放农业生产贷款 197.4 亿卢比，比上年同期的 168.7 亿卢比增加约 17%。[③] 农业信贷增长既表明农业生产的扩张，也从机制上保证了农业在灾后的复苏。

（三）大型制造业略有恢复，工业发展仍未摆脱困境

2011—2012 财年巴基斯坦大型制造业生产物量指数（QIM）上涨了 1.05%，比上财年略高出 0.07 个百分点。大型制造业产出的增长主要归功于以下几个部门的强势表现：制药业增长 10.9%（产量，下同），造纸业增长 8.4%，食品、饮料及烟草制品业增长 6.5%，皮革制品业增长 1.8%，纺织业增长 0.8%。[④]

截止到 2012 年 9 月，巴基斯坦矿业部门的产值增长 4.4%，较上年同期的－1.3%有明显恢复。

2012－2013 财年第一季度（2012 年 7—9 月），巴基斯坦的大型制造业生产物量指数（QIM）为 105.67 点，比上财年同期的 103.74 点增长近 1.9%。有数据显示，2012 年 10 月份该项指数比去年同期提高 4.04%。[⑤]

由于能源短缺问题没有得到解决，随着冬季的到来，巴基斯坦的工业发展面临能源供应问题。整体来看，巴基斯坦工业虽然有所恢复，却仍未摆脱困境。

---

① 巴基斯坦财政部：2011－2012 Pakistan Economic Survey，Agriculture，http：//www. finance. gov. pk/survey/chapter _ 12/02－Agriculture. pdf。

② 同上。

③ 同上。

④ 巴基斯坦财政部：2011－2012 Pakistan Economic Survey，Manufacturing and Mining，http：//www. finance. gov. pk/survey/chapter _ 12/03－Manufacturing and Mining. pdf。

⑤ 巴基斯坦国家银行：National Data Summary Page，http：//www. sbp. org. pk/departments/stats/NDSP. htm。

（四）卢比对美元汇率持续走低

2012 年巴基斯坦卢比对美元的汇率呈下降趋势。2011 年 7 月至 2012 年 4 月，巴基斯坦卢比对美元的平均汇率为 85.50 卢比兑换 1 美元，[①] 截止到 2012 年 12 月，卢比兑美元的汇率下降到 97.47 卢比兑换 1 美元的历史新低。

（五）外国直接投资锐减

2011—2012 财年前 10 个月，巴基斯坦共接受外国直接投资 6.68 亿美元，与上财年同期相比下降了将近 48%。[②] 下半年外国直接投资减少的状况也未见好转，2012 年 7 月至 10 月，巴吸引外国直接投资（FDI）净流入 2.44 亿美元（流入 6.39 亿美元，流出 3.94 亿美元），较去年同期下降 24.4%。[③]

（六）外汇储备下降，侨汇增势良好

2012 年 1 月 27 日，巴基斯坦的外汇储备总额为 168.7 亿美元。到 6 月 8 日下降至 154.17 亿美元，其中巴国家银行（央行）所持有的外汇储备仅为 111.17 亿美元。到 11 月 23 日，巴基斯坦外汇储备总额降至 135.8 亿美元，其中巴基斯坦国家银行（央行）所掌握的外汇储备降至 88.6 亿美元，为 3 年内的最低点。[④]

2012—2013 财年前 4 个月（2012 年 7—10 月），巴基斯坦侨汇总额达 49.64 亿美元，较上财年同期上升 15.04%。尤其是 2012 年 10 月份

---

① 巴基斯坦财政部：2011—2012 Pakistan Economic Survey，http：//www.finance.gov.pk/survey/chapter_12/ExecutiveSummary.pdf。

② 同上。

③ 巴基斯坦国家银行：http：//www.mofcom.gov.cn/aarticle/i/jyjl/j/201211/20121108438457.html。

④ 巴基斯坦国家银行：National Data Summary Page，http：//www.sbp.org.pk/departments/stats/NDSP.htm。

侨汇收入为 13.65 亿美元，创下单月最高记录，比 2011 年 10 月增长 34.11%。①

（七）出口逐步回暖，贸易逆差略有改善

2011—2012 财年前 10 个月巴基斯坦的出口总额（出口商品总额＋出口服务总额）为 205 亿美元，比上年同期增加 1400 万美元，增幅为 0.1%。进口总额达 331 亿美元，比上财年同期增长 14.5%，贸易赤字达 126 亿美元，与上财年同期相比激增 49.2%。②

2012 年 7 月至 11 月，巴基斯坦出口总额为 100.82 亿美元，进口总额为 182.5 亿美元，贸易逆差为 81.68 亿美元，分别较去年同期的出口 93.48 亿美元、进口 184.17 亿美元和逆差 90.69 亿美元上升 7.85%、下降 0.91%和下降 9.93%。③ 2012 年下半年出口增长高于进口，主要是因为化肥需求到位以后，国内对进口的需求下降，以及纺织业出口上涨。2012 年 7 月至 11 月，巴纺织品出口总额达 54 亿美元，较 2011 年同期的 50.09 亿美元增长 7.81%。④

巴基斯坦 2011—2012 财年经常项目赤字仅为 34 亿美元，⑤ 在贸易逆差达到 126 亿美元的情况下，经常项目赤字维持在较低水平，主要归功于增势良好的侨汇。

（八）高通胀状况有所改善

2011—2012 财年，巴基斯坦的通胀状况有所改善，但仍然维持在两位

---

① 巴基斯坦国家银行：National Data Summary Page，http：//www.sbp.org.pk/departments/stats/NDSP.htm。

② 巴基斯坦财政部：2011—2012 Pakistan Economic Survey，http：//www.finance.gov.pk/survey/chapter_12/ExecutiveSummary.pdf。

③ 巴基斯坦国家银行：National Data Summary Page，http：//www.sbp.org.pk/departments/stats/NDSP.htm。

④ 巴基斯坦联邦统计局：http：//statpak.gov.pk/。

⑤ 巴基斯坦财政部：2011—2012 Pakistan Economic Survey，http：//www.finance.gov.pk/survey/chapter_12/ExecutiveSummary.pdf。

数以上。

2011—2012财年前10个月，以消费者价格指数（CPI）衡量，巴基斯坦的通货膨胀率为10.8%，相比上财年同期下降了3个百分点。CPI的两大组成部分——食品通胀和非食品通胀同比增长分别为11.1%和10.7%，也低于上财年同期的18.8%和10.8%。①

（九）政府收入增加，赤字减少，财政状况有所改善

2011—2012财年前10个月，巴基斯坦税收收入达到创记录的1.426万亿卢比，与上财年同期相比增加近24%。②

2011—2012财年前10个月，巴基斯坦的财政赤字水平占到GDP总量的5%，相比上财年同期的5.5%下降了0.5个百分点。③

巴基斯坦政府采取一系列开源节流的措施，有效减少了财政赤字，所谓开源就是增加财政收入，而节流则是减少财政支出。通过精简机构人员，限制政府工作人员的公费消费，巴联邦政府较上财年节省了20%的行政费用开支，为财政赤字的减少作出了重要贡献。

整体上看，巴基斯坦财政状况略有好转，但是巨大的公共债务仍然会对巴财政造成巨大压力，巴基斯坦政府必须对财政制度进行更深层次的改革。

总的来说，2012年巴基斯坦经济是近年来运行较为平稳的一年，主要经济指标均稳中有升。但是，制约巴经济发展的顽疾，如能源短缺、国内安全状况恶化、基础设施薄弱等问题仍然没有得到有效解决，2013年的大选更为经济的发展增加了重大变数，要想重现2003—2007年高速增长的辉煌，巴基斯坦政府和人民还需要付出更大的努力。

---

① 巴基斯坦财政部：2011—2012 Pakistan Economic Survey，http：//www. finance. gov. pk/survey/chapter _ 12/ExecutiveSummary. pdf。

② 同上。

③ 巴基斯坦财政部：2011—2012 Pakistan Economic Survey，Fiscal Development，http：//www. finance. gov. pk/survey/chapter _ 12/04—FiscalDevelopment. pdf。

四、安全反恐

2012年巴基斯坦反恐斗争继续推进，安全形势有所好转。巴基斯坦政府军继续在西北地区进行反恐军事行动，并取得一些成果。但由于塔利班回避与政府军的大规模正面对抗，因此政府军的战绩相较2011年更小。

(一) 反恐斗争继续推进

一是在西北地区持续进行军事清剿。自2012年开年以来，巴军延续之前在西北地区进行的清剿行动，但未能有效打击塔利班的有生力量。塔利班的有生力量化整为零，在防卫力量较为松懈的俾路支斯坦重新集结。巴军继续在西北地区进行小规模清剿行动。

二是逮捕和击毙多名巴基斯坦塔利班和“基地”组织领导人。巴基斯坦军警在全国范围内打击巴基斯坦塔利班及其他武装组织，逮捕和击毙一些塔利班及其他武装组织领导人。

三是积极对恐怖袭击展开预防和应对行动。巴基斯坦军警努力预防自杀式袭击，逮捕多名自杀式袭击者和自杀式袭击的策划者、训练者，还成功阻止一些即将发生的自杀式袭击。

四是防止塔利班卷土重来。巴军试图用教育和经济开发来保障军事胜利，从根本上消除恐怖主义滋生的温床。为了增强部落民众对抗塔利班、维护当地和平的能力，政府鼓励部落民组织自己的部落武装，以抵御塔利班的侵扰。

五是尝试与巴基斯坦塔利班展开谈判。为应对北约撤军后的阿富汗新形势，巴基斯坦政府试图与塔利班及其他武装组织进行接触，以达成政治和解，但并未取得重大成果。

（二）安全形势有所好转

相较 2011 年，巴基斯坦安全形势继续得到改善。

一是恐怖活动在全国蔓延的趋势有所缓解。自 2012 年初以来，恐怖活动在全国蔓延的趋势有所缓解，大部分恐怖活动已经被压缩到西北地区，旁遮普省和信德省安全形势有明显改观。

二是对政治、军事和外交目标进行袭击。袭击政治、军事和外交目标对巴基斯坦政府和军警的报复最为直接，且具有极大的震撼力，因而成为巴基斯坦塔利班及其盟友进行恐怖袭击的首选。

三是对民间目标进行袭击。为阻挠部落区重建，塔利班袭击部落区的亲政府部落长老。塔利班深知世俗教育不利于自己的持续发展，极力摧毁学校，杀死老师。摧毁学校还可以报复支持政府和巴军的当地人。出于原教旨主义的偏见，塔利班反对女性接受教育，因而对摧毁女子学校尤其积极。

四是对宗教目标进行袭击。塔利班大多属逊尼派穆斯林，袭击巴基斯坦的其他宗教和伊斯兰教的其他派别以挑起国内教派矛盾，从中渔利，因而塔利班对国内的宗教目标展开大规模袭击。

五是在部落区巩固权威。塔利班对反对自己的部落长老、部落民众和部落武装展开残酷报复，还借助处决背叛者来加强对自身成员的控制。

六是对北约补给运输队的袭击。2012 年 7 月初，巴基斯坦重新开启北约运输补给通道。[①] 7 月 26 日，巴基斯坦暂时关闭北约通往阿富汗的补给线。[②] 8 月 4 日，巴基斯坦重开由开伯尔通往阿富汗的补给通道。[③] 在巴基斯坦开启北约运输通道以后，塔利班对北约运输队的袭击未恢复之前的烈度。

---

① Pentagon freeing $1. 1bn withheld from Pakistan, Daily Times, July 07, 2012, http: //www. dailytimes. com. pk/default. asp? page=2012 \ 07 \ 07 \ story _ 7－7－2012 _ pg7 _ 14.

② Pakistan suspends Nato supply route over security, Dawn, July 26, 2012, http: //dawn. com/2012/07/26/pakistan-suspends-nato-supply-route-over-security/.

③ Pakistan resumes Nato supply into Afghanistan, Dawn, August 04, 2012, http: //dawn. com/2012/08/04/pakistan-resumes-nato-supply-into-afghanistan/.

七是恐怖组织之间关系较为紧张。由于恐怖组织内部激烈的权力斗争、不同恐怖组织之间缺少必要的协调和一元化的领导以及生存空间被巴军压缩，同一恐怖组织内部和不同恐怖组织之间屡屡爆发严重冲突。

2012年孟加拉国综述

李 南

2012年，由废除看守政府制度引发的政治危机持续发酵；执政党人民联盟和主要反对党民族主义党就新一届选举委员会的组建未达成共识；对伊斯兰大会党领导人关于独立战争罪的审判引发了频繁的暴力活动，孟政局动荡不安。经济保持良好运行状态，GDP增长率达到6.32%。主要经济指标如财政和税收收入、商品出口、外汇储备等均呈增长态势，但经济上也受高通货膨胀率、能源短缺以及欧美经济低迷等不利因素的影响。外交上继续执行全方位外交政策，在同中国、印度、英国等国家继续保持良好关系的同时，与美国的关系尤为密切。两国在政治、军事、反恐等方面进行了全面、深度的合作，签署了《孟美伙伴关系对话联合宣言》，孟美关系上升到新高度。

一、政局动荡，政治危机显端倪

2012年，孟执政党人民联盟和主要反对党民族主义党之间对抗性政治格局没有改变。看守政府制度的废除引发的政治危机持续发酵，两党就选举委员会的组建未达成共识，定于2013年底或2014年初举行的新一届议会选举能否顺利进行值得关注。对伊斯兰大会党领导人的审判引起的暴力活动频发，政局动荡不安。帕德玛大桥和“铁道门”两起事件暴露出的腐败问题对孟经济和社会发展造成了重大影响。

（一）废除看守政府制度引发的政治危机继续发酵

看守政府制度的废除是孟 2011 年最具影响力的事件，进入 2012 年此事继续发酵，其存废之争贯穿全年，以民族主义党为首的反对党与哈西娜总理领导的人民联盟之间的对抗随着新一届议会选举日期的临近日趋白热化。民族主义党及其盟友全年连续发动数十次大规模的诸如“人链”、“公路行进”、“封路”、“围攻达卡”等全国性的罢工、游行和集会活动，强烈要求恢复看守政府制度。同时，抗议活动不断升级，暴力活动时有发生。哈西娜政府对反对党联盟日益高涨的诉求予以回击，坚决不退让，一再声明不可能恢复看守政府制度，孟政局持续动荡。

据笔者粗略统计，2012 年民族主义党领导的反对党联盟为恢复看守政府制度已实施了三阶段的“人链”、“封路”、“公路行进”、“围攻达卡”等大规模的抗议活动。抗议形式多样，规模庞大，次数密集，暴力冲突不断发生，伤亡人数也不断增加，局面已有失控迹象。第一阶段从 2012 年 1 月 8 日到 3 月 12 日。[①] 1 月 8 日，民族主义党举行前往吉大港的公路行进活动。3 月 12 日，举行全国百万人大游行以及示威活动，卡莉达·齐亚在集会上向政府发出为期 3 个月的通牒，要求 6 月 10 日前恢复看守政府制度。据人权促进观察组织的报告，该日游行有 3215 人在达卡被捕。第二阶段从最后通牒到期的第二天，即 6 月 11 日到 7 月 15 日。6 月 11 日，以民族主义党为首的十八党联盟发起全国大罢工，估计 150 万人参加，示威者与军警发生冲突，至少 134 人被拘捕。6 月 17、24 和 7 月 1、8、15 日又分别在全国各地举行游行。第三阶段从 10 月 28 日到 12 月 26 日。以民族主义党领导的十八党联盟分别于 10 月 28 日，12 月 6、9、23、26 日举行大规模集会活动，要求恢复看守政府制度，其间和警方发生激烈冲突。

对于反对党联盟的咄咄气势，哈西娜领导的人民联盟争锋相对，予以打击。1 月 30 日，人民联盟及其盟党在达卡举行游行，反抗民族主义党的抗议活动。3 月 7 日，人民联盟及其盟友在达卡举行大规模集会，对反对党拟于 2012 年 3 月 12 日举行的大游行提前予以回应。这是哈西娜就任总

---

① 本文中涉及的新闻，根据中国驻孟加拉国大使馆网站整理而成。

理后首次参加大规模群众活动，也是人盟 2009 年执政以来举行的最大规模集会。3 月 12 日，人民联盟举行“人链”活动，该联盟成员走上街头，控制达卡市主要地点，与反对党对峙。5 月 6 日，孟法庭指控 45 名十八党联盟领导人在大罢工期间纵火，包括民族主义党代理总书记阿拉姆吉尔在内的 33 人被判入狱，同时拒绝保释。11 月 15 日，人民联盟在达卡 118 个选区内举行示威活动，抗议伊斯兰大会党及其学生组织近期爆发的抗议、袭击活动。

（二）选举委员会的组建未达成共识

以民族主义党为首的反对党抵制选举委员的组建，拒绝合作，不予对话，并提出选举委员会的组建与恢复看守政府制度挂钩。新一届选举委员的组建工作虽已完成，但在新一届的议会选举实践中能否正常有效运作，还有待于观察。

齐鲁尔总统于 2012 年 12 月 22 日—2013 年 1 月 12 日与包括人民联盟和民族主义党在内的 23 个政党举行了对话，讨论如何组建选举委员会。其中民族主义党等 13 个政党要求恢复看守政府制度；要求在组建选举委员会前先恢复看守政府制度，对如何组建选委会却只字未提。在这种情况下，2012 年 2 月 8 日，齐鲁尔总统宣布任命拉奇布・乌丁为选举委员会首席专员，任命哈菲兹、穆巴拉克、阿里和沙奈瓦兹等 4 人为专员，主持下届议会选举。10 月，民族主义党领导的反对党联盟再次表示将抵制与选举委员会的对话，不考虑与其讨论下届大选的议题，要求恢复看守政府制度。同时，人民联盟和民族主义党就如何进行下一次议会选举仍然存在巨大分歧。哈西娜总理提出可在大选前组建临时过渡政府，反对党可进入临时内阁。民族主义党则表示恢复由非党派政府主持大选是该党唯一诉求，该党不会妥协。

（三）对伊斯兰大会党领导人的审判引起的暴力冲突频发

孟加拉国官方认为，1971 年独立斗争是正义的，是为民族独立而战，而那些支持巴基斯坦政府、反对独立的东巴基斯坦居民是民族解放事业的叛徒。1946 年成立的伊斯兰大会党当时支持巴基斯坦政府，反对独立。伊斯兰大会党是孟加拉国最大的伊斯兰政党，如今也是孟反对党民族主义党的主要盟友。

2012 年孟国际刑事法庭启动了 1971 年独立战争罪犯的审判工作，伊斯兰大会党领导人是主要审判对象，有 9 名领导先后被捕并被指控。1 月 11 日，前伊斯兰大会党主席阿扎姆因在独立战争期间犯有战争罪及反人类罪被捕入狱。2 月 19 日，孟国际刑事法庭正式对伊斯兰大会党领导人阿扎姆提出多达 62 项战争罪指控。4 月 3 日，国际刑事法庭指控前伊斯兰大会党学生组织领导人阿扎德在独立战争期间犯有反人类罪，对其发出逮捕令。4 月 4 日，孟国际刑事法庭对在押民族主义党领导人乔杜里提起 23 项控诉，指控其在独立战争期间参与屠杀并犯有反人类罪。5 月 28 日，孟国际刑事法院以反人类罪对前伊斯兰大会党领导人马提努尔·拉赫曼·尼扎米、阿卜杜尔·卡德尔·莫拉等提出指控，指控他们涉嫌在 1971 年孟加拉国独立战争期间屠杀及虐待平民。6 月 21 日，孟 2 号国际刑事法庭向伊斯大会党总书记穆贾希德提出 7 项指控，罪名包括在独立战争期间谋杀、非法监禁、大屠杀及杀害知识分子等。8 月 22 日，警方逮捕了伊斯兰大会党代理总书记阿扎鲁尔·伊斯兰姆，其罪名是涉嫌在孟独立战争期间犯有反人类罪。

伊斯兰大会党及其学生组织对此反应激烈，抗议示威与暴力活动搅动着孟政局。1 月 12 日，该党及其学生组织在达卡举行游行示威，抗议政府逮捕该党前主席阿扎姆。其间，示威人群袭击警察，至少 5 名警察受伤，1 辆警车被焚毁。1 月 28 日，12 个伊斯兰政党要求政府停止审判独立战犯。11 月 5 日，该党及其学生组织在达卡、迪纳杰布尔、吉大港等多地举行示威，要求释放因战争罪指控而被捕的该党 9 名领导人。示威者砸毁了约 50 辆汽车，与警察发生冲突，导致 260 人受伤。11 月 10 日，该党及其学生组织举行示威活动，与警方在达卡、拉杰沙希、锡莱特等地发生冲突，造成至少 57 人受伤。这是该党一周内发起的第三次示威活动。11 月 13 日，该党及其学生组织在达卡与警察发生严重冲突，造成至少 20 人受伤，包括十几名警察。12 月 4 日，该党及其学生组织在达卡、纳拉扬甘杰、嘎吉普尔等地举行罢工，在对警察实施袭击后快速撤离，并在道路上焚烧轮胎阻碍交通，遭到破坏的车辆超过 80 辆。

（四）腐败丛生，影响社会稳定

孟加拉国腐败问题由来已久，已成为影响社会稳定和阻碍孟获得更多外国援助、吸引外资的重要因素。2012 年，帕德玛大桥和“铁道门”腐败事件，犹如两枚重磅炸弹令本已动荡的政局更加喧嚣不安。

帕德玛大桥是南亚最大的基础设施项目，由外国援助 30.6 亿美元建造。2012 年 7 月 1 日，由于孟加拉国政府官员、加拿大 SNC Lavalin 公司高管在该项目中存在高层腐败串谋，世界银行取消了用于建设该桥的 12 亿美元贷款。7 月 31 日，亚洲开发银行和日本国际协力局也宣布取消对帕德玛大桥的贷款。此前，世界银行于 2011 年 9 月和 2012 年 4 月两次向孟总理、财政部长和孟加拉反腐败委员会主席提供调查所获证据，敦促孟当局全面调查此事，并在理由充足的情况下起诉腐败嫌疑人。但孟对世界银行的要求，调查行动迟缓与懈怠。在各方重压下，12 月 9 日孟反贪委员会调查小组提交了一份关于帕德玛桥腐败案的最终报告，建议起诉前大桥局秘书穆沙拉夫等 7 人，但不包括前交通部长侯赛因。该项目的取消将对孟经济与社会的发展造成重创。4 月，孟曝出“铁道门”丑闻。4 月 9 日，孟铁道部长森古普塔的私人秘书法鲁克的司机开车冲进了位于达卡的孟边防部队总部，车上载着法鲁克和两名铁道部官员。司机向边防部队官员举报车上藏有 700 万塔卡现金，这些巨额现金是铁道部安排有关职位收取的贿赂。孟铁道部此时正在招聘 3500 个岗位。4 月 16 日，孟铁道部长森古普塔被迫宣布辞职。这两起腐败事件曝光后，社会反应强烈，抨击与抗议声浪不绝于耳。

从孟加拉透明国际组织 2012 年 12 月发布的报告亦可见孟腐败乱象以及严重程度。报告称，孟 2012 年公共和私营服务部门腐败率为 55.8%，较 2010 年降低了 28.4%。但同时指出，孟 2012 年行贿率出现上升，77% 的民众在接受来自政府或私营部门的服务时需要行贿。3180 万个家庭共行贿 21.9 亿塔卡，每个家庭需行贿 6100 塔卡，比 2011 年增加 2916 塔卡。行贿额分别占孟 GDP 的 2.4% 和财政预算的 13.6%，比例较 2010 年大幅上升。[①]

二、经济平稳运行，但面临诸多挑战

2011—2012 财年（2011 年 7 月 1 日—2012 年 6 月 30 日），孟经济发展的三驾马车——出口创汇、海外劳工收入、外国援助均保持增长态势，从而保证了孟经济的平稳运行。国家主权信用等级被国际评级机构标准普尔评定为“BB—”级，短期信用评级为“B”，比较稳定。但受对抗性政党政治、高通货膨胀率、能源短缺、欧美经济萎靡等诸多因素影响，经济发展也面临诸多困难。

（一）主要经济指标表现良好

2011—2012 财年，孟克服了全球经济低迷的不利影响，经济发展平稳运行，主要经济指标表现良好，具体如下：

1. GDP 表现尚可

2011—2012 财年，孟 GDP 总量达 1170 亿美元，GDP 增长率为 6.32%，在全球经济萎靡的情况下，实属不易。按本年 1.516 亿人口计算，本财年孟人均 GDP 为 772 美元，而上一财年为 755 美元，略有增长。此外，由于商品出口与海外劳工汇款两大收入均保持增长，国民总收入达 1285 亿美元，人均国民总收入为 848 美元。[②] 这对人口超过 1.5 亿、32% 人口生活在贫困线以下的孟加拉国来说非常不易。

---

① “Graft declines 28pc in 2 yrs,” http://www.thedailystar.net/newDesign/news-details.php?nid=262983, December 29, 2012.

② 孟加拉国统计局，2012 年 12 月。

2. 财政和税收收入保持增长

财政收入继上一财年首次突破100亿美元后，2011—2012财年又有增长。孟政府共征得财税收入9444.7亿塔卡，超过9337亿塔卡的预期目标。财税对国家GDP的贡献在2011—2012财年达到10.32%。2011—2012财年，附加税和所得税收均增长了23%左右。[①] 出于国际贸易的需要，海关关税征税力度不大，未获较大增长。

3. 商品出口保持增长态势

商品出口继续保持增长态势。2011—2012财年，商品出口实现242.8亿美元，同比增长5.9%，但低于预期的265亿美元。纺织服装业仍然是出口商品中的龙头老大，贡献最多。织物出口96亿美元，比上一财年增长13.89%；针织品出口94.8亿美元。这两类产品出口总计190.8亿美元，在全国总出口的贡献率也由上一财年的78.14上升到78.5%。其他商品的出口情况为：家纺出口值为9.06亿美元，同比增长14.87%；鞋类3.35亿；冷冻食品5.98亿；农产品4.02亿；专业纺纱1.38亿；石油副产品2.75亿；皮类、皮革制品和塑料制品保持了增长趋势，皮类3.3亿，皮革制品9900万，塑料制品8800万，橡胶1600万；黄麻和黄麻制品9.67亿，同比降低13.23%；黄麻原料为2.66亿，同比降低25.47%；黄麻纱线出口4.68亿；黄麻麻袋1.85亿，同比降低了10.38%。[②]

4. 外汇储备有保障

受益于商品出口的增长、海外劳工的外汇收入增加以及孟央行大量购买美元，外汇储备继续超过100亿美元，达105.7亿美元，这也有利地保障了汇率的稳定。2011—2012财年，孟海外劳工汇入的外汇上涨了10.32%，达128.4亿美元，创下新高。从外汇来源看，中东地区汇入约

---

① “孟国家税收增长19%，超过预期目标”，中国驻孟加拉国大使馆经商处，2012年7月26日，http：//bd.mofcom.gov.cn/article/jmxw/201208/20120808266310.shtml。

② “孟上财年出口额为242.8亿美元”，中国驻孟加拉国大使馆经商处，2012年7月11日，http：//bd.mofcom.gov.cn/aarticle/jmxw/201207/20120708227266.html。

83.3亿美元，同比上涨15.41%，其余地区约45.1亿美元，同比上涨约1.8%。①

（二）经济发展面临的问题

1. 两位数的高通货膨胀率

2011—2012财年，孟年平均通货膨胀率高达10.62%，比上一财年的8.8%增加1.82个百分点，比孟政府预估的8.5%高出2.12%。本财年孟通货膨胀急剧恶化，每月持续攀升。2011年6月为8.8%，7月为9.11%，8月为11.29%，9月份攀升到最高值11.97%，10月为11.42%，下降0.55个百分点，但仍然维持了13年以来的高通货膨胀率。进入2012年，政府仍未能有效控制通货膨胀，高通货膨胀率状况持续。2012年1月为11.59%，其中非食品通货膨胀率达13.16%，为近15年来最高水平，比2011年12月上升了近1%。② 2月有所好转，开始呈下降趋势，达到10.43%，3月为10.1%，4月为9.93%，5月为9.15%。从2011年8月到2012年3月，孟通货膨胀率连续8个月维持在两位数增长水平，系20世纪80年代以来首次。未来的两年，高通货膨胀压力仍将考验着孟政府，通货膨胀率仍将呈高值状态。政府大幅借贷、燃油进口激增、国际能源价格猛涨、塔卡对美元快速贬值、国内食品库存不足等因素是造成高通货膨胀的主要原因。

2. 能源短缺问题未见缓解

孟电力短缺状况仍在加剧，政府的燃油补贴政策加剧了财政负担。2011—2012财年，孟实际发电量占可发电量的61.71%，缺额达341.7万千瓦，创历史记录。本财年前8个月，政府用于发展电力的资金已达

---

① 中国驻孟加拉国大使馆，2012年8月2日，http://bd.china-embassy.org/chn/bzyw/201208/t958488.htm。

② “孟通货膨胀率创近15年新高”，中国驻孟加拉国使馆经济商务参赞处，2012年2月7日，http://bd.mofcom.gov.cn/aarticle/jmxw/201202/20120207963776.html。

714.5 亿塔卡，相当于电力部门上一财年全年的资金。[①] 同时，近年来为缓解电力紧张，孟政府加大了对成本更高的燃油电站开发建设力度，导致燃油的进口量猛增，支付巨额账单以及对电力的巨额补贴使孟财政不堪重负。据孟财政部公布的《电力与能源路线图》显示，2009—2010 财年进口燃油 377 万吨，2010—2011 财年进口燃油 489 万吨，2011—2012 财年进口燃油 550 万吨，进口费用 4500 亿塔卡。[②] 3 年间，燃油进口增加 177 万吨，耗费了大量来之不易的外汇。政府计划在下一财年将电力供应从 550 万千瓦提高至 800 万千瓦，因此孟燃油进口量可能超过 700 万吨。由于国际油价上涨，为弥补巨额亏损，尽管上调价格，但孟国内油价仍低于国际市场，燃油亏损仍在继续，政府对燃料价格的补贴支出巨大。2011—2012 财年，孟政府指定 2047.7 亿塔卡为社会生活各领域提供补贴，仅燃油补贴一项就达 1100 亿塔卡。2012—2013 财年电力能源补贴预算为 3453.3 亿塔卡，比上财年增长 14.5%，约占孟本财年预算的 18%，是孟政府最大的财政支出。虽然 2011 年 2—6 月孟政府已连续 5 次上调电价，批发电价累计平均上涨 69.6%，零售电价累计平均上涨 27.5%，但仍然不能填补进口燃油所支付外汇留下的巨大赤字，孟电力发展局 2012 年 6 月将批发电价再上调 50%，但即便如此，政府仍需花费 300 亿塔卡用于电力补贴。

3. 欧美经济持续低迷对纺织服装业的影响

欧盟和美国是孟商品出口的主要市场，纺织服装的出口更是支柱产业。欧美两大市场经济的持续衰退，导致这些国家的消费者只购买基本生活用品，较少消费服装，因而孟纺织服装工厂订单减少，纺织出口大幅下降，纺织服装企业的工人人数已削减了 50%，这对纺织服装业产生了不利影响。2011—2012 财年，针织产品的出口额达到 94.8 亿美元，而目标为 108 亿美元。实际出口额比目标低 13.2 亿美元。而 0.05%的出口增速与上财年的 46.25%的增速相比，更是大幅下降了 46%之多。在 2011—2012 财

① 中国驻孟加拉国大使馆，2012 年 4 月 5 日，http://bd.chineseembassy.org/chn/bzyw/201204/t922972.htm。

② 中国驻孟加拉国大使馆，2012 年 6 月 10 日，http://bd.chineseembassy.org/chn/bzyw/201206/t940194.htm。

年，针织和梭织服装出口增幅分别同比下降了46%和26%。

三、外交形势良好，与美国关系上升到新高度

2012年，孟继续奉行独立自主、不结盟政策，在同中国、印度、英国等国家积极接触的同时，与美国的全方位合作更加紧密，孟美关系上升到新的高度。此外，与南亚国家的传统关系得到发展，并加强了与东盟国家的密切联系，外交形势良好。

（一）与中国的关系

2012年，孟中各级政要互访交流继续发展，经济合作不断深入。其中，中共中央政治局常委李长春访孟进一步推进和巩固了两国全面合作伙伴关系。中孟合作的最大单体经济项目（合同总额约合38.05亿元人民币）——沙迦拉化肥厂项目动工，具有标志性意义。

1. 高层互访交流继续发展

6月25日，福建省委副书记陈文清率领的中共友好代表团访孟，其间拜会了孟总统拉赫曼、总理哈西娜等高层领导。7月13日，国土资源部副部长王世元在北京会见孟国土部国务部长穆罕默德·拉赫曼、议会土地委员会主席穆扎梅尔·胡克一行，就土地管理领域合作等问题进行探讨。9月9日，福建省委副书记陈文清在厦门会见孟外交部长莫尼一行。9月25日，全国人大常委会委员长吴邦国在成都会见前来出席第13届中国西部国际博览会的孟议长哈米德。10月18日，中共中央政治局常委、国家副主席习近平会见民族主义党主席卡莉达·齐亚。10月21日，中共中央政治局常委李长春访孟，其间会见了孟总统拉赫曼、总理哈西娜以及民族主义党主席卡莉达·齐亚，两国签署了多项政府间合作协议，进一步促进了中孟经贸关系，巩固了中孟友谊。10月27日起，孟加拉国人民联盟干部考

察团先后访问了广西、青岛、北京，就农村基层卫生、社会保障、扶贫等方面与中国进行沟通和交流。

2. 经济合作不断推进

2012 年，中孟经济合作继续深入开展，贸易额进一步提升，中国对孟援助与直接投资领域不断扩展。2011—2012 财年，两国贸易额 62.2 亿美元，其中孟对中国出口 3.2 亿美元，从中国进口 59 亿美元。孟成衣对中国的出口表现强势。2011—2012 财年，孟成衣对中国出口 1.2 亿美元，而在 2008—2009 财年时孟成衣尚未开始外销中国内地。

1 月 3 日，中国援助孟加拉国“中孟友谊七桥—卡兹尔特克桥”项目的对外施工合同签字仪式在孟举行。1 月 5 日，第二届云南—孟加拉合作对话在达卡结束，会议采纳 2012 年达卡八点宣言，进一步加强孟中关系。2 月 28 日，中孟在达卡签署孟加拉 Meghnaghat 335MW－305MW 双燃料联合循环电站项目合同，合同金额 1.7 亿美元。该项目是中国电工承接的容量最大，也是在孟加拉的首座双燃料联合循环电站项目。3 月 24 日，中国和孟加拉国合作的最大单体经济项目——沙迦拉化肥厂项目在锡尔赫特地区动工。该项目合同总额约合 38.05 亿元人民币（约合 6.01 亿美元）。3 月，孟批准中国合资企业 JLEPCL 和 DCL 在新萨瓦制革区建立一个中央污水处理厂，以便重新安置赫扎里巴克的皮革厂。中国合资企业将耗资 477.46 千万塔卡（580 万美元），在未来 15 个月内完成处理厂的建设。4 月 21 日，中国中冶所属中国十九冶集团有限公司与孟加拉国 Abul Khair Group 公司在孟吉大港签订 145 万吨电炉炼钢及配套工程施工合同。5 月，上海电气集团为孟研制的锡莱特燃气轮机电厂建成，此电厂是孟电力发展署投资兴建的最大燃机电厂之一。7 月 6 日，由中国电建集团所属湖北电建二公司承建的孟加拉羌德普 150MW 联合循环电站项目 168 小时试运行顺利完成，标志着该公司在孟加拉承建的第一台天然气联合循环发电机组竣工投产。8 月，宏华集团与孟加拉石油勘探开发公司 BAPEX 签订总值超过 2200 万美元（折合约 1.7 亿港元）的陆地钻机销售协议。10 月 14 日，由中国机械设备工程股份有限公司总承包的中孟首个政府间合作项目——3G 扩容与 2.5G 网络建设项目商业开通仪式在孟首都达卡举行，该项目对“数字孟加拉”执政目标及中孟两国经贸关系发展具有重要意义。10月21日，中国能源建设集团有限公司东电一公司与孟加拉SUMMIT集团在达卡签订BIBIYANA Ⅱ 1×344.908 MW燃气联合循环机组项目EPC（设计—采购—施工）总承包合同。BIBIYANA Ⅱ项目是目前孟装机容量最大的私营投资电力项目，合同签约额2.146亿美元。10月21日，在中共中央政治局常委李长春访孟期间，中孟签署了多项政府间合作协议，包括《中孟经济技术合作协定》、《中孟关于帕德玛水厂优惠贷款框架协议》以及中国商务部与孟能源部之间的《中孟关于加强电力领域合作备忘录》，为进一步促进中孟经贸关系奠定了坚实的基础。

（二）与南亚国家的关系

1. 与印度的关系

孟印关系错综复杂，两国就边境安全、水资源分配等问题积极磋商，努力通过对话机制解决争议，缩小分歧。两国间的一些矛盾尤在，但总体保持良好关系。

第一，高层间的互访与交流不断加强。

孟印高层间互访不断加强，其中民族主义党主席卡莉达·齐亚访印是两国关系中的一大亮点，此次访问表明印度已改变了以往只与人民联盟保持友好的政策。

2012年1月11日，总理哈西娜对印度特里普拉邦进行访问，与印度总统安萨里举行会谈，希望印度尽快履行辛格访孟期间签署的协议，承诺坚决打击武装组织及恐怖组织。3月22日，印度空军参谋长布朗访孟，其间拜会了孟陆军参谋长穆宾上将。5月6日，印度财长慕克吉访孟，分别拜会了总理哈西娜和民族主义党主席卡莉达·齐亚。双方就提帕穆克大坝、印河流连接计划、提斯塔河分水协议、过境通道、双边贸易、边界划分与飞地交换协议的执行等议题进行了交流。7月24日，孟外秘卡耶斯与印度外秘马塔伊在德里举行孟印外长磋商会晤，就落实两国的陆地边界协议、减少非法越境、双边贸易、区域连接、电站建设等事务进行了探讨。8月14日，孟民族党主席艾尔沙德访印，印度总理辛格会见。9月18日，人民联盟总书记阿什拉夫访印。10月，孟农业部长莫蒂亚访印。10月8日，民族党主席卡莉达·齐亚访印，其间拜会印总统穆克吉、总理辛格以及国大党主席索尼娅·甘地等，就提斯塔河分水、提帕穆克大坝、边境射杀等问题与印度进行了交流。这是卡莉达·齐亚以反对党主席身份首次访印。10月3日，印度陆军参谋长辛格访孟，拜会哈西娜总理，双方就孟印两军救灾管理等问题进行了会谈。

第二，两国就边境、水资源分配、过境通道问题积极沟通解决。

孟印边境安全、水资源分配以及过境通道问题由来已久，错综复杂。2012年，两国就这些问题采取对话与沟通姿态，积极磋商，努力推动建立对话机制。

2月10日，孟印在加尔各答举行河流联委会会议，双方专家交换了恒河水流数据，重新启动了对提斯塔河分水问题的讨论。2月，孟同意印度通过孟从阿成甘吉港口和陆路向印东北部山区运送食品和必需品。2月12日，孟与印度船运部代表团在达卡举行会议，讨论印孟内陆河流过境和贸易框架协议的延期等议题。印初步同意将每年支付给孟的过境费用由5500万塔卡增至1亿塔卡。2月24日，孟印内政部长展开会谈，会谈的主要内容包括印边境安全部队射杀孟边民问题、飞地交换及孟印边界议定书的执行以及如何执行《共同法律援助协议》、《罪犯引渡协议》、《打击有组织犯罪及贩毒协议》。3月，孟边境警卫队和印边境安全部队已经开始在120个边境控制点展开联合巡逻，旨在遏止边境射杀事件并加强打击走私和贩卖人口等非法行为。5月7日，印度外长克里希纳与孟外长莫尼在新德里举行联合磋商会议，并发表了共同声明。印方表示，印政府实施的河流连接计划不包括源自喜马拉雅地区的河流，提斯塔河分水协议需等到印内部取得一致后才能签署。5月16日，孟边境警卫队和印边境安全部队在印举行会谈，双发同意在边境地区保持和平，共同打击贩卖人口和走私行为。8月，印度向海牙仲裁法庭提出辩诉状，就孟印在孟加拉湾的海洋划界争议阐述自身观点。孟已于2011年5月向仲裁法庭提交了海洋划界申诉。尽管两国均已向仲裁法庭提交申诉，但双方对通过协商解决争议仍持开放态度。11月5日，孟边境警卫队与印边境安全部队在孟锡莱特举行边境事务会谈，双方就边境走私、非法越境、边境射杀等议题进行讨论。12月4日，孟内政部长阿拉姆吉尔访印，与印度内政部长苏希尔·库马尔·欣德举行会谈。双方同意 2013 年 1 月印内政部长访孟时签署《印孟引渡条约》及《印孟旅行协议（修订版）》。

2. 与南亚其他国家的关系

在南亚地区，孟除加强与印度的关系外，也重视发展与其他国家的关系，2012 年孟与尼泊尔关系较为突出。1 月 31 日，尼泊尔财长谱尼会见孟财长穆希特时称，希望在尼境内与孟合资修建 300 万千瓦电站并向孟出口电力，尼还希望孟向尼提供从蒙格拉港到邦拉班德哈（Banglabandha）口岸的过境通道。7 月 20 日，孟尼举行第四次外秘磋商，两国希就过境运输、降低关税等达成共识，孟将给尼泊尔 100 种商品零关税待遇，尼泊尔希望与孟签署防止双重征税的协议。8 月 6 日，尼泊尔副首相兼外长施雷斯塔访孟，与孟外长莫尼会谈。

1 月 29 日，南亚区域合作联盟第五届财长会议在达卡召开，孟总理哈西娜呼吁南联盟各国加强区域联通，减少关税及非关税壁垒，促进经济发展。2 月 20 日，马尔代夫新总统瓦希德与孟总理哈西娜通电话。瓦希德表示，包括孟加拉人在内的各国侨民的安全都已得到保障，希望孟向马提供全面合作与帮助。8 月 7 日，孟外长莫尼会见马尔代夫副外长阿里。莫尼表示，马尔代夫政治危机是其内政，两国就加强经贸、旅游、投资等领域合作事宜进行了商讨。9 月 10 日，不丹农林部长访孟，两国签署农业合作谅解备忘录，主要涉及农业技术转让、土壤改良、自然资源保护问题。11 月 9 日，巴基斯坦外长希娜访孟，与孟外长莫尼会谈。莫尼要求巴方尽早解决孟解放战争后双边关系中悬而未决的问题，特别强调巴方要为战争期间实施的大屠杀无条件道歉。

（三）与西方国家的关系

2012 年，美英等西方国家继续就民主建设、反恐、应对气候变化等方面对孟展开援助与合作，孟美关系尤其值得关注。美国对孟的外交与军事合作活动频繁，显示了美国重返亚洲战略由点到面的全面铺开。

1. 与美国的关系

2012年，孟美签署《孟美伙伴关系对话联合宣言》，该宣言昭示着孟美关系提升到了新高度。同时，两国军事交流频繁，军演增多，美国加快了在孟加拉湾军事存在的步伐。孟美高层交流频繁，两国关系深入发展。2月14日，美国助理国务卿布莱克访孟，其间与总理哈西娜、民族主义党主席卡莉达·齐亚就反恐、区域联通、孟纺织品出口美国、气候变化、孟缅关系等议题进行了交流。4月5日，美国副国务卿谢尔曼访孟，其间拜会总理哈西娜、民族主义党主席卡莉达·齐亚。谢尔曼表示，美国愿与孟加强合作，希望两国在反恐和区域安全等领域建立伙伴关系。美国将为孟民主发展提供全力支持，希望孟下届议会选举能公正自由举行。5月5日，美国国务卿希拉里·克林顿访孟，会见了总理哈西娜和民族主义党主席卡莉达·齐亚，孟美签署了《孟美伙伴关系对话联合宣言》。双方还就孟缅海洋划界、自然资源合作、安全与反恐、经济合作、孟商品零关税和免配额进入美市场等议题进行了交流。9月5日孟外长莫尼访问美国，与美方就贸易、投资、能源及安全合作等问题进行会谈，莫尼要求美方引渡杀害穆吉布·拉赫曼的凶手。9月11日，美国务院代表团访孟，就非政府组织参与罗辛加救助问题与孟外交部进行磋商。9月12日，代表团赴考克斯巴扎尔的两个难民营进行考察。12月9日，美国国务院主管南亚及中亚事务的助理国务卿布莱克访孟，其间与外长莫尼就孟政局、成衣制造厂的安全以及宗教学校的极端势力等问题进行了交流。

反恐、军事交流活动频繁。3月，美国陆军7人分队在孟锡莱特区陆军步兵与战术学校帮助训练孟反恐军事人员，为期4周。关于美国在孟派驻特种部队的传言，3月7日孟外交部发表声明，表示孟没有任何永久或临时的美军基地，美军官员定期访孟并为孟提供军事培训只是两国反恐合作的一部分。3月1—21日，美国在孟和平支持行动训练中心举行“Shanti Doot－3”多国联合演习，主要目的是加强参演国部队执行联合国维和行动的能力。2012年3月，美国向孟和平支持行动训练中心提供500万美元资金，其中137万美元用于购买训练设备，360万美元用于更新设施。4月19日，孟美在达卡首次联合举办安全对话，来自孟美政府的30余名官员参加，其中美方11人，双方就反恐、联合军演、灾害预防与管理、海洋安全、联合国维和行动等议题进行闭门会谈，未向外界透露具体会谈内容。6月4—14日美国对孟24名警官进行了为期10天的培训。培训项目由美国务院反恐援助计划、美驻孟使馆地区安全办公室及孟警察学院联合举办。7月14日，美国海军部长马布斯拜会孟总理哈西娜和孟海军参谋长扎希尔中将，双方商谈了两国海军交流与合作等事宜。9月，孟美两国武装部队在沙瓦地区开展为期一个月的联合演习。9月17—24日，孟美海军“海上合作战备与训练”联合演习在吉大港毗邻的孟加拉湾举行。孟派出包括“班加班”号护卫舰在内的两艘舰船，美派出“德凯特”号驱除舰和“保护者”号支援辅助舰。10月10日，美太平洋司令部司令洛克利尔海军上将访孟，洛克利尔表示，美太平洋司令部希望与孟海军建立更紧密的军事合作关系，以确保亚太地区安全。

2. 与欧洲国家的关系

2012年，孟与英国为主的欧洲国家保持良好关系，政府间交往密切，欧洲国家积极为孟提供经济援助，帮助孟应对气候变化等问题。1月5日，英国下院副议长尼格尔·埃文斯拜会民族主义党主席卡莉达·齐亚，就双边关系等议题进行了交流。1月14日，英国国际发展大臣米切尔开始访孟，其间会见了民族主义党主席卡莉达·齐亚、总理哈西娜，双方就孟人权与民主问题进行了交流。5月28日，英国外交部副大臣阿利斯泰尔·伯特访孟，与总理哈西娜就孟民主化建设、人权、经贸关系等问题进行了会谈。从7月1日起，英国边境署对孟加拉人推出旅游快速通道签证及商务快速签证服务，使孟加拉人申请英国签证时可享受更快捷的服务。

2月22日，欧洲议会代表团拜会孟总理哈西娜与民族主义党主席卡莉达·齐亚，双方就孟民主发展与下届议会选举问题进行了沟通。2月24日，孟外长莫尼与瑞士外长迪迪尔在瑞士首都伯尔尼签署了建立两国外交部政治对话机制的谅解备忘录。3月13日，孟向欧盟寻求支持，以解决遣返缅甸罗辛加族难民问题。欧盟表示将加大力度支持孟加拉国解决有关问题，并承诺提供2000万欧元人道主义援助资金。11月7日，孟与德国签署了“应对气候变化水灾防护”项目协议。根据该协议，德将向孟提供

1097 万欧元作为气候变化基金，帮助孟沿海地区民众应对飓风的影响。11 月 26 日，瑞士驻孟大使赫伦表示，瑞士将向孟提供 860 万美元赠款，帮助孟应对气候变化。

（四）与东盟国家的关系

2012 年，孟坚持贯彻“东进政策”，加强与东南亚各国的友好合作，重点是妥善处理与邻国缅甸的关系，与马来西亚、泰国的关系有新进展。

1. 与缅甸的关系

罗辛加难民问题仍是孟缅关系中的难点，海洋边界划分问题得到圆满解决。6 月，缅甸若开邦发生宗教冲突，孟边境警卫队和海岸警卫队逮捕 110 名非法进入孟境内的缅甸难民。外长莫尼重申，孟不会允许罗辛加难民入境，要求缅边防部队制止难民涌入孟境内，加强对边境的管理，打击犯罪行为。6 月 30 日，缅甸副外长吴貌敏访孟，双方主要讨论了罗辛加难民遣返、能源与贸易合作及区域联通问题。7 月 1 日，孟缅举行年度外交磋商，双方就遣返罗辛加人、成立外长级联合委员会、扩大双边贸易、实现道路和航空及海运联接、孟从缅进口油气等问题进行交流。10 月，缅甸若开邦再爆发宗教冲突，又有大批缅甸罗辛加人试图进入孟境内。孟仅 3 天时间就遣返了约 3200 名缅甸罗辛加人。11 月 19 日，孟政府发表声明，拒绝接受缅甸全国民主联盟领导人昂山素季关于罗辛加人可能为非法孟加拉国移民的说法。3 月 14 日，国际海洋法仲裁庭发布裁决，宣布支持孟在孟缅海洋划界问题上的主张。根据裁决，孟获得圣马丁岛方圆 12 海里的领海，获得 200 海里专属经济区及 200 海里以外深海大陆架的开发权益。此仲裁为最终仲裁，不得上诉。孟加拉国对此裁决非常满意，缅甸也无异议。

2. 与东盟其他国家的关系

2012 年 1 月 31 日，马来西亚总理特使拜会孟总理哈西娜，表示愿意帮孟建设 22 亿美元的帕德玛大桥项目，并将组建新财团专门执行该项目。

2月，马来西亚与孟签订谅解备忘录，马政府拟向孟提供3500万美元用于首都达卡市的一个供水及污水处理项目。4月10日，马来西亚与孟签署关于合作建设帕德玛大桥的谅解备忘录，两国还同意在其他基础设施项目开展合作。根据备忘录，马政府将组建财团以“建设—拥有—运营—移交”的方式建设大桥。11月，马来西亚正式取消持续4年的招收孟劳工的禁令，两国政府协议允许求职者支付最高4万塔卡获得在马工作机会。

2012年4月9日，孟总统齐鲁尔会见新加波总统陈庆炎。陈庆炎表示，新加坡致力于协助孟进行基础设施建设，特别是建设饮用水处理系统。9月4日，新加坡外交和内政事务高级国务部长朱基菲访孟，与哈西娜总理就新加坡对孟投资、招募劳工、增加成衣进口等问题进行了会谈。11月2日，哈西娜总理访问越南河内，与越南总理阮晋勇就深化两国在农业、经贸、政治、安全和国防等领域的合作进行了会谈。孟正式承认越市场经济国家地位，并宣布两国外交部将举行首轮政治事务磋商。两国签署了4项有关渔农和经贸等领域合作的协议和谅解备忘录。11月7日，哈西娜总理访问老挝，与老挝总理通邢就加强两国政治与经济领域、人力资源、减贫及教育领域等方面的合作举行会谈。两国签署了双方公务及外交人员互免签证的协议。12月21日，泰国总理英拉访孟，就加强地区间合作和建立两国公路海路连接、油气勘探、贸易不平衡和医疗领域等方面的合作与总理哈西娜进行了深入探讨。两国表示，将努力实现2016年双边贸易额翻一番的目标。总理哈西娜邀请泰国企业来孟进行投资并建立特别工业园区。

2012年尼泊尔综述

黄正多

2012年的尼泊尔政治僵局依旧，主要体现在全国共识政府的组建和宪法制定等方面。由于尼泊尔各政治派别在国家行政区域的划分、名称和联邦机构的形式等关键问题上产生了重大分歧，历经4任总理，4次延期的制宪会议依然未能完成宪法的制定。5月28日制宪会议被迫解散，宪法起草工作无果而终。经济上，由于农业减产、贸易赤字持续攀升、通货膨胀率居高不下，尼泊尔经济形势不容乐观。

一、尼泊尔政治僵局依旧、和平进程短期难见曙光

（一）制宪会议解散，宪法起草工作无果而终

2008年选举产生的尼泊尔制宪会议，原定任期两年，主要职责是制定宪法。虽历经前3届政府的不懈努力，终未能就新宪法达成一致意见。（2011年8月，巴特拉伊上任后，在宪法起草、军队改编等事关和平进程的重大问题上被寄予厚望，但随后却历经了2011年8月29日开始的3个月的延期，以及2011年11月29日开始的6个月的第4次延期。）2012年5月22日，尼联共（毛主义）与尼共（联合马列）、尼泊尔大会党和马迪西联合民主阵线举行会议，会议达成协议后向议会提交一项议案，要求将制宪会议的任期再次延长3个月。2012年5月24日，尼泊尔最高法院否

决了政府关于再次延期 3 个月的请求。5 月 27 日是尼泊尔制宪会议经过 4 次延期后的截止日期。在最后时刻，尼泊尔总统亚达夫召见各党派的领导人，试图调停各派间的分歧，但没有收到任何效果。虽然通过多方努力，各界也希望能在此之前就新宪法达成一致，但各政治党派各持己见、争执不休、分歧太大，最终导致历经 4 届政府、4 次延期的宪法起草工作无果而终。

5 月 27 日，尼泊尔总理巴特拉伊在召开内阁会议后宣布原制宪会议到期解散，将于 11 月 22 日重新选举出新一届的制宪会议。巴特拉伊在 28 号零点发布全国电视讲话，“由于各派未能达成一致，制宪会议将不得不在到期后解散，这令人感到非常伤感。我们别无选择，只能将决定权重新交给人民，选举出新的制宪会议来继续宪法起草工作”。[①] 对于未能在规定的期限内成功制定宪法，巴特拉伊总理表达了歉意，但同时也为自己领导下的政府作出的 6 个月之后选举新制宪会议的决定进行辩护，他说这是尼泊尔目前唯一的选择。他还呼吁民众和相关党派应该团结起来，为建立一个制度化的联邦共和国而共同努力。

对于解散制宪会议的决定，尼泊尔大会党和尼共（联合马列）等党派认为，巴特拉伊总理代表的是尼联共（毛）的利益，在未与其他各政党达成一致的情况下就单方面宣布在未来重新进行选举，违背了宪法精神的相关原则。他们声称毛派政府宣布举行新的制宪会议选举，是又一个企图通过合法手段窃取国家权力的阴谋。[②] 对于尼泊尔目前的政治僵局，对于尼泊尔的未来，尼泊尔国内的分析人士也普遍持悲观看法。《萨玛查普特拉日报》的编辑卡皮尔在总理电视讲话之后就表示，由于政府并没有和主要政党达成一致，因此根本问题并没有得到解决，再次选出的制宪会议仍然很难就新宪法达成一致，届时很有可能会导致新的混乱局面出现。

尼泊尔宪法的制定之所以如此艰难，主要是由于尼泊尔各政治派别在国家行政区域的划分、名称和联邦机构的形式等关键问题上存在重大分

---

① 周戎：“尼泊尔宪法危机升级”，光明网，http：//int. gmw. cn/2012－05/31/content_4255255. htm。

② NC-UML claim Maoist govt decision to declare fresh CA election just another ploy to capture state power：http：//www. nepalnews. com.

歧。尼联共（毛主义）、马迪西联合民主阵线和其他一些小的民族政党，主张根据民族一致性将全国划分为 11 个区，这样一些被长期边缘化了的民族将获得更多政治权力，有助于少数民族地区的繁荣和发展。而代表了传统政治精英的大会党和尼共（联合马列）则主张采取多民族和多文化共存政策，将全国划分为 8 个区，主张在行政区域划分时考虑经济上的可行性，反对根据民族一致性将全国划分为 11 个区，反对把民族的名称作为这个政治区域的名称。他们认为民族联邦主义将会导致政治上的动荡，为未来国家的分裂埋下祸根。在联邦政府的组织形式上，大会党主张实行议会制度，总理具有实质性的行政权力；而总统则由选举团选举产生，仅行使礼仪性和象征性的权力。尼联共（毛主义）则主张总统由人民直接选举产生，并具有实质性的行政权力。[①] 由于行政区域的划分将直接影响到未来的议会席位分配，进而影响到未来政治格局中的利益，所以各政治派别都不愿作出让步。各政治派别在这些问题上的分歧也导致了尼泊尔国内大多数印度教和少数派种族、宗教关系紧张。几个月以来，少数派部落民族在全国各地举行了罢工、示威，向制宪会议施压，在 5 月 27 日起草新宪法的最后期限前，抗议活动持续升温，并最终演变成暴力冲突，在首都加德满都造成数十人受伤、近百人被捕。

毛派领导下的看守政府 2012 年 11 月 20 日宣布，原定于 11 月 22 日举行的新的制宪会议的选举，将于 2013 年的 4 或 5 月举行，以试图打破 2011 年以来的政治僵局。新的选举日期是巴特拉伊看守政府和主要反对党——大会党和尼共（联合马列）磋商后提出来的。但反对党要求巴特拉伊总理辞职，组建新的全国共识政府后，才能进行新的制宪会议的选举。

（二）短暂的全国共识政府下台，巴特拉伊沦为看守政府总理

巴特拉伊上台执政后，一直希望建立一个全国共识政府，以更好地推动宪法的制定。2012 年 5 月 3 日深夜，尼泊尔政府内阁宣布集体辞职，尼

① Nepal：No consensus on Constitution drafting，http：//zeenews. india. com/news/south-asia.

泊尔总理巴特拉伊欲组建一个包括主要反对党成员在内的基础更为广泛的联合政府，以利于尼泊尔早日完成和平与制宪进程，实现政治稳定和经济发展。内阁成员集体辞职是在执政党尼泊尔联合共产党（毛主义）与主要反对党尼泊尔共产党（联合马列）和尼泊尔大会党就组建新的联合政府达成五点协议之后进行的。

根据协议，总理巴特拉伊应在其内阁解散后两天内组建包括主要反对党参加的共识政府，推动制宪进程，以在5月27日制宪会议任期结束前公布新宪法。之后，巴特拉伊将辞职，由尼泊尔大会党组建新的联合政府，并在一年之内组织大选。①

经过各党派内部和相互之间的多次磋商，参与内阁的首批人选确定。5月5日晚，尼泊尔总理巴特拉伊在总统府为新任命的11名部长主持宣誓仪式。其中5人来自尼联共（毛主义）、2人来自尼泊尔大会党，4人来自马迪西联合民主阵线。5月16日，1名副总理和6名部长宣誓就职。副总理人数达到3人，分别来自尼联共（毛主义）、尼共（联合马列）和大会党。6名新增内阁成员分别来自尼泊尔共产党（联合马列）和其他5个小党。这是制宪会议选举产生以来尼泊尔首次组成由所有主要政党参加的全国共识政府。

由于制宪会议未能在其任期内完成新宪法起草，巴特拉伊总理5月27日午夜宣布，本届制宪会议宣告解散，并将于11月22日重新举行制宪会议选举。根据临时宪法条款，如果总理失去制宪会议和议会成员资格，他也将失去总理的职位。5月29日，尼泊尔总统亚达夫发表声明，要求巴特拉伊以看守政府总理的身份继续处理政府日常事务，直到产生新一届政府。②

（三）尼泊尔联合共产党（毛主义）走向分裂

2012年6月16日至18日，尼联共（毛）中央第一副主席莫汉·拜迪

① 陈乔炎："尼泊尔内阁成员集体辞职"，新华网，http：//news. xinhuanet. com/world。

② President directs Bhattarai govt to work in caretaker status；assures of "peaceful and democratic outlet，" http：//www. nepalnews. com/home/index. php/news.

亚（又名基然）领导下的强硬派，在加德满都召开全国大会，讨论该派未来的发展。在会上，几乎所有的与会者都认为，强硬派必须分裂出去，成立新党。6 月 18 日，即会议结束的当天晚上，强硬的莫汉·拜迪亚派宣布成立尼泊尔共产党（毛主义），与尼联共（毛）正式分裂。新政党宣称核心路线将是“人民战争基础上的人民暴动”，并批评以党主席普拉昌达为首的尼联共（毛）为“右倾改良主义政党”，批评尼联共（毛）领导下的政府未能于 5 月 27 日前如期完成宪法的制定。[①] 原尼联共（毛）1488 名中央委员的 44 人加入新党。此外，被认为是毛派支柱和根基的 26 个工农学知妇团体中，亦有 19 个加入新党。虽然新的政党已经成立，但是拜迪亚派指出同尼联共（毛）在意识形态等问题上依然会保持对话。在拜迪亚派宣布分裂后的两天内，尼联共（毛）成立了一个委员会与其进行会谈，希望拜迪亚派能保持党的团结，重新回归，但没有收到任何效果。

尼联共（毛）内部的派系之争由来已久，主要是以第一副主席莫汉·拜迪亚领导的强硬派与以普拉昌达和巴特拉伊为首的温和派之争，两派之间的矛盾和分歧主要体现在以下方面：一是普拉昌达和巴特拉伊认为根据尼泊尔国内外实际情况的变化，尼联共（毛）应该参与议会斗争，走民主共和的道路。而拜迪亚派则要求建立尼联共（毛）主导的人民民主共和国，批评普拉昌达和巴特拉伊从 2008 年起即背叛党的基本路线。二是拜迪亚派反对在新宪法出台之前单方面解散原反政府武装“人民解放军”，反对归还战争期间占领的土地，严厉批评把“人民解放军”整编进入政府军队，认为这是一种投降。三是在对待印度的态度方面，巴特拉伊等认为应该采取更加务实的态度加强与印度的交流与合作，他也被认为是尼联共（毛）内部的亲印派；而拜迪亚派则认为印度是“首要的帝国主义敌人”，反对印度干预尼国内事务。[②]

尼联共（毛）的分裂将不可避免地导致其政治力量的弱化和政治地位一定程度的下降。

在尼联共（毛）分裂的影响下，尼大党、尼共（联合马列）与马迪西

---

① UCPN (M) formally splits, new party named “CPN, Maoist”, http: //www. nepalnews. com/archive.

② 本节参考了楼春豪：“尼泊尔毛派的分裂不归路”，《世界知识》2012 年第 15 期。

政党内部也产生了一系列的分裂，新的政党不断出现。尼泊尔政治势力多元化的趋势更加明显，各政治派别在未来的政治活动中将会面临更多的分化与组合，尼泊尔政局可能将会面临更长时期的动荡。

（四）军队整编工作基本完成，但隐忧众多

2011 年 11 月，各主要政党就整编事宜达成 7 点协议。根据协议，在 1.9 万多名先前由尼共（毛主义）领导的武装人员中，6500 人整编入政府军。2012 年 2 月 19 日，前反政府武装人员举行了一次军队整编讨论会，当时统计大约有 7000 人选择自愿退伍，9200 人有意加入政府军。4 月 10 日，尼泊尔总理巴特拉伊与各主要政党领导人会面，决定立即启动整编进程。4 月 11 日，尼泊尔政府军士兵接管了多座反政府武装营地，迈出国家和平进程中的关键一步。由于愿意加入政府军的人数超过此前曾达成协议中规定的 6500 人的上限，因此 4 月尼泊尔军队整编安置特别委员会对这 9200 多人重新进行整编，最终有 3100 多名"人民解放军"武装人员选择编入尼泊尔政府军，其余人员自愿退役。在随后的过程中，自愿加入尼泊尔政府军的人数进一步减少，只有大约 1600 名战士和 116 名军官参加了为加入政府军而设立的考试。其中 1388 名战士和 75 名军官最终通过了考试，再经过体检、面试等环节，他们就可以正式加入政府军了，之后他们还得接受 10 个月到一年的培训。至此，军队整编已基本完成。

军队整编虽已完成，但尼泊尔军队整编安置特别委员会的一个成员表示，整编后的军队仍然面临一些隐忧。他指出："这些前反政府战士应该把自己看成和其他战士一样，尼联共（毛）也不能再与加入政府军的前反政府战士发生任何联系，这点是非常重要的。政府军也不能歧视这些已经加入的前反政府战士，这是整编成功的基本标准。"① 在其他方面，隐忧依然存在，比如未来怎么具体安置这些加入的前反政府战士、军官军衔的重新认定等还存在一些不确定性。此外，有超过 1.7 万名受过训练、深受意识形态影响的前反政府士兵选择退伍，他们的去向也受到了普遍关注。其

---

① "One country two armies" situation ends in Nepal, "The Hindu," http: //www. thehindu. com/news/international/one-country-two-armies-situation-ends-in-nepal/article3958061. ece.

中一些加入了从尼联共（毛）分裂出来的强硬的尼泊尔共产党（毛主义）的半军事化组织，这些人未来道路的选择和发展尤其引人担忧。另外还有 4000 多人由于年龄小或系在停火协议签订后才加入“人民解放军”，他们没有通过联合国尼泊尔特派团的审核，遣散时仅发放了基本路费。为了得到公平的待遇，12 月他们在尼联共（毛）办公楼外抗议，要求得到和那些选择自愿退伍的战士一样的安置补贴。如果这些问题不能妥善解决，可能会对尼泊尔构成新的安全隐患。

二、农业减产、经济形势堪忧

2011—2012 财年尼泊尔以市场价格计算的 GDP 为 1.557 万亿卢比，约为 194 亿美元，实际 GDP 增长率为 4.6%。2012—2013 财年以市场价格计算的 GDP 为 1.75 万亿卢比，约为 203 亿美元，实际国内生产总值增长率预计将下降到 3.8%。[①] 政局持续动荡，外国投资持续低迷；雨季不稳定性因素，粮食减产；印度经济增长放缓，出口需求下降；以及汇款项目减少导致的溢出效应是尼泊尔 2012—2013 财年经济增长放缓的主要原因。

农业在尼泊尔经济中发挥了非常重要的作用。农业贡献了 GDP 的 1/3 以上，2/3 的尼泊尔人以农业为生。2012—2013 财年，尼泊尔农业由于受到不稳定季风气候的影响，农业发展欠佳。据尼泊尔农业发展部统计，尼泊尔谷物产量 2012—2013 财年同比下降 11.3%至 450 万吨，比上财年减产 56.77 万吨。夏粮产量减少 9.99%，其中，玉米同比下降 8.3%至 199 万吨，小米下降 3%至 30 万吨，荞麦微增 0.3%。除雨季因素影响，化肥补贴减少也是减产的重要原因。[②] 谷物产量较大幅度下降会对 2012—2013 财年 GDP 产生较大影响，也会导致短时食品价格上涨，由此进一步影响

① 国际货币基金组织网站，http：//www.imf.org/external/np/sec/pn/2012/pn12138.htm。

② “尼泊尔谷物产量下降”，中国驻尼泊尔大使馆经商处网站，http：//np.mofcom.gov.cn/article/jmxw/201212/20121208477385.shtml。

通货膨胀率逐渐走高。虽然粮食作物有了一定程度的减产，但是也有一些经济作物的出口有了较大幅度的增加。比如根据联合国粮食和农业组织数据显示，尼泊尔成为仅次于印度、中国、印度尼西亚的第四大生姜出口国。2011 年尼泊尔成为全球扁豆第六大生产国，尼扁豆产量占世界总产量的 5%。为了减少气候和其他意外因素对农业的影响，促进农业生产商业化发展，尼泊尔保险委员会于 2012 年 1 月 14 日开始推行强制农业险。非寿险公司开始受理农作物、牲畜和家禽的投保而使农户免于自负风险。农业发展部在政府公布全额预算后向农业险提供 50%的补贴。

为了充分利用丰富的旅游资源，促进其重要支柱产业旅游业的发展，尼泊尔政府计划推出一项三年旅游规划，以拉动经济增长、促进就业、吸引私人投资。尼文化旅游民航部表示，该项规划将于 2013—2014 财年全面实施，每年将创造直接就业岗位 30 万个，旅游人数将从 2011 年的 73.6 万人次增长至 150 万人次，旅游业占 GDP 份额将由 2011 年的 1.8%增长至 4%。[①] 由于受欧美经济的影响，欧美到尼泊尔旅游的人数有了较大幅度的下降。2012 年尼泊尔旅游传统项目漂流业收入下降 25%。2013 年 1 月到尼泊尔的游客也同比下降了 15.9%。

在对外贸易方面，尼央行发布 2012—2013 财年前 5 月（2012 年 7 月 16 日—12 月 15 日）宏观经济数据显示：尼泊尔贸易赤字同比增长 30.3% 达 1925.2 亿卢比（约合 22.14 亿美元），与最大贸易伙伴印度的贸易赤字同比增长 33.7%；与其他国家贸易赤字同比增长 24.6%，低于 2011 年同期 37%的增长率。尼出口总额增长 9.4%至 328.8 亿卢比（约合 3.78 亿美元）。尼对印度出口额增长 4.2%，低于 2011 年同期 14.4%的增长率；尼对其他国家出口额增长 19.3%。尼进口总额增长 28.8%至 2253.9 亿卢比（约合 25.92 亿美元）。尼对印度进口额增长 28.6%，主要进口产品为石油制品、汽车及零部件、水泥、化肥以及大米等；尼对其他国家进口额增长 23.7%，低于 2011 年同期 30.9%的增长率，主要进口产品有管线和管件、服装成衣、电信设备、食用油和黄金。其间，尼国际收支顺差 16 亿卢比（约合 0.184 亿美元），低于 2011 年同期的 611.9 亿卢比（约合 7.037 亿美

① “尼三年旅游业规划旨在翻番赴尼游客数量”，中国驻尼泊尔大使馆经商处网站，http://np.mofcom.gov.cn/article/jmxw/201212/20121208478953.shtml。

元)。经常账户顺差16.4亿卢比（约合0.1886亿美元），低于2011年同期的248.9亿卢比（约合2.862亿美元）。[①]

尼泊尔经济除了面临农业减产、贸易赤字不断增加的问题之外，另一个重要问题就是通货膨胀持续增加。央行发布的2012—2013财年前5个月（2012年7月16日—12月15日）宏观经济数据显示：尼主要消费品价格上涨10.4%，其中食品饮料类价格上涨8.7%，酥油及食用油价格涨幅最高（达18.7%），食品类商品价格上涨11.8%，家具类价格涨幅次高（达15.6%）。

在对外援助方面，据尼泊尔财政部发布的消息，截至2012年12月底，尼泊尔政府在2012—2013财年从发展援助伙伴获得的新国际援助承诺达157.6亿卢比（1美元约折合85卢比），其中无偿援助140.5亿卢比，软贷款17.1亿卢比。54.7亿卢比将用于能源领域，34.2亿卢比用于农业领域，25亿卢比用于内政事务领域，24.5亿卢比用于地方发展，9.7亿卢比用于提高执政能力，9.5亿卢比用于供水。[②]

在对外劳务合作方面，据尼泊尔境外就业局统计，尼泊尔2012—2013财年上半年（2012年7月—2013年1月）出国务工人数增加1.49%，达20.0205万人（不包含7.782万再次出境就业人员），女性务工者达1.1625万人。尼出国务工人员目的国前5位分别是：马来西亚、沙特阿拉伯、卡塔尔、阿拉伯联合酋长国、科威特。[③]

在城市化进程方面，近30年来尼泊尔加快城市化发展。自1971年以来，尼泊尔城市人口年均增长率达5%。在尼泊尔城市化发展过程中，贫困人口数量呈现较大幅度的下降趋势，目前已有一半人口脱贫。1995—2011年期间，尼泊尔贫困人口率从22%下降至15%。[④]

---

① “尼泊尔本财年前5个月经贸状况”，中国驻尼泊尔大使馆经济商务处，http://np.mofcom.gov.cn/article/ztdy/baoxian/201301/20130100005460.shtml。

② “尼泊尔政府新财年获得的新国际援助承诺达157.6亿卢比”，中国驻尼泊尔大使馆经商处网站，http://np.mofcom.gov.cn/article/jmxw/201301/20130100013022.shtml。

③ “尼泊尔境外务工人员数量增长”，中国驻尼泊尔大使馆经商处网站，http://np.mofcom.gov.cn/article/jmxw/201301/20130100015983.shtml。

④ 刘雯：“世行报告称近30年尼泊尔加快城市化进程”，国际在线，http://gb.cri.cn/27824/2012/05/11/5951s3679819.htm。

三、2012 年度尼泊尔对外关系的发展

（一）与中国关系的发展

建立在和平共处五项原则基础上的尼中关系不断拓展和深化，在地区和国际事务上，两国互相支持。尼泊尔也一贯奉行一个中国政策，承诺绝不允许任何势力利用尼领土从事反华活动。在政治关系领域，2012 年度两国多名重要领导人实现互访。2012 年 1 月 14 日当地时间 12 时至 17 时，中国国务院总理温家宝对尼泊尔进行正式访问。这是温家宝总理第一次访问尼泊尔，也是中国总理 10 年来首次访尼。温家宝总理也是近年来尼泊尔接待的最高级别的外国领导人。在短暂的 5 小时内，温家宝总理与巴特拉伊总理、亚达夫总统、尼联共（毛）主席普拉昌达等尼泊尔政府、议会政要和主要政党领导人举行了会谈。会谈后，双方发表了《中尼联合声明》，签署了《中尼经济技术合作协定》、《中尼边境口岸及其管理制度协定》、《中尼边民过界放牧协定》、《中尼文化合作协定》等 8 个合作文件。双方对近年来两国人文领域的交往势头感到满意，宣布 2012 年为“中尼友好交流年”，同意进一步促进两国在文化、教育、青年、媒体等领域的交流与合作。中方邀请 100 名尼泊尔青年在 2012 年访华，将继续在尼泊尔定期举办“中国节”。同时，欢迎更多尼方学生来中国学习。① 这次访问将进一步巩固中尼传统友谊，巩固和增进双方政治互信，推动两国互利合作，促进共同发展，为中尼关系发展注入新的活力和动力，将中尼全面合作伙伴关系提升到新的高度。该次访问也被尼泊尔各界人士认为“具有里程碑意义”。4 月 2 日至 6 日，应尼泊尔制宪会议副主席苏比蒂邀请，全国人大常委会副委员长、全国妇联主席陈至立率领中国妇女代表团访问尼泊尔。8 月 11 日至 13 日，外交部副部长傅莹访问尼泊尔，先后拜会了尼泊尔副总理兼外

---

① “开启友谊与合作的新航程——温家宝首次访问尼泊尔”，新华网，http://news.xinhuanet.com/2012—01/15/c_122587762_4.htm。

交部长施雷斯塔、总理巴特拉伊；13日，在加德满都还与尼泊尔外交部秘书杜尔加共同主持中尼第九轮外交磋商。2012年9月14日至19日，尼泊尔副总理兼外长什雷斯塔访问中国并出席“尼泊尔文化节”活动。18日，外交部长杨洁篪会见了什雷斯塔，就加强中尼关系和共同关心的国际和地区问题交换了意见。

在经贸关系领域，11月12日中国与尼泊尔在加德满都签署一项新关税协定，尼泊尔对中国出口商品享受零关税待遇的比例从60%提高到95%，意味着7787种税目商品将可免税进入中国市场。尼泊尔对华出口也大幅增加，根据《尼泊尔共和报》报道，本财年前5个月（2012年7月16日—12月15日），继印度、美国和孟加拉之后中国成为尼泊尔产品的第四大进口国。中国从尼泊尔进口商品总值12.1亿卢比（1391万美元），较2011年同期3.424亿卢比（393.8万美元）同比增长254%。据尼泊尔贸易出口促进中心数据显示，尼泊尔对中国出口前5位商品增长率为：地毯增长479%、草药增长478%、金属雕像增长406%、皮张皮草增长376%以及面粉增长203%。[①] 承包劳务合作方面也获得了长足发展。2月29日，中国长江三峡集团与尼泊尔能源部签署总投资16亿美元的协议，在尼泊尔建设一座750万千瓦的西塞提水电站，以缓解尼泊尔电力的短缺。12月26日下午，中国援尼泊尔沙拉公路项目交接证书在加德满都签署。

在文化、科技与教育等交流与合作领域，1月温家宝总理访问尼泊尔期间，两国将2012年定为“中尼友好文化交流年”。随后，“中尼友好文化交流年”的一系列重要活动在两国展开。2月29日，2012中尼友好文化交流年暨2012蓝毗尼观光年大中华区推广办公室揭牌仪式在北京举行，“中尼友好文化交流年”正式启动。5月，应全国青年联合会邀请，尼泊尔青年与体育部部长卡玛拉·罗卡女士率尼泊尔青年代表团一行100人访问中国。8月6日，为期3天的2012中国电影节在尼泊尔首都加德满都开幕。9月16日，为期3天的“2012尼泊尔文化节”在中国国家大剧院拉开帷幕。尼泊尔副总理兼外长施雷斯塔、中国外交部副部长傅莹等出席了当日开幕式的文化活动。11月1日，中国与尼泊尔在加德满都签署在尼建立中

① “中国成为尼泊尔第四大进口国”，中国驻尼泊尔大使馆经济商务处网站，http：//np.mofcom.gov.cn/article/jmxw/201301/20130100007723.shtml。

国文化中心的谅解备忘录。

（二）与印度关系的发展

在尼印关系方面，印度一直处于强势地位，加强对尼泊尔政治经济的影响和控制是印度尼泊尔政策的重要内容。为了逐渐改变印度在尼印关系上的强势地位，减少印度的控制，平衡印度在政治和经济上对其的巨大影响力，尼泊尔加强了与中国在政治和经济上的联系，希望实施与中印之间的等距离外交。但由于历史和地缘等因素，尼泊尔还是把尼印关系作为尼泊尔最重要的双边关系。在政治上，两国领导人保持了密切的联系与沟通。应印度总统慕克吉的邀请，2012 年 12 月 24 日至 29 日尼泊尔总统亚达夫访问了印度。12 月 24 日，亚达夫被印度贝拿勒斯印度教大学授予荣誉博士学位，在参加完授位典礼之后，亚达夫前往新德里开始 5 天的印度之行。亚达夫先后与印度总理辛格、国大党主席索尼娅·甘地、外交部长萨尔曼·库尔希德和总统慕克吉等就尼泊尔国内局势、印度的尼泊尔移民、印度铁路延修到尼泊尔等问题进行了会谈。此外，尼泊尔总理巴特拉伊参加 6 月 20—22 日在里约热内卢召开的联合国可持续发展大会“里约＋20 峰会”，其间也与印度总理辛格举行了会谈。

在经济上，印度一直是尼泊尔最大和最重要的贸易伙伴，但尼印贸易赤字不断增加也是长期困扰两国的一个重要问题。根据尼泊尔央行本财年前 7 个月（2012 年 7 月—2013 年 2 月）的数据显示，尼泊尔贸易总额为 3843.6 亿卢比（约合 44.2 亿美元），其中出口占 11.5%，进口占 88.5%。贸易赤字增加 28.9%至 2959.6 亿卢比（约合 34 亿美元），其中尼泊尔对最大贸易伙伴印度出口增加 1.8%，达到 290 亿卢比（约合 3.34 亿美元），而尼从印度进口则增加了 26.9%，达到 2226.7 亿卢比（约合 25.6 亿美元）。[①] 12 月 26 日，尼泊尔、印度双边运输协议在没有更改任何条款的情况下再次续订，以前签署的协议将于 2013 年 1 月 5 日到期。该协议已经是 3 次续订，上次续订是 2006 年 3 月，为期 7 年。该协议的签署使两国的货

① “尼泊尔贸易赤字扩大”，中国驻尼泊尔大使馆经济商务处，http://np.mofcom.gov.cn/article/jmxw/201303/20130300054587.shtml。

物可以在双方协商的路线和方式下自由通过两国领土。[①]

（三）在重点发展与中国、印度关系的同时，还注重发展与美国、日本、挪威、卡塔尔等国家和一些重要国际组织的关系

在同美国关系方面，美国国务院 2012 年 9 月 6 日宣布，由于尼联共（毛）已参加民主选举，并采取措施消除了自身进行恐怖活动的能力，决定将尼泊尔执政党——尼泊尔联合共产党（毛主义）从其全球“恐怖组织”黑名单中去除。尼政府对美国这一举动表示欢迎。尼联共（毛）9 月 7 日表示，该党将提升同华盛顿的关系。[②] 2012 年 9 月，尼泊尔和美国之间关于投资和贸易框架协议（TIFA）会议正式举行，该会议的召开对两国之间的贸易和投资将具有重要影响。同年 3 月 14 日，日本国际协力集团与尼泊尔政府签署了 141.7 亿卢比（约合 1.65 亿美元）的官方发展援助贷款协议，贷款利率 0.01%，用于建设 140 兆瓦的水电站项目。尼泊尔还加强与卡塔尔的交流与合作。卡塔尔作为尼泊尔最大的劳务输出国家，为了促进两国的经贸合作，尤其是劳务合作，2 月卡塔尔提议在加德满都设立大使馆。2 月 15 日，为了配合 2012 年初发布的《经济繁荣发展行动计划》，尼泊尔政府计划与包括卡塔尔和中国在内的 5 个国家签署双边投资保护和促进协议。7 月 30 日，尼泊尔与孟加拉国签署协议，促进两国的贸易和运输。孟加拉国同意向尼泊尔的 100 种农业和其他产品提供零关税。12 月 6 日，毛里塔尼亚决定和尼泊尔建立外交关系。毛里塔尼亚驻联合国常驻代表和尼泊尔驻联合国常驻副代表签署了联合声明，决定两国建立外交关系。

尼泊尔是世界上少数几个最不发达国家之一，一些重要的国家经济组织也加强了对尼泊尔的贷款和援助。3 月 23 日，亚洲开发银行和挪威政府宣布将共同为尼泊尔输变电线扩建及增容项目提供 1 亿美元建设资金，其

① Nepal-India Transit Treaty to be renewed sans changes，http：//www.ekantipur. com. html.

② “美‘恐怖组织’名单删掉尼泊尔执政党”，《环球时报》2012 年 9 月 8 日第 3 版。

中亚洲开发银行提供 5600 万美元贷款和 1900 万美元援款，挪威政府则提供 2500 万美元无偿援助。整个项目有望在 2017 年 6 月底前完工。2012 年 5 月 8 日，欧洲投资银行与尼泊尔政府签署了合作协议，并将以此为框架开始在尼泊尔进行投资融资活动。12 月 28 日，亚洲开发银行将向尼泊尔提供 24.5 亿卢比用于加强尼泊尔的公共管理项目。

2012年斯里兰卡综述

唐鹏麒

2012年，内战结束3年的斯里兰卡国内政局稳定，经济繁荣，投资者信心增强，国内工业、旅游业、服务业与对外贸易发展势头良好。港口建设成绩显著，正在成为空运和海运中心。在处理重大国际问题如人权问题上，斯里兰卡有自己的立场与原则但并不固执。就战后人权问题，面对来自西方的干涉，斯采取的措施是民族团结，各宗教和平共处，以佛陀的教诲来解决冲突与争端。印斯关系、中斯关系处理得当。

一、国内政局稳定

（一）近30年战争结束后，国内无家可归者大都得到安置

到2012年2月，30万北部流离失所者中有98%的人得到安置，超过21万个家庭重新回到他们原来生活的土地。[①] 前猛虎组织成员也基本完成改造和教育，回归了家庭和社会。到2012年6月，改造中心只有698名前猛虎组织成员，为了让这些人能自谋职业，政府划拨了3亿卢比的贷款，

① http://www.priu.gov.lk/news_update/Current_Affairs/ca201202/20120203over_210000_idp_families_resettled.htm Friday，February 03，2012—4.59 GMT.

每人最多可贷 25 万卢比，利率只有 4%。[①] 进入 2013 年，斯政府为前猛虎组织成员的改造划拨了更多的资金，从 3 亿卢比增加到 5 亿卢比。2013 年 1 月 14 日有 313 名前猛虎成员经改造后回归社会。2009 年战争结束时，1.16 万名前猛虎成员至今还有几百名在改造营里。[②] 民事安全部吸收了东部和北部省份 5000 名前猛虎干部为新成员，他们被安置在农业和其他部门。[③]

（二）贫困线已降至 7%，这是斯发展进程里最大的成就之一

斯经济发展副部长称在今后几年政府将努力采取措施将贫困线降至 2%，到 2016 年将人均收入提高至 4000 美元。政府已经启动很多基础设施和农田水利项目，以提升整个国家的生活水平。战后斯里兰卡在政治、经济、文化与外交各方面都得到快速发展。2012 年 10 月的一些统计数字表明斯里兰卡发展良好。在 2012 年全球食品安全指数排名中，斯里兰卡居 62 名，美国排在第一位，刚果排在 105 位（最后），印度排在第 66 位，巴基斯坦在斯里兰卡和印度之后。在“2013 年办企业”排名中，斯里兰卡提高了名次。在世界银行和国际金融公司发布的年度“办企业”排名中，斯里兰卡从 2012 年的 96 名上升至 81 名，南亚其他国家马尔代夫排在第 95 位，巴基斯坦 107 位，尼泊尔 108 位，孟加拉 129 位，印度 132 位，不丹 138 位，阿富汗 168 位。世界银行和国际金融公司进行的全球调查是针对 185 个经济体里影响国内公司的规程进行评估的，然后在企业规程的 10 个领域进行排名，这些领域包括开办企业、保护投资者、获得借贷款、解决破产和跨边界贸易等。

---

① http：//www. priu. gov. lk/news _ update/Current _ Affairs/ca201206/20120608only _ 698 _ ex _ ltte _ cadres _ remain _ custody. htm Friday，June 08，2012－06. 05 GMT.

② http：//www. priu. gov. lk/news _ update/Current _ Affairs/ca201301/20130115govt _ allocates _ more _ funds _ rehabilitation. htm Tuesday，January 15，2013－05. 24 GMT.

③ http：//www. priu. gov. lk/news _ update/Current _ Affairs/ca201204/20120419sl _ reconciliation _ versus _ interventionism. htm Thursday，April 19，2012－6. 24 GMT.

（三）免费医疗和教育是发展中国家中很难得的

联合国发展计划人力发展指数报告于 2012 年 10 月 5 日公布，斯里兰卡在南盟国家中排名第一。该报告称与新加坡和马来西亚比较，斯里兰卡有巨大潜力发展与提高人力资源。斯里兰卡是 60 多年来为其所有居民提供免费医疗和教育的少数国家之一，2011 年斯里兰卡的平均寿命为 74.9 岁，高于大多数发展中国家。[①] 正是免费医疗和教育，才使斯里兰卡在恐怖主义经历了近 30 年的战争之后获得重生，重新走上发展与进步的道路。

二、在处理重大国际问题如人权问题上，斯里兰卡坚持自己的立场与原则但并不固执

（一）面对西方国家和国际人权组织的指责，斯里兰卡态度与政策的出发点是斯国民的福利与国家的切身利益

在经历了近 30 年内战之后，2009 年 5 月斯里兰卡政府击退了猛虎组织，结束了国家长期处于争端与冲突的局面，近 3 年来斯政局稳定，经济增长迅速。但一些西方国家和国际人权组织指责斯里兰卡在战争最后阶段侵犯人权。以美英为首的西方国家就人权问题发起联合国人权事务委员会对斯里兰卡作出决议，其结果是 47 个国际人权理事会成员国中有 15 个国家投票支持斯里兰卡，8 个国家弃权。中方反对该决议，支持斯里兰卡的主权独立；印度却站在美英等西方国家一方，支持该决议；俄罗斯大使称由美国发起的联合国人权理事会对斯里兰卡的决议是出于政治动机，且败坏了人权事务理事会的名声。面对人权及其相关问题，斯里兰卡态度与政

① http：//www. priu. gov. lk/news _ update/Current _ Affairs/ca201210/20121007sl _ tops _ saarc _ region _ in _ Human _ development. htm Sunday，October 07，2012－6. 47 GMT.

策的出发点是斯国民的福利与切身利益。为战后的和谐与种族之间的团结，斯质问西方国家为什么要持反对态度？背后有地缘政治的动机吗？这样的外部干涉真正有利于斯里兰卡的和解吗？斯国打击猛虎组织的行动是在拒绝西方强国的外部干涉情况下进行的，西方强国希望反政府组织与政府进行平等对话，同时还提议斯国接受国际调停和监督。斯政府指定成立了独立的经验教训与和解委员会，并提交了国家发展的建议。但 3 年来，美国、国际特赦组织和英国第四频道发起了反对斯里兰卡的运动，该运动在 2012 年 3 月由不怀好意的美国支持的联合国人权委员会决议的投票达到顶点。面对外部干涉，斯里兰卡的态度是积极应对但又坚持自己的立场：一切应利于国民的幸福与国家的发展。

（二）就战后人权问题，面对西方的干涉，斯采取的措施是民族团结，各宗教和平共处，以佛陀的教诲来解决冲突与争端

斯总统强调重建国家的根本是劳动大众的团结一致，斯里兰卡国内找到的解决办法而不是由国际社会提出的办法才能保证斯的永久和平。斯总统在卫塞节上发表讲话：让我们避开所有的争端与分歧，争取民族团结与各宗教和平共处。他说按照佛陀的教诲生活，是避免混乱、过和谐生活的最好办法。国防部长在斯政府击退猛虎组织、获得和平 3 周年纪念日接受“今日企业”的提问，总结战后 3 年来的成就时说：现在每一个斯里兰卡人都有机会，不管你是穆斯林人、泰米尔人、一般的市民还是僧伽罗人。斯总统秘书认为熟练的英语是同阶级分裂和社会歧视斗争的最好武器：只有农村的青年人学会用英语交流同时也会使用计算机时，阶级和社会歧视才能停止。内战与冲突才刚过去 3 年，斯里兰卡基利诺奇的居民感到恶梦好像已经过去，生活改变了很多。美盖洛普民意测验显示：有 91%的居民对斯总统的领导表示赞同，只有 6%不赞同，有 3%不知道这在亚洲国家排名居第三。第一是老挝，对领导人的满意度达到 97%；第二是柬埔寨，满意度达到 93%；排在最后的三个国家与地区是巴基斯坦（满意度只有 20%），尼泊尔（满意度只有 33%），香港（满意度只有 36%）。上述数据表明，在

南亚国家中斯里兰卡公民对斯总统在战后国家的治理领导方面是非常赞赏的，也表明西方就人权问题对斯的干涉是多余的。

斯里兰卡总统在曼谷卫塞节上发表讲话说，佛陀的教诲可以解决今天的冲突。佛陀的教诲仍然像2000多年前一样具有意义，如果当代的领导人信奉佛陀的建议，今天的冲突不论是国内的还是国际的都能为了人类的利益而得以解决。全球和平指数是全球领先的测量各国和平的指标。2012年斯里兰卡在全球和平指数排名中的上升度名列前五位，前进了近30名，在全球排在103位，在亚洲太平洋地区排在17位，位于印度（排在142位）、巴基斯坦（排在149位）和泰国（129位）之前。

三、正确处理、对待中斯关系与印斯关系

在处理同中国、印度的关系中，斯里兰卡坚持其一贯的观点：斯里兰卡希望印度洋成为一个和平地区。斯不希望在印度洋发生任何冲突，而是希望印度与中国都利用印度洋来发展经济和商业利益，而且会非常谨慎地绝不让任何国家利用斯里兰卡的土地和海域来对抗印度。中国是斯的老朋友和商业伙伴，但印度是斯最近的邻居和亲戚，印度是斯文化的根，斯与中国和印度的亲近程度是一样的。

（一）斯里兰卡与印度因历史和文化而紧密相连，南亚区域合作能唤起斯的南亚人情结，印度对斯里兰卡很重要

斯里兰卡与印度因友谊和历史而紧紧相连。斯里兰卡总统在桑吉佛教和印地语研究大学的奠基典礼上发表讲话时称：佛陀对所有宗教宽容的思想在今天仍具有重大意义。他还说：在实践佛陀的教诲中，伟大的阿育王尊重和支持他帝国里的所有宗教。阿育王宣称，一个人不能只尊重自己信

仰的宗教，也应该尊重其他人的信仰。[①] 另外，斯总统称南亚区域合作唤起了南亚人情结，南亚国家都深深根植于共同的文化，这令人鼓舞，这种情结进一步使我们有义务为南亚区域合作成员国创造有利的环境，以促进该地区的共同进步。

斯里兰卡就与印度和中国的关系进一步表明其态度。斯总统称：斯里兰卡没有理由做伤害印度利益的事情，印度也不会做任何伤害斯里兰卡的事情。斯很坚定地要成为一个不结盟国家，不结盟是斯要遵循的政策。印度是一个对斯里兰卡非常重要的国家，虽然中国在斯里兰卡有很多投资，但那全是商业的交易。

（二）印度对斯里兰卡的战后重建支持很大

印度积极支持斯里兰卡的战后重建，政府已经同意给斯里兰卡北部第一个工业区提供更多的发展基金。印度工贸部和小企业发展部称给贾夫纳安奇楚维利工业区（the Atchchuvely Industrial Zone）的发展基金已经从1.92亿卢比增加至2.5亿卢比。该工业区是斯里兰卡国内第一个绿色工业区，是由印度政府资助的。2011年印度政府拨了2500万卢比用于重建因战争而毁坏的安奇楚维利工业区，为65英亩的土地扫雷，修建了一所行政楼。印度还为斯马纳尔地区的无家可归者捐赠175条船和价值7100万卢比的捕鱼设备。印度专员称印度对斯里兰卡的帮助已经上升至考虑斯政府提出的当前迫切需求。[②]

印度承诺斯里兰卡可以优惠条件进入印度市场。印度商工、工业、纺织部长夏尔玛称：印度领头南亚经济，印度接受不对称原则，不要求斯里兰卡也提供同样的优惠条件。夏尔玛在斯里兰卡访问中拜见了斯总统，进一步讨论了在斯里兰卡的发展中印度有责任成为其朋友和伙伴。印度资助斯的项目获得巨大进展，其资助的最大项目是耗资2.7亿美元为北部的泰米尔难民修建5万间房子，其中4.3万间房屋工程于2012年10月2日开

---

① http://www.priu.gov.lk/news_update/Current_Affairs/ca201209/20120921buddha_message_tolerance_all_religions.htm Friday，September 21，2012－10.15GMT.

② http://www.priu.gov.lk/news_update/Current_Affairs/ca201212/20121203india_provides_more_funds_industrial_zone_north.htm Monday，December 03，2012－5.31 GMT.

始第二阶段工程。这是 2010 年 6 月斯总统访问印度时，印度总理辛格承诺的要为斯北部和东部省份无家可归者修建 5 万间房屋的部分工程，首期 1000 间房屋已经交付给贾夫纳半岛上已经定居下来的居民。①

（三）印斯合作领域较为深广

1. 在对抗恐怖活动方面，斯愿意同印度分享镇压暴动与叛乱的经验

这是印度陆军参谋长在 2012 年 12 月访问斯里兰卡期间，斯国防部长作出的提议。斯国防部长称：印斯两国在该领域共享有计划的课程并将提供给面临恐怖主义的其他国家。在问及他是否也希望印度人到斯里兰卡军事学校进行训练，正如每年 800 多名斯里兰卡军官到印度军事学院一样时，他说军事训练意味着听课或参加共同训练或者两者都参加，但同印度共同的训练更加可能，而且这样的训练已经开始，并将得到继续和提高。2012 年 12 月 22 日印陆军参谋长在斯里兰卡陆军军官学校结业操练中发表讲话，谈到印度准备同斯里兰卡在军事援助领域进行双向合作，双方都有很多经验，可以相互学习，而且印度希望与斯里兰卡在军事领域加强合作。②

2. 印斯国防、军队方面的合作

印度陆军参谋长于 2012 年 12 月 19 日对斯里兰卡进行了访问。该参谋长保证在培训斯军队方面给予更多的帮助，印度将继续为斯培训部队人员，这只是印度对斯里兰卡和其他邻国军队人员的短期和长期培训计划的一部分。印、斯就进一步加强双边国防关系进行了讨论，讨论的重点在扩大新建的迪亚塔拉瓦陆军训练部，该训练部的任务是在印度的支持下从不同层面密切监督、管理、评估和协调斯所有陆军培训机构及其训练计划。

---

① http：//www. priu. gov. lk/news _ update/Current _ Affairs/ca201210/20121002second _ phase _ india _ funded _ housing _ project. htm Tuesday，October 02，2012－5. 08 GMT.

② http：//www. priu. gov. lk/news _ update/Current _ Affairs/ca201301/20130101sl _ ready _ share _ counter _ insurgency _ warfare _ with _ india. htm Tuesday，January 01，2013－08. 55 GMT.

双方讨论的内容还包括：斯里兰卡军队在战后国家重建中的作用、双方部队在运动项目上的互换、年度锦标赛的举行以及派印度部队的英语教官培训斯部队人员。总之，印度陆军参谋长访问斯的目的是使两国部队在培训、部队硬件和联合训练方面能够进一步加强合作。①

3. 在经济领域，为了提高印斯双边贸易，印斯成立了代表两国公共和私人部门的联合专门工作组

其目的是促进印度在斯里兰卡主要部门，如医药、纺织和汽车配件等的投资。根据商务部的报告，2011 年印斯自由贸易协会的贸易接近 10 亿美元，印度对斯里兰卡的出口每年增长 70%，从 250 万美元增长到 43.5 亿美元；而斯里兰卡对印度的出口每年增长 16.8%，从 4.66 亿增长到 5.21 亿美元。印斯双边贸易从 2009—2010 年的 30 亿美元上升至 2011—2012 年的 51 亿美元。印度在贸易方面有优势：2011—2012 年印度出口到斯里兰卡的商品价值为 43 亿美元，占斯里兰卡全国进口的 22%。投资方面，2009 年的投资额为 7800 万美元，2011 年上升至 1.47 亿美元。②

2013 年 1 月 3 日，斯里兰卡揭开了印斯高水平联合专门工作组的斯队伍的面纱，该队伍由主要部门的高级官员和著名私营企业重量级人物组成。斯工商部长称：不管是在印斯双边贸易，还是在给斯的主要出口商开放印度大市场方面，印斯高水平工作组都迈开了一大步。印斯高水平工作组是两国公营和私营部门的权威，由 8 位政府官员和 4 个主要的私营部门代表组成。该组织是 2011 年 10 月根据工商部长的提议通过的，目的是促进两国在医药、纺织和汽车零部件方面的贸易和投资。中国在斯里兰卡的投资也很多，但斯明确地表明那只是商业关系。

---

① http：//www. priu. gov. lk/news _ update/Current _ Affairs/ca201212/20121220indian _ army _ chief _ pledges _ more _ assistance _ train _ sl _ army. htm Thursday，December 20，2012－05. 14 GMT.

② http：//www. priu. gov. lk/news _ update/Current _ Affairs/ca201211/20121128india _ sl _ boost _ trade _ investment _ ties. htm Wednesday，November 28，2012－6. 29 GMT.

4. 在文化教育领域：印度援助斯里兰卡建立语言实验室

2010年斯总统在访问印度时，印度政府承诺在斯9个省分别建立一个语言实验室。2011年9月印斯签署了“在斯里兰卡建立3级英语语言培训系统”的备忘录。根据该备忘录，印度政府将给斯的9个省份各提供一个30台计算机的设备和教学辅助设备，该工程将耗资8400万卢比，在3个月内完成，它将有助于改善斯里兰卡的英语语言训练设施，提高斯社会各阶层的英语熟练程度。[①]

（四）中国与斯里兰卡的合作主要集中在基础设施等经济领域

1. 中国对斯里兰卡的支持主要表现在经济援助方面

中国为斯里兰卡的军队福利工程提供了1亿美元，用于建设斯东部和北部军营的住宿级基础设施，同时还援助了150万美元用于斯科伦坡防务服务大学现代化建设。斯驻华使馆商务参赞希拉妮·阿里拉特纳女士表示，中国已成为斯里兰卡的最大投资国。

2. 两国的合作也主要体现在经济领域，如发射卫星与汉班托塔港的建设

2012年11月27日，斯里兰卡首颗通讯卫星搭载中国的“长城”火箭在西昌卫星发射中心成功发射升空。英国路透社报道称，这颗卫星将为斯里兰卡提供宽带网、广播和通讯服务。这次发射活动标志着中国与斯里兰卡两国关系的最新进展。中国进出口银行将提供6亿美元、10亿人民币的贷款用于汉班托塔港的建设。该港口工程将给众多企业提供发展机会，这些企业包括水泥工厂、水泥储存、套袋工厂、化肥加工和储存套袋工厂、仓库设施、车辆组装工厂、面粉厂、食品加工及包装以及其他与进出口相

① http://www.priu.gov.lk/news_update/Current_Affairs/ca201301/20130118india_assistance_set_up_language_labs.htm Friday，January 18，2013—05.42 GMT.

关的企业。

3. 中国同斯里兰卡合作促进旅游业发展

为了促进斯里兰卡旅游业的发展，使之成为公众喜爱的旅游目的地，斯旅游局为中国的 14 个主要旅游代理商组织了一次友好旅游。

（五）斯里兰卡对中、印、斯关系的观点：与中国是纯粹的经济关系，与印度是亲戚、亲情关系

2012 年 12 月 13 日在斯里兰卡国防部的支持下由斯海军组织了国际海事安全会议："加勒对话 2012"。在谈及大国海军合作方面，斯国防部长称，印度洋地区中国与印度之间的不信任限制了可以取得有效的、长久的多边合作的程度。在谈及中国对该地区很多国家深水港开发建设的援助时，斯国防部长强调：中国对斯里兰卡汉班托塔港的兴趣是纯商业的。他还强调：在汉班托塔港进行施工的多数大公司都是印度的，因此把汉班托塔港放在珍珠链理论里是不正确的。斯里兰卡一贯追求的是不结盟外交政策，我们的兴趣在经济发展。斯里兰卡没有资金能力来进行这个工程，但这个工程对释放斯的经济潜能又非常重要。很自然，我们向其他国家的朋友伸手希望得到帮助，我们欢迎不附加任何苛刻条件的任何人的帮助，这不能理解为同任何人或任何国家结盟。①

另外，斯里兰卡积极与多方发展经济、贸易、国防等合作关系，比如发展与印度的外交关系，其措施是翻新大使馆，增加那里的官员；同波兰讨论提高军事合作事项，包括转移技术、培训和情报共享；与巴基斯坦在进一步加强国防合作方面达成协议，以对抗不断增长的恐怖威胁；与中国签署加强双边合作的协议，合作的范围有交通部门的基础设施建设、旅游、电信、港口建设以及科伦坡莲花塔工程、移动网络扩展和汉班托塔港二期工程开发、能源项目的合作。

---

① http://www.priu.gov.lk/news_update/Current_Affairs/ca201212/20121214strategic_cooperation_partnership_between_naval_powers_ior.htm Friday, December 14, 2012—05.05 GMT.

三、经济发展态势良好

（一）斯里兰卡经济繁荣，投资者信心增强，有望成为地区经济发展中心

根据斯央行全国及每个省的繁荣状况进行的评估指标显示：过去 3 年来斯正在走向繁荣。斯央行 2008 年采用的斯里兰卡繁荣指数反映全国及各省社会经济年度发展情况，由 3 个次级指数构成：经济商业气候指数、人民福利指数和社会经济基础设施指数。数据显示：过去 3 年来，3 个指数都呈现出稳定的增长，斯繁荣指数上升的百分点从 2010 年的 3.1%上升到 2011 年的 4.1%；社会经济基础设施指数上升的百分点从 2010 年的 3.7%上升至 2011 年的 4.9%；经济商业气候指数上升的百分点从 2010 年的 2.1%上升至 2011 年的 4%；此外，人民福利指数也有明显上升，2010 年上升 3.7%，2011 年上升 3.6%。西部省继续占繁荣指数的首位，是唯一高于平均数的省份；南部省居第二；中央省居第三。北部省的增长率最高，排名从 2009 年的第九上升至 2011 年的第六。①

《印度经济时报》称：斯里兰卡有机会同邻国扩大地区贸易、快速发展。该文作者是摩根斯丹利投资管理部新兴市场的负责人，该文来自他的新书：《经济突破型国家》。由于斯良好的政治经济环境，投资者信心大增，斯里兰卡银行发行的 5 亿美元国际有息债券被大量超额认购。

国际上对斯里兰卡的发展非常看好。统计数字表明：2011 年斯各省份的增长速度达到两位数，北方省份的增长更达到 27.1%；国内生产总值达到 595 亿美元，人均收入达到 2836 美元，西部省份的人均收入更达 4424 美元；斯观赏鱼产业 2011 年增长 25%，20 世纪 80 年代斯观赏鱼出口值为 2800 万卢比，而 2011 年增长至 11.12 亿卢比；斯在线签证系统的收入超

---

① http://www.priu.gov.lk/news_update/Current_Affairs/ca201212/20121222sri_lanka_is_becoming_more_prosperous.htm Saturday，December 22，2012－07.41 GMT.

过12亿卢比。截至2012年7月底，斯官方储备增加至70.99亿美元，该储备水平可满足4.2个月的进口。因此，斯发行的国际债券认购达到10.5倍，斯中央银行成功地发行了10亿美元的10年期国际债券，年利率为5.87%，认购资金达到105亿美元。[①]

由于经济发展迅速，斯房屋市场保持健康发展。斯住宅土地价格于2009年6月开始上升，2011年强劲的汇款又推动了土地价格指数。根据斯里兰卡地产网，2012年7月，斯每座房屋的销售平均价格为13.3831万美元，公寓的平均价格为19.2511万美元，土地的平均价格为每平方米213美元。亚洲开发银行的副总裁称，斯里兰卡比亚洲其他任何国家都有潜力成为引人注目的地区经济发展中心。[②]

此外，港口建设成绩显著，正在成为空运和海运中心。

1. 港口发展引人注目，斯有望成为新的航海中心

斯港口部门获得大发展：港口局已经开始了3个主要港口的开发工程，即科伦坡南港、汉班托塔港和奥卢维尔港。科伦坡南港的投资达5.75亿卢比，汉班托塔港的投资达3.68亿卢比。[③] 科伦坡南港可以建3个集装箱码头，汉班托塔港可满足进出口商业的要求，其车辆转载能力正在迅速增加，2012年7月5日一艘满载460辆车的船通过新加坡和印度的金奈从日本到达汉班托塔港，这些车辆将于7月12日在该港重新装船去中东国家。[④] 其中，麦秆姆普尔港口（Magampura Port）是斯里兰卡不结盟且同所有国家友好的代表。麦秆姆普尔港口将成为斯总统希望的斯里兰卡未来形象的代表——现代化的、自信的、自尊的、不为任何西方强权承担任何义务的典范，即用总统的话来说，成为斯里兰卡“不结盟、与所有国家友

---

① http：//www.priu.gov.lk/news_update/Current_Affairs/ca201207/20120719sl_intl_sovereign_bond_oversubscribed.htm Thursday，July 19，2012—05.42 GMT.

② http：//www.priu.gov.lk/news_update/Current_Affairs/ca201209/20120924sl_housing_market_remains_healthy.htm Monday，September 24，2012—10.03 GMT.

③ http：//www.priu.gov.lk/news_update/Current_Affairs/ca201207/20120713major_developments_port_sector.htm Friday，July 13，2012—05.54 GMT.

④ http：//www.priu.gov.lk/news_update/Current_Affairs/ca201207/20120707vehicle_transshipment_gathering_momentum_at.htm Saturday，July 07，2012—07.40 GMT.

好”的典范。现在从首都科伦坡到加勒，崭新的 4 车道高速公路，96 公里驱车只需 1 个小时，所花费的时间是以前的 1/3。从 2012 年 4 月起，船只就可停靠在该港口，该港口的第二期工程正在进行中，可望在 2014 年全部完成。第三期工程还在设计阶段，可能要花 10 多年，完工之后将成为南亚最大的港口，可停泊 33 只船舰。该港口不仅仅是一个集装箱终点站，更是燃料储存和船只处理服务的地方，其一端已经有一个大型的油罐场，最终，还计划成为航空燃料的储存地，为国际机场着陆的飞机加油。该港口完工后可吸纳 5000 当地人就业，① 因此斯里兰卡物流服务将有很大改善。根据世界银行最近公布的物流情况指数，斯里兰卡比 2010 年前进了 56 位，在 155 个被调查的国家中处于 81 位。斯港口局 7 月 10 日在科伦坡组织了斯港口、贸易与物流高水平会议和展出，意在提升斯作为散装货、零担货、仓储、船舶油料补给、修船和造船的转运物流中心，以及新海上基础设施的国际地位。②

2. 斯里兰卡在印度洋地区虽然是一个小国，但在海上安全、海运等方面却能发挥很重要的作用

其一，在建立海上安全方面，印度洋面临很多严重威胁，如海上抢劫、恐怖主义、人口贩卖、毒品运输、非法移民、未受管理捕鱼、非法废物处理。加勒对话的主题是：面向未来，海上战略合作与伙伴关系。斯国防部长称：虽然小国的海军没有资源与财力单靠自身来影响印度洋地区的安全，但是他们可以同大国的海军合作，这也很重要。斯里兰卡在抵抗海上抢劫中起着虽然小但很有意义的作用，斯的私人公司通过斯国防部为很多商业船只和拖网渔民提供了安全。印度、斯里兰卡、马尔代夫正在对以下问题制定一个三方合作协议：监督抵制海上抢劫、抵制非法移民活动及减少海上污染。

其二，现代化的港口将为斯赢得更多有利的发展条件。港口局已经设

---

① http://www.priu.gov.lk/news_update/Current_Affairs/ca201211/20121102 magampura_port_reflection_sl_non_alignment_friendship.htm Friday, November 02, 2012-06.27 GMT.

② http://www.priu.gov.lk/news_update/Current_Affairs/ca201207/20120707significant_improvement_in_sl_s_performance.htm Saturday, July 07, 2012-07.30 GMT.

计出开发汉班托塔港的第三及第四阶段计划，年度容量超过2000万集装箱标准箱，以满足东西主要船运线路日益增长的需求。在迪拜举行的海上贸易中东海运会议上，斯港口局主席在发表的题为“现代化集装箱终点站”的文章中称：汉班托塔港将为散装货物和其他服务提供世界级的基础设施。《亚洲哨兵报》称斯里兰卡已步入快速发展轨道，2013年斯国内生产总值增长率有望超过7%；2/3的世界级海岸线和一半的可耕地由于战争而废弃，战后这两大支柱产业从战争的桎梏中解放出来，再因政府支持的基础设施建设而得以发展和提升。全球2/3的海上运输经过斯里兰卡，这给了斯里兰卡巨大的机会，斯政府有宏大的计划，要通过开发汉班托塔港而使斯进入泛亚货物供应链。[①]

其三，在货物空运方面，2012年斯里兰卡班达纳莱克（Bandaranaike）国际机场货物中心将处理18万公吨的货物，国家运载公司正积极地支持斯政府，努力把斯变成空运和海运中心，2012年前7个月斯货物中心空运货物增长12.5%，海运转载货物增长11%。[②] 国泰货运选择斯里兰卡作为其最新的航空货物发展地，不仅说明该公司的发展重点在亚洲新兴市场，更能说明斯有发挥航空货运的潜力。国泰货运以前就肯定了斯里兰卡在船运方面的地理优势，认为其有潜力成为全球的集装箱运输中心，现在国泰同样认为斯的航空货运市场有同样的机会。

（三）国内工业、旅游业、服务业与对外贸易发展势头良好，失业率下降

1. 服装业领域斯正在成为世界的原始设备制造商

2011年斯服装收入约为40亿美元，2012年由于欧洲和美国经济下滑，服装业产值和产量下降7%—8%，为36亿美元，斯服装出口协会会长称

① http://www.priu.gov.lk/news_update/Current_Affairs/ca201209/20120913sl_path_achieve_rapid_development.htm Thursday，September 13，2012—8.46 GMT.

② http://www.priu.gov.lk/news_update/Current_Affairs/ca201209/20120913bia_handle_over_180000mt_cargo.htm Thursday，September 13，2012—5.11 GMT.

50 亿美元是服装业 2015 年的目标。[①] 斯服装业正在从原始设计制造商努力成为原始设备制造商，即从原始设计生产成为代工生产或加工生产（定牌生产或授权贴牌生产）。因来自世界第三大零售商特易售的订单及印度政府为了经济复苏的支持，2012 年斯纺织与服装部门成绩较好。斯工商部长于 2012 年 12 月 18 日在第二十二界年度国家纺织展览演讲上称：到 2012 年 9 月份，斯服装出口值为 28 亿美元。2011 年斯出口的成衣和纺织品为 41.7 亿美元，占全国出口额的 40%。[②]

2. 旅游业在竞争中领先

截至 2012 年 11 月，到斯里兰卡的游客为 88.3353 万人，超过马尔代夫的 86.631 万人。11 月份一个月到斯的游客比上年同期就增加了 20.1%。2012 年前 11 个月到斯的游客增加了 16.5%，从 2011 年的 75.8458 万人增加至 88.3353 万人。斯里兰卡旅游业 2012 年的目标位游客达到 100 万人，收入达 10 亿美元。[③]

3. 信息通信技术是斯可持续发展的重要行业

信息通信技术是斯里兰卡可持续发展重要的工具，对于信息通信技术的投资来说有巨大的机会，斯国的目标是到 2016 年该技术的收入达到 10 亿美元。[④]

斯里兰卡政府将促进知识经济服务产业的发展。目前斯知识经济服务产业挣得的外汇接近 4 亿美元，雇员约 6.5 万人。斯政府的目标是在未来

---

① http：//www.priu.gov.lk/news_update/Current_Affairs/ca201211/20121101apparel_industry_hit_us$5bn_by_2015.htm Thursday，November 01，2012－06.24 GMT.

② http：//www.priu.gov.lk/news_update/Current_Affairs/ca201212/20121219sl_apparel_sector_becoming_oem_supplier.htm Wednesday，December 19，2012－06.18 GMT.

③ http：//www.priu.gov.lk/news_update/Current_Affairs/ca201212/20121220november_tourist_arrivals_reach_record_high.htm Thursday，December 20，2012－05.11 GMT.

④ http：//www.priu.gov.lk/news_update/Current_Affairs/ca201209/20120905ict_an_important_tool_in_building_resilience_secy_to_president.htm Wednesday，September 05，2012－7.15 GMT.

3年该产业直接雇员增加至15万人，收入增至10亿美元。[①]

4. 贸易赤字降低

贸易逆差从2009年以来第一次下降。2012年前9个月斯贸易逆差下降0.3个百分点。10月份斯贸易赤字继续下降。2012年1—10月份贸易赤字与2011年同期比较下降1%，赤字75.9亿美元。2012年前10个月进口下降4%为157.54亿美元，进口下降的主要项目是黄金和化肥。由于发达国家经济复苏缓慢，特别是斯里兰卡的两大市场欧洲与美国，斯出口也随之下降；2012年前10个月斯出口下降6.6%为81.64亿美元，但旅游和工人汇款增加。2012年前10个月游客增加16%，旅游收入增加22.1%，达到7.905亿美元；工人汇款为49.41亿美元，比2011年增加17.6%。到2012年10月底，官方储备为65.47亿美元。11月斯贸易赤字继续下降。由于2012年年初采取限制进口的措施，2012年1—11月与2011年同期相比贸易赤字下降了2.1%，为85.8亿美元；特别是11月份贸易赤字降低了9.8%，赤字为9.929亿美元，而2011年同期赤字为11亿美元；2012年前11个月进口下降了4.5%，进口175.7亿美元。而11月份一个月进口下降了8.4%，只进口18.2亿美元；进口降低的主要项目是黄金、车辆和运输设备。由于发达国家经济复苏缓慢，出口下降。从2012年3月份起工业品出口继续下降；但2012年11月份服装、茶叶、宝石首饰、皮革、旅游商品和鞋类保持增长。[②]

5. 失业率下降

根据人口普查和统计部门的最新数据：2012年第二季度的劳动力人口为830万，其中67%为男性，33%为女性。2012年第二季度斯失业率降至3.9%，其中男性的失业率为3.0%，女性为5.9%；2012年第二季度年轻

---

① http://www.priu.gov.lk/news_update/Current_Affairs/ca201211/20121114govt_promote_knowledge_services_industry.htm Wednesday, November 14, 2012—06.48 GMT.

② http://www.priu.gov.lk/news_update/Current_Affairs/ca201212/20121212cb_reduces_interest_rates_boost_growth.htm Wednesday, December 12, 2012—06.10 GMT.

人（15—24 岁）的失业率为 17.8%，其中男性为 21.6%，女性为 15.7%。①

总之，斯里兰卡由于各方面发展势头良好，在国际上左右逢源。首先，透明国际公布 2012 年度国际清廉指数：斯里兰卡在南亚国家中排名第二，名次在印度、尼泊尔、巴基斯坦和孟加拉国之前，不丹稍居其前；在亚洲太平洋地区，斯里兰卡排在 11 位；在全球 176 个国家中，斯里兰卡排在第 79 位。其次，联合国世界食品计划部已经同意在今后两年里为斯里兰卡提供价值 3470 万美元的食品。澳大利亚外交部长在访问斯里兰卡时宣布在今后 4 年澳将援助斯 3600 万美元用于改善教育。美国已经给斯里兰卡提供 50 万美元的援助以启动联合国儿童基金会实施的项目，就战争影响的北部和东部地区地雷及其他未爆破设施的危险对人们进行教育，该援助将帮助两省 15 万居民避开地雷和未爆破残余。

展望 2013 年，斯里兰卡将继续坚持和平、稳定的发展方针，在继续基础设施建设的同时注重环境保护和可持续发展，重点开发旅游、信息技术、港口服务和物流等产业，使斯里兰卡逐步成为亚洲的最佳旅游目的地、海上贸易和服务中心。

---

① http：//www.priu.gov.lk/news_update/Current_Affairs/ca201212/20121212sl_unemployment_rate_decrease.htm Wednesday，December 12，2012—04.52 GMT.

2012 年马尔代夫综述

杨　斌　戴玉洁　贾　佳

2012 年，马尔代夫经历了由动荡不安走向逐步稳定的一年。在经历了 2012 年 2 月的军警哗变和纳希德政府宣布辞职下台后，副总统瓦希德就任马尔代夫新一任总统。从 2012 年 2 月底到 12 月，马尔代夫国内动荡的政治形势逐步趋稳，虽然也有反对的声音，但是瓦希德政府一直在尽力整合反对党对政府当局的意见。同时，马尔代夫经济增长明显减速，第一、二产业增速相对较快，物价总体水平较高，国际综合收支缺口呈扩大趋势，可见国内政局变动的负面影响在一定程度上影响了马尔代夫社会经济的良性发展。然而，变动的国内政局并未使 2012 年马尔代夫对外关系发生结构性和本质上的改变，新政权仍旧延续自加尧姆总统以来的外交政策，即坚持不结盟的独立自主的外交政策，并力图拓展国际活动新空间。

一、政局变动与稳定之控制

（一）从变动的政局中前任副总统——瓦希德组建联合政府

1. 政党纷争和政治矛盾激化，引发首位民选总统——纳希德辞职

纳希德作为马尔代夫首位民选总统，自从在 2008 年的大选获胜后，带领其所领导的民主党在马尔代夫国内大刀阔斧地进行政治和经济体制改革。然而，尽管其改革取得了一定成效，仍遭到国内在野的反对党（前总统加尧姆所在的人民党）的不满与抵制，2011 年人民党发动了多次反政府示威游行。而且保守的伊斯兰宗教派别与执政党民主党之间的矛盾也在进一步激化，一些极端宗教势力对纳希德总统未能有效维护伊斯兰教传统表示不满和抗议。尤其是在 2012 年 1 月纳希德总统与反对派之间的矛盾不断激化之时，他下令逮捕属于反对派势力的阿卜杜拉·穆罕默德法官，这一举动被媒体认为是引发总统下台的导火索。[①] 此举不仅引起了包括副总统瓦希德在内的法院、人权委员会等诸多机构的指责，他们纷纷呼吁释放阿卜杜拉，而且自 2012 年 1 月逮捕大法官之后反对者的示威一直持续到 2 月 7 日，从马尔代夫首都马累爆发的反对者示威游行演化成为警察倒戈，同日纳希德总统发表电视讲话宣布辞去总统职务。[②]

2. 前任副总统——瓦希德组建联合政府以稳定动荡不安的政治局势

尽管马尔代夫军方否认“政变”，军方发言人拉提夫表示：“这不是政变，百分之百不是政变。”[③] 但无论如何，2012 年 2 月 7 日下午，马尔代夫副总统穆罕默德·瓦希德·哈桑还是按照宪法规定宣誓就任，将在前总统纳希德任期内（2013 年 11 月前）担任总统一职。[④] 在总统宣布辞职后的几天中，纳希德总统的支持者们在马尔代夫各地开展抗议示威活动，一些活动甚至演变成暴乱和冲突。对此，新任总统采取了紧急措施以防止暴力蔓延，并强调一定会公正独立地调查此次事件。

---

① “马尔代夫政局哗变全程回顾：下台总统扫黄引不满”，http：//news. sina. com. cn/w/sd/2012－02－19/021423954820. shtml。

② “马尔代夫总统纳希德发表全国电视讲话宣布辞职”，2012 年 2 月 7 日，http：//news. ifeng. com/world/detail _ 2012 _ 02/07/12350741 _ 0. shtml。

③ “马尔代夫军方否认曾发生政变称总统自愿辞职”，2012 年 2 月 7 日，http：//news. ifeng. com/world/special/maerdaifuzhengbian/content－3/detail _ 2012 _ 02/07/12351840 _ 0. shtml。

④ “马尔代夫副总统宣誓就任总统任期到明年 11 月”，2012 年 2 月 7 日，http：//news. ifeng. com/world/special/maerdaifuzhengbian/content－3/detail _ 2012 _ 02/07/12353457 _ 0. shtml? _ from _ ralated。

（二）以稳定政局为核心要务，增强民众信心与支持

瓦希德总统上台后，采取了一系列以稳定政局为核心要务的举措，以增强民众信心与支持。具体而言，包括以下几方面：

1. 成立联合政府，进行部门职能与人事调整

首先，联合诸党派成立联合政府，连续任命内务部长、国防与国家安全部长等国家职能机构负责人，任命涵盖 7 名来自不同政党的内阁成员，孤立拒绝参加联合政府的民主党。[①] 其次，不仅对重叠的政府职能机构进行分离和重整，而且对政府机构人员进行大规模的人事调整，重新任命了包括外交部、财政部、经济发展部、农业和渔业部、旅游和文化艺术部等多部门在内的部长和副部长。这为之后瓦希德政府在政治、经济、外交等多领域的改革和持续稳定奠定了基础。

2. 承诺调查马尔代夫政局变动原因并公开政局变动调查结果

对于 2012 年 2 月份的权力移交，瓦希德总统继任之初就向广大人民表示，会成立专门的调查委员会对此事件进行调查，并承诺继续坚持三权分立原则与民主化进程。如此一来，“瓦希德已得到包括反对党人民党在内的马尔代夫绝大部分党派的支持，而且军方也明确表示支持新总统。瓦希德实质上已基本控制住局势”。[②] 而且在 2012 年 8 月，CONI 调查结果表明，2012 年 2 月 7 日的权力移交是合乎宪法和法律规定的。[③] 同时，瓦希

① “马尔代夫或提前举行大选　前总统不愿进联合政府”，2012 年 2 月 19 日，http://world.people.com.cn/GB/157278/17149946.html。

② “新政府已基本控制马尔代夫局势”，2012—02—14，http://world.people.com.cn/GB/157278/17113188.html。

③ “CONI’s findings reveal that the transfer of power on 7 February was legal and constitutional,” President Waheed, August 30, 2012, Maldivian Presidency Official Website, http://www.presidencymaldives.gov.mv/Index.aspx?lid=11&dcid=7834.

德总统表示很有信心，民众会接受 CONI 的调查结果。[①] 随即，政府解散了 CONI 并且对骚扰 CONI 主席的行为表示公开谴责。[②] 然而，事实上，尽管政府当局声称对这一调查结果有充分信心，但还是有反对者质疑这一结论。

3. 注重与政党之间的交流与合作以及设法缓和宗教矛盾

一方面，瓦希德总统上任以来成立各党派联合执政的联合政府，还尽力拉拢前总统纳希德领导的民主党。瓦希德总统呼吁所有政党以国家利益为重，重新展开政治对话，称唯有对话才是解救国家的出路。[③] 尽管自政局变动以来一直对联合政府抱有抵触情绪的民主党采用各种手段阻挠瓦希德演讲和政府活动，但在 2012 年 3 月末民主党却改变其强硬政策，表示愿意参与政治对话。[④] 另一方面，对于民主党与前总统纳希德支持者一直坚持的提前大选，瓦希德持开放态度，[⑤] 并表示若必须提前进行总统大选，他将与所有政党领导人协商宪法修正案问题。[⑥] 再者，2012 年 8 月，政府表示欢迎民主党停止一系列反政府抗议活动并进行合作的政治会谈。[⑦] 由此可见，在权力移交后的这段时期内，瓦希德政府很注重与政党之间的交

---

① "President Waheed expresses confidence that CoNI's report would be accepted by all," August 27, 2012, Maldivian Presidency Official Website, http://www.presidencymaldives.gov.mv/Index.aspx? lid=11&dcid=7816.

② "President Waheed strongly condemns harassment to CONI Co-Chair," August 30, 2012, Maldivian Presidency Official Website, http://www.presidencymaldives.gov.mv/Index.aspx? lid=11&dcid=7836.

③ Dialogue is the only way forward-President Waheed, 06 March 2012, http://www.presidencymaldives.gov.mv/Index.aspx? lid=11&dcid=6944.

④ Government welcomes MDP's announcement of readiness for dialogue, 25 March 2012, http://www.presidencymaldives.gov.mv/Index.aspx? lid=11&dcid=7074.

⑤ President Waheed says he is open for an early election, 15 March 2012, http://www.presidencymaldives.gov.mv/Index.aspx? lid=11&dcid=7018.

⑥ President says if an early election is required, he will work to bring together all political leaders to discuss Constitutional amendments, 19 March 2012, http://www.presidencymaldives.gov.mv/Index.aspx? lid=11&dcid=7035.

⑦ "The Government welcomes Maldivian Democratic Party (MDP)'s cessation of its series of anti-governmental protests to offer co-operation in the Political Party Talks," Augus 9, 2012, Maldivian Presidency Official Website, http://www.presidencymaldives.gov.mv/Index.aspx? lid=11&dcid=7749.

流与合作，接见政党领导人并与他们一同探讨政治改革方案。

与此同时，宗教矛盾被视为引发纳希德总统下台的原因之一，因此缓和国内极端宗教势力与政府矛盾成为过渡时期的一大要务。政局变动发生后不久，新上任的瓦希德总统就公开表示伊斯兰教是一个进步、文明、有创造力的宗教，宗教力量应该和人民一起维护国家稳定。① 同时，言论自由也不应当成为侮辱宗教的借口。7 月，为了团结宗教人员，总统瓦希德任命了两个副部长级别的伊玛目。②

4. 对国内一些岛屿进行巡视，并表达逐步推进自由和民主改革意愿

一方面，总统继任后开始对国内一些岛屿进行巡视并发表讲话，以稳定民心，争取当地民众对新政府的支持。总统多次强调当前国家面临民主政治的挑战，③ 呼吁人们不要与煽动冲突者合作，④ 并表示对待民众政府将一视同仁，需要时政府会采取必要措施保护普通群众。⑤ 同时，他还深入基层，听取民众意见，了解人民的想法。⑥ 另一方面，2012 年 11 月瓦希德总统在巡视时重申，要提高警惕防范反动力量，人民必须团结一致，防止分裂势力，这样才能实现马尔代夫的发展目标。⑦ 与此同时，2012 年 11 月总统公开表示，政府下一年要进一步向地方下放权力，推进地方自治。副总统在马尔代夫圆桌会议上也提出推进地方治理系统的建立。这表明马尔

---

① Islam is a religion of progress and civilisation: President Waheed, 23 February 2012, http://www.presidencymaldives.gov.mv/Index.aspx? lid=11&dcid=6879.

② "President Waheed appoints two Imams at Deputy Minister level," Maldivian Presidency Official Website, July 04, 2012, http://www.presidencymaldives.gov.mv/Index.aspx? lid=11&dcid=7623.

③ Democracy faced dangerous challenges past three years: President Waheed, 26 February 2012, http://www.presidencymaldives.gov.mv/Index.aspx? lid=11&dcid=6898.

④ President urges not to cooperate with strife inciters, 27 February 2012, http://www.presidencymaldives.gov.mv/Index.aspx? lid=11&dcid=6902.

⑤ The government will take all necessary measures to protect the people: President Waheed, 08 March 2012, http://www.presidencymaldives.gov.mv/Index.aspx? lid=11&dcid=6963.

⑥ "President Waheed meets the people of Nilandhoo," October 27, 2012, Maldivian Presidency Official Website.

⑦ "The President Urges for Greater Vigilance against Rebellious Forces," Maldivian Presidency Official Website, November 02, 2012, http://www.presidencymaldives.gov.mv/Index.aspx? lid=11&dcid=8145.

代夫政府开始有意推进地方政府改革和治理的措施。副总统还表示政府下放权力和地方自治能更好地体现自由和民主。[①] 由此可见，虽然马尔代夫的民主政治进程受到政局变动影响，但自由和民主意识在新政府时期依旧继续发展。

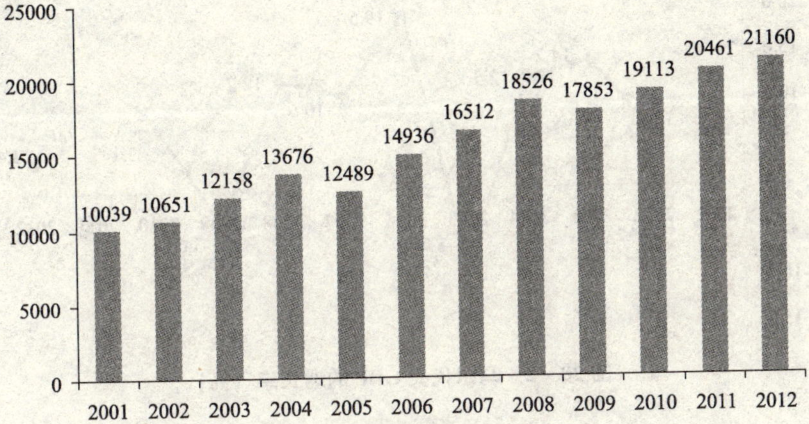

图 20—1　2001 至 2012 年马尔代夫经济总量 GDP（马尔代夫货币单位：百万拉菲亚）

二、低经济增长率与高通胀率并存格局

（一）经济总量呈上升趋势，但经济增长明显减速

2012 年度马尔代夫经济总量达到 211.6 亿拉菲亚（如图 20—1 所示），但是其经济增长率却仅有 3.4%（如图 2 所示），[②] 低于其年度计划 5.5%

---

① "Vice President inaugurates the Roundtable conference on strengthening Local Governance System in the Maldives," Maldivian Presidency Official Website, November 21, 2012, http://www.presidencymaldives.gov.mv/Index.aspx? lid=11&dcid=8250.

② http://www.mma.gov.mv/statis.php.

的增长率，比 2011 年下降了 3.6%。这是马尔代夫经济遭受了自 2008 年世界金融危机造成的 2009 年经济负增长之后的又一个冬天，它不仅低于世界平均水平，而且低于南亚地区的平均水平。

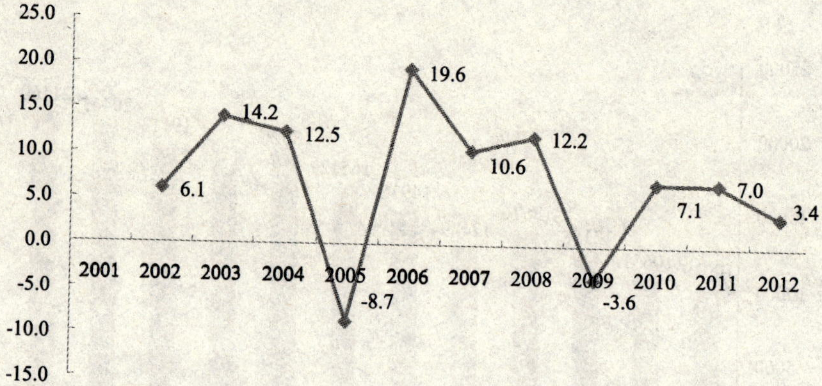

图 20—2　马尔代夫 GDP 的增长率（%）

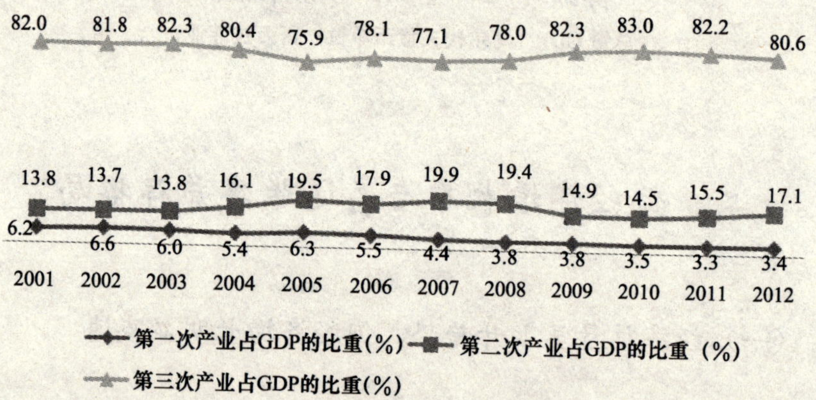

图 20—3　马尔代夫经济结构（%）

（二）第三次产业在国民经济中占绝对优势，但第一、二产业增速相对较快

2012 年马尔代夫三次产业结构比为 3.4∶17.1∶80.6（如图 20—3 所示）。因此，从马尔代夫经济产业结构来看，第三次产业在马尔代夫国民经济结构中仍然占绝对优势地位，三、二、一的经济结构总体特征并没有发生实质性改变。但是，从各产业增长速度来看，与 2011 年度相比，2012 年第二产业和第一产业呈上升发展趋势，而第三产业呈下降趋势。具体而言：

2012 年第二产业在举国经济不振的背景下达到 14.0%的增长率，比 2011 年高出 1.6 个百分点。马尔代夫第二产业快速发展的动力主要来自于政府的政策刺激和外国援助。例如，全国建设风力发电项目和中国政府 2011 年对马尔代夫 1000 套住宅建设项目提供优惠贷款，居民房屋的建设极大促进了以建筑和制造业为主的第二产业。

同样，在马尔代夫经济总体增长缓慢的背景下，其第一产业的增速相对较快，2012 年度第一产业产值的增长率达到 4.8%，不仅高于全国 GDP 的增长速度，而且比 2011 年度高出 0.1 个百分点。其中，2012 年渔业的产值增长率达到 9.7%，特别是 2012 年前 11 个月的渔业出口比上一年度同期增长 22%。渔业的快速增长，助推了马尔代夫第一产业以及整体经济总量的增长。①

尽管 2012 年马尔代夫第三产业产值占 GDP 的比重达到 80.6%，但是与 2011 年相比增速下降了 1.6 个百分点。其主要原因是 2012 年旅游业、交通运输业、电信业、金融业和房地产业等均呈下降趋势。例如，旅游业为马尔代夫国民经济发展的支柱产业，2012 年度旅游业产值占 GDP 的份额达到 27.7%，仅比 2011 年增长 0.7%，而且虽然游客人数有所上升，但是游客过夜的人次有所下降，况且从国别情况来看，尽管中国游客的数量有较大增加，但西欧游客有所减少。②

① http：//www.mma.gov.mv/statis.php.

② Ibid.

（三）物价总体水平较高，国际综合收支缺口呈扩大趋势

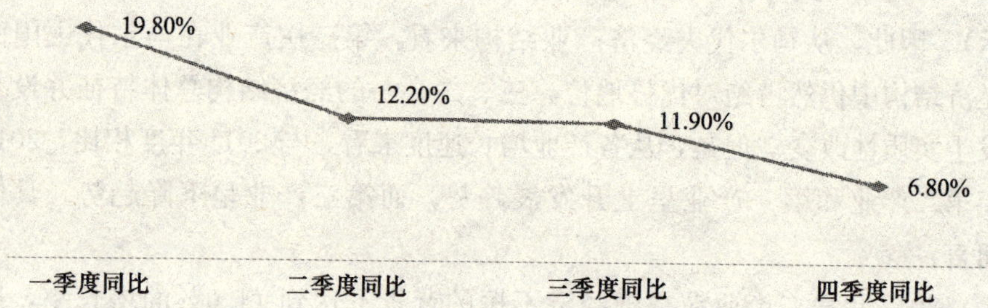

图 20—4　2012 年马尔代夫各季度物价水平（%）

马尔代夫的物价水平从 2011 年开始急速增长，第四季度的同比通胀率已超过 15%。[①] 进入 2012 年度，马尔代夫的物价水平逐季呈现出下降的态势（如图 20—4 所示），但全年平均物价水平达到 12.68%。马尔代夫物价飞涨的主要原因是食物价格的上涨，2010 年至 2011 年食物价格上涨对马尔代夫物价的推动比重分别为 39%和 57%。2012 年的推动比重还未公布，但食物价格的变化依旧是带动通胀的主要原因。而高通货膨胀率影响了价格信号的作用，对于市场的正常运行极为不利。[②]

与此同时，由于 2012 年马尔代夫的国际收支经常账户再次出现逆差，且逆差额达到 600.5 百万美元，比 2011 年度增长 37.5%，商品贸易逆差额呈上升趋势而服务贸易顺差呈下降趋势，以及经常账户中的收益（包括投资报酬和雇员报酬）与经常转移的逆差额分别达到－338.2 和－242.2 百万美元，2012 年度马尔代夫国际综合收支逆差额逐步扩大。

① http：//www. mma. gov. mv/statis. php.
② Ibid.

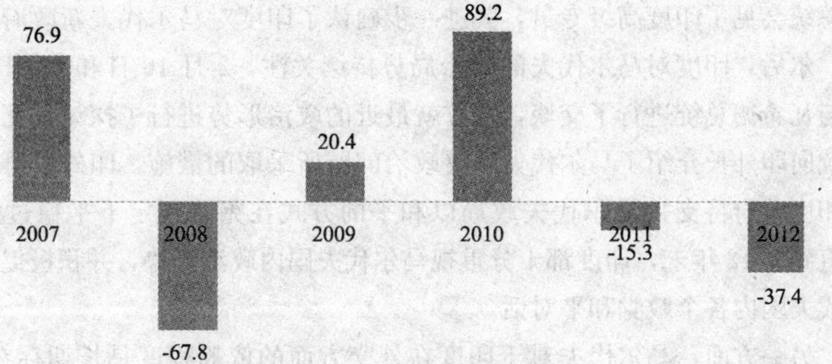

图 20—5　2007 至 2012 年马尔代夫国际综合收支总差额（百万美元）

三、实施独立和不结盟的外交政策，努力拓展国际活动空间

2012 年初，马尔代夫国内政治冲突和分歧开始凸显，其政局出现动荡趋势。外交是一国国内政治的对外延伸，然而 2012 年马尔代夫对外关系并没有出现同步的趋势。总体来讲，它延续了 2011 年以来对外关系的平稳态势，尤其是瓦希德总统在接手国内政权，稳定国内政局的同时，依然实施独立和不结盟的外交政策，重新为马尔代夫的外交铺排，并努力拓展国际活动空间。

（一）同周边及主要大国保持健康稳定的外交关系

1. 马印之间长存的双边关系得到巩固和发展

一方面，对于印度来说，它只在乎马尔代夫的稳定状况，而不在乎由谁来主政。因此，马尔代夫发生政局变动的第二天，印度总理辛格在与瓦希德总统的电话交谈中，就强调了印马之间长存的双边关系，并明确表示全力支持马尔代夫新政府，对于瓦希德就任总统表示祝贺。[1] 随后，瓦希德总统会见了印度高级专员，其进一步确认了印度对马尔代夫新政府的态度。尔后，印度对马尔代夫的政治局势持续关注，2 月 16 日和 28 日印外长与瓦希德总统进行了交谈，双方就最近的政治形势进行了探讨，瓦希德总统向印外长介绍了马尔代夫解决政治问题所采取的措施，印外长再次保证印度政府将支持马尔代夫政局以和平的方式在宪法规定下平稳过渡。[2] 一直到 2012 年末，印度都十分重视马尔代夫国内政治形势，并积极促成马尔代夫国内各个政党和平对话。

另一方面，马尔代夫对于印度在外交方面的依赖程度是长期存在的。因此，2012 年 5 月 11 日到 15 日，瓦希德总统对印度进行了国事访问，访问主旨是进一步加强双边关系，促进各个领域的合作。瓦希德总统向印度介绍了目前国内政治的稳定发展态势，并感谢印度在维护马尔代夫和平与稳定上发挥的重要作用。2012 年 5 月 12 日，瓦希德总统和辛格总理进行了正式会晤，在会晤中除了强调马尔代夫的政局情况以外，更加强调了马尔代夫的经济现状以及未来的经济发展。

2. 马斯双边合作关系得到深化与发展

马尔代夫和斯里兰卡同属南亚，一海之隔并一直保持着密切联系，从马尔代夫政局变动以来，总统瓦希德与斯里兰卡就进行了频繁接触。除了对马尔代夫的政治形势积极关注之外，双方更加重视共同发展旅游、降低燃料供应费用以及加强海洋安全合作。在参加伊丽莎白女王登基 60 周年庆典期间，瓦希德总统会见了斯里兰卡总统，双方就一系列涉及彼此共同利益的问题交换了意见，并希望在气候变化以及南亚区域合作上加强合作。2012 年 8 月 23 日，瓦希德总统对斯里兰卡进行了正式访问，双方肯定了自古以来彼此的联系，以及近年来双边关系的不断发展和提高，确定将进一步促进各个领域的合作，还特别强调了共同旅游发展和对马尔代夫实行较低燃料供应协议的合作。

---

① http：//www.presidencymaldives.gov.mv/Index.aspx? lid=11&dcid=6744.

② http：//www.presidencymaldives.gov.mv/Index.aspx? lid=11&dcid=6812.

3. 马英关系得到进一步维护，并扩大了马尔代夫在欧盟国家中的影响

由于历史原因，马尔代夫属于英联邦国家，所以一直与英国保持紧密联系，马尔代夫国内政局形势一直受到英国的关注。在马政局变化发生的第二天瓦希德总统就会见了英国高级专员，英官员表示英国政府对马尔代夫将予以全力支持。[①] 2012 年 2 月 10 日，英联邦代表团拜见了瓦希德总统，双方高度强调了马尔代夫目前的国内政治形势，瓦希德总统认为当务之急是维护马尔代夫和平、稳定和法治，号召建立联合政府。英联邦代表团代表强调了执政党中各党派平等代表权的重要性，并承诺将给予马尔代夫必要的援助。[②] 由于 2 月 12 日已下台的前总统纳希德公开宣称，自己的下台是“遭政变推翻”，并非“自愿下台”，于是 2 月 18 日英联邦派出一支部长级代表团赴马，就马尔代夫政权更迭相关事实进行查证，以维护英联邦的价值标准和准则，同时确保马尔代夫民众的立场得到充分体现。[③] 瓦希德总统对于英联邦部长级代表团的调查持积极态度，还表示了在马尔代夫保障民主、促进政治生活中民主价值观和原则的重要性，以及体制改革和加强体制的宪法和主要法律的改革是必须的。他希望英联邦继续关注其改革和选举，并承诺将与其他政党讨论英联邦部长级代表团的调查报告和建议，并促成与各方更广泛的交流和对话。[④]

与此同时，由于英国属于欧盟国家，并在这一组织中有着重要地位，加强与英国的关系有利于欧洲了解马尔代夫政局的现状和对新政府的承认，因而在被邀请参加伊丽莎白女王登基 60 年庆典期间，瓦希德总统与其他各国领导人和外交官员进行了广泛接触，借此机会介绍马尔代夫的政治形势和经济发展，并欢迎各国人民来马投资和旅游。

4. 马中经济、文化交流关系，特别是双边经贸合作成效显著

马尔代夫发生政局变动后，中国驻马大使徐洪耀很快就与瓦希德总统

---

① http://www.presidencymaldives.gov.mv/Index.aspx?lid=11&dcid=6741.

② http://www.presidencymaldives.gov.mv/Index.aspx?lid=11&dcid=6763.

③ “英联邦工作组拟赴马尔代夫调查”，2012 年 2 月 14 日，http://news.xinhuanet.com/world/2012-02/14/c_122697248.htm?prolongation=1。

④ http://www.presidencymaldives.gov.mv/Index.aspx?lid=11&dcid=6860.

进行了接触，双方就马尔代夫政权更迭交换了意见，中国称将继续与马尔代夫新政府紧密合作，因此马尔代夫政局变动并没有对中马关系带来较大影响。

中马关系的重点主要体现在经济和文化交流上，中国是马尔代夫最大的贸易伙伴和头号旅游市场，中国在马尔代夫的基础设施建设上发挥着重要作用。2012 年 8 月瓦希德总统访问中国，和中国政府签订了《中马经济技术合作协议》、《中马优惠贷款协议框架》、《中国进出口银行关于马尔代夫 1500 套住房项目优惠贷款协议》等 3 个重要的经济协议。2012 年是中马建交 40 周年，马尔代夫举办了大型的庆祝活动，以感谢中国政府对其的支持和帮助。2012 年 10 月，马尔代夫和中国政府高层领导政治交往密切，10 月 20 日和 23 日，中国中央政治局常委李长春和中国政协外交事务委员会主席赵启正分别访问了马尔代夫。李长春委员与瓦希德总统在见面会上高度强调加强双边关系以及双方的相互投资，并在此基础上签订了两个重要协议：一是关于 Laamu Atoll Gan 到 Fonadhoo 道路发展可行性研究交换书，另一个是关于解决气候变化的货物条款备忘录。2012 年 11 月 19 日，瓦希德总统会见了中国人大常务委员会副主席陈至立，双方强调了彼此在环境保护方面合作的重要性。12 月 27 日，瓦希德总统参加了马中建交 40 周年庆典活动，回顾了马中自古以来的联系，阐述了马中关系发展的现状，并强调中国不仅是马尔代夫第一大旅游市场，也是最大的贸易伙伴。

5. 马新政府与美国的政治、经济关系进一步加强

马尔代夫是上帝洒在印度洋的一串项链，同时也是美国留在印度洋上的一颗棋子，其独特的地缘位置使得美国对于马尔代夫的政局变动不能坐视不理。但是，相比中国对待马尔代夫来说，美国采取的政策是政治、经济手段双管齐下，不仅对马尔代夫国内政局以及各个政党进行积极的关注和协调，同时加大了对马尔代夫的经济援助，帮助其解决预算和财政赤字问题。

美国对马尔代夫的国内局势持积极关注的态度，马尔代夫发生政局变动后，美国就派特使访问了马尔代夫，并半个月后美大使便就马尔代夫国内局势和瓦希德总统进行了接触。时隔 2 个多月，2012 年 5 月 8 日美大使又正式拜访了瓦希德总统，但这次所商讨的内容更为丰富和深入，在国内政局更迭这一问题上，美国鼓励执政党和其他各党进行对话，以和平的方式解决政治问题。美国尤其关注马尔代夫的经济形势，包括财政预算和赤字问题，并表示在稳定马尔代夫经济上将给予更多的国际援助。在美国第 236 个独立日庆典上，马尔代夫副总统指出美国是马尔代夫真正的伙伴，美国将一如既往对马尔代夫的发展给予支持，同时也高度强调了马美防卫合作对于加强国家防卫能力的重要性。

2012 年 11 月，美国举行总统大选，奥巴马总统得以连任，瓦希德向奥巴马总统发出了祝贺信，马美关系也将迎来进一步巩固和发展机遇。11 月 18 日，美国南亚和中亚助理国务卿拜访了瓦希德总统，瓦希德总统着重向其介绍了可再生能源技术在马尔代夫的使用情况。

6. 与其他国家的外交关系得到发展

2012 年 1 月 5 日，菲律宾和巴西发生了洪水和山体滑坡自然灾害，纳希德总统在灾后向两国发出慰问信，对遇难者表示沉痛哀悼。[①] 1 月 8 日，纳希德总统会见了德国议会秘书长，双方进行了深入交谈。首先，双方就国内国际形势和解决目前政治环境的途径交换了意见；其次，纳希德总统向议会秘书长介绍了马尔代夫政府经济改革项目，并强调政府已经实行新的税收体制以增加政府收入，保持政府收入的持续性；最后，双方就环境、保护自然与核安全交换了意见。[②] 2012 年 1 月 8 日，马尔代夫外交部长会见了黎巴嫩外交部长。1 月 15 日，纳希德总统向危地马拉发出祝贺信。1 月 26 日，纳希德总统在澳大利亚日向澳总督和首相发出祝贺信，双方都表示要加强彼此双边关系。6 月 4 日，意大利发生地震，瓦希德向意大利政府发出慰问信，对受难者表示沉痛哀悼。[③] 6 月 4 日，瓦希德总统就

① http：//www. presidencymaldives. gov. mv/Index. aspx? lid=11&dcid=6549.

② http：//www. presidencymaldives. gov. mv/Index. aspx? lid=11&dcid=6557.

③ http：//www. presidencymaldives. gov. mv/Index. aspx? lid = 11HYPERLINK "http：//www. presidencymaldives. gov. mv/Index. aspx? lid=11&dcid=7507" &HYPERLINK "http：//www. presidencymaldives. gov. mv/Index. aspx? lid=11&dcid=7507" dcid=7507.

尼日利亚发生的飞机空难事件，向尼日利亚政府发出慰问信。[①] 6月17日，沙特国王逝世，瓦希德总统向沙特政府发出吊唁信，表示沉痛哀悼。6月23日、25日，希腊和巴基斯坦新任总理、埃及新总统上台，瓦希德总统随即向新总理和总统发出祝贺信，希望在其任期内继续加强双边关系和合作。[②] 7月1日，日本大使拜访瓦希德总统，双方就马尔代夫面临的经济挑战交换了意见。[③] 7月17日，土库曼斯坦代表团访问马尔代夫，双方在国家依赖的工业问题发展上交换了意见。[④] 7月18日，瓦希德总统会见巴勒斯坦大使，双方表示在商业、旅游以及其他工业上加强合作。[⑤] 7月26日，伊拉克和伊朗大使拜访瓦希德总统。[⑥] 9月19日，瓦希德总统会见欧盟、泰国大使，欧盟大使表示对马尔代夫将继续提供援助和支持。11月18日，瓦希德总统会见俄罗斯新大使，双方进行了详细而深入的交谈，瓦希德总统欢迎俄罗斯投资者就马尔代夫渔业、贸易和旅游业进行投资，同时对于环境问题和马尔代夫学生在俄罗斯受高等教育的机会等问题也进行了探讨。

（二）积极发展多边外交关系，广泛参加地区与国际事务

1. 积极发展多边外交关系

多边关系持续发展，主要体现在加入跨国有组织犯罪大会，以及就 Ismail Khilath Rasheed 问题与国际赦免组织积极交流上。在多边关系上，2012年1月3日，马尔代夫成为联合国跨国有组织犯罪大会成员国，并加入联合国打击跨国有组织犯罪公约，并遵守公约中的各项规定。[⑦] 1月11

① http：//www. presidencymaldives. gov. mv/Index. aspx? lid＝11HYPERLINK “http：//www. presidencymaldives. gov. mv/Index. aspx? lid＝11&dcid＝7504” &HYPERLINK “http：//www. presidencymaldives. gov. mv/Index. aspx? lid＝11&dcid＝7504” dcid＝7504.

② http：//www. presidencymaldives. gov. mv/Index. aspx? lid＝11&dcid＝7573.

③ http：//www. presidencymaldives. gov. mv/Index. aspx? lid＝11&dcid＝7607.

④ http：//www. presidencymaldives. gov. mv/Index. aspx? lid＝11&dcid＝7657.

⑤ http：//www. presidencymaldives. gov. mv/Index. aspx? lid＝11&dcid＝7665.

⑥ http：//www. presidencymaldives. gov. mv/Index. aspx? lid＝11&dcid＝7709.

⑦ http：//www. presidencymaldives. gov. mv/Index. aspx? lid＝11&dcid＝6535.

日，马尔代夫外交部就逮捕、拘役和释放 Ismail Khilath Rasheed 回应国际赦免组织，对于整个事件的发生、经过及结果进行了详细的阐述，并强调马尔代夫欢迎国际赦免组织参与到马尔代夫人权对话上来，同时也期待与其他国际人权组织进行有建设意义的双边对话。[①]

2. 加强同伊斯兰国家的关系，以维护同这些国家的纽带关系

瓦希德总统在稳定国内政局后，积极发展与伊斯兰国家的关系，分别会见了阿联酋外交部前国务部长、科威特前国会议员以及伊朗大使。阿联酋表示将对马尔代夫的发展进行帮助；科威特表示将增加在马尔代夫旅游领域的投资；伊朗希望继续加强双边关系和合作，帮助促进马尔代夫的经济发展。由于 2012 年是马尔代夫和巴勒斯坦建交 30 周年，巴勒斯坦总统对马尔代夫进行了国事访问，瓦希德总统表示马尔代夫和巴勒斯坦的兄弟关系将长存，同时公开表示国际社会对于巴勒斯坦的承认将促进和谈的进一步开展，并希望加强双方的合作，特别是在技术合作方面。2012 年 8 月 12 日，瓦希德总统前往沙特阿拉伯参加第四届伊斯兰特别会议，强调对伊斯兰理事会在马尔代夫的清真寺建设投资进行保护，并希望科威特、卡塔尔和沙特阿拉伯能加强对马尔代夫的投资。除此之外，马尔代夫在伊斯兰会议组织首脑会议上支持叙利亚在伊斯兰会议组织的职位暂时中止，并同其他伊斯兰国家广泛讨论了叙利亚现状，要求政府立刻停止残酷的行为，并在伊斯兰法案下争取各方的和平对话。[②]

3. 广泛参加地区与国际事务

国内政局变动对于马尔代夫积极参加地区与国际事务影响较小，瓦希德总统分别参加了南亚地区合作联盟卫生部长会议、联合国可持续发展大会、不结盟会议、第四届伊斯兰特别会议、世界能源论坛等一系列地区和国际性会议。通过这些方式，一方面向外部传达马尔代夫稳定的国内政治形势；另一方面拓展了马尔代夫的外交局面，扩大了马尔代夫的影响，特

---

① http：//foreign. gov. mv/new/tpl/news/article/215/.

② http：//www. presidencymaldives. gov. mv/Index. aspx? lid=11&dcid=7776.

别是在环境保护、旅游投资、基础设施建设方面争取更多的援助和支持。由于马尔代夫是不结盟成员国，2012 年 5 月 30 日伊朗总统邀请瓦希德总统参加了第 16 届不结盟运动首脑会议。[①] 同时，马尔代夫历来重视环境的发展，在世界环境日到来之际，瓦希德总统发表重要讲话，阐述了马尔代夫保护环境的立场，以及向外部传达了马尔代夫面临的环境困境。2012 年 6 月 20 日，联合国可持续发展大会在巴西里约热内卢召开，瓦希德总统应邀参会，在大会上提出了马尔代夫环境可持续议程，全面介绍了全球所面对的环境危机，并希望通过这次会议能够引起人们对环境保护力度的加强，寻求国际团体对于环境合作的更多支持，以及为马尔代夫争取更多的国际援助。[②] 2012 年 9 月 21 日，瓦希德总统参加第六十七届联合国大会，会见了联合国秘书长，阐述了小国的地位，以及其在维护独立和主权上的努力。同时，联合国秘书长就国家调查理事会对于马尔代夫政权更迭的调查与瓦希德总统进行了探讨。

---

① http：//www. presidencymaldives. gov. mv/Index. aspx? lid=11&dcid=7475.

② http：//www. presidencymaldives. gov. mv/Index. aspx? lid=11&dcid=7552。

2012年不丹综述

唐明超

2012年，对不丹来说，是极不平凡的一年；对不丹执政党功德党来说，是执政的最后时期，其加快了兑现自己竞选承诺的步伐。首先，为了竞选联合国安理会非常任理事国席位，不丹加快了与其他国家建立外交关系的速度，并取得实效。其次，联合国大会承认不丹对国际社会作出的贡献，欣赏“国民幸福总值”的价值观，从而进一步提升了不丹的国际形象。第三，国内印度卢比（以下简称“卢比”）供应短缺，使经济建设和人民生活受到巨大影响，但经济仍处于增长势头。

一、政局平稳　社会安定

不丹尽管在2012年遇到史无前例的经济阵痛——卢比短缺，并一时引起国人惊惶失措，但在政府采取紧急措施和印度政府的支持下，并未造成大的社会动乱，政局平稳，人心安定。

（一）措施有效　社会稳定

不丹1974年前与他国（主要是印度和尼泊尔）结算国际贸易时所使用的货币就是印度卢比。1974年，不丹在发行自己的货币——努时，就规定努的比值与卢比挂钩，即1∶1，并允许卢比继续在不丹境内自由流通。但印度不允许努在印度自由流通，因而不丹购买印度的任何商品都必须支付卢比，而不得支付努。

1. 进口激增 外债高筑

近年来，特别是民选政府执政以来，功德党政府鼓励民众消费，银行提供低息贷款，致使不丹的生活用品、住房、汽车和服务消费激增，再加上 4 大水电工程和 3 个国内机场的建设，引发商品和劳工进口激增，进而带动外债高筑，造成外汇储备不够用而引发卢比短缺。为了满足国民过度消费和大量建筑工程的需求，不丹在 2010—2011 财年的贸易赤字达到 3.62 亿美元。[①] 截至 2011 年，不丹外债为 10.35 亿美元[②]（约合 486.19 亿努）。

2011 年 12 月不丹央行出售 2 亿美元外汇储备，以偿还印度政府和印度国家银行 128 亿卢比中的 100 亿借款。2012 年伊始，不丹央行使用印度政府信贷额度权，[③] 借贷 30 亿卢比偿还余额。此外，不丹政府还使用印度国家银行 2012 年信贷额度权，[④] 于 1 月借贷 50 亿卢比支付新的进口商品款。

2. 采取紧急措施 稳定人心和市场

2012 年 2 月，不丹央行发现账户上已无卢比可花和可借贷，而国家的外汇储备也只够满足国家宪法规定的最低储备量，[⑤] 再无多余的美元可出售换取卢比。于是，央行 2012 年 3 月 1 日向各金融机构发出“紧缩银根严控卢比流出”的紧急通知，同时停止向各金融机构补充卢比，顿时在不丹

---

① World Trade Organization：Bhutan Trade. Profile. http：//www. egypt-import-export. com/en/country-profiles/bhutan/exchange－3.

② Worldbank：International Debt Statistics 2013. http：//data. worldbank. org/sites/default/files/ids－2013. pdf.

③ 不丹 1993 年与印度政府签订信用额度协议，当年借贷了 1 亿卢比，利息为 5%；之后应不丹要求，额度不断提高，到 2009 年提高到 30 亿卢比；到 2012 年 4 月从 30 亿卢比提高到 60 亿卢比；后来看到卢比短缺没有降温的迹象，5 月又提高到 100 亿卢比。

④ 不丹 1998 年与印度国家银行签订账户透支额度草案，借贷利息为 10%，超过额度的借贷利息将高于 10%。当年透支了 8 亿卢比。之后，透支额度不断提高，2011 年为 80 亿卢比。卢比短缺暴发后，在不丹政府的请求下，透支额度于 2012 年 4 月提高到 140 亿卢比。

⑤ The Constitution of the Kingdom of Bhutan. http：//www. wipo. int/wipolex/en/text. jsp? file_id＝167955.

人民心中引起极大震动，民众为之惊讶和惶恐。在不丹人的心中，他们的生活幸福指数是世界上最高的，况且他们第四世国王提出的“国民幸福总值”的价值观被联合国作为一种新的经济范式向全世界推广，因而他们做梦也不会想到会发生这样的事情。所以，在卢比出现短缺的头两个月里，在不丹境内特别是不丹南部边境城镇引发了一场不小的卢比“危机”。一时间，普通商贩无卢比到印度边境城镇进货，留学生父母无法给留学印度的子女寄生活费。人们在排队兑换卢比[①]时还发生过砸烂银行玻璃门事件。卢比短缺致使不丹 2012 年 4 月底的经济收入现值比 3 月初央行采取紧缩措施时缩减了 20%，物价也普遍上涨，[②] 货币努在非正规市场上与卢比的汇率也贬值了 20%。

3 月 6 日，不丹首相在全国电视讲话中恳求“国人必须面对现实，立即改变消费观念和经济习惯，要节约开支。因为国家目前的支出远远超过了国家的财政收入，经济已经受到了巨大影响，所以我们必须要限制进口，控制卢比流出。为了国家的主权，我们应该自立，必须自立”。

在不丹政府采取了大幅度削减政府开支，限制进口，停发新进口许可证，调高存款利息，提高抵押贷款首付额度和贷款利率，鼓励和帮助农民生产更多的农产品，尽量使用本地建材，增加从豪华汽车到燃料、冰箱、家具、纤维织物和肉等商品的消费税等一系列措施，以及要求印度政府和国家银行调高卢比贷款额度，尽快支付各项援助款[③]和消费退税款[④]后，全国局势才逐渐趋于平静。特别是 2012 年 9 月以来，随着不丹农民自产农产品大量上市，农产品消费价格也随之下降了许多。与此同时，从印度的进口也减少了许多，从而暂时缓解了卢比短缺的问题。现在，人们也能从容对待卢比短缺问题了，整个社会显得平稳和安定。

---

① 不丹央行规定：每人每天兑换 1 万卢比。

② 据不丹国家统计局称：不丹 2012 年第三季度的物价与 2011 年同期相比，上涨了 11.17%。

③ 2012 年 4 月 12 日，印度政府支付不丹政府小型开发项目援助款 16 亿卢比。

④ 2012 年 5 月 30 日，印度政府退还不丹 2010 年和 2011 年进口商品消费税 30 多亿卢比。

（二）履行职责　护航民主

法律是规范政府和民众行为的准则，是护航民主不断向前发展的重要保障。放眼世界，凡是发展得好的国家，无一不是法律健全、国人依法行事；凡是受国人拥护和爱戴的政府或官员，无一不是行为清廉规范、言辞谦逊、为人和蔼。不丹是一个新兴民主国家，因而有许多规范政府和官员的法律需要国会制定并完善。

1. 认真履行职责　积极制定法律

2012 年，不丹国会加快了法律的制定和修改，为以后的民主进程保驾护航。

不丹国会在其第八次和第九次会议上审议了《家庭暴力预防法案》、《公路法案》、《合同法案》、《替代性纠纷解决法案》、《土地（修正案）法案》、《灾害管理法案》、《不丹国王救济基金法案》、《国旗法案》、《国会权利（修正案）法案》和《首相的国情报告》、《财政部 2012—2013 年度预算报告》、《反腐败委员会年度报告》和《审计局年度报告》，以及《南亚区域合作联盟种子银行公约》、《名古屋议定书》、《开普敦公约》和《航空协议》。国会通过了《不丹销售税、关税和消费税（修正案）法》、《不丹公共财政（修正案）法》、《不丹儿童收养法》、《不丹烟草（修正案）法》、《不丹消费者保护（修订）法》和《不丹医科大学法》、《不丹国王救济基金法案》和《不丹教育城法案》；赞同将《家庭暴力防治法案》和《公路法案》提交国民参议会审议；还决定征收车辆绿色税收；批准了 3 个国际公约；《灾害管理法案》将由两院联合审议通过；《土地法案》、《替代性纠纷解决法案》和《合同法案》延期至下次会议审议。国会还确定 3 月 20 日为不丹“国民幸福总值日”。

2. 总结经验　准备选举

不丹选举委员会对不丹的民主选举非常重视，在认真总结 2008 年首次民主选举经验的基础上，积极为 2013 年第二次民主选举做准备。

第一，参政议政培训。针对女性参政少[①]的问题，不丹选举委员会请外国专家对妇女进行民主选举和参政议政培训，以激发和提高她们的参与积极性。2012年3月13—14日，在联合国驻不丹机构、丹麦联络办公室、丹麦政党和民主研究所的支持下，不丹选举委员会在帕罗举办了不丹有史以来约70名妇女代表参加的第一次妇女政治研讨会，旨在观察妇女代表迎战国家和地方选举的机遇与挑战的水平。目的是促进妇女参政议政的积极性，增强妇女参加未来选举的信心，加强妇女的领导能力。

第二，政党领导人培训。3月19日，不丹选举委员会在帕罗举办了26人参加的为期3天的2013年政党候选人能力建设研讨会。主要内容是如何创建和管理一个政党，其中包含提出政党宣言、政党结构、选举法规和赢得选举策略等。

第三，记者培训。5月16—25日，不丹选举委员会针对2008年选举中许多不丹记者缺乏专业精神、专业报道和专业培训的问题，会同不丹记者协会精选15名资深记者在廷布接受汤森路透基金会记者和教练贝琳达·戈德史密斯有关选举报道的培训，旨在为2013年选举准备更专业的选举报道。内容包括民主选举媒体的作用和新闻写作技巧、记者与自由和公平选举的关键要素的关系，以及记者的法律保护和新闻媒体在选举中的作用，目的是使记者们学到实用的课程和写作技巧，也使记者们在选举报道的道德和法律方面受到很好的培训，能识别和懂得选举报道期间出现的法律及批评问题。

第四，提高竞选基金。不丹选举委员会3月22日向国家预算局提交了2013年大选费用预算案，初步预算总额为5.5亿努。其中5亿努作为经常性支出，如旅行和日常生活补助；5000万努作为资本费用，如培训和采购设备等。8月31日，选举委员会宣布：参加2013年议会选举的政党或候选人将得到13万努竞选基金，比2008年议会选举多30%。此外，选举委

---

① 据2012年10月14日公布的调查研究报告称：女性在不丹国民大会成员中的比例从2001年的11%倒退到2007年的3%；在2008年民选的47名国会议员中，只有4名女性议员；2011年6月，虽然女性占公务员总数的31.6%，但是她们的领导代表很低，只有3.85%的人当秘书和3.25%的人当主管；在2011年地方政府大选中，只有1名女性代表登记竞选村领导人，而男性候选人有556人；在全国20位宗长中只有1位女性宗长，即2012年7月21日国王任命的不丹有史以来第一位女宗长——乞朗宗阿旺·白玛宗长。

员会还将赞助印刷宣传册和选举海报、布告、广播、横幅及其他媒体广告。

第五，加强国际合作。不丹选举委员会 2012 年 5 月 28 日与澳大利亚选举委员会签订选举管理和信息技术交流谅解备忘录，内容包括人员交流和培训、发展政治民主和选举文化、选民教育和分享选举管理经验等。

（三）难民定居　边境安定

多年来，尼泊尔难民一直是不丹国家安全的忧患。2012 年情况好于往年，只发生过两次袭击不丹皇家陆军巡逻士兵事件，其原因是更多的尼泊尔难民被安置在第三国。

据不丹首相 10 月 10 日说："在过去一年里，尼泊尔难民营的 1.93 万人被安置在第三国。截至 2012 年 9 月，已有约 6.5 万人①被安置在由美国领导的 8 个核心国家。仅美国就安置了近 5.4 万人，4673 人被安置在加拿大，3492 人被安置在澳大利亚，653 人被安置在新西兰，621 人被安置在丹麦，509 人被安置在挪威，509 人被安置在荷兰和 224 人被安置在英国。"据报道，那些已经定居在这些国家的人已经找到一种对未来充满希望和信心的有尊严的新生活。不丹首相表示感谢这些国家的同情心和慷慨。

二、主动建交　成果丰硕

2012 年，不丹的外交重心主要是为竞选 2013—2014 年度联合国安理会非常任理事国席位拉选票和争取印度提供更多的卢比以解国内卢比短缺问题，因而上至国王，下至内阁成员都积极开展外交活动，重视与来宾的会晤和主动与一些国家建立外交关系，取得较好成绩。

① The Fourth Annual Report of the Prime Minister to the Ninth Session of the First Parliament on the State of the Nation. July 9，2012. http：//www. cabinet. gov. bt/？ p=966.

（一）主动交往　游说支持

为了实现政府提出的竞选联合国安理会非常任理事国席位的目标，不丹国王和首相亲自出马做游说工作，而其他阁员更是抓住一切机会主动会晤他国官员，争取对方对不丹竞选的支持。

1. 会见来宾　密切关系

不丹国王和首相非常重视贵宾的来访。无论使节来自何国，他们都要亲自会见，并与之进行亲切友好交谈，坦诚交换意见，密切双边关系。

2012年1月22日，不丹代首相益西·金巴会见了澳大利亚前副总理蒂姆·菲舍尔和澳大利亚驻不丹大使彼得·瓦尔格斯率领的5人代表团，双方就两国关心的问题进行了亲切友好的交谈。澳方表示愿意支持不丹竞选联合国席位。3月16日，不丹国王和政府高级官员会见了印度外交部北方联合秘书阿克勒希·米希拉，讨论了相关的双边事务，特别是解决不丹国内卢比短缺问题。5月26日，不丹首相会见了前来进行为期4天友好访问的智利、吉尔吉斯斯坦、马来西亚、秘鲁、罗马尼亚、黎巴嫩、巴勒斯坦、巴基斯坦、阿富汗、科威特、沙特阿拉伯和阿曼等驻印度和孟加拉国的12位大使。首相很高兴地感谢大使们接受计划[①]访问不丹，并同大使们谈到加强双边关系，以及与那些不丹尚未有正式外交关系的国家建立关系。6月6日，不丹国王和首相会见了前来递交国书的古巴驻不丹大使阿韦拉多·奎托·索萨和摩洛哥驻不丹大使拉尔比·雷弗哈，感谢古巴和摩洛哥对不丹大学教育、人力资源开发、旅游和医疗等领域的支持和援助。摩洛哥是第一个与不丹建交的非洲国家。7月10日，首相会见期满离职的芬兰大使泰瑞·哈卡拉、荷兰大使鲍勃·亨利·亨斯切和挪威大使安·奥勒斯塔德，感谢他们的建设性作用，尤其是对不丹的发展援助，其深化了这3个国家与不丹的关系，同时希望他们的国家能支持不丹竞选联合国安理会非常任理事国席位。8月29日，不丹国王和其他领导人会见了首次

---

① 不丹政府计划在两年内邀请100名大使访问不丹，以密切相互关系和向其推荐不丹的旅游。

来访的印度陆军参谋长比克拉姆·辛格上将，双方进行了友好交谈。9月15日，首相会见了挪威国际发展部长海基·福尔摩斯率领的11人访问团，感谢挪威愿意在清洁能源、电力和提高技术能力等领域同不丹合作。福尔摩斯部长非常赞赏不丹的发展理念，认为持续发展非常接近他的想法，说挪威乐意向不丹提供清洁能源发展帮助。10月23日，不丹首相会见了进行为期一周友好访问的美国驻印度大使南希·J·鲍威尔一行4人，并感谢美国文化保护基金奖励不丹布姆塘旺堆却林宫（建于1857年）9.7786万美元，以及赠送不丹国家法律研究所一批美国法律文本和廷布羌扎姆堆初级中学一批美国儿童书籍。鲍威尔大使说，美国已经确定要加强美不两国关系，支持不丹妇女赋权和民主进展项目，并将致力于帮助保护不丹的文化遗产。

2. 抓住机会　寻求合作

充分利用参加会议和出访的一切机会，主动与他国首脑和政府官员会晤，寻求双方在外交、经济和文化等领域的交流与合作。如：不丹首相在参加联合国可持续发展大会期间与30多个国家的元首和首脑举行了会晤，寻求支持。

2012年3月13—18日，不丹皇家陆军参谋长巴吐·次仁少将对印度进行为期6天的访问，先后会见了印度陆军参谋长辛格上将、空军参谋长和海军参谋长，并拜访了印度国防部长，还参观了印度钦奈军官培训学院。这次访问进一步增进和加强了不丹皇家军队和印度武装部队现有的亲密友谊和合作。6月21日，不丹同丹麦签订《丹麦—不丹继续合作框架协议》。两国将在共同利益领域，包括全球安全、民主、良好治理和国际合作等方面继续合作。随着不丹经济社会发展取得进步，两国政府同意2015年之后逐步取消丹麦对不丹的发展援助。6月22日，不丹首相与信息和通信部大臣肯勒·多尔吉及微软总经理弗兰克·麦考斯克在里约联合国可持续发展会议间隙举行了会晤。首相告知微软总经理，不丹正在准备自己的ICT投资中心，以实现不丹ICT以知识为基础的社会目标，希望微软能成为不丹ICT产业实质性的合作伙伴。微软总经理答应2012年9月率团访问不丹，与不丹信息和通信部讨论全面合作事宜，包括微软软件的研究、管理、移动应用程序和技术等业务，以及微软在不丹设置一个业务流程外包高端和开发软件的可能性。2012 年 8 月 7—10 日，不丹首相特使达戈·次仁首次访问古巴，拜会了古巴共和国副主席埃斯特班·拉佐。特使和古巴政要讨论了不丹的联合国安理会非常任理事国候选国资格问题，双方同意继续在医疗和教育领域合作，以及古巴派遣医生到不丹治病和不丹学生到古巴留学深造。8 月 29 日，不丹首相在参加德黑兰第十六届不结盟运动峰会期间会见了伊朗总统内贾德。内贾德总统欢迎并感谢不丹代表团接受他的邀请出席峰会。他说，不丹的参与将有助于在未来的运动中实现发展目标和战略，加强不结盟运动成员国之间的合作。两位领导人还谈到两国之间的良好关系。不丹首相还会见了其他国家元首和政府首脑，希望他们支持不丹获得安理会非常任理事国席位。不丹在此次峰会上被选为该组织的副主席。

（二）寻求支持　扩大建交

不丹采取外交政策新措施旨在促进不丹与国际社会之间的更大理解和合作。为了赢得 2013—2014 年度联合国安理会非常任理事国席位，不丹在 2011 年扩大建交的基础上，2012 年更是加快了同他国建立外交关系的步伐。截至 2012 年 12 月底，不丹已经与世界上 50 个国家建立了外交关系。

仅 2012 年一年，不丹就与 17 个国家[①]建立了外交关系，它们分别是蒙古、越南、缅甸、阿根廷、哥斯达黎加、安道尔、毛里求斯、斯威士兰、阿拉伯联合酋长国、斯洛文尼亚、斯洛伐克、土耳其、亚美尼亚、埃及、哈萨克斯、波兰和哥伦比亚。

其中，不丹同斯威士兰建交后两国一致认为，虽然彼此相距遥远，但是两个小王国都有类似的抱负和挑战，表示两国政府将在双边和多边领域密切合作。斯威士兰王国承诺支持不丹竞选 2013—2014 年度联合国安理会非常任理事国。

① Bilateral Relations. Ministry of Foreign Affairs Royal Government of Bhutan. http://www.mfa.gov.bt/foreign-policy/bilateral-relations.

（三）主办国际会议 扩大国际影响

为了提升国际地位和国际影响力，不丹政府非常重视在国内主办国际和地区性会议。

2012 年 1 月 12 日，南亚建筑师会议在不丹帕罗召开。不丹首相在会上非常高兴地对来自孟加拉国、印度、尼泊尔、巴基斯坦、马尔代夫和斯里兰卡的杰出建筑师和建筑学生表示，主办这么重要的会议是不丹的骄傲。3 月 17 日，不丹工商业联合会主办的不丹第二届国际教育博览会在廷布开幕。此次为期两天的博览会吸引了超过 100 家来自澳大利亚、不丹、印度、日本、马来西亚、毛里求斯和泰国的教育机构参加。举办博览会的目的是给学生和家长一个选择学校的机会和带来系统先进的教育理念。4 月 22 日，南亚气候变化和能源合作会议在不丹帕罗召开。会议认为：第一，尽管南亚有巨大的供应能源潜力，① 但该地区仍然存在一个能源不足的问题。第二，可再生能源、效率、创新、碳市场和新技术必须受到企业领导人的关心和重视。第三，希望政府和企业采取创新、大胆、有效的措施来找到解决迫在眉睫的能源危机的办法。第四，成员国应该相互协作，解决彼此的问题。5 月 21 日，来自中国、美国、加拿大、日本、朝鲜、澳大利亚、德国、瑞士、泰国和中国台湾地区的知名专家和僧侣参加了在布姆塘举行的 3 天全球国际佛教会议。10 月 8 日，不丹在廷布举办了为期两天的合作社研讨会，来自泰国、孟加拉国、中国、印度、日本、尼泊尔的代表参加了这次会议。不丹还与泰国签署了受益于不丹合作社和农民团体的技术和贸易发展援助谅解备忘录。

（四）促进民间交往 增进人民友谊

以前，不丹比较封闭，除了印度，很少与第三国进行民间交往。近年来，随着国际形势的不断发展变化，不丹政府意识到促进民间交往，增进不丹与世界各国人民之间的友谊和文化交流，具有十分重要的现实意义和

① 南亚总水电潜力高于 300000 兆瓦，远远超过需求。

历史意义。

2012 年 2 月 9 日，由 10 名学生和 1 名教师组成的不丹皇家廷布学院代表团对日本进行了为期两周的文化访问。他们在日本学习造纸、传统表演，参加环境问题及日本地震和海啸损害等讲座会。4 月 7 日，第二届韩国电影节在不丹廷布开幕。韩国驻印度大使 Kim Joong-Keun 在开幕式上表示，不丹电影工业具有生产高质量电影的潜力，韩国渴望给予帮助。举办这个电影节有助于相互理解，促进两国和两国人民之间的友好关系，两国期待有一天能放映韩国人和不丹人联合生产的电影，它将象征着两国共同的文化和价值观。为了帮助不丹的电影产业，韩国政府向不丹援助了 18 万美元的电影设备，还在写作、技术和人力资源开发方面给予不丹电影协会帮助。4 月 27 日，不丹乌颜·旺楚克保护与环境学院同蒙大拿大学签订意向书，蒙大将在森林、野生动物生物学和地理学领域资助不丹学生，并鼓励乌颜·旺楚克保护与环境学院的教师全面参与委员会的工作、研究和与蒙大拿大学的学生及教师的其他技术交流。蒙大将在地理信息系统、生物多样性评估和监测、治理问题、社区林业、研究设计和统计数据方面向不丹提供支持，在未来 5 年内将提供两个博士和一个硕士学位的奖学金。乌颜·旺楚克保护与环境学院将为蒙大拿大学教员和在不丹留学的研究生提供培训、当地住宿、交通和文化交流。5 月 6 日晚上，来自瑞士管弦乐队的 104 名游客在廷布热巴礼堂表演了一个多小时，之后还在普那卡的格尔克学校和乌颜学院以及帕罗教育学院演出，受到不丹观众的热烈欢迎。5 月 14 日，一个 10 人加利福尼亚先锋大学男子篮球队应邀访问不丹，参观了不丹廷布的两所学校，并教学生有关篮球的基本技能，包括控球、传球和投篮。他们还访问了帕罗、普那卡、旺迪颇章和同萨宗，同各地学校的篮球队进行了友谊比赛，切磋技艺。此外，访问团还赠送不丹篮球联合会 200 个美国造篮球、4 个电动记分牌、15 个翻转记分牌、300 多件先锋篮球队球衣。7 月 8 日，中国西安建筑科技大学聘任不丹研究中心主任葛玛·乌热为客座教授。葛玛·乌热主任将应邀提供一系列有关城市规划和幸福的讲座作为大学课程。葛玛·乌热主任表示："作为一个不丹人，受邀参与学术交流，能与有趣的城市规划、建筑和幸福相联系，感觉良好。西安建筑科技大学的师生和员工都很赞赏国民幸福总值这一想法。他同 21 世纪媒体集团首席执行官沈浩合著的以国民幸福总值为主题的书于 2010 年在中国出版。”

2012 年 8 月 1—10 日，日本 10 人教师观摩团对不丹学校进行调研访问，主要了解国民幸福总值理念在不丹学校是如何体现的，因为国民幸福总值理念在不丹国王和王后 2011 年底访问日本后，就已经家喻户晓了。不丹教师讲课时坚持国家文化和传统的做法，给日本教师团留下了非常深刻的印象。

（五）入常竞选　虽败犹荣

不丹自 1999 年向联合国提交 2013—2014 年度安理会非常任理事国候选国申请书以来，一直在努力做准备工作。特别是近两年来，不丹加快了与其他国家发展和建立正式外交关系的步伐。截至 2012 年 10 月 18 日联合国投票竞选时，不丹已经与联合国 192 个会员国中的 45 个国家建立了正式外交关系。此外，不丹国王和政府内阁成员加强与世界各国首脑和政府要员的会晤沟通，积极争取支持。

然而，在 2012 年 10 月 18 日的投票选举中，不丹仅获得 192 张选票中的 20 张选票，而柬埔寨和韩国分别获得 62 张和 116 张选票，因而不丹在第一轮选举中就被淘汰了。其败因正如不丹首相在回答记者提问时所说的那样，不丹目前只与世界上 45 个国家有外交关系，而柬埔寨和韩国与世界上几乎每个国家都建立了外交关系。这对每个国家都是一个必要条件，有关系的国家才有可能支持你。不丹未能赢得联合国安理会非常任理事国席位，应归因于不丹与其他国家的外交关系缺乏。

不丹虽然未赢得选举，但是这次安理会的竞选过程让不丹建立并构建了与许多国家的关系，进一步加强了不丹的独立和主权，增强了国际社会对不丹及其人民的尊重和善意。从这一点来讲，不丹还是赢了。

（六）中不首脑会晤　边界会谈现曙光

2012 年 6 月，中国国务院总理温家宝同不丹首相在联合国可持续发展大会期间举行了首次历史性会晤，就两国关系、边界问题和不丹竞选非常任理事国席位等事宜交换了意见，从而对近年停滞不前的边界谈判起到了极大的推动作用。

2012 年 8 月 10 日，中国代表团团长、外交部副部长傅莹率 8 人代表团与不丹代表团团长、代理外交大臣坎杜·旺楚克率领的代表团在廷布举行中不第 20 轮边界会谈。在会谈中，双方对以前谈判所取得的成果表示满意，还就两国的共同利益和合作问题交换了意见，包括不丹竞选 2013—2014 年度联合国安理会非常任理事国事宜。而不丹首相在 8 月 9 日会见中国外交部副部长傅莹时，愉快地忆及不久前在里约热内卢同温总理举行的首次会晤，并请傅莹转达他对温总理的亲切问候和良好祝愿。首相表示不中两国虽尚未正式建交，但近年来双方各领域交流与合作不断增多，贸易增长势头强劲。不中两国发展理念相似，作为中国的亚洲邻国，不丹政府和人民对中国取得的发展成就深感钦佩。不方高度赞赏中国奉行大小国家一律平等的外交政策，愿在重大国际问题上同中方加强沟通与协调，相信通过两国边界谈判，一定能够找到双方都满意的解决办法。8 月 10 日，不丹四世国王在会见中国外交部副部长傅莹时，表示他曾亲自参与了 1984 年启动的不中两国边界谈判，对过去 28 年来不中关系在政治、经贸、人文等领域取得的长足发展深感欣慰和满意。来不丹旅游的中国游客人数以每年近 100%的速度增长。此外，中国已成为不丹第三大贸易伙伴。不丹对中国近年来为世界经济复苏和发展所做的突出贡献深感钦佩，相信一个不断崛起的中国将在世界上发挥睿智、平衡的领导作用。不丹坚定奉行一个中国政策，将在台湾、涉藏、人权等问题上继续支持中方立场。边界谈判已成为推进两国各领域交流合作的绝佳平台，只要两国关系继续沿着既定轨道向前发展，不中两国解决边界问题以及实现正式建交的目标必将早日实现。

三、措施及时有效　经济稳定发展

2012 年，不丹的经济发展尽管因卢比短缺和全球经济复苏乏力而致使外援减少，但是不丹政府坦然面对困难，沉着解决问题，及时采取了一系列有效措施，很好地稳定了人心、市场和经济发展，取得了较好成绩。

2012 年国民生产总值预计达到约 868.29 亿努，[①] 较上一年增长 7.62%，但较上一年增长率下降了 0.7%；税收约 191.55 亿努，较上一年增长 9.71%；接收补助金 134.97 亿努；财政赤字约 375.24 亿努，占国民生产总值的 4.32%；债务约 735 亿努，[②] 占国民生产总值的 65.97%；外汇储备达 7.2 亿美元，能满足 12 个月的基本贸易进口需求；通货膨胀率为 13%（第三季度）；失业率为 2.1%，其中年轻人失业率从 2011 年的 9.2% 下降到 2012 年的 7.3%。

（一）团结奋斗　成果丰硕

2012 年，由于不丹国内的过度建设投资和人民过度消费，商品进口激增，加之洲主权债务危机造成不丹外援大量缩减、外汇储备大量减少和外债高筑，不丹的经济发展受到较大影响。但是，不丹政府各部门团结合作，努力奋斗，战胜卢比短缺和外援不足等困难，在经济建设方面仍取得了较好成绩。

1. 打造硬件设施　笑迎八方游客

旅游业一直是不丹经济硬通货币——美元的来源大户。因此，不丹非常重视国内旅游业的发展，除了在互联网、杂志、电视和旅行指南等媒体上宣传不丹独特的寺庙、古城堡文化和自然美景外，还计划邀请 100 名大使旅游访问不丹，以及加强与国外公共关系机构的联系，并在美国、日本、德国、俄罗斯设立办事处，宣传不丹旅游和接待旅客。此外，在做好环境保护的基础上，不丹修建了 3 个国内机场（布姆塘宗巴特帕拉塘、扎西岗宗扬普拉和吉列普）、建设路边设施、修建农场房屋和观鸟营地，发展游客住宿和社区旅游等，大力打造旅游硬件设施，以给游客提供优质服务。不丹还引入新的节日，像哈宗夏日节、拉雅羚牛节、布姆塘游牧民

① 2012 — 2013 National Budget Report. http：//www. mof. gov. bt/publication/files/pub8pp7779lm. pdf.

② The Bhutanese：Rupee crisis to have long-term impact on Bhutan's socio-economic development. http：//www. thebhutanese. bt/rupee-crisis-to-have-long-term-impact-on-bhutans-socio-economic-development/.

节、杜鹃花节等，以吸引更多的游客。

功夫不负有心人，2012年3月18日不丹被旅游热门杂志读者投票评为他们最喜爱的旅游目的地，荣获最佳乡村目的地银奖，仅次于日本。

据报道：不丹2012年接待游客10.5414万人[①]，超过政府接待游客10万人的预期，安排2.5987万人就业。

2. 加快信息化建设　跟上全球发展步伐

为了将不丹建设成一个信息化知识型社会国家，不丹功德党政府计划在其执政期结束时让全国所有格窝都连通互联网，政府部门实现电子政务。据信息技术和电信基础设施处长葛玛·旺迪称，不丹到2012年6月全国20个宗[②]连通了高速传输电缆，131个格窝连通了光纤网络，其余70个格窝将在2012年12月底或2013年6月连通，其余4个格窝（索伊、纳若、林格西和鲁纳纳）到2013年将以无线网络连接方式连通。到2013年10月之前所有20个宗行政办公室、201个格窝、201个社区中心、不丹皇家大学等机构和中心医院都将连通光纤网络。[③] 届时，不丹将进入真正的国家网络时代。

为了成为渴望的知识经济型国家，不丹政府于2012年3月12—18日对来自孟加尔、隆子、扎西羊孜和扎西岗等宗的约250名企业家和商人进行了基本商业技巧训练，以提高他们的网络、客户关系和推销技巧。截至2012年10月30日，有500名僧侣和1030名年轻人在国内外培训机构接受计算机信息技术培训，已有778名年轻人[④]（男389名，女389名）完成学业。

---

① Bhutan makes top three in tourist destinations. Bhutan Travel Blog & Bhutan Travel Reviews，Jan 29 2013. http：//www. bhutantravel-tour. com/bhutantravelblog/bhutan-top-tourist-destinations.

② 90 gewog centers on high Internet bandwidth. Kuenselonline，Apr 29，2012. http：//202. 144. 133. 51/? p=30501.

③ The Fourth Annual Report of the Prime Minister to the Ninth Session of the First Parliament on the State of the Nation. July 9，2012. http：//www. cabinet. gov. bt/? p=966.

④ Ibid.

3. 鼓励生产　替代进口

在这次卢比危机中，农业部是不丹所有部门中反应最快的。在不丹中央银行宣布停止向商业银行补充卢比后不久，其就决定采取多种措施，鼓励和帮助农民生产更多的农产品替代进口，以弥补因卢比短缺而停止从印度进口农产品[①]所造成的不足。其实，从印度进口的农产品以前在不丹都有种植，只是不丹人认为有些农产品生长期太长而放弃了种植，政府只好从邻近国家进口以满足国人的需要。

据不丹农业部统计：不丹全国的农场今后需要多生产出至少 2.38 万吨蔬菜，才能确保每个人都能吃上当地生产的蔬菜。以前国家平均每年生产蔬菜约 3.0595 万吨，只能满足 60％人口的需求。因此，国家目前面临 40％的蔬菜赤字。

不丹现有耕地约 2.3495 万英亩。农业部计划在这有限的耕地上，采取在不同生态区内夏季和冬季集中种植的方式，加快农产品生产。同时要求全国各地机关单位、部队、学校、建筑工地等直接与农民或农业合作社签订农产品种植购销合同，以确保农产品的种植和销售。需要调节价格时，政府将介入并提供一些补贴，同时促进商业化和规模化生产，以帮助稳定价格。不丹政府在 2012—2013 财政年度预算中给农业部分配了 3200 万努，以加快农产品生产。此外，政府计划在“十一五”计划结束时在鸡蛋、蔬菜和乳制品生产方面实现自给自足。

值得庆幸的是，到 2012 年 9 月不丹种植的蔬菜包括土豆、辣椒、西红柿、黄瓜、萝卜、南瓜、卷心菜、豆子、南瓜和姜就大量供应市场了，而卷心菜和豆类在彭措林还出现过剩情况。

4. 真抓实干　目标实现

不丹功德党政府果然没有辜负选民的期望，正在逐步实现其对选民的承诺，并在脱贫、通信、医疗卫生、教育和道路建设等领域取得实效。根

① 不丹政府在央行采取紧缩银根三周后就宣布停止进口印度蔬菜。不丹 2011 年进口价值近 40 亿卢比的农产品，其中肉类价值 6.293 亿卢比、蔬菜价值 2.86 亿卢比、鱼类价值 1.6 亿卢比、奶制品价值 6.698 卢比、大米价值 11 亿卢比，还有蛋类、咖啡、茶、食用油和糖等。

据不丹加速脱贫最低计划，49 个贫穷格窝中的 22 个格窝已脱贫，完成了国家第十个五年计划制定的目标；通过政府补贴，所有 205 个格窝中心镇（包括最困难的地方）已连通移动通信服务，建立了约 100 个社区通信中心，可提供 G2C 通讯服务；学校数量增加到 553 所，扩展教室 108 间，满足了政府提出的所有儿童接受教育时步行距离不到一个小时的目标，小学入学率达 98%；94%的家庭用上了清洁饮用水；2012 年 7 月不丹第一所医科大学正式开学；开办健康帮助中心，让人们通过电话或手机网络能随时随地访问职业健康服务；修建国家级公路 38.8 公里、支线和宗级公路 146 公里、连接水电工程道路 108 公里、重建道路 104 公里和机动车桥梁 30 座；超过 80%的家庭[①]用上了电；疟疾病例已从 1994 年的 4 万例下降到 2011 年的 194 例，而死亡病例已从 42 例下降到 1 例，这意味着不丹基本实现了本土病例零传播。

（二）寻求外援　助推发展

尽管不丹政府做了不少努力寻求外援，但是因不丹往年的主要援助国身陷欧洲主权债务危机之中，所以 2012 年对不丹的援助是少之又少，而相对援助较多的是日本和印度。

2012 年，日本政府和民间组织援助了 26 辆价值达 190 万美元的救护车，为旺迪颇章宫殿的重建捐赠了 33.459 万美元；3 月 7 日，日本驻新德里大使馆一秘铃木在廷布同不丹官员讨论了日本非营利机构援助价值 2 亿日元针对不丹陡峭斜坡和恶劣地形研发的农业机械事宜；早在 2010 年，日本就赠款援助了不丹价值达 2 亿日元的 35 辆拖拉机、77 辆水稻移植机、25 台水泵、165 套温室塑料和 8.5 万株种苗。3 月 27 日，不丹同日本签订援助协议，日本政府向不丹皇家警察消防服务部门、扎西羊孜宗的学校和医院安全饮用水供应及称卡拉村的供水系统建设赠款 700 万努。10 月 12 日，不丹农业部请求日本政府提供 350 台双轮拖拉机和旋耕机，以及 360 台单向犁，作为帮助不丹增加农业生产的援助之一。10 月 18 日，日本国

① The Fourth Annual Report of the Prime Minister to the Ninth Session of the First Parliament on the State of the Nation. July 9，2012. http：//www. cabinet. gov. bt/？ p=966.

际协力机构同不丹签订协议，向不丹提供技术和 300 万—400 万美元资金，支持其建立冰川湖洪水预报和预警系统，以提高国家灾害预报能力。这个项目将在第 11 个五年计划（2013—2018 年）的 3 年内完成。

2012 年 4 月 12 日，印度驻不丹大使帕万·K·瓦尔玛向不丹转交印度政府小型开发项目援助款 16 亿卢比，这在某种程度上缓解了当时不丹卢比短缺问题。8 月 16 日印度下议院议员、国防常务委员会主席萨特帕尔·玛哈拉吉先生向不丹大使转交了 10 万卢比的捐款支票，以帮助不丹重建旺迪颇章宫殿。3 月 16 日，世界卫生组织向不丹卫生部赠送了价值 350 多万努的医疗设备，包括 2 台 CD4 细胞计数机、3 辆血液安全车、3 辆冰箱厢式车和 1 辆丰田陆地巡洋舰汽车等。3 月 28 日，泰国公主诗琳通项目办公室向不丹 3 所学校的农业计划援助 40549.07 美元（约合 202.712839 万努），其中 78.2396 万努分配给佩玛加泽尔宗玉戎初级中学，用于修建围墙、温室、供水系统和购买 1 台玉米磨面机；74.676 万努分配给廷布宗格勒卡初级中学，用于土地开发，修建围墙、供水系统、温室和猪舍；49.7973 万努分配给帕罗宗瓦纳卡初级中学，用于修建浇灌蔬菜和粮食生产的水系统、仓库和食品加工厂。5 月 14 日，挪威同不丹国民幸福总值委员会签署协议，挪威政府承诺援助 2.88 亿努以提高不丹电力部门技能。10 月 23 日，美国驻印度大使南希·J·鲍威尔向不丹基金会转交了美国文化保护基金奖励给不丹布姆塘旺堆却林宫（建于 1857 年）的 9.7786 万美元，并表示美国政府和人民对不丹丰富的文化遗产深表敬意。

（三）改变策略　寻求合作

由于全球经济复苏乏力，不丹以往的援助伙伴减少了对其的援助，因此不丹只能改变策略，寻求合作。

2012 年 3 月 8 日，加拿大大使斯图尔特·G·贝克率领来自 14 个公司的 21 人商业代表团对不丹的交通、教育、水力发电和其他基础设施项目进行考察后表示，不丹位于亚洲中国和印度两大新兴市场之间，又拥有自己的市场，极具经济发展战略地位。加拿大希望通过商业领域的投资与合作，加强与不丹的现有关系。10 月 8 日，不丹与泰国在廷布签署谅解备忘录，不丹合作社和农民团体将受益于来自泰国的技术和贸易发展援助。10

月23日，不丹与新加坡信息发展局资讯通信发展国际公司和淡马锡基金会签署信息技术谅解备忘录，旨在为不丹主要官员培训电子政务政策作为王国信息技术总体规划的先锋，集中快速发展信息技术，将不丹建设成一个信息社会。淡马锡基金会承诺向不丹约400名政府官员为期18个月的信息技术培训拨款，约50万新元。自2012年6月以来，已有约220名不丹高级官员参与到电子政务总体规划的发展项目中。该计划有3个特别目标：（1）集中政府信息通信技术专业人员制定发展战略和实施计划，有效实施信息技术计划；（2）开发标准和数据服务，允许政府机构之间进行交互操作，以更有效地共享信息；（3）根据不丹政府第十一个五年计划及今后的发展，制定一个电子政务总体规划，包括产业发展路线图。

（四）加强培训　提高技能

近年来，随着几大水电工程的建设，房地产开发和机场、道路、桥梁的修建，不丹严重缺乏熟练工人，2012年有5.6011万名外国人①在不丹工作，所以加强技术工人的培训对不丹实现经济自立是至关重要的。不丹政府对此非常重视。

2012年1月13日，为了解决长期缺乏熟练建筑工人和卢比大量外流问题，不丹劳动和人力资源部与印度贾普拉卡斯联合建筑有限公司签署了为期2年的培训谅解备忘录，该公司同意每年培训300名不丹青年水电建筑工人。② 此前，不丹劳动和人力资源部还与印度参与不丹水力发电项目建设的拉森和涛博、嘎芒和印度斯坦建筑公司签署了类似的备忘录。这3家公司将帮助不丹培训年轻的建筑工人。

5月5日，11名职业培训学院教师（1名教师、1名水暖机械工、2名电气工、2名汽车修理工、2名石工和3名木工）在尼泊尔进行了为期一年的提升资格培训课程后回国，这是劳工部到目前为止从其职业培训学校送到国外培训的第三批技工人员，第一批和第二批各为11名和13名。职业

---

① The Fourth Annual Report of the Prime Minister to the Ninth Session of the First Parliament on the State of the Nation. July 9，2012. http：//www.cabinet.gov.bt/? p=966.

② cabinet secretariat of Bhutan. http：//www.cabinet.gov.bt/.../state% 20of% 20the% 20nation%20re.

培训学院教师在加德满都技术指导培训学院学习各种技术领域的技术和教育，这样做是为了提高职业培训学院教师的技术和教育水平，同时提高技术和职业教育与培训的质量。学习的内容包括准备课程计划、课程开发、监督学、教育学、预备训练或指导和技能升级训练。

（五）制定蓝图　实现梦想

实现经济自力更生是不丹多年的梦想。不丹国民幸福总值委员会依据第十个五年计划经济快速发展趋势，雄心勃勃地制定了未来 5 年经济发展指南，[①] 勾画出自力更生的绿色蓝图。

1. 预算和目标

第 11 个五年计划估计预算为 2010 亿努，较第十个五年计划预算 1480 亿努多 530 亿努，计划目标是“自力更生和包容性的绿色社会经济发展”。

“自力更生”意味着不丹到 2018 年底，计划在没有官方发展援助的情况下也能够满足其所有国家发展需要；“包容性”意味着减少不平等，提高生活水平和生活质量；“绿色”意味着碳中性发展。尽管它并不一定转化为有效的减贫和改善生活质量，经济增长必须实现这一目标。

2. 指导方针

经济和社会发展将是“十一五”计划的两个关键推力，以努力平衡地区发展优势互补，并将碳中性或绿色发展、加强不丹的特性和文化，以及良好治理贯穿主题。目的是给机构提供指导方针和广泛的政策框架，以认真准备第 11 个五年计划。

3. 需要解决的问题

第一，青年就业。根据 2011 年全国劳动力调查，15—19 岁的青年失业率为 7.6%，而 20—24 岁的女性青年失业率为 12.1%。因此，“十一五”

① http：//www. health. gov. bt/healthFYP/11FYP/GuidelinesRevised. pdf.

计划将解决这一问题，特别要关注女青年失业问题。

第二，预算分配比率。第 11 个五年计划经常性支出的资源预期将为 65%。不像过去的计划，经常性和资本支出几乎是相等的。经常性支出大幅增加是因为增加了维护社会经济设施的成本。“十一五”计划应主要集中于整合而不是扩张设施。

第三，缩小性别差距。每个部门将不得不面对主流性别问题，在准备第 11 个五年计划的同时，要在教育（高等教育和职业水平）、就业、政治代表和针对妇女的暴力行为中解决可见的性别差距。与过去不同，在第 11 个五年计划中，有关部门应当通过综合其计划和项目负责解决性别差距。

第三，设立经济特区。“十一五”计划计划设立经济特区促进私营部门发展，可能在吉列普、桑契和莎姆德罗普宗卡设立。还计划在吉列普、囊拉姆和彭措林干港口修建铁路连接，以及增加地面或航空货运设施。

第四，控制人口转移。“十一五”计划将增加成长中心或战略居民区建设，提高农村社区收入和就业机会，控制农村人口向城市转移，旨在减轻廷布和彭措林的压力。成长中心或战略居民区应重点发展“宜居”且具有经济潜力的增长中心。基于潜力，未来可能发展的成长中心是廷布（中央政府总部）、帕罗（公司总部）、布姆塘（文化产业中心）、扎西岗（教育中心）、孟加尔（农业加工中心）。

第五，迎接挑战。“十一五”计划也将考虑人口趋势和准备迎接挑战——老龄化、人口在宗和地区之间的流动。根据 2010 年的人口远景规划，快速城市化使人口从高原向内地迁移而导致了宗人口的减少。例如，扎西岗、孟加尔和仁工宗分别净迁移了 1.6697 万人、8509 人和 7453 人；而在廷布、楚卡和帕罗宗分别涌入人口 3.977 万人、1.548 万人和 7377 人。

第六，解决贫困。按照国家贫困线即每月人均 1.097 努的规定来衡量，到第十个五年计划结束时，贫困人口预计将从 23.2%减少到 15%（10.5 万人）。2010 年初测算的多维贫困指数显示，25.8%的不丹人在健康、教育和生活水平指标方面处于贫困状态。因此，“十一五”计划应当努力解决上述问题，尤其要着重解决多维贫困、收入不平等、营养不良和不断增长的城市贫困问题。

综上所述，不丹虽然在 2012 年遇到了前所未有的卢比短缺和外援减少等困难，但是国王和政府团结全国人民齐心协力战胜困难，各方面仍取得较好成绩。不过，尼泊尔难民营里有将近一半的难民还没有被安置，尽管美国在第 67 届联大会议期间向不丹表示愿意继续安置剩余难民，但是在这些难民未被安置之前，不丹南部边境地区的安全隐患依然存在。

2012年阿富汗综述

曾　涵

2012年的阿富汗政治局势相对稳定，没有突出的重大事件或危机，但各方已就2014年总统大选开始角逐。在安全领域，美军继续撤军并决定提前一年完成作战任务；法国、比利时、澳大利亚等国提前从阿撤出作战部队，如期向阿方进行防务移交；阿提前半年完成安全部队建设目标；和谈一度出现积极迹象，但很快陷入停顿，并无实质进展。在外交领域，围绕阿富汗问题，先后召开了芝加哥会议、喀布尔会议、东京会议；阿力促国际社会支持其实现政治和解、全力谋求各方在2014年之后继续向其提供支持；阿还与美国、德国、意大利、中国等国签署伙伴关系协定。在经济领域，阿经济建设保持既有势头，东京会议承诺在2015年前向阿提供150亿美元援助；阿发生多次雪灾，受灾人口处境艰难；矿业开发和能源交通基础设施建设取得较大进展，引起关注；受病害影响，阿鸦片总产量明显下降，但种植面积大幅增加，总体而言毒品问题未见明显改观。

一、政局趋稳，各方开始为下一轮大选角力

阿富汗政局在过去3年呈现严重乱象：2009年围绕总统大选出现严重争端，2010年的议会大选纷繁复杂，总统、议会和法院三方在2011年又

围绕前一年的议会大选出现严重争端。[①] 在连续三年的乱局之后，2012 年的阿富汗政局终于平静下来：政府和议会内耗明显减少，人民院破天荒地批准了总统提名的所有 9 名部长人选，整个内阁由此正式获得议会认可。[②] 人民院在下半年虽以工作不力为由罢免了国防部长和内政部长，但政府总体运行仍较为平稳。独立人权委员会全部 9 名委员在本年初任期届满，卡尔扎伊在争议声中任命了 6 名新委员，其他 3 名委员有待与各界协商后任命。一二月间，阿 34 个省议会均进行了年度性的行政委员会（主席、副主席、秘书）换届选举。[③] 当局在 9 月一举调整了 10 名省长：5 人遭解职，4 人调其他省份任省长，1 人调任总统顾问，安全局势严峻的赫尔曼德省省长由情报机构顾问纳伊姆·俾路支将军（Naeem Baloch）出任。[④] 这一大动作引起各方关注，但并未引起轩然大波。以上两点都可作为阿地方政治趋稳的指标。

不过，围绕 2014 年启动的新一轮大选，各方已开始暗中角力。选举组织和选举制度改革引起特别关注。2009 和 2010 年两次大选争议颇大，舞弊严重、选举监督不中立、选举制度不公等问题等成为各界（包括国际社会）的抨击焦点，选举改革成为各方共识。原选举制度规定选举委员会委员由总统任命，卡尔扎伊据此任命的独立选举委员会 5 名委员于 2011 年 12 月 19 日宣誓就职，其中 2 人为留任的上届委员、3 人为新任命，反对派对此极为不满。[⑤] 2012 年 4 月，独立选举委员会主席提前一年辞职，引起

---

① 参见曾祥裕："2010 年阿富汗局势综述"，《南亚地区发展报告》（2010 年卷），巴蜀书社 2012 年版。

② *The Situation in Afghanistan and its Implications for International Peace and Security: Report of the Secretary-General*, June 20, 2012, p. 2, http://unama.unmissions.org/LinkClick.aspx?fileticket=UzctbPXEjw8%3d&tabid=12254&language=en-US.

③ *The Situation in Afghanistan and its Implications for International Peace and Security: Report of the Secretary-General*, March 5, 2012, pp. 6, 8, http://unama.unmissions.org/Portals/UNAMA/SG%20Reports/SG%20Report%20to%20the%20Security%20Council-March%202012.pdf.

④ "卡尔扎伊调整 10 省省长"，新华网，2012 年 9 月 22 日，http://news.xinhuanet.com/world/2012-09/22/c_123748557.htm。

⑤ *The Situation in Afghanistan and its Implications for International Peace and Security: Report of the Secretary-General*, March 5, 2012, p. 2, http://unama.unmissions.org/Portals/UNAMA/SG%20Reports/SG%20Report%20to%20the%20Security%20Council-March%202012.pdf.

各界关注。按原有安排，新选举法应在 2012 年 9 月草拟完毕，要通过还需不少时间。然而，卡尔扎伊在当年 4 月公开表示，可能将总统大选提前到 2013 年，以免与国际安全援助部队完成撤军并向阿完全移交安全职责撞车。[①] 上述表态引起反对派激烈反对。前外长阿卜杜拉领导的主要反对党阿富汗国民阵线、前第一副总统艾哈迈德齐亚·马苏德领导的阿富汗民族阵线、前内政部长阿特玛尔领导的正义与公正党都表示：目前最重要的是改革选举制度，及时制定新选举法，保障独立选举委员会独立履行职权；在改革完成之前举行选举毫无信誉，也无助于阿富汗的稳定与发展。反对党领导人马苏德、杜斯塔姆、马哈其克等 5 月初在朱兹詹省和法亚布省举行数千人的集会，要求如期举行选举。国民阵线在北方各地发动示威。反对派还呼吁加大联合国对大选的参与度。[②] 国际社会包括联合国和美国也表示高度关注此事。在各方压力下，喀布尔当局放弃原议，在 10 月正式表示，将遵守宪法规定，定于 2014 年 4 月 5 日进行总统大选。[③] 9 月 24 日，议会下院人民院通过了《独立选举委员会组织与职权法案》，规定总统应经过充分磋商始得任命其委员，选举争议的最终裁决权由常设的选举投诉委员会行使，该委员会两名国际委员由联合国任命。11 月 20 日，议会上院即长老院通过了这一法案，但却否决了磋商程序和选举投诉委员会国际委员的相关规定，这一分歧须召开两院联合委员会才能解决。[④] 围绕这一问题的争议及其解决方式成为 2013 年阿富汗政坛的一大焦点。

下一轮大选候选人问题也逐渐浮出水面。按宪法规定，卡尔扎伊已界两任，不能第三次出任总统，卡尔扎伊阵营必须推出新的参选人。这一人选必须与现总统执政理念一致且能团结卡尔扎伊阵营，同时又要享有较大

---

① “卡尔扎伊考虑提前总统选举”，新华网，2012 年 4 月 14 日，http：//news. xinhuanet. com/world/2012－04/14/c _ 122978536. html。

② *The Situation in Afghanistan and its Implications for International Peace and Security*：*Report of the Secretary-General*，June 20，2012，p. 3，http：//unama. unmissions. org/LinkClick. aspx? fileticket＝UzctbPXEjw8%3d&tabid＝12254&language＝en-US.

③ “阿富汗宣布将在 2014 年 4 月举行总统选举”，人民网，2012 年 10 月 31 日，http：//world. people. com. cn/n/2012/1031/c1002－19453616. html.

④ *The Situation in Afghanistan and its Implications for International Peace and Security*：*Report of the Secretary-General*，December 13，2012，p. 2，http：//unama. unmissions. org/LinkClick. aspx? fileticket＝AtmMyLd _ _ Io%3d&tabid＝12263&language＝en-US.

政治号召力，足以与反对派一博。此前有报道称，可能的人选有前国王查希尔之孙穆斯塔法·查希尔（Mustafa Zahir）、现总统哈米德·卡尔扎伊的哥哥加尧姆·卡尔扎伊（Qayum Karzai）等。[①] 穆斯塔法·查希尔虽有王室光环，且其西方背景受英美青睐，[②] 但在国内并无深厚根基，且已加入反对派阵营。加尧姆·卡尔扎伊则能力和人望均有较大不足，且声誉欠佳（很多人抨击他借其弟任总统之机大肆敛财）。现任第一副总统法西姆为塔吉克人，北方联盟军阀出身（马苏德遇刺后接任北方联盟"国防部长"），政治形象不佳，[③] 且难获阿第一大民族普什图人认可。卡尔扎伊阵营要推出既能胜选，又能继续执行卡尔扎伊路线的人选，看来确实颇费思忖。

反对党阵营仍较为分散，主要的反对党包括阿富汗国民阵线、阿富汗国民同盟、正义与公正党、伊斯兰统一党、伊斯兰促进会等，其头面人物有阿卜杜拉、马苏德、阿特玛尔等，目前尚未推出统一的总统候选人。各反对派政治主张较为一致，除了和谈态度更为强硬、对美更为"亲善"、改革选举制度外，[④] 主要是变更宪政体制：改总统制为内阁制、实行地方分权、进一步发挥政党的政治功能（包括在议会大选中发挥更大作用）等。[⑤] 2012 年 9 月 23 日，阿 20 个政党发起了"民主宪章"运动，要求保

---

① Today's Afghan Headlines, June 13, 2012, http://unama.unmissions.org/Default.aspx?tabid=12329&ctl=Details&mid=15870&ItemID=33824&language=en-US.

② 穆斯塔法·查希尔随其祖父在意大利流亡 40 年之久，塔利班倒台后才返回阿富汗。他长期担任查希尔国王事实上的"发言人"，颇为西方所熟悉。穆斯塔法·查希尔学习环境与生态，返回阿富汗后出任环境部长，享有阿富汗的"戈尔"（美国前副总统阿尔·戈尔热心环保事业，人称环保副总统）之称。

③ 法西姆之弟穆罕默德·哈辛和卡尔扎伊之兄马哈茂德·卡尔扎伊一起卷入了 2010 年爆发的"喀布尔银行"违规放贷作弊案。两人均为该银行大股东，均从该行接受大笔贷款用于在迪拜炒房。马哈茂德·卡尔扎伊称从喀布尔银行贷款完全合法，且贷款早已还清，法院也认可这种说法。但外界普遍对此表示怀疑，两人至今尚未完全洗脱关系。

④ 曾祥裕："阿富汗政治发展研究"，《"中巴关系：现状与发展趋势"国际研讨会论文集》，云南大学出版社 2013 年版。

⑤ *The Situation in Afghanistan and its Implications for International Peace and Security: Report of the Secretary-General*, March 5, 2012, p. 3, http://unama.unmissions.org/Portals/UNAMA/SG%20Reports/SG%20Report%20to%20the%20Security%20Council - March%202012.pdf.

障政党在选举和政治事务中发挥更大作用。[①]

卡尔扎伊方面虽积极改革选举制度，但却坚持当前宪政体制，反复强调 2004 年宪法所规定的单一制不可动摇，并一语双关地表示阿富汗不是外国人的政治实验室。[②] 这既是在批评反对派，更是在反击西方的抨击或分权主张。

二、美国继续撤军、防务移交如期推进，塔利班呈现新特点，和谈步履蹒跚

美军在 2012 年大体按预定计划有步骤从阿撤军。在年初的北约布鲁塞尔会议前，美国出人意料地表示将于 2013 年中期完成作战任务，比预定的 2014 年底提前一年半，美军随后将转而从事培训工作。[③] 当年，美国又从阿富汗撤出部队 2.3 万人，在阿驻军规模相应从 8.8 万人缩减到 6.5 万人。2013 年将计划撤军 3.4 万人。[④] 尽管美国一再警告盟国不要以甩包袱的心态匆忙撤离，但很多盟国已急于抽身而退。年初发生法军遇袭事件后，时任法国总统萨科奇当即决定将撤军日期从 2014 年底提前到 2013 年底，而 5 月上台的新总统奥朗德进一步宣布将在 2012 年底完全撤出作战部队，[⑤] 仅留少量部队从事培训工作，2013 年底将完全撤军。另一欧洲盟国比利时

---

① *The Situation in Afghanistan and its Implications for International Peace and Security: Report of the Secretary-General*, December 13, 2012, p. 3, http://unama.unmissions.org/LinkClick.aspx? fileticket=AtmMyLd__Io%3d&tabid=12263&language=en-US.

② *The Situation in Afghanistan and its Implications for International Peace and Security: Report of the Secretary-General*, March 5, 2012, p. 3, http://unama.unmissions.org/Portals/UNAMA/SG%20Reports/SG%20Report%20to%20the%20Security%20Council - March%202012.pdf.

③ 王恬："美国 2013 年结束在阿富汗作战任务"，人民网，2012 年 2 月 3 日，http://world.people.com.cn/GB/17010879.html。

④ Larry Shaughnessy, "Allen: U.S. troop drawdown from Afghanistan to begin 'very shortly'," CNN.com, May 23, 2012, http://edition.cnn.com/2012/05/23/politics/us-troop-drawdown-afghanistan/.

⑤ 奥朗德在大选中表示，如果他当选，法国部队第二天就可以打道回府。

则在2012年底完全撤离阿富汗并将相关设施移交阿方。澳大利亚同样在年底从阿撤出全部作战部队，剩下的少量培训部队预定于2014年底撤离。

与联军撤退相伴的是向阿当局移交安全职责。经过三轮防务移交，阿安全部队将独立控制全部34个省的省会和260个行政区（占阿行政区总数的2/3），覆盖全国75%的人口。[①] 2012年12月31日，阿总统宣布将于2013年3月启动第四轮安全移交，覆盖52个地区，主要集中在北方和中部。这一轮安全移交完成后，阿87 %的国土均由阿方承担安全职责。最后阶段的安全移交于2013年中期开始。[②]

据统计，阿方负责防务的地区局势尚大体平稳，这可能要归功于阿安全部队在质和量两方面的积极进展。在量的方面，阿提前半年于2012年中期完成了安全部队（包括国民军和国民警察部队）建设目标：国民军扩编到19.45万，国民警察部队扩充到15.2万，二者相加员额高达35万，占阿总人口的1.2%。[③] 也就是说，每100个阿富汗人就有至少1人为安全部队官兵。阿地方警察部队也大幅扩张，在11月中旬达到1.785万人。[④] 在质的方面，阿安全部队作战能力明显提升。阿内政部长颇为自得地表示，在4月的喀布尔袭击事件中，“所有武装人员均系阿富汗安全部队击毙”。[⑤] 联军司令艾伦也称赞阿安全部队“迅速抵达袭击现场，领导有力，配合良好，齐心协力，保护了本国公民，很大程度上束缚了反政府武装分子的活动”。美驻阿大使克罗克（Ryan Crocker）声称“已看到阿安全部队非常专

---

① “阿富汗实施第三阶段防务移交计划”，中国驻阿富汗使馆经商处网站，2012年5月18日，http://af.mofcom.gov.cn/aarticle/jmxw/201205/20120508132079.html。

② *The Situation in Afghanistan and its Implications for International Peace and Security: Report of the Secretary-General*, March 5, 2013, p.4, http://www.un.org/ga/search/view_doc.asp? symbol=S/2013/133&referer=http://unama.unmissions.org/Default.aspx? tabid=12263&Lang=E.

③ “阿安全部队独力击退塔利班首轮‘春季攻势’”，《南方日报》2012年4月17日，第A8版，http://epaper.nfdaily.cn/html/2012－04/17/content_7075804.htm。

④ *The Situation in Afghanistan and its Implications for International Peace and Security: Report of the Secretary-General*, December 13, 2012, p.6, http://unama.unmissions.org/LinkClick.aspx? fileticket=AtmMyLd__Io%3d&tabid=12263&language=en-US.

⑤ “阿安全部队独力击退塔利班首轮‘春季攻势’”，《南方日报》2012年4月17日，第A8版，http://epaper.nfdaily.cn/html/2012－04/17/content_7075804.html。

业的表现”，并称赞阿方现在“自己就能应付此类事件了”。[①] 联军司令艾伦 2012 年 8 月份还公开表示，阿军警作战能力不断提高，目前有 90%的军事行动由阿安全部队和联军联合进行，其中由阿方领导者超过 40%。[②]

当然，上述评价不无夸张之处，不宜不加辨析地接受。实际上，阿安全部队重建存在很多严重问题。[③] 例如，阿军警开小差比例极高，联军表示阿军每年有约 5 万人当逃兵，逃兵率高达 26%，阿警察开小差的比率也高达 8%，阿国防部则表示逃兵率“仅为”10%至 15%。[④] 更严重的是，开小差的军警有不少改投塔利班门下：11 名地方警察在 3 月 31 日携大量武器弹药加入塔利班，[⑤] 巴德吉斯省仅 6 月 24 日一天就有 17 名地方警察转投塔利班，7 月 3 日又有 93 人投奔塔利班。[⑥] 军费是又一个大问题，35 万国家安全部队每年要消耗 66 亿美元，而阿 2010—2011 财年国内生产总值仅 163.52 亿美元，显然无力长期负担这样一支大军。国际机构已建议阿到 2017 年末将国家安全部队缩编到 22.85 万人，[⑦] 借此将军警费用压缩到 41 亿美元。[⑧] 但届时减员 1/3 的安全部队能否有效应对阿安全局势又颇为令人怀疑，何况 41 亿美元的军警费用对阿而言仍然高得离谱。阿地方警察更是极富争议，各界批评其招募程序不规范、反政府势力渗透日益严重、

---

① “阿富汗警方对武装分子发动攻势 表现获北约赞扬”，中国新闻网，2012 年 4 月 16 日，http：//www.chinanews.com/gj/2012/04—16/3821899.html。

② “阿富汗动态”，中国驻阿富汗大使馆网站，http：//af.china-embassy.org/chn/afhdt/。

③ 可参见缪敏：《阿富汗安全部队重建概况》，《国际资料信息》2010 年第 7 期。

④ Nigel Chamberlain，“NATO’s departure from Afghanistan：an orderly rush to the blocked exits?” NATO Watch Briefing Paper No.29，January 8，2013，p.6，http：//www.natowatch.org/sites/default/files/briefing_paper_no.29_—_departing_afghanistan.pdf.

⑤ *The Situation in Afghanistan and its Implications for International Peace and Security：Report of the Secretary-General*，June 20，2012，p.6，http：//unama.unmissions.org/LinkClick.aspx? fileticket=UzctbPXEjw8%3d&tabid=12254&language=en-US.

⑥ *The Situation in Afghanistan and its Implications for International Peace and Security：Report of the Secretary-General*，September 13，2012，p.6，http：//unama.unmissions.org/LinkClick.aspx? fileticket=AtmMyLd__Io%3d&tabid=12263&language=en-US.

⑦ *The Situation in Afghanistan and its Implications for International Peace and Security：Report of the Secretary-General*，June 20，2012，p.6，http：//unama.unmissions.org/LinkClick.aspx? fileticket=UzctbPXEjw8%3d&tabid=12254&language=en-US.

⑧ Ronald E. Neumann，Michael E. O'Hanlon，“NATO's Undue Optimism on Afghanistan，” *The Washington Post*，May 17，2012，http：//www.brookings.edu/research/opinions/2012/05/17—afghanistan-ohanlon.

国民警察部队难以对其施加约束、违法乱纪而逍遥法外、严重侵犯人权等，[①] 甚至怀疑其可能成为民族化、政治化的准军事组织。[②] 更麻烦的是，某些政治势力公然提出要建立独立于安全部队之外的第二武装。长期把持赫拉特省的军阀、现水利与能源部长伊斯梅尔·汗（Mohammad Ismail Khan）2012 年 10 月 31 日在数百名前抗苏战士参加的集会上公开提出，要组织抗苏战士建立全国圣战者理事会，在 2014 年之后“协助”安全部队开展工作。这一动向引起政界高度关注，当局和议会两院都表示决不允许另搞一支非政府武装力量。[③]

当年的安全事件数量有所下降，但局势依然严峻：全年有 2754 名阿富汗平民丧生，4805 人负伤，平民伤亡比 2011 年同期下降 4%。[④] 大量阿富汗妇女儿童成为战争的无辜牺牲品。当年前 6 个月有 925 名妇女儿童伤亡，占伤亡总人数的比例高达 30%，[⑤] 前 10 个月有 355 名儿童死伤。[⑥] 当年有 11.49 万人流离失所，其中 1.71 万人为新增。[⑦] 针对平民的暴力事件仍极为猖獗：6 月 21 日，4 名袭击者持轻重武器围困喀布尔郊区湖畔一餐馆达

---

① *Afghanistan Mid-year Report on Protection of Civilians in Armed Conflict: 2012*, July 2012, p. 7, http://unama.unmissions.org/Portals/UNAMA/Documents/UNAMA% 20POC% 202011%20Report_Final_Feb%202012.pdf.

② *The Situation in Afghanistan and its Implications for International Peace and Security: Report of the Secretary-General*, June 20, 2012, p. 6, http://unama.unmissions.org/LinkClick.aspx?fileticket=UzctbPXEjw8%3d&tabid=12254&language=en-US.

③ *The Situation in Afghanistan and its Implications for International Peace and Security: Report of the Secretary-General*, December 13, 2012, p. 6, http://unama.unmissions.org/LinkClick.aspx?fileticket=AtmMyLd__Io%3d&tabid=12263&language=en-US.

④ *The Situation in Afghanistan and its Implications for International Peace and Security: Report of the Secretary-General*, March 5, 2013, p. 24, http://www.un.org/ga/search/view_doc.asp?symbol=S/2013/133&referer=http://unama.unmissions.org/Default.aspx?tabid=12263&Lang=E.

⑤ *Afghanistan Mid-year Report on Protection of Civilians in Armed Conflict: 2012*, July 2012, p. 1, http://unama.unmissions.org/Portals/UNAMA/Documents/UNAMA% 20POC% 202011%20Report_Final_Feb%202012.pdf.

⑥ *The Situation in Afghanistan and its Implications for International Peace and Security: Report of the Secretary-General*, December 13, 2012, p. 8, http://unama.unmissions.org/LinkClick.aspx?fileticket=AtmMyLd__Io%3d&tabid=12263&language=en-US.

⑦ *Afghanistan Mid-year Report on Protection of Civilians in Armed Conflict: 2012*, July 2012, p. 1, http://unama.unmissions.org/Portals/UNAMA/Documents/UNAMA% 20POC% 202011%20Report_Final_Feb%202012.pdf.

12小时，造成21名平民和3名警察丧生，7名平民受伤，塔利班宣布负责并指责餐馆从事了与伊斯兰教不符的活动；[①] 10月19日，巴尔赫省一公交车触雷，18名妇女丧生；10月26日，法亚布省一清真寺举行古尔邦节祈祷时发生自杀式爆炸，41人丧生。[②]

塔利班近年来多次刺杀阿富汗高官，包括坎大哈省议会议长，总统高级顾问，特别是高级和平委员会主席、前总统拉巴尼等。整个2011年，有2名议员和47名高官及重要团体领导人丧生。[③] 2012年5月，高级和平委员会高级谈判代表拉赫玛尼（曾出任塔利班政权高等教育部长）又遇刺身亡。[④] 12月6日，阿国家安全局局长阿萨杜拉·哈立德在国家安全局院内遭自杀爆炸袭击受伤。12月10日，尼姆鲁兹省警察局长遇袭身亡。[⑤] 不过，暗杀活动比之于2011年已明显减少。

2012年的安全局势有4个动向值得密切注意。首先是塔利班似已不满足于游击战术，其攻势正变得更为大胆、策划更为周全。2012年4月15日，塔利班再度发动一年一度的春季攻势。继2011年9月的所谓“最大胆袭击”之后，[⑥] 塔利班此次公然派遣“敢死队”连续袭击喀布尔市内7处目标，主要集中于总统府及议会大院附近，包括国民议会、国际安全设施

---

① *The Situation in Afghanistan and its Implications for International Peace and Security: Report of the Secretary-General*, September 13, 2012, p.5, http://unama.unmissions.org/LinkClick.aspx?fileticket=AtmMyLd__Io%3d&tabid=12263&language=en-US.

② *The Situation in Afghanistan and its Implications for International Peace and Security: Report of the Secretary-General*, December 13, 2012, p.8, http://unama.unmissions.org/LinkClick.aspx?fileticket=AtmMyLd__Io%3d&tabid=12263&language=en-US.

③ *The Situation in Afghanistan and its Implications for International Peace and Security: Report of the Secretary-General*, March 5, 2012, p.3, http://unama.unmissions.org/Portals/UNAMA/SG%20Reports/SG%20Report%20to%20the%20Security%20Council-March%202012.pdf.

④ “阿富汗和解高级谈判遇刺身亡”，人民网，2012年5月14日，http://www.people.com.cn/h/2012/0514/c25408-2344075310.html. 但塔利班否认拉赫玛尼系遭其暗杀。

⑤ “阿富汗多名官员遭遇袭击”，《人民日报》2012年12月11日，http://world.people.com.cn/n/2012/1211/c57507－19856208.html。

⑥ 2011年9月15日，6名塔利班成员公然袭击喀布尔的美国大使馆、北约驻阿国际安全援助部队总部和阿情报机构，造成19人死亡，至少23人受伤，袭击者与安全人员交火近20小时。见“塔利班向喀布尔发动10年来最大胆袭击致19人死”，人民网，2011年9月15日，http://world.people.com.cn/GB/15665580.html。

和政府建筑及外国使馆（特别是美国使馆）等，[①] 尽管美阿方面最终全歼来犯之敌，但塔利班的强悍气焰仍令人震惊。与此同时，帕克蒂亚省、楠格哈尔省首府贾拉拉巴德及洛加尔省也发生了袭击者冲击警察局、安全部队总部及政府机构的事件。[②] 这一系列事件造成 4 名平民丧生、32 人受伤，政府军方面 11 人丧生、42 人受伤，袭击者方面 36 人死亡、1 人被俘。2012 年 6 月 6 日坎大哈等省又发生系列袭击事件，26 名平民丧生，67 人受伤。袭击者甚至直接对省长官邸发动袭击：4 月 28 日，两名枪手突入省长官邸，刺杀坎大哈省省长；5 月 17 日，4 名袭击者对法拉省省长官邸发动袭击。[③] 尽管塔利班此前也对重要目标包括联军军事基地发起过正面攻击，但多为远距离发射火箭弹或近距离实施爆炸，敢死队战术确属罕见，甚至可以说是其有意避免的。

另一袭击事件则表现了塔利班颇为精密的策划能力。2012 年 9 月 15 日，塔利班武装分为 3 组，身穿美军制服和炸弹背心，携带火箭筒和自动步枪，在防护网下挖掘通道进入赫尔曼德省“巴斯申”军事基地，与近 50 名英美士兵交火约 3 小时，摧毁 6 架并严重破坏 2 架 AV—8B 型“鹞”式垂直起降战机，摧毁 3 座加油站，破坏 5 个机库，打死美军 2 人，击伤联军 8 人。塔利班方面 14 人死亡，1 人被俘。该基地位于沙漠深处，戒备森严，防护网高约 9 米，另有 3 道铁丝网和高大的混凝土防爆墙。通向基地的道路受严密监控，监控设备和雷达能在远距离感应到靠近营地的任何人员或飞行器。在如此严密的防守面前，塔利班仍成功突袭，外界怀疑此事定有基地内的阿富汗军人或当地雇员里应外合。[④] 在联军加速撤军的背景下，塔利班公然采取强攻战术，或许意味着其正在

---

① *The Situation in Afghanistan and its Implications for International Peace and Security: Report of the Secretary-General*, June 20, 2012, p. 5, http: //unama. unmissions. org/LinkClick. aspx? fileticket=UzctbPXEjw8%3d&tabid=12254&language=en-US.

② 牟宗琮：“阿富汗首都遭遇猛烈连环袭击”，人民网，2012 年 4 月 16 日，http: //world. people. com. cn/GB/17664725. html。

③ *The Situation in Afghanistan and its Implications for International Peace and Security: Report of the Secretary-General*, June 20, 2012, p. 5, http: //unama. unmissions. org/LinkClick. aspx? fileticket=UzctbPXEjw8%3d&tabid=12254&language=en-US.

④ “哈里王子惊险躲过塔利班袭击”，《新京报》2012 年 9 月 17 日，第 A24 版，http: //epaper. bjnews. com. cn/html/2012－09/17/content _ 373100. htm? div=－1。

为“战略反攻”做准备。

第二个突出特点是，“内部人”袭击事件大量涌现，表明塔利班的“特洛伊木马”战术可能开始见效。阿富汗安全部队近年来大量征兵扩员，吸收了一批塔利班投诚人员（有些投诚者强烈要求当兵或当警察）。外界一直怀疑其中有受塔利班派遣而打入安全部队的“特洛伊木马”，2012年度大量涌现的“内部人”袭击事件似乎从侧面验证了上述疑虑。据统计，年初至10月中旬发生了约40起阿军警枪杀“友军”事件，导致联军50多人死亡，其中绝大多数是美军。[①] 1月8日，查布尔省一军事基地内1名阿军人开枪毙伤美军各1名。1月20日，1名阿政府军士兵在东部的卡比萨省枪击法军，造成4名法国士兵死亡，17人受伤。[②] 3月30日，9名地方警察遭一同事杀害。3月26日，帕克蒂亚省一美军士兵被1名地方警察杀害。4月，几名地方警察因持有自杀式背心而被捕。[③] 8月10日，阿方一警官率部下邀3名美军特种部队官兵赴宴商讨安全问题，并于席间枪杀3人。同日，阿政府一文职人员打死3名联军。[④] 8月11日，1名阿富汗警察在尼姆鲁兹省杀害了10名警察。8月17日，法拉省1名担任地方警察

① “美军驻阿富汗最高指挥官易人面临诸多难题”，人民网，2012年10月12日，http：//world. people. com. cn/n/2012/1012/c1002－19241521. html。

② 此前的类似事件还有：2011年12月29日，1名阿富汗军人在东部打死2名法国外籍军团人员。11月9日，1名阿富汗军人在南部一军事基地内开枪，造成3名澳大利亚军人受伤。10月29日，3名阿富汗军人在南部打死3名澳大利亚陆军教官。4月27日，阿空军飞行员在喀布尔打死8名美军和1名美国承包商。2月18日，1名身穿阿富汗陆军制服的男子在阿富汗北部打死3名德国军人。2010年11月29日，1名阿富汗警察学员在东部打死6名美国军人。7月13日，1名阿富汗军人在南部打死3名英国军人。“阿富汗政府军枪杀‘友军’并非‘孤立事件’”，人民网，2012年1月21日，http：//world. people. com. cn/GB/16938409. html。更早的事例还有：2009年11月3日，5名英国驻阿士兵遭到1名阿富汗警察射杀，而这名警察正是英国士兵亲手训练出来的。塔利班宣布对此事件负责，并称“这是塔利班的新战术，我们还有更多成员已渗透到警察和军队内部”。2008年10月16日，美军巡逻队在帕克提卡省遭1名警察袭击，1名美军士兵死亡。2008年9月，阿东部帕克提卡省一警察对美军士兵开火，打死3人，击伤3人。见缪敏：“阿富汗安全部队重建概况”，《国际资料信息》2010年第7期，第14页。

③ *The Situation in Afghanistan and its Implications for International Peace and Security: Report of the Secretary-General*, June 20, 2012, p.6, http：//unama. unmissions. org/LinkClick. aspx? fileticket＝UzctbPXEjw8%3d&tabid＝12254&language＝en-US.

④ “阿富汗政府军警袭击‘友军’事件愈演愈烈”，人民网，2012年9月17日，http：//world. people. com. cn/n/2012/0917/c1002－19025136. html。

的投诚者在受训的头一天就开枪射杀了2名联军士兵。[①] 8月20日，一身着阿警服的人员开枪打死1名联军。8月29日，1名着军服的袭击者打死3名联军。[②] 9月14日至16日连续发生3起“内部人”袭击事件，造成8名联军（包括4名美军）丧生，多人受伤。9月16日，阿南部一起“内部人袭击”造成4名北约士兵丧生，数名北约士兵受伤。10月1日上午，联军及阿警方联合巡逻队遭身穿警服人员袭击，14人当场丧生，包括至少3名联军、6名阿警察、1名阿方翻译。[③]

应该指出，“内部人”袭击情况极为复杂，不宜一概而论：有些袭击者确为阿军警，有些袭击者虽身着军警制服，但真实身份尚难以确定，不能排除塔利班冒充军警发动袭击，借以在喀布尔当局和联军间制造嫌隙的可能。实际上，北约驻阿部队发言人已承认，“内部人”袭击已严重削弱阿军和联军的互信。[④] 甚至美国总统奥巴马也专门给卡尔扎伊打电话，要求其严厉制止“内部人”袭击。即便是军警发动袭击，其动机也不一而足：有些确系塔利班潜伏人员，有些是出于义愤，[⑤] 有些则是因个人恩怨而发动袭击。由于塔利班对这些袭击事件一律声称负责，而袭击者事成后也往往主动或被迫投奔塔利班，其原始动机难以识别，因而也难以判断塔利班渗透的严重程度。

阿富汗当局提出“政治和解与重返社会”计划已有3年，2012年12月中旬已有6193人（包括549名指挥官）正式向政府投诚，收缴武器

---

① *The Situation in Afghanistan and its Implications for International Peace and Security: Report of the Secretary-General*, September 13, 2012, p. 6, http://unama.unmissions.org/LinkClick.aspx? fileticket=AtmMyLd_ _Io%3d&tabid=12263&language=en-US.

② “阿富汗政府军警袭击‘友军’事件愈演愈烈”，人民网，2012年9月17日，http://world.people.com.cn/n/2012/0917/c1002－19025136.html。

③ “美军驻阿富汗最高指挥官易人面临诸多难题”，人民网，2012年10月12日，http://world.people.com.cn/n/2012/1012/c1002－19241521.html。

④ “阿富汗政府军警袭击‘友军’事件愈演愈烈”，人民网，2012年9月17日，http://world.people.com.cn/n/2012/0917/c1002－19025136.html。

⑤ 典型事例有：在阿内政部因美方焚烧《古兰经》事件而遭阿民众围困期间，2名美国顾问当着1名阿内政部情报科官员的面抨击《古兰经》，激起后者强烈愤慨并开枪射杀前者。见“阿内政部警官枪杀美军顾问”，《钱江晚报》2012年2月28日，第C2版，http://qjwb.zjol.com.cn/html/2012－02/28/content_1371807.htm? div=－1。

5195件。[1] 当局不断敦促塔利班高层放下武器并参加和谈。卡尔扎伊2012年1月21日在议会两院联席会议上公开呼吁反政府武装放下武器，表示支持塔利班在卡塔尔开设办事处。卡尔扎伊本人还会见了伊斯兰党（希克马蒂亚尔派）代表团，直接操办和谈。2月15日，卡尔扎伊又表示已开始与塔利班谈判。2月21日，他再次表示和平进程是阿当局的第一要务。[2] 6月17日，阿政府重申将不遗余力地推动与塔利班和谈。8月13日，应阿当局之请，联合国相关机构将塔利班重要领导人、塔利班政权财长，同时也是奥马尔女婿的穆塔西姆从制裁名单中移除，至此已有20人从制裁名单中移除。穆此前曾参与塔利班与美方在波恩、多哈等地的接触。[3] 高级和平委员会还指定9月19日起的一周为“和平与民族团结”周，在全国各地举行了195项相关活动，包括9月22日在喀布尔召开的15国代表国际会议。[4] 9月，阿方再次声称已与部分塔利班代表接触。[5]

4月，卡尔扎伊任命2011年遇刺身亡的高级和平委员会前主席古尔布丁·拉巴尼之子萨拉胡丁·拉巴尼为高级和平委员会新任主席，继续推动和解进程。美国和国际社会也表现出越来越积极的态度。和谈在2012年一度出现细微的积极进展。年初，塔利班同意在卡塔尔设立办事处操办和谈。[6] 塔利班虽坚持这只是与国际社会接触，决不与阿富汗当局接触，但这一和解姿态仍是前所未有的，具有重要意义。另一积极迹象是，即便在

---

① *The Situation in Afghanistan and its Implications for International Peace and Security: Report of the Secretary-General*, March 5, 2013, p. 18, http: //www. un. org/ga/search/view_doc. asp? symbol = S/2013/133&referer = http: //unama. unmissions. org/Default. aspx? tabid = 12263&Lang=E.

② *The Situation in Afghanistan and its Implications for International Peace and Security: Report of the Secretary-General*, March 5, 2012, p. 2, http: //unama. unmissions. org/Portals/UNAMA/SG% 20Reports/SG% 20Report% 20to% 20the% 20Security% 20Council-March% 202012. pdf.

③ *The Situation in Afghanistan and its Implications for International Peace and Security: Report of the Secretary-General*, September 13, 2012, p. 3, http: //unama. unmissions. org/LinkClick. aspx? fileticket=AtmMyLd_ _Io%3d&tabid=12263&language=en-US.

④ *The Situation in Afghanistan and its Implications for International Peace and Security: Report of the Secretary-General*, December 13, 2012, p. 3, http: //unama. unmissions. org/LinkClick. aspx? fileticket=AtmMyLd_ _Io%3d&tabid=12263&language=en-US.

⑤ “阿富汗动态”，中国驻阿富汗大使馆网站，http: //af. china-embassy. org/chn/afhdt/。

⑥ “塔利班将在卡塔尔设办事处”，《解放日报》2012年1月5日，第5版，http: //newspaper. jfdaily. com/jfrb/html/2012－01/05/content_726793. htm。

2月份阿国内局势因美方焚烧可兰经事件而极度紧张的时候，塔利班仍未关闭和谈大门。遗憾的是，当年3月15日，塔利班公开宣布中断和谈，并以美国明确在释放塔利班囚犯等问题上的立场为重开谈判的前提条件。[①]此后，美塔和谈一直未能重启，阿塔和谈更是遥遥无期。尽管阿当局和塔利班代表先后于6月27日和12月20日在日本京都及法国巴黎公开会晤，但塔利班前“外长”穆塔瓦基尔坚称参会仅为表达观点，塔利班仍坚持不与政府谈判的立场。[②]

阿与其他反政府武装的和谈也一波三折。4月13日和16日，高级和平委员会和卡尔扎伊先后会见了伊斯兰党（希克马蒂亚尔派）的5人代表团。代表团提出了17点计划，主要涉及外军驻扎、现政府合法性、未来选举和宪法等问题。5月12日，代表团以反对美阿战略伙伴关系协定为由终止了与政府的接触。[③] 当局与近两年颇为活跃的哈卡尼网络的关系则进一步紧绷。自2007年起，联合国相关机构陆续将哈卡尼网络高级指挥官和经费赞助者列为对阿和平、稳定与安全的威胁，2012年11月5日又将整个哈卡尼网络列为威胁因素。[④]

三、多边外交活跃，与多国签署伙伴关系协定

本年度，围绕阿富汗问题，先后在芝加哥、喀布尔、东京召开三次大型国际会议。在芝加哥会议上，各国承诺继续向阿提供安全援助，北约盟国再次约定于2014年底完成撤军。针对法国决定提前撤军，会议表示盟国

---

① “阿富汗塔利班中断与美和谈”，《新民晚报》2012年3月16日，第A16版，http：//xmwb. xinmin. cn/html/2012－03/16/content _ 16 _ 1. html。

② “阿富汗动态”，中国驻阿富汗大使馆网站，http：//af. china-embassy. org/chn/afhdt/。

③ *The Situation in Afghanistan and its Implications for International Peace and Security：Report of the Secretary-General*，June 20，2012，pp. 1－2，http：//unama. unmissions. org/LinkClick. aspx? fileticket＝UzctbPXEjw8%3d&tabid＝12254&language＝en-US.

④ *The Situation in Afghanistan and its Implications for International Peace and Security：Report of the Secretary-General*，December 13，2012，p. 4，http：//unama. unmissions. org/LinkClick. aspx? fileticket＝AtmMyLd _ _ Io%3d&tabid＝12263&language＝en-US.

的统一步调不会受此影响。喀布尔会议上，各国同意继续支持阿实现政治和解。东京会议参会各国又同意在2015年前继续向阿提供150亿美元援助，同时力促阿提升治理水平，以此为条件将阿政府直接掌握的援助资金比例从15%提升到40%。

在联军加速撤军的情况下，阿积极谋求与各国建立更稳固的关系，先后与德国、美国、意大利等国签署伙伴关系协定。对美关系仍是阿对外政策的焦点。围绕《战略伙伴关系协定》，美阿出现严重分歧。阿方以"停止夜袭"、"向阿移交监禁设施"、"尊重阿富汗主权"为签署《战略伙伴关系协定》的前提条件。美方一度颇为强硬地表示，夜袭行动是维护阿富汗安全所必需，所有夜袭行动均得到阿方同意，且97%的夜袭行动根本没有动用武力。但阿方并不退让。经过多轮磋商，美方终于同意改革夜袭操作流程。年中，美方正式决定向阿移交若干监禁设施。在扫清上述障碍之后，美阿两国在5月2日草签了《战略伙伴关系协定》，并在经两国议会批准之后正式生效。美国给予阿富汗"非北约主要盟国"地位，重申不寻求在阿拥有永久军事设施，但2014年后将在阿保留一定军事存在。① 不过，为落实《战略伙伴关系协定》而制定的《双边安全协议》(BSA) 谈判并不顺利，直到年底仍未完成。美方表示这一协议应包含军事、征税、军队进出阿国境、军用物资进出口以及军用设施建设等问题，具体可参照美与其他国家签署的类似协议。阿方则重申，除非美切实尊重阿主权，否则不会签署这一协定。②

尽管双方均极力维护双边关系，2012年度的美阿关系仍数次因群众抗议浪潮掀起较大危机。2月，喀布尔以北40公里的美军巴格拉姆空军基地"误烧"可兰经，引发大规模抗议活动，造成多人死伤。4月，美军基地一士兵枪杀驻地周围17名平民，激起阿社会各界强烈义愤。风波尚未平息，5月又披露了美军虐尸丑闻，美方形象再受重创。在卡尔扎伊访华并出席上海合作组织峰会期间，阿富汗再次发生美军空袭导致17名阿平民丧生事件，迫使卡尔扎伊紧急回国收拾局面。每当发生类似事件，阿政府都会高

---

① "阿富汗国家概况"，中国外交部网站，2012年8月更新，http://www.fmprc.gov.cn/mfa_chn/gjhdq_603914/gj_603916/yz_603918/1206_603920/。

② "阿富汗动态"，中国驻阿富汗大使馆网站，http://af.china-embassy.org/chn/afhdt/。

调批评美方，但并无任何实际行动。① 美方虽大体容忍阿方抨击（特别是在自知理亏的情况下），但也不时反唇相讥。10 月 4 日，卡尔扎伊抱怨美方，称阿恐怖活动有增无减，阿感到自己被抛弃了。美国防部长帕内塔第二天就公开反驳，指责卡尔扎伊应向那些为阿富汗战斗并献身的联军表达感谢而不是批评他们。② 此外，美阿在 2014 年大选问题上继续表现出各种分歧，卡尔扎伊要求外界不要干涉阿总统选举，表示除观察并监督选举过程外，外国对大选任何形式的介入都将违反阿富汗宪法、侵犯其国家主权。③ 这实际上是在暗批美国所领导的西方势力。

2012 年的阿富汗—巴基斯坦关系较为平稳。巴阿虽继续就边境安全等问题相互抨击，但调门有所降低。6 月 25 日，巴外交部就 24 日晚近百名武装分子越界进入巴基斯坦迪尔地区并杀害巴安全部队 6 名士兵和 11 名民兵一事向阿提出抗议。6 月 22 日，阿副外长致电巴驻阿大使，指控巴部队炮击阿富汗库纳尔省。事件延宕了很长时间，阿极为不满，威胁要将此事上告联合国，议会甚至以应对不力为由罢免了国防部长和内政部长。经过多轮磋商，两国终于在 8 月 15 日同意建立联合军事代表团调查此事。④ 事态由此逐渐平息。阿巴在两国边界即杜兰线合法性上的分歧依旧。对美国阿巴事务特使将杜兰线称为国际承认的阿巴一事，阿外交部直截了当地将其称为“错误”，并重申确认将拒绝承认任何人关于杜兰线法律地位的任何声明。⑤

尽管两国分歧依旧，但巴阿政界在本年度互动频繁，在合作推动阿政治和解方面取得了有限但却宝贵的进展，两国高层互动频繁。阿议会代表团在 2011 年末和次年初访巴。⑥ 阿巴经济联委会在 2012 年 1 月开幕并研

---

① 甚至反对派也嘲讽政府“除了抗议之外什么也做不了”。

② “美军驻阿富汗最高指挥官易人面临诸多难题”，人民网，2012 年 10 月 12 日，http：//world. people. com. cn/n/2012/1012/c1002－19241521. html。

③ “阿富汗动态”，中国驻阿富汗大使馆网站，http：//af. china-embassy. org/chn/afhdt/。

④ *The Situation in Afghanistan and its Implications for International Peace and Security*：*Report of the Secretary-General*，September 13，2012，p. 3，http：//unama. unmissions. org/LinkClick. aspx? fileticket＝AtmMyLd _ _ Io%3d&tabid＝12263&language＝en-US.

⑤ “阿富汗动态”，中国驻阿富汗大使馆网站，http：//af. china-embassy. org/chn/afhdt/。

⑥ *The Situation in Afghanistan and its Implications for International Peace and Security*：*Report of the Secretary-General*，March 5，2012，p. 5，http：//unama. unmissions. org/Portals/UNAMA/SG% 20Reports/SG% 20Report% 20to% 20the% 20Security% 20Council-March% 202012. pdf.

讨了制定时间表，加强双边合作，过境阿富汗从中亚进口电力和天然气，加强巴阿塔（吉克斯坦）三国陆地联系等事宜。2月，卡尔扎伊访巴并会见巴总统、总理和宗教领袖等，旨在改善双边关系并寻求巴各界支持阿推进政治和解。[①] 7月，巴总理阿什拉夫访阿并会晤卡尔扎伊。11月20日，巴陆军参谋长访阿，会晤了卡尔扎伊、阿军首脑和联军指挥官。[②] 12月15日，阿巴土（耳其）三边峰会同意建立三边贸易委员会，促进贸易便利化。巴阿签署了经济技术合作协议，巴将协助阿基础设施特别是铁路建设。[③] 两国9月份又同意在2013年末之前敲定巴阿战略合作协定的文本。[④]

巴对推动阿政治和解做了更多的积极表态。巴总理会晤卡尔扎伊的时候重申支持支持和平进程，并允诺采取措施来推动阿各方直接接触、直接磋商。巴总统扎尔达里随后也重申表示支持阿和平和解进程。值得注意的是，巴不仅表态积极，还采取了初步的务实措施。2月，巴总理吉拉尼应卡尔扎伊之请，发表声明呼吁阿有关各方参与阿和解进程，巴在7月同意重开中断大半年的驻阿北约部队的补给通道，[⑤] 受到美阿方面欢迎。阿巴此后不久还同意组建联合和平委员会，旨在联系在巴北瓦济里斯坦活动的塔利班，促其重返和谈。更重要的是，巴阿在7月磋商了将巴关押的塔利班高层移交阿富汗事宜，卡尔扎伊对此表示欢迎，认为其有助于政治和解。[⑥] 至11月，巴方陆续释放了大批塔利班人员。巴外交部和高级和平委

---

① “阿富汗国家概况”，中国外交部网站，2012年8月更新，http：//www.fmprc.gov.cn/mfa_chn/gjhdq_603914/gj_603916/yz_603918/1206_603920/。

② *The Situation in Afghanistan and its Implications for International Peace and Security*：*Report of the Secretary-General*，December 13，2012，p.7，http：//unama.unmissions.org/LinkClick.aspx? fileticket=AtmMyLd__Io%3d&tabid=12263&language=en-US.

③ “阿富汗动态”，中国驻阿富汗大使馆网站，http：//af.china-embassy.org/chn/afhdt/。

④ *The Situation in Afghanistan and its Implications for International Peace and Security*：*Report of the Secretary-General*，December 13，2012，p.7，http：//unama.unmissions.org/LinkClick.aspx? fileticket=AtmMyLd__Io%3d&tabid=12263&language=en-US.

⑤ “阿富汗国家概况”，中国外交部网站，2012年8月更新，http：//www.fmprc.gov.cn/mfa_chn/gjhdq_603914/gj_603916/yz_603918/1206_603920/. *The Situation in Afghanistan and its Implications for International Peace and Security*：*Report of the Secretary-General*，September 13，2012，p.7，http：//unama.unmissions.org/LinkClick.aspx? fileticket=AtmMyLd__Io%3d&tabid=12263&language=en-US。

⑥ “阿富汗动态”，中国驻阿富汗大使馆网站，http：//af.china-embassy.org/chn/afhdt/。

员会还一致同意，谈判者如要求提供安全通道，将予以积极考虑。[①]

阿富汗与印度的关系继续稳定发展，将两国在 2011 年 10 月建立的“战略伙伴关系”推向新高度。2012 年 4 月 29 日，阿外长拉苏尔赴印参加新一轮阿印战略伙伴关系理事会会议，并同印度总理辛格、国家安全顾问等政要会谈。8 月 27 日，阿富汗、印度、伊朗三国副外长在德黑兰召开三边战略对话，主要讨论区域安全、经济发展、港口运输及贸易等问题。三方对话将每半年召开一次，下次会议将讨论建立合资企业，开通喀布尔、恰巴哈尔和阿联酋之间的航线，加强金融联系等问题。11 月 10 日，卡尔扎伊展开为期 4 天的印度之行并会晤辛格总理，就地区安全形势、印在阿投资项目、印对阿安全部队培训等问题交换意见，[②] 并签署地方政府合作、农业合作、青年事务合作，以及煤炭与矿产资源合作等 4 个协定。[③] 两国关系由此走向新高。

中阿关系在本年度取得较明显的积极进展。3 月，阿副外长鲁丁访华并出席上海合作组织地区安全副外长级会议。[④] 6 月，卡尔扎伊访华并出席上合组织峰会。他于 6 日在中国外交学院发表演讲并表示，阿乐见中国成为促进世界和谐稳定的力量，中国在阿富汗问题上发挥了重要作用，为维护阿稳定、推动阿经济重建贡献了力量。8 日，中国国家主席胡锦涛、国务委员戴秉国分别会见卡尔扎伊，并就双边关系及共同关心的问题深入交换意见。两国发表了《联合宣言》，正式建立“战略合作伙伴关系”，这是两国关系的重要进展。7 月 23 日，阿国防部长瓦尔达克访华并与中国国务委员兼国防部长梁光烈会谈，双方就两军关系和地区安全局势等问题交换了意见。瓦尔达克表示，阿始终高度重视对华关系，视中国为亲近的友好邻国，希望双方共同努力，不断深化两军关系，进一步丰富两国战略合作

① *The Situation in Afghanistan and its Implications for International Peace and Security: Report of the Secretary-General*, December 13, 2012, p. 3, http: //unama. unmissions. org/LinkClick. aspx? fileticket=AtmMyLd _ _ Io%3d&tabid=12263&language=en-US.

② “阿富汗动态”，中国驻阿富汗大使馆网站，http: //af. china-embassy. org/chn/afhdt/。

③ *The Situation in Afghanistan and its Implications for International Peace and Security: Report of the Secretary-General*, December 13, 2012, p. 7, http: //unama. unmissions. org/LinkClick. aspx? fileticket=AtmMyLd _ _ Io%3d&tabid=12263&language=en-US.

④ “阿富汗国家概况”，中国外交部网站，2012 年 8 月更新，http: //www. fmprc. gov. cn/mfa _ chn/gjhdq _ 603914/gj _ 603916/yz _ 603918/1206 _ 603920/。

伙伴关系内涵。9 月 1 日，阿第二副总统哈利利率商工部长和经济部长等高官出席在乌鲁木齐召开的第二届中国—亚欧博览会，并同温家宝总理会谈。9 月 22 日，中共中央政治局常委、中央政法委书记周永康访阿并与卡尔扎伊会谈，这是自 1966 年以来中国访阿的最高级别官员。两人共同出席了《中阿关于落实建立战略合作伙伴关系联合宣言的行动计划》以及有关经济技术、执法安全合作等协议签字仪式。[①] 中阿经贸关系平稳。2011 年 12 月 28 日，阿与中国公司签署阿姆河盆地石油开采合同，估计储量至少有 8700 万桶，可在未来 25 年内为阿带来 70 亿美元收入。[②] 2012 年 10 月 21 日，该项目正式投产。[③] 2012 年 1 月至 5 月，中阿贸易额达 1.53 亿美元，同比增长 95.3%。中国对阿出口主要为机电、五金、纺织、日用品、轻工类等，自阿进口主要是牛羊皮等。[④]

四、经济建设

阿经济建设保持既有势头，亚洲开发银行认为阿 2012 年国内生产总值增长率可达 6.9%。[⑤] 然而，阿财政状况仍极为脆弱，2012 年财政预算总额 2416 亿阿尼（48.72 亿美元），其中自有收入仅 950 亿阿尼（约占 39%），国际援助倒是高达 1335 亿阿尼（约占 55%），另有少量贷款。阿商工部表示 2012 年出口总额为 15 亿美元，进口总额 60 亿美元，其中 30 亿美元用于进口燃料。[⑥] 以这种财政贸易结构，阿要在经济财政上“断奶”

---

① “阿富汗动态”，中国驻阿富汗大使馆网站，http://af.china-embassy.org/chn/afhdt/。

② *The Situation in Afghanistan and its Implications for International Peace and Security: Report of the Secretary-General*, March 5, 2012, p.6, http://unama.unmissions.org/Portals/UNAMA/SG% 20Reports/SG% 20Report% 20to% 20the% 20Security% 20Council-March% 202012.pdf.

③ “阿富汗动态”，中国驻阿富汗大使馆网站，http://af.china-embassy.org/chn/afhdt/。

④ “阿富汗国家概况”，中国外交部网站，2012 年 8 月更新，http://www.fmprc.gov.cn/mfa_chn/gjhdq_603914/gj_603916/yz_603918/1206_603920/。

⑤ “2013 年阿富汗经济增长将略有放缓”，中国驻阿富汗使馆经商处网站，2012 年 11 月 4 日，http://af.mofcom.gov.cn/article/jmxw/201211/20121108417190.shtml。

⑥ “阿富汗动态”，中国驻阿富汗大使馆网站，http://af.china-embassy.org/chn/afhdt/。

几乎是不可能的。年中召开的东京会议承诺在 2015 年前向阿提供 150 亿美元援助，美国国际开发署也表示美援在“后 2014”时代仍将持续，[①] 这对后撤军时代的阿富汗稳定可谓至关重要。但阿经济可持续发展的前景仍不明确：阿农业部表示农业领域在 2017 年前至少需 30 亿美元援助；阿中央银行则估计该国在未来 10 年每年需 60 亿—70 亿美元援助才能确保经济发展。[②]

美国地理勘测局在 2012 年 7 月 20 日公布的调查再次强调阿拥有丰富的稀土储量，同时还储藏有大量的铁、铜、金等资源。[③] 这与前两年颇为热门的阿蕴藏万亿美元矿藏的消息可谓异曲同工。客观地说，阿矿产开发确实也取得了有限但却值得一提的进展。2012 年 1 月 16 日，阿方与伊朗公司签署协议开发赫拉特省的帕拉瓦南（Pahlawanan）煤矿。[④] 8 月 7 日，印度钢铁公司联合体 AFISCO 获得阿中部巴米扬省哈吉加克铁矿开采权，预计 AFISCO 将先期投入 7500 万美元，未来数年将追加投资 108 亿美元，该铁矿预计产量为 1280 亿吨铁矿石。10 月 21 日，中石油阿姆河盆地油田项目正式投产，日产原油 1950 桶，将为萨尔普勒省提供 2100 个就业岗位，配套炼油厂预计 2—3 年内建成。[⑤]

阿富汗过境交通物流建设在 2012 年取得较大进展。2011 年底，阿首条铁路即 75 公里长的阿富汗—乌兹别克斯坦铁路贯通运营。[⑥] 2012 年 1 月 8 日，阿与塔吉克斯坦同意开通阿塔汽车客运线路，并建设连接两国的铁路。[⑦]

---

① 该机构还披露其在过去 10 年每年向阿提供 20 亿美元援助，总额已超过 200 亿美元。“阿富汗动态”，中国驻阿富汗大使馆网站，http：//af. china-embassy. org/chn/afhdt/。

② “阿富汗动态”，中国驻阿富汗大使馆网站，http：//af. china-embassy. org/chn/afhdt/。

③ 同上。

④ *The Situation in Afghanistan and its Implications for International Peace and Security：Report of the Secretary-General*，March 5，2012，p. 6，http：//unama. unmissions. org/Portals/UNAMA/SG% 20Reports/SG% 20Report% 20to% 20the% 20Security% 20Council-March% 202012. pdf.

⑤ “阿富汗动态”，中国驻阿富汗大使馆网站，http：//af. china-embassy. org/chn/afhdt/。

⑥ “阿富汗开通首条铁路”，商务部网站，2011 年 12 月 22 日，http：//www. mofcom. gov. cn/aarticle/i/jyjl/j/201112/20111207894320. html。

⑦ “阿富汗与塔吉克签署经济技术合作协定”，中国驻阿富汗使馆经商处网站，2012 年 1 月 10 日，http：//af. mofcom. gov. cn/aarticle/jmxw/201201/20120107920700. html。

阿还同意建设连通土库曼斯坦的铁路通道。[①] 中国公司已同意承建阿东部与北部边境地区的数百公里铁路。筹备中的中国—伊朗铁路也将途经阿富汗。阿方甚至建议中方建设中阿直达铁路。[②] 阿富汗—伊朗交通物流通道已基本成型。印度在阿境内援建的高速公路始于阿伊边境的萨朗吉，延伸到阿法拉省的德拉瑞姆，并经环阿公路，直达喀布尔、坎大哈、赫拉特、马扎里沙里夫、昆都士等阿富汗主要城市。[③] 总长 205 公里的伊阿铁路进展顺利，阿境内已完成 61 公里，其余路段拟于 2013 年建成。[④] 阿富汗和巴基斯坦也就建立巴阿土（库曼斯坦）铁路通道达成共识。[⑤]

能源通道建设也有较大进展。2011 年底，阿同意签署土库曼斯坦、阿富汗、巴基斯坦、印度四国天然气交易协定，该项目造价预计 75 亿美元，全长约 1800 公里，在阿境内长 917 公里，管线预计 2016 年建成，年输气能力 340 亿立方米。[⑥] 土阿巴印管线建成后，阿富汗作为能源枢纽的作用将大幅提升。此外还有中石油计划修建土库曼斯坦—塔吉克斯坦—阿富汗—中国（TTAC）天然气管道，[⑦] 巴拟借道阿富汗从中亚进口电力和天然

① "阿富汗与巴基斯坦举行经济联委会第八次会议"，中国驻阿富汗使馆经商处网站，2012 年 1 月 18 日，http：//af. mofcom. gov. cn/aarticle/jmxw/201201/20120107932458. html。

② "阿富汗在 5 年内建成一个贯通全国、连接邻国的铁路网"，《21 世纪经济报道》2010 年 12 月 7 日，http：//www. chnrailway. com/news/20101207/1207127955. html。

③ Sudha Ramachandran，"India takes a slow road，" *Asia Times*，January 27，2007，http：//www. atimes. com/atimes/South _ Asia/IA27Df04. html.

④ "阿富汗概况"，中国驻阿富汗大使馆网站，2011 年 8 月 27 日，http：//af. china-embassy. org/chn/gzafh/t852591. htm。

⑤ "阿富汗与巴基斯坦举行经济联委会第八次会议"，中国驻阿富汗使馆经商处网站，2012 年 1 月 18 日，http：//af. mofcom. gov. cn/aarticle/jmxw/201201/20120107932458. html。

⑥ "阿富汗将签署 TAPI 天然气交易协定"，中国驻阿富汗使馆经商处网站，2011 年 12 月 13 日，http：//af. mofcom. gov. cn/aarticle/jmxw/201112/20111207877452. html. "TAPI 天然气管道完成可行性研究"，中国驻阿富汗使馆经商处网站，2012 年 1 月 4 日，http：//af. mofcom. gov. cn/aarticle/jmxw/201201/20120107912167. html。" Today's Afghan Headlines，" United Nations Assistance Missions in Afghanistan website，May 16，2012. http：//unama. unmissions. org/Default. aspx? tabid = 4647&ctl = Details&mid = 5294&ItemID = 16930. Seher Abbas，"IP and TAPI In The 'New Great Game'：Can Pakistan Keep Its Hopes High?" April 2012，www. irs. org. pk/spaprill12. pdf，pp. 13－14. 按原计划，阿将购买 1400 万立方米天燃气。但 2012 年 3 月，情况又有变化，阿表示无意采购天然气，只愿收取过境费。巴石油秘书随后表示，印巴可采购相关份额。

⑦ "中石油将建 TTAC 天然气管道"，中国驻阿富汗使馆经商处网站，2012 年 6 月 15 日，http：//af. mofcom. gov. cn/aarticle/jmxw/201206/20120608181190. html。

气等。[①] 2012 年 1 月 8 日，阿富汗与塔吉克斯坦签署协议，同意建设塔阿 120 千伏输变电线路；塔同意向阿富汗巴达赫尚省输送电力，促进阿塔巴吉（尔吉斯斯坦）电力贸易。[②] 乌兹别克斯坦—阿富汗—巴基斯坦高压输电线也获批准。[③] 伊朗也在研究建设一条 25 公里长的石油管道以向阿出口石油。[④]

阿富汗毒品对阿自身和外国均有严重危害：阿境内现有吸毒者约 100 万人，鸦片产量占世界总产量的 90%，毒品出口获利 24 亿美元，占阿 GDP 的 15%。[⑤] 尽管阿频繁开展国际反毒品合作，但成效并不明显。2012 年的严重病害导致阿富汗鸦片总产量下降 38%，从 5900 吨降到 3600 吨，回落到 2010 年的水平。但鸦片种植面积大幅攀升 18%，从 13.1 万公顷增长到 15.3 万公顷。据估计，每公顷的鸦片毛收入为 4600 美元，总农场价值达 7 亿美元，占阿国内生产总值的 4%。[⑥] 另据阿禁毒部数据显示，阿每年有超过 95 吨海洛因走私到中亚国家。[⑦] 回顾历史可以发现，每当阿毒品产量下降，毒品价格就会随之攀升，造成毒品总产量在第二年大幅反弹，[⑧] 这已成为某种规律性的现象。再加上阿毒品种植面积连续两年大幅增加（2011 年增加 7%，2012 年增加 18%），来年的阿富汗毒品形势难以令人乐观。

---

① “阿富汗与巴基斯坦举行经济联委会第八次会议”，中国驻阿富汗使馆经商处网站，2012 年 1 月 18 日，http：//af. mofcom. gov. cn/aarticle/jmxw/201201/20120107932458. html。

② “阿富汗与塔吉克签署经济技术合作协定”，中国驻阿富汗使馆经商处网站，2012 年 1 月 10 日，http：//af. mofcom. gov. cn/aarticle/jmxw/201201/20120107920700. html。

③ “阿富汗同意乌兹别克—巴基斯坦输电线过境”，中国驻阿富汗使馆经商处网站，2012 年 1 月 17 日，http：//af. mofcom. gov. cn/aarticle/jmxw/201201/20120107932194. htm。

④ “伊朗考虑建设连接阿富汗的石油管道”，中国驻阿富汗使馆经商处网站，2012 年 6 月 27 日，http：//af. mofcom. gov. cn/aarticle/jmxw/201206/20120608198143. html。2011 年，伊向阿出口 4300 万升石油产品。

⑤ “阿富汗动态”，中国驻阿富汗大使馆网站，http：//af. china-embassy. org/chn/afhdt/。

⑥ *The Situation in Afghanistan and its Implications for International Peace and Security: Report of the Secretary-General*, December 13, 2012, p. 13, http：//unama. unmissions. org/LinkClick. aspx? fileticket=AtmMyLd _ _ Io%3d&tabid=12263&language=en-US.

⑦ “阿富汗动态”，中国驻阿富汗大使馆网站，http：//af. china-embassy. org/chn/afhdt/。

⑧ “2011 年阿富汗局势综述”，《南亚地区发展报告》（2011 年卷），巴蜀书社 2012 年版。

附　　录

2012年南亚大事记[①]

（一）印度

1月9日，印度总理辛格将今年该国经济增长预测降至7%，表明这个仅次于中国的快速增长大型经济体将出现大幅放缓。

1月12日，印度首都新德里高等法院对谷歌（Google）与“脸谱”（Facebook）两家网络公司发出警告，称若其不采取措施删除“有攻击性的以及令人反感的”内容，将会遭印度有关部门屏蔽。

1月16日，中国国务委员戴秉国在《印度教徒报》上发表了题为《中印携手合作，共创美好未来》的署名文章。文章称，印度朋友完全可以相信，中国对印度满怀友善之意。

1月17日，印度陆军总司令辛格（V K Singh）因对其年龄的争议将政府告上了法庭。

1月19日，印度启动350亿美元公共投资计划。

1月20日，印度成为俄罗斯第一大军事贸易伙伴。

1月22日，《印度时报》报道称，印度正式从俄罗斯接收了租借的“猎豹”号核动力攻击型潜艇。

1月24日，印度中央银行宣布放宽货币政策。

1月26日，印度首都新德里举行活动庆祝第63个共和日，纪念1950年1月26日印度宪法正式生效。

1月28日，印度曼尼普尔邦地方选举发生枪击案，5人身亡。

---

① 附录部分资料由四川大学南亚研究资料室馆员雷鸣整理。

1月29日，印度“阿鲁纳恰尔邦”（即中国藏南地区）当局计划在境内5条主要河流上修建一座1750兆瓦的水电站。

1月29日，印度财政部长慕克吉表示，尽管美国和西方国家宣布了针对伊朗更为严厉的石油贸易禁运措施，但印度仍将根据自己的需要继续购买伊朗石油。

1月30日，印度商工部长访巴期间将签署三项协议。

1月30日，印度花费110亿美元采购126架法国“阵风”战机。

1月30日，印度总理辛格参加甘地逝世64周年纪念活动。

1月31日，印度举行仪式纪念“国父”甘地。

2月，印度国防部长安东尼到藏南活动，引起中国强烈抗议，从而引发中印之间的“口水战”。

2月1日，印度海军与来自13个国家的海军共同举行代号为“米兰”的第8次海军演习。

2月10日，印度总理辛格与到访的欧盟主席范龙佩在首都新德里海德拉巴宫举行会谈。这是印度与欧盟领导人举行的第12次峰会。

2月14日，由中国、印度、巴西和南非组成的“基础四国”在印度新德里举行的第10次部长会议上共同反对欧盟强征航空碳排放税。

2月17日，印度商工部反倾销局发布了对原产于中国等地的纯碱反倾销调查终裁，建议对中国产品征收正式反倾销税，税率为36.26美元/吨。

2月20日，印度知名科学家、印度总理科学顾问委员会主席拉奥因“论文抄袭”问题向一份国际期刊道歉，震动印度科学界。

2月21日，印度首次发布消费者价格指数。印度中央统计局发布该国第一个消费者价格指数（CPI），并显示1月份印度CPI较去年同期上涨7.65。

2月22日，印控克什米尔雪崩事故致11名印度士兵死亡。

2月24日，印度国防部长称将强化在中国藏南地区的安全设施。

2月27日，印度总统帕蒂尔会见中国青年代表团。

2月27日，《诗经》印度泰米尔语版发行仪式在新德里举行。

2月28日，印度政府澄清对同性恋立场，支持高院同性恋合法判决。

2月28日，印度逾80万民众罢工抗议通胀和出售国有公司。

2月28日，印度正式批准《税收互助多边公约》。

2月29日，联合国机构报告称印度是南亚最大海洛因消费国。

3月1日，印度国家反恐中心正式开始运转，这也是印度在国家层面设立的首个专司反恐事宜的机构。

3月22日，巴基斯坦石油和自然资源部常务秘书意贾兹·乔杜里与印度石油部秘书查图维迪举行会谈，商讨双边石油产品贸易和土库曼斯坦—阿富汗—巴基斯坦—印度天然气管线项目（TAPI）事宜。

3月24日，印度总理辛格赴韩国首都首尔进行国事访问，并参加本月26日至27日举行的核安全峰会。

3月27日，印度安全部队在西部马哈拉施特拉邦遭反政府武装袭击，造成至少15名安全部队成员死亡。

3月29日，中国国家主席胡锦涛在新德里会见了印度总理辛格，就中印关系发展及共同关心的国际和地区重大问题交换意见，达成新的重要共识。两国领导人共同宣布2012年为“中印友好合作年”，表示要以此为契机把中印战略合作伙伴关系提高到新水平。

3月29日，俄罗斯总统梅德韦杰夫被印度贾瓦哈拉尔·尼赫鲁大学授予荣誉哲学教授头衔。

3月29日，俄罗斯总统梅德韦杰夫与印度总理辛格举行了会晤。梅德韦杰夫在会晤期间指出，金砖国家将协调叙利亚冲突各方建立对话。

3月29日，中国国家主席胡锦涛在新德里与印度总理辛格出席“中印友好合作年”启动仪式。

3月30日，第七届印度国防展在印度首都新德里举行，共有90多个国家参加了此次展览。印度国防展为亚洲规模最大的国防展览。

4月26日，印度发射了一枚极轨卫星运载火箭，成功将首颗自主研制的微波雷达图像卫星送入轨道。

4月27日，美国驻印度大使鲍威尔表示，美国企业预计将与印度签署价值达80亿美元的国防订单。

4月27日，俄罗斯为印度海军建造的改进型“克里瓦克”Ⅲ型（也称“塔尔瓦尔”级）导弹护卫舰的首舰“泰格”号（Teg）正式服役。

4月29日，日本外相玄叶光一郎抵达新德里，对印度进行为期2天的访问，并出席印日第六次战略对话。

4月30日，在印度东北部阿萨姆邦发生的沉船事故中，至少有200人失踪。

5月27日，印度总理辛格到访缅甸，这是印度总理25年来首次访问这个邻国。

5月29日，一名因间谍罪被巴基斯坦监禁了30年的印度籍男子日前被释放，在返回印度后自称是为印度政府搜集情报而遭逮捕。

5月30日，印度计划建东南亚高速路贯通缅甸直达越南。

6月20日，中国总理温家宝在里约热内卢会见印度总理辛格时表示，中印双方要继续推动边界问题解决进程，维护边境地区和平与安宁。

6月26日，印度已经允许国有精炼商7月1日以后进口伊朗原油，条件是伊朗负责安排运输和保险，在欧盟对伊朗的制裁生效后继续保持每天进口逾20万桶原油。

6月26日，可口可乐宣布对印度追加30亿美元投资。

6月27日，设在华盛顿的世界观察研究所本月公布的一份报告显示，印度的国内外土地交易量跻身世界十强。报告将印度列为全球土地投资大国。由于印度获取的都是农地，它也被列为最大的“土地侵占国”之一。

6月27日，慕克吉辞任印度财长角逐总统。

6月28日，由印度工业联合会主办的阿富汗投资峰会在印度首都新德里举行。

7月24日，印度东北部阿萨姆邦科克拉贾地区持续数日的穆斯林移民与当地土著居民的冲突仍在继续，冲突造成的死亡人数已超过30人，约20万人逃离家园。

7月25日，新当选的印度总统慕克吉在位于首都新德里的印度议会大厦宣誓就职。

7月27日，印度尼西亚外长马蒂和印度外长克里希纳强调，有必要敲定“南海行为准则”，从而修补在南海争端下东盟内部的裂痕。

7月31日，印度中央银行在召开的季度货币政策会议上决定，将基准利率维持在8%不变。

7月31日，印度三大电网先后出现故障，造成6亿多人口电力供应中断。

8月23日，印度政府对社交网站推特发出警告，称其如不阻止用户发布“仇恨信息”和有关暴力活动的虚假预警消息，便要将其关闭。

8月27日，中国与印度第九次经贸科技联合委员会部长级会议在印度首都新德里举行，中国商务部长陈德铭与印度商工部长夏尔玛共同主持了会议，并就扩大双边经贸合作取得了重要共识。

8月28日，俄罗斯和印度签署框架协议，成立合资企业为印度军队需求生产现代化弹药。

8月29日，印度最高法院判处孟买恐怖袭击案的嫌疑人穆罕默德·卡萨布死刑，维持此前的判决结果。2008年，卡萨布及其同伙在孟买发动恐怖袭击，造成166人死亡。

8月30日，在印度西部古吉拉特邦的贾姆讷格尔，印度空军的两架米—17型直升飞机起飞后在空中发生碰撞，造成9名军人死亡。

8月30日，以“教育交流合作与创新人才培养”为主题的第三届中国印度论坛在中国天津开幕。

8月31日，印度政府表示，世界最大的黄金消费国印度2011—2012财年黄金进口创下1067吨的记录高位。

9月2日至6日，中国国防部长梁光烈率领中国人民解放军23位高级军官访问印度，届时将与印度国防部长安东尼举行会晤。

9月24日，东北部洪灾致上百万人无家可归。

9月26日，印度、阿富汗和美国首次展开三方会谈，就饱受战乱的阿富汗局势以及其他一些地区问题展开讨论，讨论内容包括恐怖主义及合作发展等。

9月27日，印度和越南就南中国海问题举行安全会谈。

9月28日，印度和巴基斯坦两国签署的签证自由化协议将于10月开始生效，该协议将结束两国长期签证限制，并首次引入团体游客签和宗教朝圣签。

9月29日，印控克什米尔查谟，民众庆祝“甘尼许节”。

10月28日，印度国大党领导的团结进步联盟政府进行改组，现任司法部长库尔希德出任外交部长，接替已辞职的克里希纳。印度政府同时调整了6名部长，调整或新增了15名副部长。

10月28日，韩国国防长官金宽镇前往印度出席韩—印国防部长会谈。

10月29日，印度国防部的国防采购委员会（DAC）批准了一系列军事设备采购案，总价值达 600 亿卢比（约合人民币 72 亿元），采购设备涵盖印度陆海空三军，包括未来可能被陆军投放到印度东北部边境地区的轻型支援战车。

10 月 29 日，美国、印度和日本在新德里举行第三次三边对话，海上安全合作、阿富汗问题以及中亚事务等成为主要议题。

10 月 30 日，《印度时报》头条刊文《印度成全球最大水稻出口国》，2012 年印度已经成为全球最大水稻出口国，水稻出口规模达到 975 万吨，超过泰国。

11 月 18 日，印度总理辛格参加了在柬埔寨首都金边举行的第十届东盟—印度峰会及东亚峰会。

11 月 18 日，缅甸反对派领导人昂山素季访问印度，强调缅甸与印度之间的历史联系。这是昂山素季近 40 年来的首次印度之行。

11 月 20 日，日本首相野田佳彦与印度总理辛格在柬埔寨金边举行会谈。双方就加强安保合作达成共识，并同意扩大日海上自卫队与印度海军之间的交流。

11 月 22 日至 27 日，中国国际友好联络会会长李肇星率代表团访问印度。

11 月 23 日，印度首都新德里全面禁止使用塑料袋，以保护环境，减少垃圾。

11 月 26 日至 27 日，博鳌亚洲论坛与印度工商会联合会首次在印度孟买举办亚洲金融合作会议，共同探讨如何寻求创新、开放和监管的亚洲式平衡。

11 月 26 日，印度总理辛格宣布，从 2013 年起对全国范围内贫困线以下的家庭发放现金补贴，以取代实物配给方式。

12 月 4—5 日，第四届印澳圆桌对话在新德里召开，此次会议将重点讨论六大议题：能源安全与合作、印度洋—太平洋地区的战略评估、经济合作、海洋安全、政治外交合作新框架、城际交往。

12 月 7 日，印度议会上议院进行投票表决，通过了由国大党领衔的执政联盟——团结进步联盟提交的零售业改革法案。

12 月 11 日，印度音乐界的传奇人物拉维·香卡在美国加州去世，享年 92 岁。

12月16日，印度新德里一名女大学生在“黑公交”上遭到轮奸，事件震惊整个印度并引发大规模抗议示威。

12月20日，印度—东盟峰会在新德里召开，国际社会对此予以高度关注。

12月20日，印度反对党人民党在西部地方选举中大胜，增强了古吉拉特邦首席部长莫迪的声势。这一选举结果或将影响2014年印度全国大选的选情。

12月24日，俄罗斯总统普京访问印度，双方签下价值近30亿美元合同。

12月26日，印度北部地区近日遭寒流侵袭，已有至少25人被冻死。

12月29日，联合国秘书长潘基文通过其发言人发表声明，对印度轮奸案受害者去世表示痛心，同时敦促印度政府进一步采取措施遏制此类犯罪。

12月31日，印度轮奸案受害女子家人要求处死6名犯罪嫌疑人。

（二）巴基斯坦

1月16日，第八届巴阿联合经济委员会召开。

1月21日，巴基斯坦政府决定放宽有关资本收益税的规定。

1月25日，巴基斯坦总理吉拉尼抵达瑞士达沃斯参加世界经济论坛年度大会，并与阿塞拜疆总统阿利耶夫、泰国总理英拉、世界卫生组织总干事陈冯富珍等分别举行了会谈。

2月4日，巴基斯坦国家电力管理局向卡拉奇核电站颁发了修正后的新一代许可证。

2月8日，巴基斯坦军方、阿富汗国民军及国际安全援助部队代表在托克哈姆的边境协调中心举行会议。

2月10日，斯里兰卡总统拉贾帕克萨对巴基斯坦进行正式访问，并与巴基斯坦总理吉拉尼、参议院主席奈克举行会谈。

2月14日，巴基斯坦选举委员会批准对3700万海外巴基斯坦人给予大选投票权。

2月15日，印度和巴基斯坦签署了《海关合作协议》、《相互承认协议》和《投诉解决机制协议》。

2月15日至17日，巴基斯坦、伊朗和阿富汗三国峰会在伊斯兰堡举行，三国签署了加强合作的联合公报。

2月25日，巴基斯坦人民党在补选中获得了国民议会和省议会的多数席位。

2月29日，巴基斯坦联邦内阁批准对印贸易正常化路线图。

3月2日，中国、巴基斯坦、阿富汗三方在北京举行对话。

3月25日，巴基斯坦总统扎尔达里、阿富汗总统卡尔扎伊、伊朗总统内贾德、塔吉克斯坦总统拉赫蒙在塔吉克斯坦首都杜尚别举行四边会谈。

3月26日，巴基斯坦总理吉拉尼在韩国首尔出席第二届核安全峰会，会议期间分别同土耳其总理埃尔多安、印度尼西亚总统苏西洛、美国总统奥巴马、越南总理阮晋勇、约旦国王阿卜杜拉二世举行会谈，他呼吁国际社会在无差别待遇基础上给予巴基斯坦和平使用核技术的权力。

3月31日，巴基斯坦总理吉拉尼抵达中国，出席2012年博鳌亚洲论坛。

4月5日，印巴两国原则上同意设立一个印度河水委员会独立办公室，办公室成员由南亚地区外的专家组成。

4月7日，巴基斯坦北部锡亚琴冰川地区发生的雪崩已经导致135人被埋。

4月8日，巴基斯坦总统扎尔达里抵达新德里，并参加由印度总理辛格为其准备的欢迎午宴。

4月12日，巴基斯坦内阁经济协调委员会批准签署从土库曼斯坦—阿富汗—巴基斯坦—印度（TAPI）天然气管道购买天然气的《天然气购买协议》。

4月16日，第二批中国“中巴友好光明行”医疗队启程前往巴基斯坦为500名巴基斯坦白内障患者实施复明手术。

4月20日，一架从卡拉奇飞往伊斯兰堡，载有118名乘客和9名机组人员的巴基斯坦博雅航空公司飞机失事坠毁。

5月7日，巴基斯坦—中国能源工作小组在伊斯兰堡举行第二次会议。

5月13日，阿富汗、巴基斯坦以及国际安全援助部队参加在拉瓦尔品第召开的三边委员会第35次会议，三方同意建立边境控制机制。

6 月 5 日，巴基斯坦总统扎尔达里抵达北京参加上海合作组织峰会。

6 月 11 日，巴基斯坦和印度开始第 13 轮国防秘书级会谈。

6 月 19 日，巴基斯坦最高法院以藐视法庭罪取消了吉拉尼的总理资格。

6 月 22 日，巴基斯坦人民党总理候选人拉贾·佩尔韦兹·阿什拉夫当选为巴第 25 任总理。

7 月 4 日，巴基斯坦和印度在新德里举行外交秘书级会谈。

7 月 5 日，巴基斯坦重新开放其境内的北约驻阿富汗军队补给线。

7 月 17 日，美国政府向巴基斯坦提供联盟支持基金（CSF）中的 11.8 亿美元。

7 月 19 日，阿富汗、英国、巴基斯坦在喀布尔举行三方会谈。

8 月 2 日，巴基斯坦央行批准巴国民银行和联合银行（UBL）在印度开设分行。

8 月 16 日，巴基斯坦总统扎尔达里出席伊斯兰会议组织特别峰会，并敦促各穆斯林国家元首与巴基斯坦一道，使阿富汗的各组织加入到和解进程中来。

9 月 4 日，巴基斯坦国家银行（SBP）与土耳其共和国中央银行（CBRT）签订了为期 3 年的双边货币互换协议，总价 10 亿美元。

9 月 5 日，巴基斯坦联邦内阁批准《2012 年反恐法修正案》。

9 月 7 日，美国国务卿希拉里·克林顿发表声明说，美国政府决定将“哈卡尼网络”列为恐怖组织。

9 月 18 日，巴基斯坦民众对美国电影《伊斯兰的无知》的抗议浪潮持续。

10 月 1 日，阿富汗政府同意向巴基斯坦商人发放 6 个月的多次入境签证。

10 月 3 日，巴基斯坦陆军参谋长基亚尼抵达莫斯科进行正式访问。

10 月 5 日，巴基斯坦正义运动党发动反对美国无人机袭击的长途步行抗议活动。

10 月 9 日，巴基斯坦塔利班在斯瓦特试图谋杀 15 岁的女童活动家马拉拉及其两名同学。

10 月 10 日，巴基斯坦最高法院最终批准了写给瑞士当局的信件的草稿。

10 月 12 日，巴基斯坦最高法院颁布一项暂时性法令，即因俾路支斯坦政府未能保障人民的基本权利，因此丧失了执政的权力。

10 月 17 日，中共中央政治局常委李长春率领中国代表团访问巴基斯坦。

10 月 22 日，中国央行行长周小川与巴基斯坦国家银行行长安瓦尔签署了关于《中国人民银行代理巴基斯坦国家银行投资中国银行间债券市场的代理协议》。

11 月 6 日，联合国安全理事会制裁塔利班委员会将巴基斯坦哈卡尼网络列入联合国制裁黑名单。

11 月 12 日，阿富汗和平委员会主席萨拉赫丁·拉巴尼率代表团访巴，并与巴基斯坦总理阿什拉夫讨论双方共同关心的问题。

11 月 15 日，巴基斯坦驻印度高级专员巴希尔和巴基斯坦工商联合会主席谢拉尼共同为第 32 届印度国际贸易展览会的巴基斯坦展馆揭幕。

11 月 20 日，巴基斯坦陆军参谋长基亚尼出席在阿富汗首都喀布尔国防部举办的三边委员会第 36 次会议，并签署“三边边界协调机制”文件。

11 月 22 日，第八次伊斯兰发展中八国集团（D—8）首脑会议在巴基斯坦开幕。

12 月 5 日，巴基斯坦与韩国签署了《马拉坎隧道项目贷款协议》和《水资源基础设施发展协议》。

12 月 11 日，巴基斯坦总统扎尔达里抵达土耳其首都安卡拉，参加阿富汗、巴基斯坦和土耳其第七次三边峰会，并签署《提升和促进三国间贸易和经济合作的三边备忘录》。

12 月 13 日，巴基斯坦将对 2012 年 12 月 31 日到期的阿富汗难民合法居住期限延长 6 个月。

12 月 21 日，巴基斯坦总理阿什拉夫批准了《2012—2015 战略贸易政策框架》。

12 月 22 日，开伯尔—普赫图赫瓦省高级部长、人民民族党领导人巴希尔·艾哈迈德在白沙瓦遭遇自杀式袭击而丧生。

12 月 31 日，卡拉奇证交所—100 指数（KSE—100）突破 1.7 万点。

（三）孟加拉国

1月11日，前伊斯兰大会党主席阿扎姆因在独立战争期间犯有战争罪及反人类罪被捕入狱。

2月8日，孟加拉国总统齐鲁尔宣布任命拉奇布·乌丁为选举委员会首席专员，任命哈菲兹、穆巴拉克、阿里和沙奈瓦兹等4人为专员。新的选委会任期5年，将主持下届议会选举。

2月18日，新任中国驻孟加拉国大使李军履职。

3月12日，孟加拉国反对党民族主义党举行“向达卡行进”活动，要求恢复看守政府制度。政府出动了2万名警察、3000名快速行动营成员、3000名边境卫队士兵维持治安。达卡市内交通陷于停顿，人盟成员聚集在车站和渡口，堵塞道路，防止反对党成员进入达卡。

3月14日，国际海洋法仲裁庭发布裁决，宣布支持孟加拉国在孟缅海洋划界问题上的主张。根据裁决，孟加拉国获得圣马丁岛方圆12海里的领海，获得200海里专属经济区及200海里以外深海大陆架的开发权益。此仲裁为最终仲裁，不得上诉。

4月9日，孟加拉国铁道部长苏兰吉特·森古普塔陷入“汽车现金丑闻”，16日宣布辞职。

4月18日，孟加拉国民族主义党主席卡·齐亚宣布成立十八党联盟，借此增强反对党力量，促使人盟政府恢复看守政府制度。

5月16日，孟加拉国法庭指控民族主义党代理总书记阿拉姆吉尔等45名十八党联盟领导人在大罢工期间纵火，并将其中33人投入监狱，同时拒绝给予这些人保释。

6月4日，孟加拉国科技事务国务部长奥斯曼在莫斯科代表孟政府与俄罗斯国家能源公司签署两项有关俄协助孟建设核电站的谅解备忘录。

6月25日，伊克巴尔·卡里姆·布延（Iqbal Karim Bhuiyan）中将接任穆宾上将出任孟加拉国陆军参谋长。

7月1日，由于孟加拉国最长大桥——帕德玛大桥项目存在腐败行为，世界银行取消了对该项目高达12亿美元的贷款。

7月16日，孟加拉国总统齐鲁尔·拉赫曼公布了2011年人口普查最终统计结果：孟人口为 1.525 亿，年增长率为 1.37%，其中男性约 7630 万，女性约 7610 万。

8 月 22 日，孟加拉国总统齐鲁尔·拉赫曼批准了《格莱珉银行条例修订案》，该修正案将给予由政府任命的格行董事会主席更多的权力，也为政府任命新的执行董事、取代尤努斯扫清了道路。

8 月 22 日，警方逮捕了伊斯兰大会党代理总书记阿扎鲁尔·伊斯兰姆，其罪名是涉嫌在孟独立战争期间犯有反人类罪。

9 月 14 日，孟加拉国各界伊斯兰组织在达卡举行示威活动，抗议美国拍摄的侮辱伊斯兰教先知的影片。抗议民众还当众烧毁了美国国旗。

9 月 23 日，吉大港区兰迦玛蒂的少数民族与孟加拉人发生暴力冲突，造成至少 60 人受伤，多辆汽车和多间房屋被烧毁。

9 月 24 日，日本海上自卫队三艘训练舰开始对吉大港进行为期 3 天的访问。这是日本军舰自 1971 年孟独立以来首次访孟。

10 月 3 日，孟加拉国科克斯巴扎尔区发生宗教暴力事件，10 座佛教寺庙和 100 所房屋被当地穆斯林放火焚烧，20 多人在此次事件中受伤。当地穆斯林声称，该区拉穆镇的一名佛教徒男孩在 facebook 上贴出一张烧毁了的古兰经照片，冒犯了伊斯兰教。

10 月 18 日，孟加拉国外汇储备首次超过 120 亿美元，这主要得益于侨汇的输入和央行购买了美元外汇。

10 月 21 日，中共中央政治局常委李长春正式对孟加拉国进行友好访问，其间分别见了孟加拉国总统拉赫曼、孟加拉国总理哈西娜、民族主义党主席卡莉达·齐亚。

11 月 5 日，伊斯兰大党及其学生组织在达卡、迪纳杰布尔、塔尔古冈、博格拉、吉大港等孟多地举行示威，要求释放因战争罪指控而被捕的该党 9 名领导人。示威者与警察发生冲突，导致 260 人受伤，其中 54 名为警察。11 月 10 日，该党举行示威活动，与警方在达卡、拉杰沙希、锡莱特等地发生冲突，造成至少 57 人受伤。11 月 13 日，该党在达卡与警察发生严重冲突，造成至少 20 人受伤，包括十几名警察。

11 月 24 日，孟加拉国首都达卡市郊的塔兹林时装公司制衣厂起火，致死大约 110 名工人，致伤超过 150 人，这是孟加拉国历史上伤亡最为惨重的工厂火灾。11 月 26 日，达卡郊区的一家制衣厂又发生火灾。短短 3

天之内，这是孟加拉制衣工厂第二次遇到火灾。

12月11日，以孟加拉国民族主义党为首的十八党反对派联盟发起全国大罢工，向执政的人民联盟政府施压，要求恢复看守政府制度。示威者与军警发生冲突，至少134人被拘捕。

（四）阿富汗

1月3日，阿富汗塔利班表示，同意在卡塔尔设立办公室，以便同美国进行和谈。这是塔利班首次确认在海外设立和谈办公室。

1月11日，日本外相玄叶光一郎访问阿富汗，与阿总统卡尔扎伊和外长拉苏尔分别举行会谈。

1月17日，联合国儿童基金会（UNICEF）与阿教育部签署协议，提供5570万美元援助，帮助阿发展教育。

1月18日，阿富汗总统卡尔扎伊会见新任联合国秘书长阿富汗事务特别代表扬·库比什。

1月24日，阿富汗总统卡尔扎伊到访土库曼斯坦，并与土总统举行会谈，双方讨论了TAPI天然气管道工程、两国铁路及输电项目等议题。

2月1日，巴基斯坦外交部长希娜·拉巴尼·哈尔到访阿富汗首都喀布尔，与阿总统卡尔扎伊和外长拉苏尔分别举行会谈。双方讨论了巴阿双边关系、阿和解进程、反恐等议题。

2月3日，阿富汗总统卡尔扎伊会见来访的俄罗斯特使扎米尔·卡布洛夫，双方讨论了阿俄经济合作和电力输送计划等问题。

2月6日，阿富汗外长拉苏尔出席了为期两天的慕尼黑安全政策会议。其间拉苏尔会见了美、德、日、澳外长和中国副外长，讨论了阿安全移交进程、国际社会对阿长期支持等议题。

2月11日，阿富汗第一副总统法希姆会见伊朗驻阿大使马利基，双方讨论了加强双边经贸合作等议题。

2月16日至17日，阿富汗、巴基斯坦、伊朗三国总统在巴首都伊斯兰堡举行第三次阿巴伊三边峰会。

2月21日，阿富汗央行将出台新的外汇限制措施，以遏制大量美元现金随外国部队撤离而外流。

2月21日，约2000名阿富汗民众在帕尔旺省的巴格拉姆北约军事基地附近举行示威活动，并向该基地投掷石块，抗议美军士兵焚烧《古兰经》及其他伊斯兰教书籍。

2月29日，阿富汗总统卡尔扎伊会见来访的保加利亚总统普列夫内利耶夫。双方讨论了阿保双边关系、教育交流与公共卫生领域合作等议题。

4月1日，阿富汗外长拉苏尔到访卡塔尔，与卡方就阿和平和解进程、双边关系等议题交换意见。

4月10日，阿富汗总统府发言人表示，阿美战略伙伴关系协议的重要条件均已满足，有望于5月北约芝加哥峰会前签署。

4月15日，塔利班武装分子袭击了包括阿富汗总统府、议会大楼及美、英、德、俄、伊朗、日本等国驻阿使馆、北约驻阿联军司令部等目标。

5月2日，阿富汗总统卡尔扎伊与美国总统奥巴马签署《阿美持久战略伙伴关系协定》。卡尔扎伊表示，该协定开启了阿美双边关系新篇章。

5月6日，阿富汗总统卡尔扎伊同德国总理默克尔签署《阿德长期战略协议》。这是继印、意、法、英、美后，阿同其他国家签署的第六份类似协定。

5月21日，阿富汗总统卡尔扎伊同澳大利亚总理吉拉德在北约芝加哥峰会期间签署双边战略伙伴协议。

5月26日，阿富汗议会人民院以195票赞成、4票反对通过《阿美持久战略伙伴关系协定》。

6月1日，阿富汗总统卡尔扎伊在接受《时代周刊》采访时表示，他本人不会参加2014年总统竞选，并承诺将确保2014年总统选举公平、透明。卡同时要求外界不要干涉阿总统选举。

6月7日，上海合作组织成员国元首理事会第十二次会议决定接纳阿富汗为上合组织观察员国。

6月8日，中国国家主席胡锦涛、国务委员戴秉国分别会见阿富汗总统卡尔扎伊。双方就双边关系及共同关心的问题深入交换意见，达成广泛共识。双方发表了《中阿关于建立战略合作伙伴关系的联合宣言》。

6月14日，阿富汗总统卡尔扎伊会见土耳其外长达乌特奥卢时表示，阿有意与土签署战略伙伴关系协议，将双边关系提升至新水平。此外，土将在阿开设两个新领馆。

6月23日，阿富汗总统卡尔扎伊呼吁改革高考制度，与国际接轨。

7月4日，驻阿富汗法军将卡皮萨省的控制权移交给阿当地政府。这意味着法国驻军开始正式撤离阿富汗，2012年底前将撤军2000人。

7月5日，阿富汗中央银行行长宣布，为稳定本国货币币值和刺激国内经济发展，阿境内所有商业交易须以阿富汗尼（阿当地货币）进行结算，同时禁止阿私营金融机构投资海外，赴国外朝觐人员也应以阿富汗尼付款。阿央行认为，以美元计价的合同对阿富汗尼造成冲击和损害。

7月8日，阿富汗重建问题国际会议在日本东京举行，约80个国家和国际组织代表出席。

7月19日，巴基斯坦总理阿什拉夫访阿，与阿富汗总统卡尔扎伊举行会谈。两人还与同日访问阿富汗的英国首相卡梅伦举行三边会谈，讨论阿富汗和平进程等议题。

7月23日，阿富汗国防部长瓦尔达克访华，与中国国务委员兼国防部长梁光烈举行会谈，双方就两军关系和地区安全局势等问题交换意见。

7月31日，阿富汗将于2012年12月30日起在全国发放电脑化身份证，卡尔扎伊总统将是领取此种身份证的首人。

8月2日，美国会参议院批准卡宁汉为新任美驻阿富汗大使。

8月13日，联合国相关机构将塔利班重要领导人、奥马尔女婿穆塔西姆从制裁名单中移除。

8月18日，阿富汗总统卡尔扎伊向阿独立纪念碑敬献花圈，庆祝阿独立93周年。

9月3日，第四届阿富汗一伊朗联委会在喀布尔举行。联委会主要讨论促进双边经贸、教育、交通、领事等各领域合作关系。

9月16日，阿富汗总统卡尔扎伊会见美国阿巴事务特使格罗斯曼时敦促美方尽快向阿移交仍在美管控下的600名在押阿籍囚犯。

9月22日，中共中央政治局常委、中央政法委书记周永康访问阿富汗。

9月26日，首次阿印（度）美三边对话在联大期间举行。

9月28日，阿富汗总统卡尔扎伊出席第六十七届联合国大会期间与巴基斯坦总统扎尔达里、英国首相卡梅伦举行三边峰会并发表联合声明。

10 月 5 日，阿富汗外长拉苏尔同美国务卿希拉里·克林顿会晤，宣布启动阿美战略伙伴关系“双边委员会”。

10 月 22 日，阿富汗外交部表示，美国阿巴事务特使格罗斯曼此前称杜兰线是国际承认的阿巴（基斯坦）边界，这是错误的。阿政府拒绝承认任何人关于杜兰线法律地位的任何声明。

10 月 31 日，阿富汗独立选举委员会宣布，阿 2014 年总统大选和省议会选举日期为 2014 年 4 月 5 日，包括武装反对派在内的阿富汗各党派均可推荐候选人参选。

11 月 8 日，阿富汗总统卡尔扎伊出席在印尼举行的巴厘民主论坛，并会晤印度尼西亚总统苏西洛。双方签署阿印（尼）友好关系协议等 5 项协议。

11 月 10 日，阿富汗总统卡尔扎伊展开为期 4 天的印度之行，并与印总理辛格举行会晤。

11 月 30 日，阿富汗外长拉苏尔访问巴基斯坦。

12 月 6 日，阿富汗国家安全总局局长哈立德在会见一名“和谈人士”时，被对方引爆安放在内衣中的爆炸装置炸伤。

12 月 12 日，美国国防部长帕内塔到访阿富汗，此行主要目的是评估阿安全形势，为制定美下步从阿撤军计划提供决策依据。

12 月 18 日，为促进阿富汗和平和解进程，联合国安理会通过决议，放松对制裁名单中阿富汗塔利班和谈代表的跨国旅行管制。

（五）斯里兰卡

1 月 1 日，斯里兰卡开始取消落地签证政策，要求入、过境斯且停留期不超过 6 个月的外国人，入境前在网上申请电子旅行许可（简称 ETA）。获 ETA 者在斯里兰卡入境口岸将获发停留期最多为 30 天的签证，如需延期至 90 天，应再向斯移民局提出申请。

1 月 24 日，斯里兰卡首都科伦坡附近一个监狱发生骚乱，造成至少 20 人受伤。

2 月 4 日，斯里兰卡阿奴拉达普勒举行仪式，庆祝国家独立 64 周年。

2 月 6 日，斯里兰卡种植业部长在科伦坡举行的一次会议上宣布，政府将采取多种措施大力推动茶叶出口。

2 月 8 日，马尔代夫前总统家人抵达斯里兰卡寻求避难。

2 月 10 日，斯里兰卡总理贾亚拉特纳在总理府会见了中共中央委员、山西省委书记袁纯清率领的中国代表团。斯视中国为最值得信赖的好伙伴，愿继续加强与中方各层次交往与合作，增进两国人民的深厚情谊。

2 月 10 日，斯里兰卡总统拉贾帕克萨对巴基斯坦进行正式访问，并与巴总理吉拉尼、参议院主席奈克举行会谈。

2 月 20 日，斯里兰卡中央银行宣布将适度调整外汇政策，允许在更大程度上由市场决定卢比汇率，以缓解外汇储备快速萎缩带来的压力。

2 月 18 日，斯里兰卡将在中国广州开设领事处，以加强两国在经济、贸易及旅游方面的合作并促进两国人员之间的往来。

2 月 27 日，斯里兰卡多座城举行大规模集会，反对部分西方国家企图推动本届联合国人权理事会会议通过有关斯人权状况的决议。

3 月 1 日，中国国务委员兼国防部长梁光烈在八一大楼会见了斯里兰卡国防和城市发展部常务秘书戈塔巴雅・拉贾帕克萨一行。当天，解放军副总参谋长马晓天与戈塔巴雅举行了会谈。

3 月 22 日，联合国人权理事会在瑞士日内瓦表决通过有关斯里兰卡人权状况的决议，要求追究斯里兰卡内战最后阶段存在的侵犯人权行为。

3 月 28 日至 31 日，由斯里兰卡出口发展局举办的 2012 国际博览会在班达拉奈克国际展览中心成功举办。300 多家斯出口企业在本次展览中展示了自己的产品和技术，来自全球 55 个国家和地区的 1350 多个贸易采购商参展洽谈。本次展览也是近 15 年以来，斯首次举办国际商品展览。

4 月 9 日，斯里兰卡央行发布了 2011 年年度报告。

4 月 16 日，斯里兰卡总统拉贾帕克萨会见到访的巴勒斯坦民族权力机构主席阿巴斯，双方同意在政治、经济和文化领域进一步加强合作。

4 月 24 日，斯里兰卡货币卢比贬值至历史新低。斯中央银行公布当天卢比对美元汇率中间价为 131.42∶1。

4 月 26 日，据斯里兰卡卫生部门有消息称，2012 年以来，斯全国范围内已报告 9700 例登革热病例，45 人死亡。其中 45％的病例出现在首都科伦坡所在的西方省，科伦坡是疫情最为严重的地区。

4 月 28 日，斯里兰卡总统拉贾帕克萨与韩国总统李明博日前在韩国总统官邸青瓦台举行了双边首脑会晤，商讨继续加强双边经贸关系及其他相关领域的合作，并签署 3 个双边协定。

5 月 19 日，斯里兰卡在首都科伦坡海滨广场举行阅兵式，庆祝政府军击败反政府武装泰米尔伊拉姆猛虎组织（猛虎组织），结束内战 3 周年。

6 月 20 日，斯里兰卡总统拉贾帕克萨在联合国可持续发展大会（“里约+20”峰会）上发言，敦促发达国家承担应尽的挽救环境的责任，同时兑现帮助发展中国家实现减贫目标的承诺。

6 月 26 日，中国新任驻斯里兰卡大使吴江浩在斯总统秘书处向拉贾帕克萨总统递交了国书，双方就加强中斯合作关系进行了友好交谈。

7 月 10 日，科伦坡举行中斯建交 55 周年暨《米胶协定》签署 60 周年纪念活动。贾亚拉特纳说，感谢中国政府在斯里兰卡社会经济发展中给予的巨大帮助，以及在国际舞台上给予斯里兰卡的巨大支持。

7 月 18 日，斯里兰卡成功发行 10 亿美元国债。

7 月 29 日，斯里兰卡总统拉贾帕克萨在科伦坡会见到访的中国国务委员兼国防部长梁光烈。 拉贾帕克萨表示，斯中两国有着悠久的传统友谊，斯里兰卡人民始终对中国人民抱有深厚的友好感情，对中方长期以来在政治、经济、文化等方面给予斯方的有力支持表示衷心感谢。

9 月 15 日，应斯里兰卡议会议长恰马尔的邀请，中国全国人大常委会委员长吴邦国 15 日下午抵达斯里兰卡首都科伦坡，开始对斯里兰卡进行正式友好访问。

10 月 10 日，斯里兰卡首都科伦坡举行盛大阅兵式庆祝斯里兰卡建军 63 周年。

11 月初，斯里兰卡对最高法院首席大法官班达拉那亚克（Bandaranayake）进行弹劾。

11 月 9 日，斯里兰卡首都科伦坡维利卡达监狱发生骚乱，造成 27 人死亡，40 多人受伤。

11 月 18 日以来连日的暴雨在斯里兰卡部分地区引发洪水和泥石流，至 24 日已造成 42 人死亡、9 人失踪。

11 月 27 日，斯里兰卡与中国一家空间技术国有企业合作，发射了首颗通信卫星。

（六）尼泊尔

1月4日，尼泊尔宪法委员会决定修改宪法起草时间表，争取在1月29日前解决分歧。

1月14日，中国国务院总理温家宝访问尼泊尔，双方发表《中尼联合声明》，宣布2012年为“中尼友好交流年”。

2月16日，中国驻尼泊尔大使杨厚兰会见尼泊尔大会党主席苏希尔·柯伊拉腊，就中尼关系和尼泊尔政局发展交换了意见。

2月27日，尼泊尔首都加德满都中心城区发生爆炸，至少3人死亡、7人受伤。

3月23日，首届南亚举重锦标赛在尼泊尔举行。

3月23日，尼泊尔国有石油公司（NOC）与印度石油公司（IOC）就恢复5年石油供应协议谈判，仍锁定于交易价格，印度将出口石油产品到尼泊尔。

3月28日，尼泊尔东部地区发生5.0级地震。

4月3日，尼泊尔首度参加博鳌论坛，透露与中国合建水电站。

4月5日，尼泊尔军方在首都加德满都特里布万国际机场举行反劫持飞机演习。

4月11日，尼泊尔政府军士兵接管多座反政府武装营地，迈出国家和平进程中的关键一步。

4月12日，尼泊尔总理巴布拉姆·巴特拉在尼泊尔历新年前夜发表电视讲话，呼吁各政党求同存异，为建立一个全国团结联合政府共同努力。

4月19日，对反政府武装尼泊尔联合共产党（毛主义）武装“人民解放军”的第二阶段整编工作已经完成。

5月3日，尼泊尔政府内阁成员宣布集体辞职，为尼泊尔主要政党组建一个新的联合政府并继续推动制宪进程铺平道路。

5月5日，尼泊尔政府新内阁成员在尼总统府宣誓就职，总理巴特拉伊主持了就职仪式。

5月8日，欧洲投资银行与尼泊尔政府签署合作协议。

5月8日，在尼泊尔加德满都，尼泊尔无地民众与防暴警察发生冲突。

5 月 14 日，尼泊尔西北部发生坠机事故，17 人遇难。

5 月 16 日，尼泊尔总理巴特拉伊在总统府为新任命的 1 名副总理和 6 名部长主持就职仪式。这是尼泊尔第一次组成由所有主要政党参加的全国政府。

5 月 27 日，尼泊尔总理巴布拉姆·巴特拉伊宣布，本届制宪会议没有能够如期完成宪法制定，定于 11 月举行新一届制宪会议选举。

5 月 31 日，尼泊尔最高法院法官拉纳·巴哈杜尔·巴姆在首都加德满都遭枪击后不治身亡。

6 月 11 日，尼泊尔警方破获特大毒品走私案，缴获 2640 公斤大麻。

6 月 18 日下午，尼泊尔执政的联合尼共（毛）正式分裂，以资深副主席基然为首的强硬派宣布成立尼共（毛）。

6 月 3 日，尼泊尔各界共庆中国国际广播电台尼语广播开播 37 周年。

7 月 4 日，尼泊尔与中国西藏增强双边合作共促经贸发展。

7 月 27 日，尼泊尔政府取消大米出口禁令。

8 月 4 日，尼泊尔民众集会抗议要求总理辞职。

8 月 6 日，美国国务院宣布，将尼泊尔执政党——尼泊尔联合共产党（毛主义）从其全球“恐怖组织”黑名单中去除。

8 月 13 日，中国外交部副部长傅莹在加德满都与尼泊尔外交部秘书杜尔加共同主持中尼第九轮外交磋商。

8 月 18 日，外交部长杨洁篪会见来华出席“尼泊尔文化节”活动的尼泊尔副总理兼外长什雷斯塔，就加强中尼关系和共同关心的国际和地区问题交换了意见。

9 月 28 日，尼泊尔坠机 19 人遇难，包括 5 名中国珠峰登山者。

10 月 21 日，尼泊尔劳动就业部部长库马尔·巴尔贝斯因为涉嫌向涉外劳务中介机构索取贿赂而辞职。

11 月 1 日，尼泊尔与中国在加德满都签署在尼建立中国文化中心的谅解备忘录。

11 月 12 日，中国驻尼泊尔大使杨厚兰与尼泊尔商务供应部秘书（常务副部长）乔西代表各自政府签署了关于向尼泊尔提供 95%税目输华产品零关税待遇的换文。

12 月 1 日，中国驻尼泊尔大使杨厚兰出席中尼友好周开幕式。

12月3日，尼泊尔最大反对党发起全国总罢工。

12月5日，国际货币基金组织指出，尼泊尔2012—2013财年的经济增长率将会下降到3.8%。

12月6日，毛里塔尼亚决定和尼泊尔建立外交关系。

12月25日，尼泊尔通过《网络法》对互联网进行管理。

（七）马尔代夫

2月7日，马尔代夫发生军事哗变，总统纳希德宣布辞职。

2月7日，马尔代夫副总统瓦希德宣誓行使总统职权，标志着马尔代夫政局实现快速平稳过渡。

2月8日，数千名支持马尔代夫前总统纳希德的民众与军警部队爆发冲突。

2月9日，美国国务院发言人纽兰表示，美国政府已经承认由瓦希德领导的马尔代夫新政权。

2月12日，马尔代夫新总统瓦希德任命7名来自多个党派的新内阁成员，其中包括该国首位女性总检察长，以兑现组建民族联合政府的承诺。

2月15日，马尔代夫新总统瓦希德任命当地知名商人穆罕默德·瓦希德·迪恩为该国新任副总统。

2月16日，马尔代夫新总统表示将继续重视发展与中国关系。

3月22日，外交部亚洲司司长罗照辉会见马尔代夫离任驻华大使拉帝夫。

4月3日，马尔代夫内阁举行会议，讨论乎鲁马累岛开发问题。

4月18日，马尔代夫总统宣布提前于2013年7月举行大选。

4月26日，马尔代夫总统批准具有里程碑意义的《家庭暴力法案》。

8月30日，马尔代夫国家调查委员会认定2月初政权更迭合法。

9月2日，中国国务院总理温家宝在新疆乌鲁木齐会见出席第二届中国亚欧博览会的马尔代夫总统瓦希德。

9月18日，印度加强与马尔代夫防务合作。

10月3日，马尔代夫庆祝旅游发展40周年。

10月14日，中国国家主席胡锦涛与马尔代夫总统瓦希德互致贺电，热烈庆祝两国建交 40 周年。

10 月 19 日，中共中央政治局常委李长春对马尔代夫进行正式友好访问。

10 月 20 日，中共中央政治局常委李长春在马累分别会见了马尔代夫总统瓦希德和人民议会议长沙希德。

11 月 8 日，《中国和马尔代夫建交 40 周年》纪念画册发行仪式在马尔代夫外交部隆重举行。

12 月 11 日，国务委员兼国防部长梁光烈上将在八一大楼与来访的马尔代夫国防和国家安全部长默哈迈德·纳兹姆举行会谈。

（八）不丹

2 月 22 日，不丹王国的首条田径塑胶跑道在首都廷布的田径中心隆重揭幕。

6 月 1 日，日本外务省决定，争取于 2014 年在喜马拉雅山麓国家不丹设立大使。

6 月 21 日，中国国务院总理温家宝在里约热内卢会见不丹首相吉格梅·廷里时表示，中国愿在和平共处五项原则基础上，同不方建立正式外交关系，早日划定两国边界，加强各领域交流，推动中不关系迈上新的台阶。

6 月 28 日，联合国宣布每年的 3 月 20 日将作为“国际快乐日”，设立快乐日在一定程度上是喜马拉雅王国不丹外交努力的结果。

7 月 11 日，不丹皇家航空公司（Drukair）日前在范堡罗航展上与空中客车公司签署协议，确认订购一架装配鲨鳍小翼的空客 A319 飞机。

7 月，在巴西举行的联合国永续发展大会上，不丹总理廷里表示，将推行百分百的有机农业。

8 月 9 日，不丹首相吉格梅·廷里在不丹首都廷布会见了前来出席中不边界会谈的中国外交部副部长傅莹。

8 月 10 日，不丹第四世国王会见中国外交部副部长傅莹。

8 月 10 日，中国代表团团长、外交部副部长傅莹与不丹代表团团长、代理外交大臣坎杜·旺楚克在廷布举行中不第二十轮边界会谈。

8 月 31 日，不丹首相吉格梅·廷莱 31 日在伊朗首都德黑兰出席第 16 届不结盟运动首脑会议时发表演讲，呼吁各个国家和地区建立新的发展模式，重新定义可持续发展目标，实现可持续的全球和平。

9 月 27 日，第七届联合国教科文组织“孔子教育奖”获奖机构已确定：不丹成人及高等教育司的“非正规及继续教育计划”和哥伦比亚“让我们进行变革基金（Fundación Transformemos）”推行的“互动系统（让我们的教育促变革）计划”两个项目同时获得“孔子教育奖”。

11 月 18 日，中国常驻南盟代表杨厚兰考察南盟发展基金在不丹的项目。

11 月 21 日，中国常驻南盟代表杨厚兰大使会见不丹外交部南盟司长奥美。

2012年度南亚研究主要汉文论文目录

安全与外交

篇名	作者	刊名	期
阿富汗问题与中国的关系	朱永彪　曹伟	南亚研究季刊	1
印度在南海问题中的角色探讨	葛红亮	南亚研究季刊	1
印度东向战略：进展、影响及应对	张立	南亚研究季刊	1
攻击无人机面临的国际法挑战——以美国在巴基斯坦的无人机攻击为例	黄云松　蔡瑞艳	南亚研究季刊	1
美国“重返亚太”战略与印度的角色选择	张力	南亚研究季刊	2
南中国海：印度制衡中国的新战略牌	蒋国学	南亚研究季刊	2
中印关系中机制化建设的必要性与可能性	戴永红	南亚研究季刊	2
多边主义视角下的中印国际合作	黄正多　严晓凤	南亚研究季刊	2
国际气候治理规范的演进与传播：以印度为案例	程晓勇	南亚研究季刊	2
印度的“大国梦”与中国形象的媒体呈现	严怡宁	南亚研究季刊	2
印度对非洲的软实力外交及经验借鉴	沈德昌	南亚研究季刊	2
反恐矛盾对美巴关系的新挑战	张力	南亚研究季刊	3
解析“哈卡尼网络”的渗透过程	柳思思	南亚研究季刊	3
从地域政治视角看美国“反恐战争”中的巴基斯坦	安高乐	南亚研究季刊	3
日本对南亚的战略意图与外交	龙兴春	南亚研究季刊	3
内战结束后斯里兰卡的僧泰冲突	杨思灵	南亚研究季刊	3
美巴反恐合作的援助——代价之争	张力	南亚研究季刊	4
印巴关系新态势：进展、动因及走向	陈继东　张超哲	南亚研究季刊	4
现阶段中印缅关系的SWOT框架分析	陈利君　许娟	南亚研究季刊	4

续表

篇名	作者	刊名	期
发展中印公共外交：背景、意义及路径	张立	南亚研究季刊	4
“东向政策”遭遇“重返亚太”：美印在亚太地区的安全互动	曾祥裕　郭红	南亚研究季刊	4
印度在国际核不扩散问题上的立场与政策选择	刘思伟	南亚研究季刊	4
后冷战时代中巴核关系浅析	章节根	南亚研究季刊	4
试析印度加强与亚太国家战略合作及其影响	杨思灵	南亚研究	1
试析冷战后印度中亚政策的演变	周明	南亚研究	1
政治大国视域下的印度对非洲经济外交探析	邱昌情　刘二伟	南亚研究	1
尼赫鲁政府关于中印边界问题的单边主义及其对1954年《中印协定》的解读	吕昭义　林延明	南亚研究	1
美国全面调整阿富汗政策及其影响	王世达	南亚研究	2
论阿富汗重建与南亚地区的安全建构	闫伟　韩志斌	南亚研究	2
21世纪初日本的对印度战略及其影响	毕世鸿	南亚研究	3
从印非关系的重新调整看印度对非洲能源外交	常思	南亚研究	3
印度与美国的太空合作及其影响	何奇松	南亚研究	1
崩而不溃的非传统联盟——美巴准联盟关系分析	刘红良	南亚研究	4
油气资源：缅甸多边外交的新手段	刘务　贺圣达	南亚研究	3
中尼建交的历史及其意义	穆阿妮	南亚研究	2
周恩来与中尼边界谈判	穆阿妮	理论视野	1
中阿建交问题探析	张安　张明霞	南亚研究	2
1960年中阿边界谈判搁浅之谜探析	张安	党史研究与教学	5
中国“印度洋困境”中的美国因素	曾信凯	南亚研究	2
印度崛起视角下的“东向政策”：意图与实践——兼论印度“东向政策”中的中国因素	孙现朴	南亚研究	2
中国的印度洋战略：动因、挑战与应对	朱翠萍	南亚研究	3
印巴关系回暖及其前景	杜冰　李莉	现代国际关系	10
阿富汗重建地区性挑战与责任	王世达　李岩	现代国际关系	6
巴基斯坦的困境与前景	杜冰	现代国际关系	3
印度海外利益保护及其对中国的启示	刘宗义	现代国际关系	3

续表

篇名	作者	刊名	期
印度的印度洋战略及其对中国的影响	胡娟	东南亚南亚研究	2
印度对非洲政策的国际反响——以八国学者的论文为例	曹升生	东南亚南亚研究	1
2007 年以来越南与印度的关系：发展及特点	胡潇文	东南亚南亚研究	3
中阿关系史研究述略	张安　胡刚	东南亚南亚研究	3
上海合作组织与阿富汗重建问题	何明	南亚研究	4
弹性均势与中美印在印度洋上的经略	陈利君　许娟	南亚研究	4
元明时期中国与马八儿、琐里交通史新考	周运中	南亚研究	2
新加坡在印度“东进”过程中的地位与角色扮演	胡潇文　刘鹏	云南财经大学学报	1

经济发展

篇名	作者	刊名	期
印度经济关系结构的特性分析	邹毅　杨文武	南亚研究季刊	1
印度经济增长与能源消耗的现状与对策	秦永红　张伟	南亚研究季刊	1
印度对外直接投资的特点、作用及对中国的启示	周杰	南亚研究季刊	1
试析国际能源环境对印度经济崛起的影响	邓远秀	南亚研究季刊	1
印度经济改革的成绩与问题	文富德	南亚研究季刊	1
中印经济改革与发展道路的比较研究与思考	沈开艳	南亚研究季刊	1
现代化视野中的印度发展模式	张雷	南亚研究季刊	1
近年来南亚经济发展的特点及其趋势	文富德	南亚研究季刊	2
印度经济产业结构的特性分析	张雨涛　杨文武	南亚研究季刊	2
印度清洁能源发展政策与商务投资环境	刘晓燕	南亚研究季刊	2
印度农村就业保障政策及对中国的启示	温俊萍	南亚研究季刊	2
近年来南亚国家通货膨胀的原因、治理及成效	文富德	南亚研究季刊	3
后危机时代印度经济的增长困境	刘小雪	南亚研究季刊	3
试析印度的城市化对农村减贫的影响	宋志辉	南亚研究季刊	3
孟加拉国经济发展的现状与面临的挑战	李建军　王红义	南亚研究季刊	3
印度资本市场与产业结构调整的互动	戴永红　秦永红	南亚研究季刊	4
印度服务外包业向乡村转移的成因、效果及启示	陈吉祥	南亚研究季刊	4
全球交付阶段印度发展服务外包的挑战与应对	李艳芳	南亚研究季刊	4

续表

篇名	作者	刊名	期
印度、菲律宾服务外包产业发展模式比较研究及启示	姜荣春	南亚研究季刊	4
对中国参与南亚区域合作相关问题的思考	陈继东	南亚研究季刊	1
印度 BSE　IndoNext 创业板市场发展及对策探析	肇启伟	南亚研究季刊	4
中印创业投资差异及其成因分析	赵昌文　李十六	南亚研究季刊	1
中国承包商应对印度 BOCW 劳工福利税的策略分析	姜伟　李凌	南亚研究季刊	2
关于建设中国一巴基斯坦铁路连接线的几点思考	陈继东	南亚研究季刊	3
政府管制特征下中印企业债券市场比较研究	张自力	南亚研究季刊	3
后危机时代中印经贸合作研究现状探析	杨文武　许菲	南亚研究季刊	4
基于引力模型的云南与南盟国家贸易关系研究	熊彬　严海霞	南亚研究季刊	4
中印缅铁路及相关运输格局演变	刘宪	南亚研究季刊	4
略论中印经贸关系若干问题	赵干城	南亚研究	2
印度参与服务贸易自由化进程的分析与评估 ——兼论中印自贸区服务贸易自由化构想	周念利　于婷婷 沈铭辉	南亚研究	4
城市如何吸引企业投资：来自中国和印度的证据	朱翠萍	云南财经大学学报	2
中印汽车产业比较研究	陈利君　陆文洁	东南亚南亚研究	2
论印度早熟的经济增长模式	殷永林	东南亚南亚研究	1
中印经济不平衡：表现和成因分析	周及真	东南亚南亚研究	4
印度发展服务业外包的启示	文富德	亚太经济	2
巴基斯坦的公共债务问题	彭念	东南亚南亚研究	3
试析南方丝绸之路在中印关系中的作用	宋志辉　马春燕	南亚研究季刊	2

社会政治

篇名	作者	刊名	期
普什图民族主义的产生及发展	刘向阳	南亚研究	1
阿富汗毒品问题的利益角色分析	申玉辉	南亚研究	1
中国学者对南亚地缘政治的研究	杨焰婵　赵伯乐	南亚研究	1
毛杜迪的圣战观念和伊斯兰革命理论	王旭	南亚研究	2
印度对 1964 年中国原子弹爆炸的反应	代兵	南亚研究	3

续表

篇名	作者	刊名	期
多民族国家民主化道路的复杂性研究——以不丹为例	焦佩	南亚研究	3
教派冲突与印度分治	唐仁虎	南亚研究	3
民主视角下的印度腐败原因探析	张树焕	南亚研究	4
对印投资的政治风险及其法律应对措施	陆以全	南亚研究	3
略论中印两国同时崛起的地区影响和国际意义	杜幼康	南亚研究	4
印度对中国进入印度洋的认知与反应	时宏远	南亚研究	4
2011 年中印交流评析	陈宗海	南亚研究季刊	1
印度应对气候变化的政策	时宏远	南亚研究季刊	3
《印度河水条约》评析	杨翠柏　黄卉	南亚研究季刊	3
印度河水争端解决机制的启示——兼论我国大湄公河水争端的避免解决	白明华	南亚研究季刊	3
印度阿萨姆邦的民族问题及其应对策略	张世均	南亚研究季刊	4
孟加拉国的气候灾害及其治理	雷鸣	南亚研究季刊	1
论当代印度选举的战略部署	黄迎虹	南亚研究季刊	1
美国印度移民网络媒体初探	李南	南亚研究季刊	1
移民的印度教认同及其对印度政治的影响——以在美国的印度教徒移民为例	陈小萍	南亚研究季刊	3
土耳其和巴基斯坦政教关系对比研究	严天钦　石坚	南亚研究季刊	1
1947 年至 1954 年印度对藏政策的两面性探析	何文华	南亚研究季刊	1
印度、越南和尼泊尔的出生人口性别比：问题、原因与对策	刘中一	南亚研究季刊	2
论美国印裔族群在印度海外移民政策演变中的地位	滕海区	南亚研究季刊	2
印度反腐运动探析	孙现朴	国际资料信息	2
印度民主为何治不了腐败	赵干城	人民论坛	3
恩格斯关于阿富汗民族特性的论述及对当前中国阿富汗政策的启示	张吉军　祝晓燕	东南亚南亚研究	2
一个印度人对中国式思维的认知	拉维·布塔林加姆 杨志超	东南亚南亚研究	1
印度那加人的民族分离主义运动与大那加兰主义	林延明　孔靖桃	东南亚南亚研究	4

续表

篇名	作者	刊名	期
20世纪英属印度省级行政区划分改革探析	庞海红	东南亚南亚研究	3
萨尔温江国际水能合作之政治博弈探析	惠雅莉　唐艺丹 田马爽	东南亚南亚研究	3
中国如何估量印度的崛起	赵干城	东南亚南亚研究	2

宗教文化

篇名	作者	刊名	期
伊斯兰教在民族文化认同建构中的特点及作用——以巴尔蒂斯坦地区伊斯兰教化进程为例	李涛　王新有	南亚研究季刊	2
印度文学理论的发展轨迹	尹锡南　谷俊	南亚研究季刊	2
2011年来印度英文媒体对华报道的基本动向	尹锡南	南亚研究季刊	3
文化创意产业发展：印度的实践与借鉴	王学人	南亚研究季刊	3
《数论颂》及其古代注释的因果观念	姚卫群	南亚研究	1
徐梵澄与印度文化	李群	南亚研究	1
印巴犍陀罗艺术研究的三个阶段	蔡枫	南亚研究	1
金刚乘悉陀修行诗试解	薛克翘	南亚研究	2
印度文学的森林书写	侯传文	南亚研究	2
形象学视野下的古代中印文化交流	王汝良	南亚研究	3
关于梵文写本《法华经》	史桂玲	南亚研究	3
《瑜伽经》中的三昧状态及修行方法	姚卫群	南亚研究	4
略论《喜金刚本续》	李南	南亚研究	4
印度佛教金刚乘主要道场考	薛克翘	南亚研究	4
论政治文化传统与印度外交思想的二元性	肖军	南亚研究	3
中印两国文化旅游软实力分析——基于系统工程思想的分析	王超　郑向敏	南亚研究季刊	2
印度独立后印地语小说流派简评	薛克翘	东南亚南亚研究	2
从印度文学典籍看印度寡妇地位的变迁	陈义华	东南亚南亚研究	3
近期印度媒体对华负面报道评析	尹锡南	东南亚南亚研究	4

续表

篇名	作者	刊名	期
中国的印度宗教文化研究：发展与前景——邱永辉教授访谈录	李丽	东南亚南亚研究	4
斯里兰卡汉语教学与推广的现状、问题及前景	杨刚	东南亚南亚研究	4
从文化研究角度看中印关系	吴永年	东南亚南亚研究	2
中印比较研究的重要成果——评《中印现代化比较研究》	马加力	亚非纵横	3
《话语转型与诗学对话——泰戈尔诗学比较研究》评介	尹锡南	东方论坛	2

后记

本课题研究受教育部哲学社会科学发展报告培育项目资助。本课题组主要由教育部人文社会科学重点研究基地——四川大学南亚研究所的科研人员组成，他们长期从事南亚的区域研究和国别研究。

四川大学南亚研究所前身为根据周恩来总理关于加强外国问题研究的指示于1964年成立的印度研究室。1978年，印度研究室扩建为南亚研究所。2001年初，教育部批准四川大学南亚研究所为教育部百所人文社科重点研究基地之一。四川大学南亚研究所致力于研究南亚经济、安全、社会、文化、中国—南亚关系（尤其是中印关系与中巴关系），是中国高校系统从事南亚研究时间最长、研究人员最集中、研究资料丰富、研究成果丰硕的科研机构，在全国南亚研究学界占有十分重要的地位，在国际南亚学界也具有一定影响。

《南亚地区发展报告（2012）》由四川大学南亚研究所组织本所和国内外从事南亚研究的专家学者编写而成，是一本聚焦南亚各国的政治、经济、社会、对外关系发展态势的年度报告，其收录的文章具有很强的现实性、前瞻性，兼具应用价值和学术价值。南亚地区发展报告系列之所以能从最初的内部刊物到如今公开出版，我们得益于各方支持与帮助。在此，我们特别感谢各位赐稿的专家学者，感谢南亚所各位科研工作者的合作，感谢所里图书馆人员以及网络信息管理者的积极协助。希望每年一度的南亚地区发展报告能够对读者有所帮助。当然，报告的缺陷和不足在所难免，欢迎各位读者指正，以便我们在下一步的研究中不断改进和提高。

图书在版编目（CIP）数据

南亚地区发展报告（2012）/李涛主编. —北京：时事出版社，2013.8

ISBN 978-7-80232-632-3

Ⅰ.①南… Ⅱ.①李… Ⅲ.①区域发展—研究报告—南亚—2012 Ⅳ.①F135

中国版本图书馆CIP数据核字（2013）第184625号

出版发行：时事出版社
地　　址：北京市海淀区巨山村375号
邮　　编：100093
发行热线：（010）82546061　82546062
读者服务部：（010）61157595
传　　真：（010）82546050
电子邮箱：shishichubanshe@sina.com
网　　址：www.shishishe.com
印　　刷：北京昌平百善印刷厂

开本：787×1092　1/16　印张：25.5　字数：420千字
2013年8月第1版　2013年8月第1次印刷
定价：68.00元